中国文化四季

马新　主编

精耕细作

中国传统农耕文化

陈新岗　王思萍　张　森　著

山东大学出版社

山东省中华优秀传统文化传承发展工程重点项目
中华优秀传统文化传承书系

课题组负责人

马　新

课题组成员
（以姓氏笔画为序）

马丽娅	王文清	王玉喜	王红莲
王思萍	巩宝平	刘娅萍	齐廉允
李仲信	李沈阳	吴　欣	宋述林
陈树淑	陈新岗	张　森	金洪霞
赵建民	贾艳红	徐思民	郭　浩
郭海燕	董莉莉	韩仲秋	谭景玉

總序

中国传统文化是中国历史发展中物质文化与精神文化的结晶，也是人类文明史上唯一没有中断的独具特色的文化体系，是中国历史带给当今中国与世界的文化遗产。

早在遥远的旧石器时代，我们的先民为了生存，打制着各式各样的石器，也击打出最初的文化的火花。随着新石器时代的到来，以农业生产为前提的农业文明发生了，我们的先民筚路蓝缕，耕耘着文明的处女地，孕育着中国文化的萌芽，绚烂多姿的彩陶文化与精致绝伦的玉石文化是这一时代的文化地标，原始宗教与信仰、语言、审美及创世神话也纷纷出现。

进入文明的门槛后，先民们开始了艰辛的文化积淀。商周时代的礼乐文明与青铜文化代表了这一时代的杰出成就，甲骨文与金文则成为这一时代的文化符号。至春秋战国，中国文化史上的“寒武纪大爆发”开始了，无论是物质文化，还是精神文化，都进入一个创造和迸发的时代：这一时代，出现了“百家争鸣”，从孔子、老子、墨子到孙子、孟子、庄子等贤哲，无一不在纵横捭阖，挥斥方遒，发散出理性的光芒。这一时代，出现了《诗经》《楚辞》，还出现了《左传》与《国语》以及不可胜数的人文经典。这一时代，又是科学与技术的辉煌时代，铁器与牛耕技术的出现，奠定了此后2000多年中国农耕文明的基础；扁鹊的医术与《黄帝内经》的理论，成为中医药文化的基石；墨子、鲁班、甘德 、石申，启迪了我们的科学探索，民间无数的工匠们在纺织织造、建筑交通以及各种手工工艺上都进行了卓越的创造。春秋战国时代既是中国文化的启蒙时代，也是中国文化的奠基时代。

随着秦汉时代的到来，海内为一，中国文化进入凝炼时代，形成了大一统的文化特色。这一时代，不仅有了大规模的驰道、长城以及宫殿的兴建，还有了统一的度量衡与文字；这一时代，不仅牛耕技术继续向全国推进，还有了精耕细作技术，使其成为中国农耕文化的首要特征;这一时代，不仅有“独尊儒术”与经学的繁荣，也有汉大赋的飞扬与汉乐府的古朴；这一时代，商品贸易“周流天下”，工商政策与商业理论富有特色，全社会在衣、食、住、行方面的水平明显提高。生活的精致化与生活水平的不断提高，使得20世纪的权威史学家汤因比也动了想去中国汉代生活的念头。

魏晋南北朝与隋唐时代，是中国文化史上的交融与繁荣时代，周边游牧民族文化的涌入，西部世界的宗教文化及其他各种文化的东来，使这一时代形成了空前的中西文化碰撞与冲击。在此后到隋唐时代的融合发展中，实现了文化的大繁荣。道教虽产生于汉代，但其发展与传播则是在魏晋南北朝与隋唐时代；佛教也是在汉代传入，它的发展与繁荣同样是在魏晋南北朝与隋唐时代。这一时代，玄学与禅宗是思想史上的两大硕果，书法、绘画、雕塑以及音乐、舞蹈方面，更是群星闪耀，唐诗的地位在文学史上是无可替代的，唐三彩的艺术魅力同样穿越千古。这一时期的农耕文化、工商文化以及其他各文化形态也都取得了长足的发展，特别是中外文化交流之活跃、之丰富，使中国文化与外部世界的文化产生了有力互动，隋唐长安城是当时世界文明的中心所在。

宋元明清时代是中国文化的扩展时代。随着文明的进步与文化手段的变化，随着市民社会的兴起与社会结构的变化，面向民间、面向市民与普通民众的文化形态迅速扩展。宋明理学的主旨是给民众套上牢牢的精神枷锁，但是与汉代经学相比，它也是儒学民间化的一种体现。从宋词到元曲，从“三言二拍”到话本小说，再到戏剧的兴起和四大文学名著的问世，无不体现着这一特色。这一时代，既有明末清初试图开启民智的三大启蒙思想家，又有直接面向社会生产与社会生活的《天工开物》《本草纲目》以及《农政全书》。这一时代，中国文化在积淀着中国文明丰厚底蕴的同时，也在准备着自己的转身，准备着与新文化的拥抱。

从中国文化的发展可以看出，其历史之悠久、内容之丰富、价值之巨大，可谓蔚为大观，令人叹服。在新的历史时期，把握与了解这些渐行渐远的文化宝藏，并将其传承给青年一代，是摆在我们面前的世纪难题。

自 20 世纪 80 年代以来，学术界与文化界一直在孜孜不倦地去破解与完成这一难题，为此付出了艰辛的努力，推出了一批又一批面向青少年群体的“中国传统文化”类读物或教材，可谓琳琅满目，数目繁多。毋庸置疑，文化学者们的这些努力，对于研究与普及中国传统文化发挥了重要作用。但是，若作为当今面向青少年群体的普及性著作还有若干不适应之处。比如，有的著作篇幅过大，往往动辄四五十万字甚至上百万字；有的著作理论性偏强，在理论性与知识性的结合上还不够；还有的著作对有关知识点的叙述不够均衡，轻重不一。更为重要的是，随着社会主义核心价值体系建设的推进，尤其是习近平总书记所提出的对中国传统文化的“四个讲清楚”，对中国传统文化的研究和普及提出了更高的要求。为此，我们组织了 10 余所高校的相关研究人员，共同编写了这套适合当代青少年阅读的中国传统文化读物——《中国文化四季》，旨在为青少年提供一套富有时代特色的中国传统文化专题知识图书。

在编写过程中，我们深刻地感受到中国传统文化源远流长、博大精深，是中国文明 5000 年进程的辉煌结晶——既有筚路蓝缕的春耕，又有勤勤恳恳的夏耘；既有金色灿然的秋获，又有条理升华的冬藏。所以，我们以“中国文化四季”

作为总领，旨在体现5000年文明进展中最具代表性的精华篇章。在专题确定与内容安排上，也着重体现中国文化在春耕、夏耘、秋获、冬藏各个演进环节上的标志性成就。整套丛书由16册组成，包括：

《精耕细作：中国传统农耕文化》

《货殖列传：中国传统商贸文化》

《大匠良造：中国传统匠作文化》

《巧夺天工：中国传统工艺文化》

《衣冠楚楚：中国传统服饰文化》

《五味杂陈：中国传统饮食文化》

《雕梁画栋：中国传统建筑文化》

《周流天下：中国传统交通文化》

《人文荟萃：中国传统文学》

《神逸妙能：中国传统艺术》

《南腔北调：中国传统戏曲》

《兼容并包：中国传统信仰》

《天人之际：中国传统思想》

《格物致知：中国传统科技》

《传道授业：中国传统教育》

《止戈为武：中国传统兵学》

我们希望通过各专题的介绍，使读者既可以有选择地了解中国传统文化的有关知识，又可以全面地把握传统文化的基本构成。

为适应青少年的阅读需求，我们吸取了以往此类图书的优点，尽量避免其缺陷与不足。在全书的内容设计上，打破了传统的章节子目式的编排方式，每章之下设置专题，以分类叙述各门类知识；在写作时，尽量避免以往一些读物的“高深”与“生冷”现象，以叙述性文字为主，做到通俗、易懂、生动;另外，各册都精心配备了一些与各章内容相对应的中国传统文化图片等，做到了图文并茂。

需要说明的是，这套丛书作为“中华优秀传统文化传承书系”被纳入山东省“中华优秀传统文化传承发展工程”重点项目，得到中共山东省委宣传部和有关专家的大力支持与指导 。为不负重托，我和20余位中青年学者共同合作，以对中国传统文化的挚爱为基点，精心施工，孜孜不倦，以打造一套中国传统文化的精品作为出发点和最终目的。全书首先由我提出编写主旨、编写体例与专题划分；各专题作者拟出编写大纲后，我对各册大纲进行修订、调整，把握各专题相关内容的平衡与交叉，以更好地体现中国传统文化的四季风情；然后交给各专题作者分头撰写初稿；初稿提交后，由我统一审稿、统稿、定稿，并补充与调整书内插图。这套丛书若能蒙读者朋友错爱，起到应有的作用，功在各位作者；若有缺失与不足之处，我当然不辞其咎。

我们由衷地希望通过全体作者的努力，使本书不再只是枯燥乏味的知识叙述，而是青少年真正的学习伙伴，让中国优秀传统文化能够浸润到每一个青少年的心灵深处。

马　新

2017年3月于山大高阁书斋

再版前言

《中国文化四季》第一版于2017年10月问世，已有近两年时光。令人欣慰的是，该丛书出版后产生了较大的社会影响，达到了预期目标，受到广大读者和学界同仁的欢迎和好评。2018年1月23日，《人民日报》以《用中国话语体系解读传统文化》为题刊发评论文章，指出："作者既借鉴学术界现有学科范式与研究理论，又不简单套用，而是立足于中国传统文化的实际，构建适于中国传统文化本体的学科范式。"《经济日报》等十余种报刊对该书也给予高度评价。2017年12月13日，新华网发出消息并评论道："中国传统文化是历史延传下来的思想文化、制度规范、风俗习惯、宗教艺术乃至思维方式、行为方式的总和。其历史之悠久、内容之丰富、价值之巨大，可谓蔚为大观，世人叹服。如何全面地呈现中国传统文化的特色与基本构成，则需要从不同维度、不同层面去展现中国传统文化的表现方式和物化形态。《中国文化四季》的每一册都深入浅出地展现了中国传统文化的一个方面，总体上又形成了一个基本完整的文化体系。"人民网、央视新闻移动网、国家新闻出版广电总局门户网站、中国社会科学网、中国文化传媒网、搜狐网、新浪网、澎湃网、腾讯网等各大网站均发布消息、给予好评。

该丛书出版后，还入选“改革开放40周年40种优秀鲁版图书”，获得山东省第三十三届社会科学优秀成果一等奖、山东省图书馆第三届“奎虚奖优秀图书奖”，还忝列“十八大以来山东省社会科学优秀成果奖精品展”。

我们深知，这些褒扬绝不仅仅是对我们和该丛书的肯定，更重要的是体现了广大读者对中华优秀传统文化的厚爱，体现了中华优秀传统文化的巨大魅力，这也是我们继续努力的最大动力。为适应更多读者的需求，为使这套丛书百尺竿头，更进一步，在丛书再版之际，我们对全书进行了全面修订，从内容介绍到词意表达，都作了认真核校与完善。不敢奢求名山事业，唯愿我们所弘扬的中华优秀传统文化光耀千秋，泽被当代。谨以此致敬我们的时代，致敬中华人民共和国70华诞！

马 新

2019年8月于山东大学

目錄

概　述

第一章　农耕工具

第二章　农产品加工工具

第三章　农耕技术

第四章　农作物品种

第七章　农学著作

第八章　农业历法

概述

中国经济曾经长期遥遥领先世界其他国家，直到近代鸦片战争之时，中国经济仍占世界经济总量的 1/3 左右。正是由于农业经济的成功，中国才成为传统经济时代最为成功的经济体之一。在传统经济时代，或曰“农业经济时代”，农业是最重要的经济部门。按照美国著名经济史学家道格拉斯·诺思教授的解释，第一次经济革命——农业革命，始于新石器时代，它改变了人类历史进程，使人类从原始的狩猎采集经济逐渐转向种植畜牧经济，从此，真正意义上的农业开始产生，原始先民从漂泊状态转变为定居状态。传说炎帝（神农氏）发明耒耜，教民耕种，因此而被后世尊为中华农业始祖之一。黄帝发明杵臼，教民生活，因此而被后世尊为中华民族始祖之一。后稷教民稼穑，故被后世尊为“农神”。远古时代的神话传说固然不能等同于史实，但它表现了人们对农业起源问题的困惑，也反映出新石器时代农业革命在中国的发生与发展，表明中国传统农耕文化开始起源。夏商周时期，代表更高生产力水平的传统农业得以产生和发展。战国时代，铁制农具、牛耕、施肥、选种、灌溉等先进的农业技术的出现与发展，使得中国传统农业经济有了巨大的飞跃，并由此跨入世界领先国家行列。这种领先地位，经历了汉唐，跨越了宋元，直至明清。近代工业革命以后，中国农业经济日益式微，经济大国地位不复存在。可见，发达的农业是中国传统经济走向顶峰的重要支撑。了解中国传统农业经济或农耕文化，探寻古代中国的辉煌与伟大，对于今天的青年而言意义重大。

农耕工具是发展农业经济的根本，它最能代表农业生产力水平。大约 1 万年前的旧石器时代末期或新石器时代初期，先民们在长期的采集与狩猎实践活动中发明了农具。制造农具的原料，最早是从大自然直接取材的石、骨、木、蚌、角等，代表性农具是耒耜。商周时代出现了青铜农具，代表性农具有商代的铜铲和西周的铜锄。春秋战国时期，冶铁技术出现，铁制农具开始替代木、石制农具，代表性农具有镭、推镰、铚等。铁质农具的出现使农业生产力发生了质的飞跃。自春秋战国以来，农耕工具就被称为“田器”“农器”和“农具”。秦汉魏晋南北朝时期，适合北方地区旱作生产环境的铁制农具得到发展并日益完善。该时期的典型铁制农具有秦代的犁铧、耨，汉代的铁锹、锸，北魏的耙、耩，它们被应用于农业生产的各个环节，如开荒、整地、开沟、播种、中耕、除草、施肥、灌溉、收获、脱粒等。隋唐宋元时期，经济重心向南转移，适合南方水田生产环境的一些新农具相继创制，如水田耙、耖、秧马、耘荡等。唐代的曲辕犁标志着中国犁耕发展进入了成熟阶段，是中国犁耕发展史上一个重要的里程碑。明清时期是精耕细作农业持续发展时期，无论北方还是南方，农耕工具基本定型，种类基本完善，多种形式的农具共存，南北相互交流融合，虽然新出现的农具种类不多，但人们在农耕实践中对农具形制结构、功能组合、便利性使用等方面改进较大，是我国传统农耕工具的定型期。

人们通过农耕工具收获农作物，但是还需要对这些农作物进行相应加工才能最终食用，于是他们发明了各种农产品加工工具。新石器时代，人们发明了石磨盘和石磨棒，用其脱壳取米。西周时期，人们发明了杵臼，用以捣谷。战国时期，人们发明了用以拍打谷物的连枷，用簸飏的方式来分离谷物和杂质。秦汉时期，农产品加工工具日益发展，极大地提高了谷物加工水平。汉代发明了石碓，全国各地出土的汉代舂米画像砖和杵臼人像等文物，形象生动地再现了人们用脚踏动石碓舂米的情景；西汉发明的风车，运用空气动力学、惯性、杠杆、轮轴等物理原理，将风能转化为机械能，用以加工粮食或分离谷物与杂质，这样既节省了时间，又节省了人力；东汉发明的水碓，是一种水利加工工具，比人力踏碓、杵臼舂米的效率高了百倍。魏晋南北朝时期，人们又发明创制了连磨和水碾，用以加工农产品。连磨是以畜力为牵引，通过齿轮运转，带动石磨加工谷物。水碾则是利用水的冲力，推动卧轮带动石碾碾米。元代，人们又发明了船磨，即把石磨安装在船上，充分利用水利条件进行农产品加工。这些粮食加工工具的发明，充分体现了中国古代人民的智慧和伟大的创造力。古代人们通过农产品加工工具，实现了食品从原粮到口粮、从粒食到粉食等一系列过程，

改变了古代饮食结构，提高了人们的生活水平。

人类经济史上的历次经济革命，都伴随着重大的技术变迁。第一次经济革命——农业革命，使人类从原始的狩猎采集技术阶段发展到先进的种植畜牧技术阶段。千万不要小看种植技术，它给人类带来了稳定的食物来源，使原始社会慢慢走向定居农业社会。在种植技术构成中，农耕技术、施肥技术、选种技术、水利灌溉技术等都是重要的组成部分。其中，农耕技术是基础性的技术构成。古代农耕技术发展大体经历了以下三个阶段：一是旧石器时代“刀耕火种”阶段。二是新石器时代“石器锄耕”（耜耕）阶段。农业革命中，随着农具石铲、石耜、骨耜等的出现，人们开始懂得播种前要先翻土地，逐渐掌握了锄耕或耜耕方法。三是铁器时代的“铁犁牛耕”阶段。铁犁牛耕技术出现于春秋战国时期，在汉代得到改进和推广。隋唐时期，随着江东犁的出现，铁犁牛耕得到完善而为后世所沿用。铁犁牛耕是人们将冶铁技术、畜力资源与生产时间相结合而创造出来的产物，是我国古代农业的重要耕作方式，从此我国精耕细作的传统开始形成。

精耕细作既是传统农业技术的基本特点，也是传统农业技术发展的取向目标。除铁犁牛耕技术外，精耕细作还包括整地技术、施肥技术、选种技术等。要养活更多的人口，就需要有一套整地技术来提高土地利用率。西周时期，人们实行垄作法或畎亩法，西汉实行代田法和区田法。秦汉魏晋南北朝时期，中国北方地区旱地形成了耕—耙—耱耕作体系。隋唐宋元时期，江南地区形成稻麦轮作的一年两熟制和一年三熟制，同时也形成了耕—耙—耖耕作体系。在施肥技术方面，人们往往通过施加肥料来保持土壤肥力，尤其注重绿肥的栽培与使用，形成了一整套施肥技术。在选种技术方面，人们通过优种优育来保证农作物产量。选种技术主要包括培育新品种、优良个体再繁殖等，这些技术最终使农作物产量稳步提高。

人们通过农业实践，培育或引进了丰富的农作物品种，从而保证了传统农业的可持续发展。远古时期，凡是可以食用而无毒的植物，先民们都尝试着进行种植。新石器时代，半坡居民开始了粟的种植，而河姆渡原始居民则开始了水稻的种植。夏代的农作物主要有谷、稻、麦、菽、糜等品种。商代主要有黍、稷、稻、麦、米（小米）等粮食作物。周代则主要是粟、黍、稷、稻、粱、豆、麦、桑、麻等。夏商周时期，北方以种植较耐干旱的粟为主，而南方以种植水稻为主。秦汉时期，水稻种植已推广到北方部分地区，从西域引入的西瓜、黄瓜、蚕豆、青葱、大蒜、胡椒、芝麻、葡萄和苜蓿等作物，极大地丰富了人们的日常生活，改善了人们的饮食结构。魏晋南北朝至隋唐时期，农作物格局由南稻北粟发展为南稻北麦。五代宋元时期，占城稻的引入种植，对于我国稻作生产产生了深远的影响。明清时期，粮食作物基本上还是沿袭前代，但从海外引进了玉米、番薯、马铃薯，主要粮食作物品种得到丰富，食物结构得到改善。

农业发展不仅需要农具和种子，还需要水利灌溉，发达的农田水利是传统农业得以发展的重要依赖和保证。中国自古就有修建农田水利工程的优良传统。公元前 5000 年左右，原始先民曾在杭州良渚古城外修建水利系统，这是迄今所知中国最早的大型水利工程。大禹治水时就已经发明沟洫并将其用于农田水利。周代修建了以芍陂为代表的大型水利工程，并出现了原始灌溉工具桔槔和辘轳。战国至西汉时期是中国古代农田水利建设的一个高潮期。都江堰、郑国渠、白渠、六辅渠、坎儿井等著名水利工程纷纷建成。东汉至三国时期还发明了翻车（龙骨水车）、渴乌（虹吸管）、水排等灌溉机械。隋唐时期最著名的水利工程就是隋炀帝时开凿的大运河，至元代实现南北贯通。明清时期，江南地区的水利迅速发展，继太湖圩田之后，两湖垸田和珠三角洲堤围迅速兴起。古人修建的农田水利工程，不仅在当时发挥了重要作用，而且在今天浓缩为一个个历史符号，依然产生着重要影响。

传统农业发展离不开重大的农业制度变迁。中国农业生产历史悠久，不断完善的农业制度是农业文明的最好写照。农业制度具体体现在农作制度、土地制度、土地所有制及政府对待农业的制度等方面。农作制度主要包括撂荒制、

休耕制、连种制等。撂荒制主要流行于先秦时期，是人少地多条件下的一种土地粗放经营方式，指荒地开垦种植几年后，在较长一段时间内弃而不种，待其地力恢复时再进行垦殖的一种土地利用方式。休耕制主要流行于先秦时期，是一种水平略高于撂荒制的土地粗放型经营方式，指一块地一年播种作物一年空闲，空闲的一年中依靠自然过程恢复地力。在休耕制这种土地经营方式中开始使用施肥等技术。连种制主要流行于战国以后，是人多地少条件下的一种土地集约利用方式，指土地连年耕种，不须休闲。在连种制这种土地经营方式中需要施肥、选种、灌溉等技术的相互配合。土地所有制度主要包括宗族土地所有制、国家土地所有制、地主土地所有制以及农民土地所有制。土地经营制度则主要有井田制、授田制、均田制等形式。夏商周时期的土地所有制度是宗族土地所有制，具体经营制度是井田制，“溥天之下，莫非王土；率土之滨，莫非王臣”即其最好的写照。战国以后，传统土地制度主要分为两类:一是土地国有制，一是土地私有制。土地国有制在漫长的封建社会中呈下降趋势，主要包括战国时期的授田制、曹魏时期的屯田制、西晋时期的占田制、北魏隋唐时期的均田制、清代初期的更名田等。土地私有制主要包括地主土地所有制和农民土地所有制，在漫长的封建社会中呈上升趋势，自两宋时期开始在土地所有制中占据主导地位。地主土地所有制是封建生产关系的核心，地主自营土地或出租给农民耕种。农民土地所有制是封建经济的基础，农民耕种自己的土地或租种地主的土地。如果农民租种地主的土地，就需要向地主缴纳地租，所以地租成为封建经济的主要表现形式。作为“编户齐民”的历代农民，不仅要向地主缴纳地租，还需要承担国家的农业税、徭役、兵役等。重农抑商是古代政府对待农业的基本制度或政策，即重视农业生产，抑制商业发展。农业是古代社会最重要的经济部门，为社会发展提供基本的物质资料，所以其发展水平也代表了社会经济发展水平。

为了总结和推广农业生产技术，古代学者十分重视农学著作的撰写。中国农书撰写始于春秋战国，诸子百家中就有农家学派，《汉书·艺文志》收录了很多农家著作。秦汉魏晋南北朝时期，中国出现了两部著名的农学著作：一部是西汉氾胜之的《氾胜之书》，是中国现存最早的个人农学著作，总结了2000多年前黄河流域的汉族农业生产技术；另一部是南北朝时期贾思勰的《齐民要术》，可谓是“中国古代农业百科全书”，从农耕技术到烹饪方法全部收录其中。隋唐时期，农学著作主要有韩鄂的《四时纂要》和陆龟蒙的《耒耜经》。宋元时期，陈旉《农书》（又称《陈旉农书》）是第一部记载南方汉族农业生产技术的农书；《农桑辑要》是我国现存最早的官修农书；王祯的《农书》（又称《王祯农书》）则是第一部兼论南北方汉族农业技术的综合性农书。明清时期，农学著作大量出现。如：明代马一龙编撰的《农说》，阐述了农学理论，说明农业生产的重要性；明代徐光启编撰的《农政全书》，全面系统总结了前人的生产经验，对农业科学的研究达到了当时的最高水平；清代杨屾编著的《知本提纲》，其中《修业章·农则》是专门对农业的记述，讨论了农业的生产理论和各种技术，代表了清代先进的农学思想；清代乾隆时期编撰的官修农书《授时通考》，不仅收录了历代农书，还广泛引用了经、史、子、集中有关农事的记载，是一部集大成之作。

中国是世界上最早发明历法的国家之一。农业历法是古代人们根据天象变化的自然规律，计量较长的时间间隔，用以判断气候的变化，从而指导农业生产。相传在黄帝时期，中国就出现了第一部历法，“老黄历”这一名称本身就说明我国的历法源远流长。传统农历实质上是一种“阴阳合历”。历法通过设置闰月的方式，使阴历和阳历相协调，四季相分明。二十四节气是中国重要的发明，它起源于黄河中下游。早在西周和春秋时期，人们通过“土圭”测量日影，确立了“冬至”“夏至”“秋分”“春分”。后来又经过对日月星辰的观察和测量，形成了二十四节气。二十四节气与农历相结合，为农业生产提供了更精准的指导。月令是古代人们按月记录政府活动的一种文体。这种文体的典型特点就是以月系事，记载每月的天文历法、自然物候、农事活动及帝王的政令等，并且与五行

融合在一起。代表性月令书籍主要有《礼记·月令》和《四民月令》。

从农业神话到农具发明，从农业种植技术到农业制度变迁，从农学著作到农业历法……在几千年的农业可持续发展过程中，中国传统农耕文化经历了起源、发展、形成、深化等不同阶段。中国传统农耕文化以农业生产为中心，集合了儒家、道家诸派文化于一体，形成了自身独特的文化内涵与特征，并成为影响最为广泛的传承至今的文化形态。中国传统文化有别于欧洲文化，其中传统农耕文化起着决定性作用。人们在传统农耕文化中所形成的道法自然、自强不息、团结协作、精耕细作、敬天重农等理念特征，不仅是中国传统文化的重要构成，也是中华文化长盛不衰的重要原因。

第一章 农耕工具

农耕工具的发明和发展是我国农耕文化和农业文明的重要组成部分和体现，是人类生存乃至社会文明进步的标志性成果之一。人们在长期采集野生植物和狩猎过程中，逐渐认识到石、木、骨等材料的作用，并掌握了一些可食植物的生长规律，经过无数次的实践，逐步将它们栽培为农作物，从而发明了农业。农耕工具的发明是在采集和狩猎的原始生存方式基础上产生的，时间大约在1万年前的旧石器时代末期或新石器时代初期。农耕工具自春秋战国以来就被称为“田器”“农器”和“农具”。

制造农具的原料，最早是木、石、骨、蚌、角等。商周时期出现了青铜农具，这可以说是中国农具史上的一个重大进步，但该时期依旧以木、石制农具等为主。春秋战国时期，冶铁技术出现，铁制农具开始代替木、石制农具。铁质农具的出现使农业生产力发生了质的飞跃。战国时期的农具大多数是在木器上套一个铁制的锋刃，故称之为“木心铁刃农具”。西汉中期以后，木心铁刃农具开始被全铁农具代替，这一进步有力地推动了社会生产的发展。经过几千年的发展和完善，铁制农具逐渐形成了种类繁多、制造简单、小巧灵活、使用方便的完整体系，适应了农作物生长环境的要求，推动了中国传统农业的发展。

中国农具种类的发展，经历了一个漫长的历史过程。人类社会进入新石器时代后，原始农业产生。原始农业初期，农业生产方式为刀耕火种，农具只有砍伐林木用的刀斧和挖坑点种用的尖头木棒。原始农业继续发展，农业生产方式进入耜耕农业阶段。当时体现中国农具发展水平的代表是翻土用的耒耜和收割谷物用的石刀。这一时期用于农业生产的播、种、耕、收等工具发展迅速，品种较多。耜耕农业耕种方式出现，在某种程度上脱离了刀耕火种的原始生产方式。夏商周时期，农业处于沟洫农业阶段，这一时期中国发明了金属冶炼技术，那时中国农具发展水平的代表是青铜农具。青铜农具开始应用于农业生产，种类有锛、锸、斧、戕、镈、铲、耨、镰、犁形器等。春秋战国时期，铁制农具开始出现。战国秦汉魏晋南北朝时期，是我国北方旱作农业耕—耙—耱精耕细作技术的成型时期，是旱地铁制农具发生、发展、完善、定型的时期。该时期的典型铁质农具有镢、锄、铲、镰、锛、斧、直辕铁犁、犁壁、耧车、锸、铁齿耙等。它们用于农业生产的各个环节，如开荒、整地、开沟、播种、中耕、除草、施肥、灌溉、收获、脱粒等。隋唐宋元时期，我国经济重心向南转移，南方水田精耕细作技术体系形成，适合南方水田生产环境的一些新农具相继被创制和发明，如水田耙、耖、秧马、耘荡等。在北方旱作农业地区，犁的形制得到改进。唐代出现了曲辕犁，标志着中国犁耕发展进入成熟阶段，是中国犁耕发展史上一个重要的里程碑。麦钐也在这一时期出现。明清时期，精耕细作农业持续发展，无论北方还是南方，农耕工具基本定型，种类基本完善，多种形式的农具共存，南北相互交流融合。明清时期新出现的农具种类不多，但人们在农耕实践中对农具形制结构、功能组合、便利性使用等方面改进较大，是我国传统农耕工具的定型期。

我国传统农耕工具的发展，经历了近万年的漫长历史时期，是彰显我国古代农业文明和社会发展进步的缩影。它不仅承载着先人们的艰辛与勤劳，也足以证明我国古代人民的智慧和自强不息的精神。

一、耒 耜

耒耜（见图 1–1）是中国远古时期的主要农耕工具，主要用于垦掘土壤，为播种准备疏松的土地。《诗经》中有多处用耜松土、整地的描述。如《诗经·小雅·大田》：“以我覃耜，俶载南亩。”又如《诗经·豳风·七月》：“三之日于耜，四之日举趾。同我妇子，馌彼南亩。”耒由一根尖头木棍加上一段短横梁构成，使用时把木棍的尖头插入土壤，用脚踩横梁使木棍深入，然后翻出。改进的耒有两个尖头或有省力曲柄。有两个尖头的耒称为“双齿耒”。双齿耒最初是选用树木的枝杈经简单加工而成，其形状和尺寸不尽一致。如庙底沟的双齿耒，齿径约 4

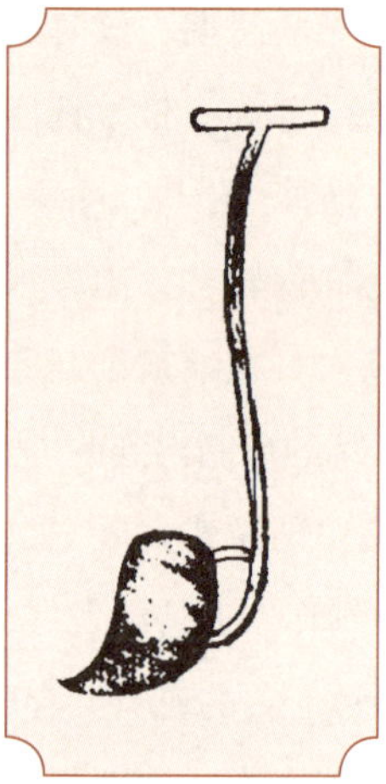

图 1-1　耒耜（元·王祯《农书》）

厘米，齿距 4 ～ 6 厘米，齿长约 20 厘米。武官屯的双齿耒齿宽 3 ～ 4 厘米，齿距 6 ～ 8 厘米，齿长 20 ～ 25 厘米。[①] 耜类似耒，但尖头成了扁头（即耜冠），类似今天的锹、铲。耜的制作材料从早期的木质发展到石质、骨质或陶质。有的制成耐磨的板刃外壳，损坏后，可以更换，这就是犁的雏形。为了适应不同的耕播农活，先民们又将耒耜的主要组成部分制成可以拆装的部件，使用时根据需要进行组合。

传说耒耜是神农氏发明的。《周易·系辞》言："神农氏作，斫木为耜，揉木为耒，耒耜之利，以教天下。"实际上，耒耜远在新石器时代早期即已出现。武安磁山遗址、新郑裴李岗遗址以及辽宁、内蒙古等地的遗址都出土了很多石耜，据考古发现，其年代最早者可达 8000 年前。在中国远古时代的耒耜遗物中，出现较早的当属浙江余姚河姆渡遗址出土的骨耜（见图 1-2）。该骨耜由牛肩胛骨制成，肩胛骨的臼部锉削平整，骨板正中部凿一道纵向浅凹槽，凹槽下端左、右各凿一孔，用来绑缚木柄。木耜容易腐烂，木耜的实物资料罕有发现，河姆渡遗址中保存比较完好的木耜仅发现了一件，而骨耜却发现了 170 多件。大量骨耜的发现表明，河姆渡遗址农业已经比较成熟，基本脱离了刀耕火种的最初阶段。以耒耜为主要工具的农业被称为"耜耕农业"。耜耕农业是锄耕农业的一种形式。耒耜

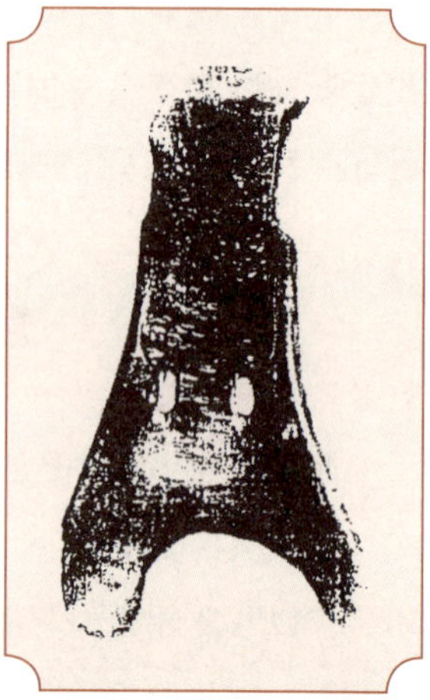

图 1-2　骨耜（浙江余姚河姆渡遗址出土）

① 参见周昕：《中国农具史纲及图谱》，中国建材工业出版社 1998 年版，第 18 ～ 19 页。

是犁的前身，后被石犁或犁形器所代替。实际上，耒耜的使用一直延续到铁制农具使用的初期，故后来有人仍称犁为“耒”或“耒耜”。

有了耒耜，就有了真正意义上的耕播农业。先民开始大面积耕播粟谷，并将一些野生植物培育为农作物，如稻、黍、稷、麦、菽等。后人将这些农作物统称为“五谷”或“百谷”。人们把“神农创五谷”“始作耒耜”的功劳以美好传说的形式归结或附会到神农氏身上，视他为开创中国农耕文化的始祖。其实，生产工具的发明和改进以及野生植物的培育并不是某一个人的功劳，而是人类在长期的生产实践中逐渐实现的。

二、铜镬与铜铲

1. 铜镬

镬是一种起土、碎土农具。镬体为长条形，有单斜面或双斜面刃，顶端有长方銎，銎中安方木，方木上装柄，柄与外皮体成直角。人们用木棒之类的农具疏松土壤时，要利用前推或下推的力，所以工具入土往往不深。如果遇到坚硬的或者过于干燥的土壤，不但太费气力，而且土壤耕作质量会很差。人们设想制作一种类似斧子的工具，先高举起来，再向下斫，这样力量就会更大。而且人们改变了穿柄孔的位置，使斧柄和斧刃成直角，这就是“镬”了。东汉许慎《说文解字·金部》:“镬，大鉏（锄）也。”元王祯《农书·镬臿门》载：“镬，劚田器也……‘又作镢，诛也，主以诛除物根株也’。盖镬，劚器也，农家开辟地土，用以劚荒。凡田园山野之间用之者，又有阔狭大小之分，然总名曰镬。”

镬最早见于商代。商代部分镬用青铜制作，如河北藁城台西、湖北黄陂龙盘城、玉门火烧沟等地都出土过商代铜镬。现收藏于安阳市博物馆的商十字纹青铜镬，出土于安阳市北郊三家庄。此镬束腰长体，鼓面平背，上端有半圆形銎，銎占镬体的2/3，銎外有箍。正面饰有“十”字形纹。体上部有一圆孔，通其正背，正面斜刃，刃微弧而厚，上有许多小缺口和磨痕，有使用痕迹。① 铜镬在商甚至西周农业中的作用是不可忽视的，但在商甚至西周，却没有占主导地位，如石峡文化遗址发现的镬均为石质。至春秋战国时期，镬已发展成为一种重要的农具。战国时代出土的大量铁镬，在出土农具中比重最大。

镬发明之初，功能有三：一是刨地（挖土、垦荒），适于较硬的土质。这种功能一直保持到现代。二是用以除草，这种功能已为锄所代替。三是碎土。耕作者将土刨起后，随手将镬柄转90度，用镬的后背，把刨起的土块打碎，这种功能也一直延续到现代。②

2. 铜铲

铜铲是一种除草农具，相当于现在的锹，在《诗经》和其他先秦文献中又有“钱”“镈”“臿”“铫”等名称。人们考古出土了很多远古时期的铲。从铲的材质演变来看，主要是石铲，其次是蚌铲、骨铲。随着社会生产力的发展，至商代时期又出现了金属质地的铲——青铜铲。其中比较著名的铜铲有：1953年河南安阳大司空村出土的商代铜铲，全长22.45厘米，上端方銎可以安柄，下端刃宽8.5厘米；1976年河南省安阳市殷墟妇好墓出土的商代铜铲（见图1–3），铲长17厘米，刃宽8.8厘米。③ 至春秋战国时期，随着冶铁技术的发明，铁铲开始出现并被广泛地用于农业生产。从铲的形状发展来看，西周铲形状与商代铲近似，但较商代铲小；战国时期，铲向方形演变；汉代铲，形短而刃宽。

图1–3　商代铜铲

① 参见孟宪武：《安阳三家庄发现商代窖藏青铜器》，《考古》1985年第12期。
② 参见周昕：《中国农具史纲及图谱》，第29页。
③ 参见周昕：《中国农具史纲及图谱》，第374页。

三、铜 锄

锄是用于中耕、培土、松土、间苗和除草的农具，由锄刃和木柄两部分组成。锄刃刀身平薄，形状多样，有长方形、狭长形、梯形、马镫形、半月形等；木柄是一根用硬木制成的圆形木棍。锄刃后面有一个孔，木柄就装在这个孔里。其刀身平薄，形似铲，有銎可安曲柄。锄有大锄和小锄、叉形和铲形之分。先民在新石器时代发明了石锄，但是石锄笨重且不耐用。至西周时期，青铜锄出现。流传到后世的青铜锄多是战国和汉代的。迄今为止发现的西周青铜锄仅有5件，其中4件征集地位于关中西部的周原。这4件铜锄形制一致，锄身呈扁平状，有刃，上端有肩，实心圆銎，与锄身夹角呈90度或略小于90度。[①] 周原是西周的发祥地，青铜锄的出土为研究周原地区西周社会的农业发展提供了实物资料。

古代铜或青铜制农具的使用范围极为有限，原因有二：一是铜和青铜数量不很多，首先被用来铸造更受重视的祭器、兵器以及贵族们的日常用具之类；二是统治阶级断然不肯或者不敢把这些可以当作武器用的东西大量地交予奴隶之手。原始时期的器具往往有多种用途，如斧的形状像镬，戈的形状像镰，既可以用于耕种，也可以用于战斗。铜制工具，尤其是青铜制工具，比起石质和木质工具要锋利得多，一旦被奴隶们掌握，对统治阶级来说十分危险。随着时间的推移，兵器和农具的用途各趋专一，兵器的杀伤力大大超过了农具。到了这个时候，金属农具才得以推广，那是进入铁器时代以后的事了。

---

① 参见王文耀：《岐山县博物馆收藏的西周铜锄》，《文物》2008年第12期。

四、犁与犁镏

1. 犁

犁是我国重要的土壤耕作农具之一，在几千年的农业生产中一直发挥着不可替代的作用。即使在当代机引农具中，犁仍是主要配套农具，而且传统犁仍大范围使用。春秋之前已经出现犁的雏形，如在耦耕中一跖一拉的曲柄耒耜，上有曲柄，下有犁头，还有用以倒拉的大鹿角锄、树杈锄。耒耜演变为初期的犁时还没有专用的名称。甚至出现了“犁”字后，在耒耜向犁过渡的过程中，人们仍然称犁为“耒耜”。“耒耜”和“犁”这两个名称的使用有很长的交叉期，如唐代著名的农书《耒耜经》就是用“耒耜”二字代表犁的。东汉许慎《说文解字·耒部》也将大犁解释为“耒耜”。①

早期的犁是用“Y”形的木段制作的，下面的枝段雕刻成一个尖头，上面的两个分枝则做成两个把手。犁在土壤中前行时，尖头就在泥土里扒出一道狭小的浅沟。大约在公元前 3000 年，犁得到了改进，尖头被制成一个能更有力地辟开泥土的“犁铧”，增加了一个能把泥土推向旁边的倾斜的底板。商代出现了铜制的犁铧，犁变得更加锋利，松土更加省力。青铜犁的出现为以后铁犁的使用开辟了道路，在我国农具史上占有重要的地位。春秋战国时期，铁犁铧取代了青铜犁铧，开始用牛拉犁耕田，牛耕技术开始推广。欧洲人直到 17 世纪才使用铁犁，比中国晚了 2300 年左右。战国时期的铁犁构造比较简单，没有犁壁装置，犁只能用来松土破土而不能翻土，耕地质量及工作效率都很有限。至汉代才出现了犁壁，犁初步定型；唐代时，曲辕犁出现，犁基本定型。铁犁的使用为精耕创造了条件，是农业技术进步的体现，不仅提高了生产效率，还有利于土地

① 参见周昕：《中国农具史纲及图谱》，第 28 页。

的开垦。同时，犁耕的发明使个体经营农业成为现实，为封建农业最后取代奴隶制农业奠定了坚实的物质技术基础。

2. 犁馆

犁馆，即犁铧（见图 1–4），是犁的配件，安装在犁的下端，用来翻土的金属器，略呈三角形。唐玄应《一切经音义》卷十八："犁铧，犁刃也。"战国时期，人们在木犁铧上套上"V"形铁刃，俗称"铁口犁"。铁口犁的犁架变小，轻便灵活，可以调节耕地的深浅，大大提高了耕作效率。但是，铁犁铧硕大沉重，与其配套的犁架必须加大加固才行，以致整架耕犁的重量随之增大，通常需要两头或两头以上壮牛挽拉耕田。战国的耕犁没有犁壁装置，没有翻土功能。随着西汉时期犁壁的出现，犁将犁铧与犁壁组合构成复合装置，从而实现了将耕起的土垡进行翻转的功能。

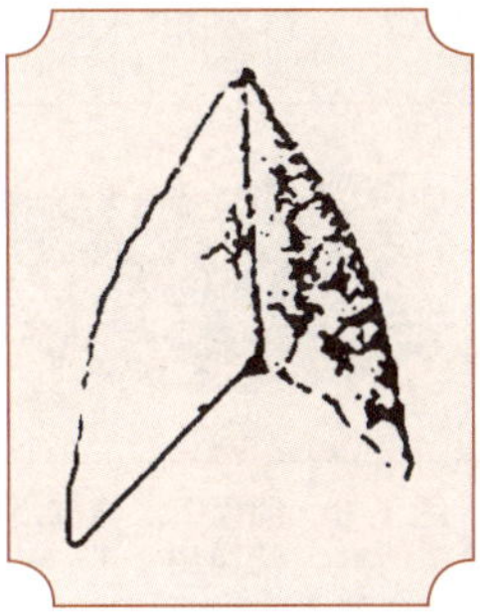

图 1–4　犁铧（周昕《中国农具史纲及图谱》）

战国时期，铁犁铧在"三河"（河东、河内、河南）和关中地区多有发现。如河南辉县固围村魏墓、河北武安午汲赵城遗址、山西侯马北西庄、河北易县燕下都、山东临淄齐故城遗址和薛城遗址、陕西蓝田、西安等地都发现了"V"形铁犁铧。[①] 与犁铧一起，往往有"V"形犁冠出土。1950 年，在河南辉县固围村出土的战国铁犁冠（见图 1–5）宽 23.6 厘米，叶长 17.5 厘米，叶中宽 3.9 ～ 4.5 厘米。犁冠套在犁铧的前端，起加强保护作用。这种冠的制作材料，比铧更耐磨、更耐冲击，而且体积小、重量轻，便于操作。套上冠的铧，更锋利，更耐用，坏了也便于更换。

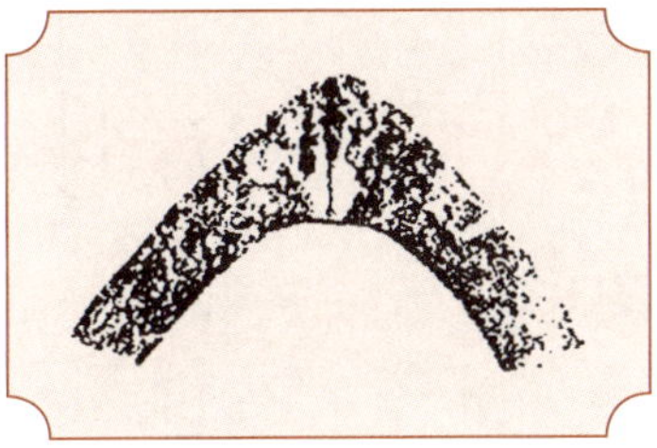

图 1–5　战国犁冠（中国国家博物馆藏）

① 参见王星光:《中国传统耕犁的发生、发展及演变（续）》,《农业考古》1990 年第 1 期。

五、铚与镰

1. 铚

铚是一种古老的收割农具。汉许慎《说文解字 · 金部》中提到："铚，获禾短镰也。"汉刘熙《释名·释用器》:"铚，获禾铁也。铚，断黍穗声也。"铚无柄，多孔，操作方便，不易脱滑。铚最初用石片、蚌壳制作，是适应切割禾穗需要而发明的农具。西周已有铜铚（见图 1–6），战国之后有了铁铚。江苏苏州葑门河道出土的铜铚呈蛋圆形，一端稍尖，弓背弧线刃，近背处有两孔，刃部有细齿。从云南呈贡出土的铜铚，其形状仿制有孔石铚；江苏句容出土的铜铚，呈腰子形蚌壳状，刃部铸有斜线纹锯齿，锋利，其形状仿制蚌铚。汉代以后，铚的使用减少，镰成为最主要的收获农具。[①] 但是，直至今天，铁铚在我国华北地区及南方的海南、云南、贵州等地仍有使用，有"摘刀""掐刀""捻刀""爪镰"等名称。

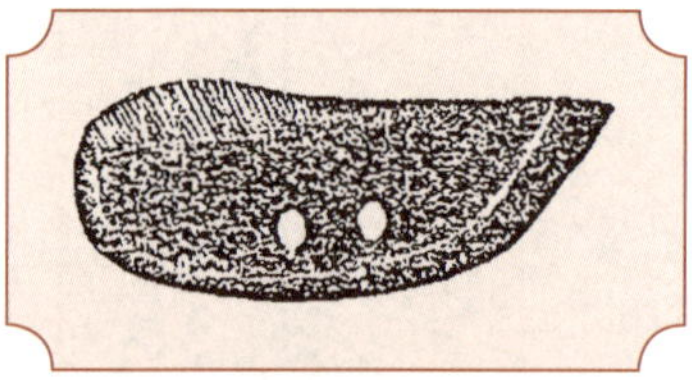

图 1–6　铜铚（江苏苏州葑门河道出土）

2. 镰

镰是一种古老的收割工具，商周时称为"艾"。镰由刀片和木柄两部分组成，刀片多呈半月形，刃口向内，有的有銎，有的无銎。有銎者以銎和柄相连，无銎者用钉与柄相连。柄圆且直，有的略有小弯。刀片刃部有平刃和锯齿两种形式。春秋战国时期的金属

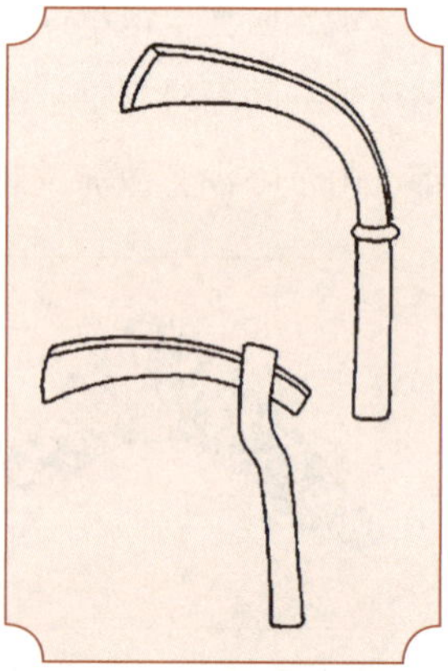

图 1–7　镰（周昕《中国农具史纲及图谱》）

① 参见徐潜主编：《古代耕织与劳作》，吉林文史出版社 2014 年版，第 37 页。

镰刀模仿古镰刀形制，有平刃和齿刃之分。齿刃镰常被称为“锯镰”，由蚌镰发展而来。齿刃镰收割谷物时有滑切动作，比较省力，效果也好。浙江绍兴、河北平山、江苏苏州葑门等地有铜质齿刃镰出土。铁器时代以后，铁质镰刀的刃口坚韧而锋利，齿刃的作用就显得小了，所以铁制齿刃镰刀也就相应减少了。至汉代，中国的铁镰已基本定型，装柄方法主要是铆接或夹装在木柄里。[①]（见图 1-7）直至今天，该形制镰在我国各地农村仍有使用。

六、耰与耨

1. 耰

耰（见图 1-8）是春秋战国时期出现的一种碎土工具，其作用是在土壤耕作或播种后，将土壤表面的土块敲碎。耰是用木头做成的榔头，所以又称为“木榔头”。由于耰为木制，战国之前尚无实物出土，但文献中记载较多，如《论语·微子》有“耰而不辍”,《孟子·告子上》有“播种而耰之”,《庄子 · 则阳》有“深耕而熟耰之”，说明耰在春秋战国时期应用比较普遍。秦汉时期，耰仍是普遍使用的农具，其基本结构没有变化。在新疆汉代尼雅遗址出土了一件完好的耰，全长 108 厘米，头长 46 厘米。秦汉以后，用于破碎土块的农具主要是耙，耰逐渐退出历史舞台。

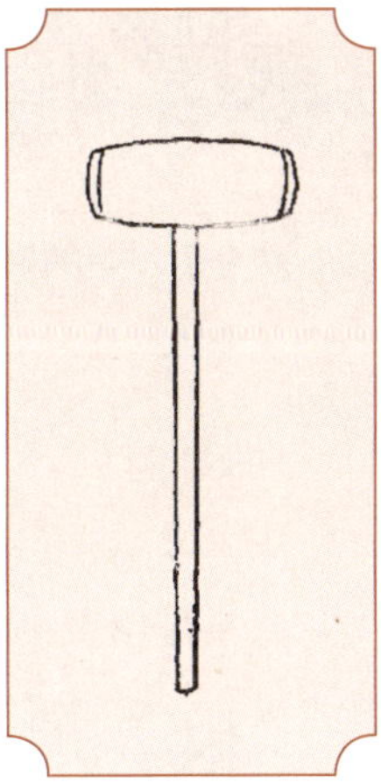

图 1-8　耰（元 · 王祯《农书》）

2. 耨

耨是短柄除草工具，刃部有细锯齿，便于切割草的根茎。耨的两翼饰满凹槽，

① 参见周昕：《中国农具史纲及图谱》，第 31 页。

有用于固定的梯形穿孔，装柄后用于除草，便于植株间来回运动，不至于伤及农作物，比较实用。《管子·轻重乙》:“一农之事，必有一耜、一铫、一镰、一耨、一椎、一铚，然后成为农。”这充分说明耨在古代农业生产中的重要性。耨的发明较早，开始用蚌壳制作，柄很短，需要弓着腰使用。耨大小不一,《诗经·周颂·原出》毛传释文引《字诂》载有:“耨头长六寸，柄长一尺。”近年来，在浙江、安徽、江苏一带出土了一些春秋战国时期的“V”形青铜耨。学界对其称呼不一，或称为“犁形器”，或称为“推镰”“V形铧”等。其中，1982年浙江舟山定海石礁出土的战国青铜耨（见图1–9），双合范铸造而成，呈镞形，长8.4厘米，宽17厘米。正中有小銎，镢形，銎长2.5厘米，宽1.9厘米。下部正反面各有一个钉孔，孔径0.4厘米。耨分两股向后斜出，左股14.5厘米 ×4.2厘米，右股12.5厘米 ×3.9厘米。两股正面均有纵线纹，后缘为钝边，刃部很锋利。

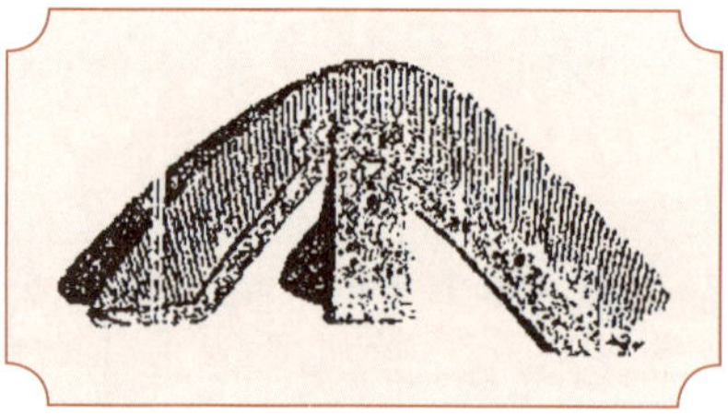

图1–9　战国青铜耨（浙江舟山定海出土）

七、铁　锄

铁锄是用于中耕、培土、松土、间苗和除草的农具。春秋战国时期，冶铁技术兴起，锄的形制等出现了重大变革，铁制锄头代替了木制、石制锄头，从而大大提高了农业生产效率。春秋战国时的镈，就是一种短小的锄，供人蹲在田间除草使用。战国、秦朝时期的耨也是一种短柄小铁锄，耨柄长有33厘米，单手执握，蹲行田间除草。在禾苗丛内用耨除草，比较省力。到了汉代，由于冶铁业的发展，铁锄更加普及，锄的种类增加，质量也有所提高。汉代的铁锄，柄加长，刃加宽，人们站在田间只需要稍微弯腰即可锄草，这就大大减轻了劳累程度。

汉代的锄，除了有一部分继续沿用春秋战国时期的形制之外，还发明了鹅脖式铁锄（或叫“鹤头锄”）。汉代刘熙《释名·释用器》：“锄，助也，去秽助苗也……头曰鹤，似鹤头也。”鹅脖锄的形制是：在铁锄板上延伸出一个鹅脖似的铁柄，柄的一端装有圆銎，以便装接木柄。湖北枣阳出土的西汉铁锄就是这种形式。除草时，操作者双手握柄向后拉，锄板贴着地表层向后方连续切，一次下锄可连续切割 30 ～ 60 厘米的距离，是一种半连续切割。鹅脖锄完全脱离了镬的结构形式，它与今天某些地区还在使用的铁锄十分相像。

八、犁壁与直辕犁

1. 犁壁

犁是一种耕地农具，而犁壁是犁的装置之一，没有犁壁的犁是不能翻土的，碎土效果也不好。汉代之前的铁犁构造比较简单，没有犁壁装置，只能用来松土破土，所以耕地质量及工作效率都很有限。西汉时期发明了犁壁，且得到了广泛使用。河南中牟、山东安丘及陕西西安、咸阳、礼泉等地都有汉代犁壁出土。从出土的犁壁来看，大体有马鞍形壁、菱形壁、瓦形壁和方形缺角壁四种类型[①]。其中，马鞍形壁可向两侧翻土，菱形壁、瓦形壁和方形缺角壁只能向一侧翻土。翻土是犁壁的重要功用，耕作时它可以将土垡上引，使之翻转、破碎，起到碎土、松土和翻转土壤的作用。土垡翻转，可以将杂草埋在土壤中作肥料，同时还能起到杀虫的作用。

从汉代的壁画可以看出，西汉使用的多是一种左、右对称的两侧翻土的耕犁。这种犁的犁铧在尖头之后的中间位置隆起，左、右对称展宽，俯视呈三角形。犁铧左右都有刃口，犁地时土垡向两侧翻滚，犁出的地是一条条小沟。犁壁就

① 参见周昕：《中国农具史纲及图谱》，第 46 页。

图 1–10　汉代装有犁壁的犁铧
（陕西渭南出土）

安装在犁铧后上方（见图 1–10）。犁壁中间凸起，形如鼻梁，接着犁铧上棱和左、右两斜面，把它们整体向后向上延伸，并逐渐变宽。这种装置的作用是在三角形犁铧将土犁开并分向两边后，继续将土向两边分离，并且将其抬升、翻转、推向高处，使犁后形成一个较深较宽的沟，使两沟之间形成较高较大的垄。由于它首先是将土分向两边，所以又称之为"镪土"。又由于其上部两角耸起，所以又叫"犁耳"。在对称式耕犁上安装这种犁壁，不仅有利于实现赵过发明的代田法，而且还适用于种植谷子、糜子一类旱地硬秆稀植作物。

犁壁的发明和使用，是耕犁发展史上的一个里程碑。但是，耕犁在汉代还处于过渡阶段，不论是整体结构还是具体零件，都还处在改革发展之中，还没有出现基本定型的犁。至唐代，犁基本定型，犁壁也演变成一种较弯曲的铁板。

2. 直辕犁

汉代，耕犁初步定型。汉代耕犁木质部分由犁辕、犁梢（犁柄）、犁底（犁床）、犁箭、犁评等部件组成。汉代的犁辕长且直，因此被称作"直辕长辕犁"。（见图 1–11）[①] 直辕犁的犁箭装置能调节耕地深浅，这在耕犁的结构上是一大进步。汉代直至魏晋南北朝时期的犁基本上是"二牛抬扛"式的（见图 1–11–2、1–11–4、1–11–5、1–11–6、1–11–8），特别适合在平原地区使用，能保证将田地犁得平直。汉代直辕犁比较容易驾驭，耕地效率也较高，比战国时期的耕犁有了很大的进步。其缺点是在土质松软时，回头、转弯都不够灵活，且起土费力，

① 采自尤振尧等：《泗洪重岗汉代农业画像石刻研究》，《农业考古》1984 年第 2 期。

耕地效率不高。经过不断改进，至隋唐时期，江南及北方土质松软区出现了曲辕犁，此后渐渐取代了直辕犁的主流地位。而在中国西部及贫瘠山区，二牛牵引的直辕犁一直有着强大的生命力。

图 1–11　汉代犁形

九、铁　臿

铁臿（见图 1–12）可以起土、穿土、培土，却不能翻土。汉代刘熙《释名·释用器》:“臿，插也，插地起土也。”臿由远古时期的耒耜发展而来。铁器时代的耒耜安上了铁刃套，刃部加宽，能供踏足之用。取消原来的踏足横木，耒耜就演变为臿。臿是我们现在广为使用的铁锹的原型，江西奉新、湖南桃源等地农村现在使用的一些铁锹，还保存着古代臿的外形。目前发现最早的臿是商代的青铜臿。春秋战国时期的臿有平刃、弧刃、尖刃多种形制。现收藏于中国农业

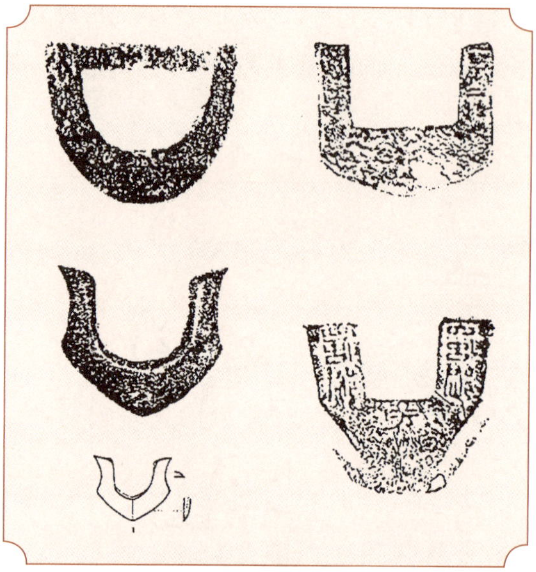

图 1-12　汉代锸（周昕《中国农具史纲及图谱》）

博物馆的春秋时期的铁锸，长17厘米，刃宽15.5厘米，高3.5厘米。1950年，河南辉县固围村出土的战国时期的铁锸，安装了便于使用的把柄，耕作质量较好。汉代是犁、锸并用的时代。山东省微山县文物馆所收藏的三件汉代铁锸，均出自汉墓室的墓门外。考古发现，汉代铁锸的形制大致分为两种类型：一种为长方“一”字形平刃锸；一种为“凹”字形铁刃锸，刃宽多为11～15厘米。铁锸之所以在汉代被广泛使用，与铁犁牛耕的推广、江南火耕水耨的普及、区田法的运用等密切相关。

十、耧　车

耧车也叫“耧犁”“耙耧”“耧”等，是播种用的农具，可以称得上“现代播种机的始祖”，战国时期即已出现。耧车主要适用于旱地，可播种大麦、小麦、大豆、高粱等。从构造上来说，耧车由耧架、耧斗、耧脚、耧铲等装置构成。从耧脚数量上来分，耧车有独脚耧、二脚耧、三脚耧、四脚耧数种，其中以二脚耧、三脚耧最为普遍。王祯《农书·耒耜门》记载了两脚耧的具体结构：“两柄上弯，高可三尺，两足中虚，阔合一垄，横桄四匝，中置耧斗，其所盛种粒，各下通足窍。仍旁挟两辕，可容一牛，用一人牵，傍一人执耧，

且行且摇，种乃自下。”（见图 1–13）

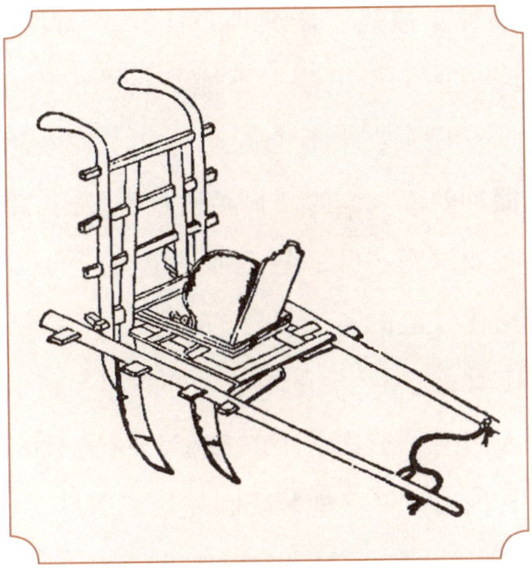
图 1–13　耧车

汉武帝时，赵过在一脚耧和二脚耧的基础上创造发明了能同时播种三行的三脚耧。使用三脚耧时，一头牛拉耧，一人牵牛，一人扶耧，一天能播种一顷（约合今 70 亩）地，与一脚耧、二脚耧相比，大大提高了播种效率。汉代三脚耧复原模型现陈列在中国历史博物馆里。三脚耧底部有三个用于开沟的铁铧，叫作“耧脚”，后部中间是空的，两脚之间的距离是一垅。三根木制中空耧腿，下端嵌入耧铧的銎里，上端和子粒槽相通。子粒槽下部前面有一个长方形的开口，和前面的耧斗相通。耧斗的后部下方有一个开口，活装着一块闸板，用一个楔子管紧。为了防止种子在开口处被阻塞，在耧柄的一个支柱上悬挂一根竹签，竹签前端伸入耧斗下部系牢，中间缚上一块铁块。耧两边有两辕，相距可容一牛，其后有耧柄。

使用三脚耧播种前，要根据种子的种类、子粒的大小、土壤的干湿情况等，调节好耧斗开口的闸板，使种子在一定的时间流出的数量刚好合适。然后把种子放入耧斗里，一人牵牛，一人扶耧。扶耧人控制耧柄的高低，调节耧脚入土的深浅，这样可以调节种子入土的深度，一边走一边摇，种子自动地从耧斗中流出，分三股经耧腿再经耧铧的下方播入土壤。在耧后边的木框上，用两股绳子悬挂一根方形木棒，横放在播种的垄上，随着耧前进，自动把土耙平，把种子覆盖在土下，这样一次就把开沟、下种、覆盖的任务完成了。[①] 最后，用挞等工具压实土壤。现代最新式的播种机能接连完成开沟、

① 参见徐潜主编：《古代耕织与劳作》，第 35 页。

下种、覆盖、压实四道工序，而我国的三脚耧早在2000多年前就已能同时完成前三道工序，不愧是我国古代在农业工具方面的重大发明之一。

耧车在土地上行走一次，同时完成开沟、下种、覆土等作业，大大提高了播种效率。同时，播种质量也较高，能保证播种行距一致、种子播种深度一致、谷物株距一致，便于种子出苗后的田间通风透光和谷物田间管理，也为谷物机械化收割准备了良好的条件。汉武帝曾下令在全国范围内推广这种先进的播种工具，这对当时的农业生产发展起到了推动作用。至元代，根据耧车播种的功能，人们又创造出了下粪耧车，使耧车增加了施肥功能。直至20世纪八九十年代，我国北方许多地区仍在使用三脚耧。进入21世纪后，随着拖拉机及现代新式播种机的推广，耧车这种古老的播种工具才退出了历史舞台。

十一、耙、耢、碌碡与耖

1. 耙

耙在中国已有1500多年的历史。耙有人力耙和畜力耙两类。人力耙出现于战国到秦汉时期，依材料不同，分为竹木齿耙和铁齿耙。竹木齿耙主要用于打场，把谷物堆扒开，使谷子等附着在晒谷场地面，以加快谷子晾晒速度。铁齿耙主要用于碎土，由木把、耙头组成，耙头装有铁齿。畜力耙从铁齿耙发展而来，主要用于耕后碎土和平整地面，畜力耙又有“一”字耙、“人”字耙、方耙之分。1972年，甘肃嘉峪关出土的魏晋墓壁画中，有目前发现的最早的耙的形象，由此推断畜力拉耙的使用不晚于三国时代。该耙田图描绘出如下景象：一根横梁上均匀排列着一排木齿，一头牲畜挽行，一人蹲在耙上，一手挥鞭。以后各时期的耙为方框形或“人”字形，排列铁齿或木齿。“人”字耙最早记载见于北魏贾思勰的《齐民要术》。方耙最早见于唐陆龟蒙的《耒耜经》，其形制在王祯《农书》中有明确记载。（见图1–14）方耙面积较大，人立其上不易陷溺于泥中，而且结构牢固，能够经受耕作时来自土壤的较大阻力。畜力耙的出现，标志着北方旱地抗旱保墒耕作技术体系的形成，同时也为南方水田耕作技术体系的形成奠定了基础。虽然随着现代化工具的发明及运用，许多传统农具已经逐步退出历史舞台，但铁耙作为农家必备农具之一，现在仍有所使用。

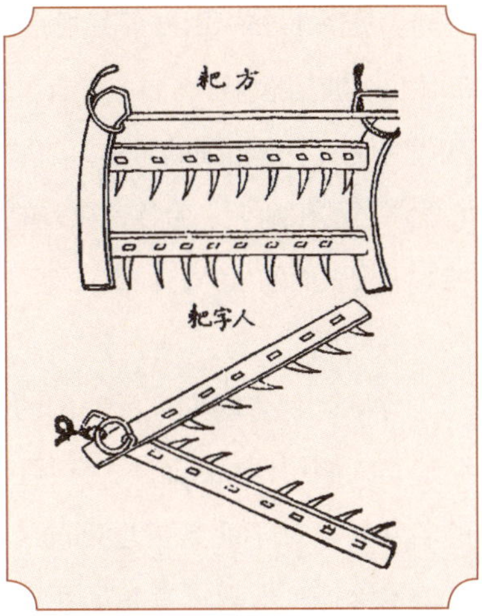

图 1–14　方耙、“人”字耙

2. 耢

耢是一种传统的整地农具，也称作“摩”“耱”，功用和耙相似，又称“无齿耙”。用耢整地称为“耢地”，耕翻或耙地后耢地可磨碎土块、耢平耙沟、平整地面，耢地这种耕作方式兼有镇压、保墒的作用。《氾胜之书》有关于“摩田”的论述：“春地气通，可耕坚硬地黑垆土。辄平摩其块以生草。”可见至少 2000 年前黄河流域就已使用耢来平整土地。《齐民要术》中记载有“耕而不劳，不如作暴”的谚语。王祯《农书》指出：“凡已耕耙欲受种之地，非劳不可。”耢由先秦古农具耰发展而来，耰为手工碎土农具，而耢则是畜力整地农具。耢的形象最早见于山东滕州黄家岭出土的东汉画像石“耕作图”。图像显示，在犁田之后，有一农夫驱一牛拉一长条状器物在地面上拖行，这一长条器物就是耢。魏晋墓壁画中可以清楚地看到，耢就是一根粗且长的木棒，前面装有牵拉用的长辕。莫高窟中宋代壁画所绘制耢，形状扁平。王祯《农书》所绘

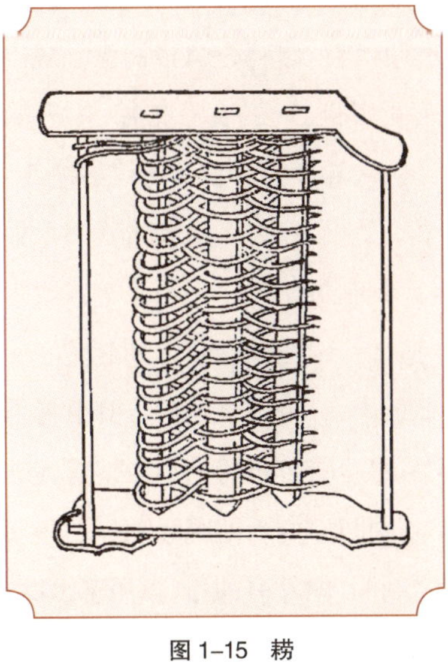
图 1–15　耢

之耢（见图 1–15）由枝条编制，并说：“劳，无齿耙也，但耙梃之间用条木编之，以摩田也。耕者随耕随劳……耙有渠疏之义，劳有盖摩之功。”“耙与劳制同，劳比耙功异。”现代的耢用手指粗细的树枝（如荆条或藤条）编成，形状为长方形。使用时把耢平放在翻耕过的田地上，由牲畜拉着前进，操作者站立其上，或将石块放在上面，以增大耢对土壤表面的压力，提高整地质量。

3. 碌碡

碌碡是魏晋时期广泛使用的一种碾压农具，又称作“陆轴”“碌轴”。碌碡的雏形是人们用两根绳牵拉一根可以转动的光滑木轴，用以农田压雪保墒。“碌碡”的名称最早见于北魏贾思勰的《齐民要术》。碌碡形制有多种，功能也不同：带齿的木碌碡（木砺礋）主要用于水田整地；带齿的石碌碡（又作“石砺礋”）主要用于旱地镇田碎土，或用于水田均泥滓；表面平整和表面带觚棱的石碌碡主要用于场上脱粒。碌碡使用时，在两端中间各装上一个短轴或顶尖，嵌入外部长方框两旁的圆洞或凹槽之内，用人力或牲畜牵拉滚动。古书对碌碡多有记载。如《耒耜经》有：“爬而后有砺礋焉，有碌碡焉。自爬至砺礋皆有齿。碌碡，觚棱而已，咸以木为之，坚而重者良。”王祯《农书·耒耜门》对碌碡（见图 1–16、图 1–17）有详细记载：“北方多以石，南人用木，盖水陆异用，亦各从其宜也。其制可三尺，大小不等，或木或石，刊木括之，中受簨轴，以利旋转。又有不觚棱混而圆者，谓‘混轴’。俱用畜力挽行，以人牵之，碾打田畴上，块垡易为破烂，及碾捍场圃间，麦禾即脱稃穗……（砺礋）与碌碡之制同，但外有列齿，独用于水田，破块滓、溷泥涂也。”由于碌碡和砺礋在水

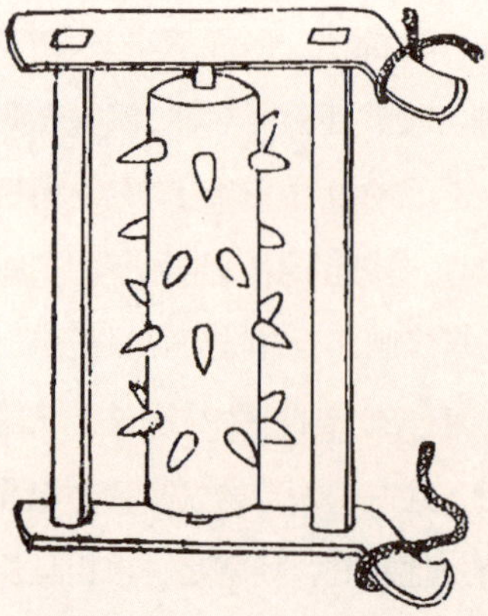

图 1–16　木砺礋

田里打混泥浆的质量不是很高，至唐宋逐渐被耖替代。

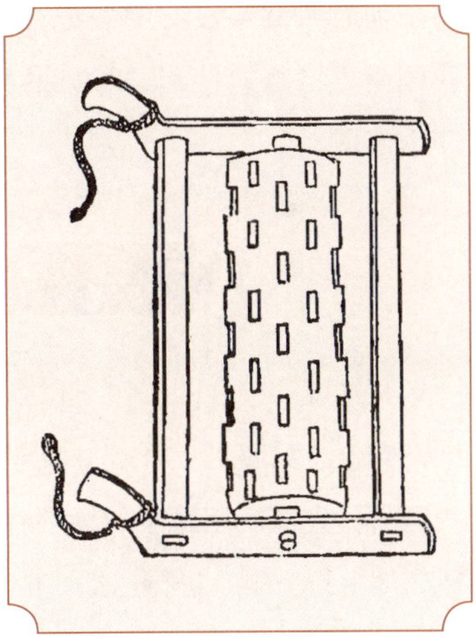

图 1–17　石砺碎

4. 耖

耖（见图 1–18）是一种水田整地工具，用于水田耕耙后疏通田泥，平整田地。耖田有干耖和水耖之分。干耖时，土壤水分不能过多，也不能过少；水耖时，水层不宜过深或过浅。耖多为木制，圆柱脊，平排多个直列尖齿，两端一、二齿间插木条系畜力、挽用牛轭，二、三齿间安横柄扶手，是用畜力挽行疏通田泥的农具。1963年，广东连县晋墓出土的一件黑色陶质耕田模型中，有犁地和耖地的形象。整个模型呈长方形，四周有田埂和排水口，中间的畦梗将畦田分成两块：一块一人驾一牛犁田，另一块一人驾一牛耖田。该模型中耖的结构是：在一根横梁的下方，装有六条长齿，横梁上平行安一根供操作者掌握的手柄。工具用绳索套在前方的牛肩上，操作者在后面驱牛耖田。出土于广西梧州倒水南朝墓的一耕田模型中，耖的风格也与之相似。关于耖的形制及使用，王祯《农书·农器图谱》载：“高可三尺许，广可四尺。上有横柄，下有列齿……人以两手按之，前用畜力挽行……耕耙而后用此，泥壤始熟矣。”水田操作使用的耖发

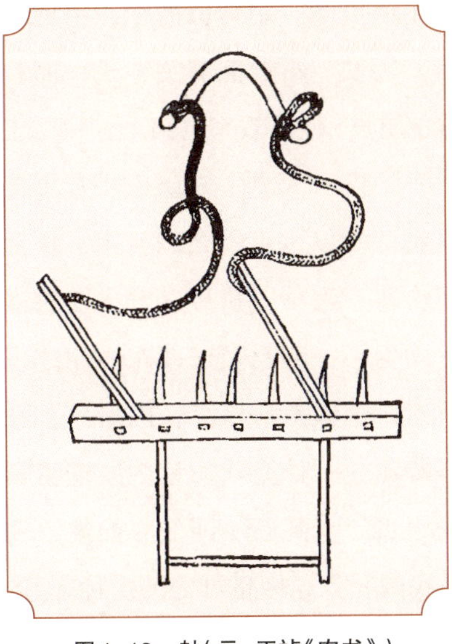

图 1–18　耖（元·王祯《农书》）

明于何时，文字没有明确记载。从出土的耕田图来看，魏晋南北朝时，耖在我国南方已普遍使用，且耖的整体结构也已比较成熟。如今耖在水田地区仍广为使用。

十二、窍瓠与挞

1. 窍瓠

窍瓠（见图 1–19）是一种手工操作的播种农具，也称作“瓠种”“点葫芦”。我国古代先民所用最早的播种谷物用的农具为点种木棒。播种时，用一尖头木棒在地上打一眼，进行点播。6 世纪出现了专用播种农具——窍瓠。《齐民要术》最早记载了这种农具：“两耧重耩，窍瓠下之；以批契系腰曳之。”就是说，这种工具盛上种子后系于腰间拉着走，将种子播于沟内。窍瓠主要在山东、辽宁、内蒙古、河北等地使用。窍瓠是用瓠瓜硬壳制成的，中间穿一空木棍；壳内装种子，手扶入地用以点播。用窍瓠播种比单纯手播要均匀、轻便，不但能节约种子，而且能控制播种质量，播种效率也高。王祯《农书·耒耜门》载：“瓠种，窍瓠贮种量可斗许。乃穿瓠两头以木箄贯之，后用手执为柄，前用作觜，泻种于耕过垄畔。随耕随泻，务使均匀……燕赵及辽以东多用之。”瓠瓜属草本，窍瓠不易保存，1976 年，在河北滦平岭沟村一处金代遗址中发现了窍瓠，实属珍贵。直到新中国成立前夕，窍瓠一直是我国北方地区不可少的播种工具，

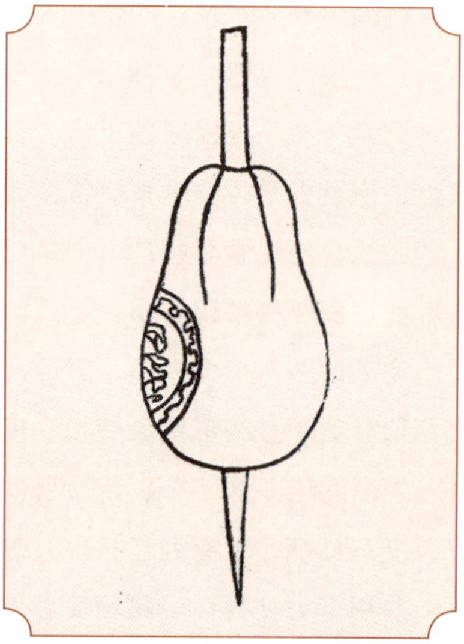

图 1–19　窍瓠

但是材质、形制有所改变。[1] 如山东威海地区是木制窍瓠，容种器像一只方斗，中间穿一空心杆，用法与其他窍瓠相同。

2. 挞

挞是与播种农具相配合使用的一种覆土工具。用耧车播种谷物以后，再用挞来覆土并将其覆压结实，以使种子和土壤紧密结合，利于种子萌发出土。挞用树枝编制而成，形似扫帚。挞在使用时，一般由畜力牵引，上压一重物，在播种后的田里拖动。汉代已有挞的雏形。《氾胜之书》载："秋，锄；以棘柴耧之，以壅麦根。"魏晋时代，挞已广泛应用。《齐民要术・种谷》："凡春种欲深，宜曳重挞。"王祯《农书・耒耜门》记载了挞（见图 1-20）的形状和功能："挞，打田帚也。用科木缚如扫帚，复加匾阔，上以土物压之，亦要轻重随宜，曳以打地。长可三四尺，广可二尺余。古农法云：耧种既过，后曳此挞，使垄满土实，苗易生也。"宋元时发明的砘车与挞的功用相似。

图 1-20　挞

十三、曲辕犁

曲辕犁（见图 1-21）是唐代劳动人民发明的耕犁。其辕弯曲，故命名为"曲辕犁"，以区别于直辕犁。曲辕犁最早出现于唐代后期的东江地区，故也称"东江犁"。曲辕犁的出现，标志着中国耕犁发展进入成熟阶段，是中国耕犁发展史上一个重要

① 参见周昕：《中国农具史纲及图谱》，第 233 ～ 234 页。

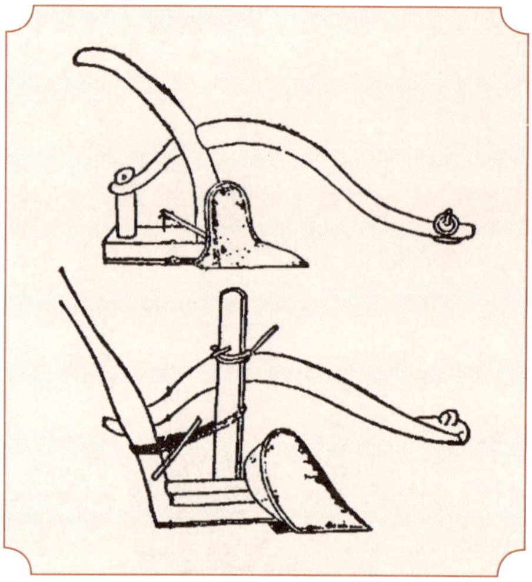

图 1–21　曲辕犁（元·王祯《农书》）

的里程碑。[1]从春秋战国开始，使用畜力牵引的耕犁在使用过程中不断得到改进。至汉代，耕犁已初步定型。但是，汉代的犁是长直辕犁，耕山涧之地时，回头转弯不够灵活，起土费力，耕作效率不是很高。

江南地区劳动人民在使用耕犁的生产实践中，改进前人的发明，创造出了曲辕犁。曲辕犁将直辕、长辕改为曲辕、短辕，并在辕头安装可以自由转动的犁槃。其优点是操作时犁身可以摆动，富有机动性，便于调头和转弯，节省人力和畜力。唐代陆龟蒙的《耒耜经》详细记述了这种耕犁的部件、尺寸和作用。唐代曲辕犁的构造，包括由金属制造的犁镵（即犁铧）和犁壁，以及由木材制造的犁底、压镵、策额、犁箭、犁辕、犁梢、犁评、犁建和犁槃等 11 个部件。每个零件都有不同的功用：犁镵，与犁铧相似但略有区别，常见于南方，是犁刺土的零件，用于切开土块、切断草根，并把土块导向犁壁；犁壁，紧压犁镵之上，二者组成一个曲面的复合装置，用来起土翻土，同时使杂草埋在土壤中；犁底，又称作“犁床”，用以安装犁镵，并稳定犁体；压镵，辅助犁底把犁镵紧紧地固定下来，增强犁的稳定性；策额，用以固定犁壁；犁箭，这种零件像箭一样贯穿在孔中，把犁底、压镵及策额固定在一起，增加犁的强度及刚度；犁辕，犁上用牛牵引的部分；犁体，可调整犁箭的高低，控制犁镵入土深浅；犁建，将犁箭同犁辕、犁体固定在一起；犁梢，手握犁的部

① 参见胡泽学：《古代农具的变迁》，《生命世界》2014 年第 9 期。

位，可方便操纵犁身的平衡及前进的方向；犁槃，协助操纵犁身，一般在折转犁的方向时使用。[①]

连接耕牛和耕犁的器具是犁槃与牛轭。牛轭为架于牛颈上的曲木，犁槃系置于犁辕前端的横木。犁槃通过挂钩连接后部的犁辕，通过绳索连接前部的牛轭，耕地时使牛容易发力，转向灵活。曲辕犁的应用和推广，大大提高了劳动生产率和耕地的质量，是我国耕犁的一大进步，在中国传统农具史上掀开了新的一页，标志着我国古代耕犁的制造技术已臻于成熟。此后，曲辕犁成为我国耕犁的主流犁型。其调节深浅、宽窄的工作原理，直到今天的机引铧式犁仍在采用。

至宋元时期，耕犁在唐代曲辕犁的基础上加以改进和完善，使犁辕缩短、弯曲，减少策额、压镵等部件，犁身结构更加轻巧，使用灵活，耕作效率也更高。明清时期，耕犁没有发生太大的变化。只是到清代晚期，由于冶铁业的进一步发展，有些耕犁改用铁辕，省去犁箭，在犁梢中部挖孔槽，用木楔来固定铁辕和调节深浅，使犁身结构简化而又不影响耕地功效，也使耕犁更加坚固耐用。

十四、踏犁与铁搭

1. 踏犁

踏犁（见图 1–22）是从耒耜衍化而来的翻土农具。商代称“蹠铧”，唐代称“长镵”。“踏犁”之名始见于宋代文献，后世或有称“脚犁”者。王祯《农书》：“（长镵）古谓之蹠铧，今谓之踏犁。”厉荃《事物异名录·耕织部·镵》：“长镵柄偃而曲，上有横木如枴，以两手按之，用足踏其镵柄，后跟其锋入土，乃捩柄而起垅也。”踏犁柄上有横把，下有踏脚，下端装有金属犁铧，使用时用脚将犁铧踏入土中，向后扳压犁柄，将土翻上来。因用足踏，不需畜力

① 参见陆敬严：《中国古代机械文明史》，同济大学出版社 2012 年版，第 171 页。

图1-22　踏犁

牵引，故称“踏犁”。踏犁在农业生产中发挥较大作用是在宋代。为解决耕牛不足的困难，北宋政府曾于淳化五年（994 年）和真宗景德二年（1005 年）分别在黄淮地区和河北地区两次推广踏犁。这两次踏犁推广，都是采用民间所用的踏犁形制，由官方铸造，发放给缺乏耕牛的地区使用，对恢复农业生产起到了积极作用。①

2. 铁搭

铁搭（见图 1-23）是宋元以后江南地区长期使用的垦耕翻土工具。徐珂《清稗类钞 · 物品 · 铁搭》云：“铁搭，农具也，其以耕垦。”铁搭和镬（见图 1-24）装柄方式相同，只不过前者是一种多齿农具，也称“多齿镬”。王祯《农书》说：“铁搭四齿或六齿，其齿锐而微钩，似耙非耙，劚土如搭，是名铁搭。就带圆巩，以受直柄，柄长四尺。”战国时已出现二齿镬，至宋元改进为四齿镬，始称“铁搭”。铁搭多用锻铁制造，在我国南方水田耕作中广泛使用。使用铁搭翻耕比牛耕翻得深，所以铁搭在长江流域得到普遍使用。

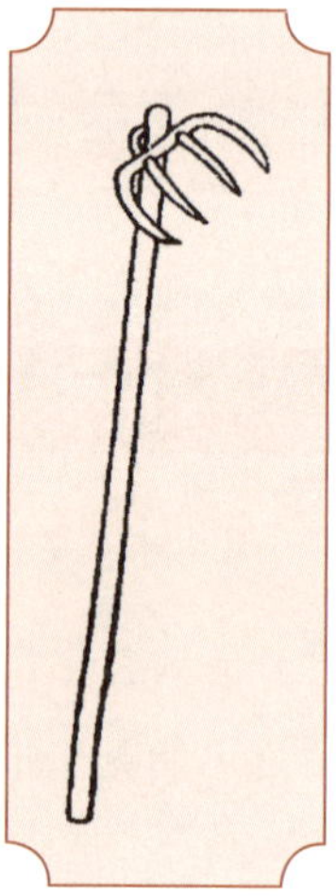

图1-23　铁搭

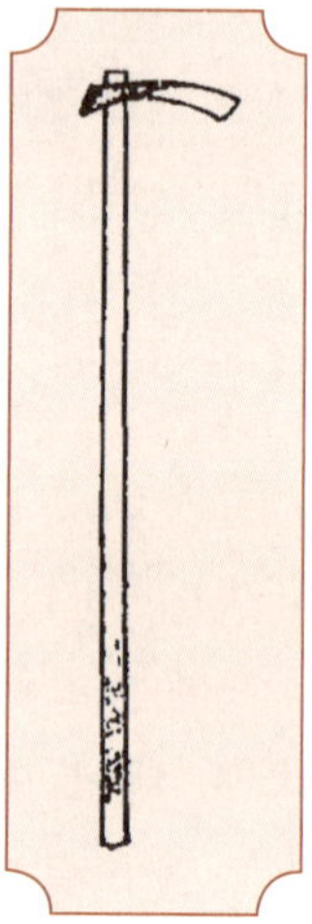

图1-24　镬

① 参见宋兆麟：《我国古代踏犁考》，《农业考古》1981 年第 1 期。

十五、秧马

秧马（见图 1–25）专门为水稻移栽而设计，木制。在泥地里乘坐秧马可以提高行进速度，减轻劳动强度，起到劳动保护的作用。秧马出现于宋代，其形状似小船，前、后高耸，中间洼凹，可供劳作者跨坐。① 因人拔秧、栽秧时，骑于其上，在秧田中滑行，所以称之为“秧马”，或称“秧凳”。秧马最早见于湖北武昌地区，最早记载并提倡推广它的是北宋诗人苏轼。绍圣元年（1094 年），苏轼被贬惠州，途经江西泰和，见曾安止所著《禾谱》后，大为欣赏，但又觉得美中不足，因书中不载农具，于是写了一首《秧马歌》（并引）附于书末。其序中写道：“予昔游武昌，见农夫皆骑秧马。以榆枣为腹欲其滑，以楸梧为背欲其轻，腹如小舟，昂其首尾，背如覆瓦，以便两髀，雀跃于泥中，系束藁其首以缚秧。日行千畦，较之伛偻而作者，劳佚相绝矣。”秧马最初由家用四足凳演化而来，其基本结构是四足凳下加一块稍大的滑板，这种形制的秧马始于拔秧，至今仍有不少使用者。后将秧马改为船行，并用绳系于船头和操作者腰间，即演化为插秧工具。后来又将坐处改为马鞍形，则既可插秧也可拔秧。②

图 1–25　秧马(元·王祯《农书》)

① 参见王频、王为华：《桐马禾云——宋、元、明农具秧马考》，《中国农史》2009 年第 1 期。
② 参见周昕：《中国农具史纲及图谱》，第 139 页。

十六、耘荡与砘车

1. 耘荡

耘荡是一种水田除草、松泥农具。唐代以后，水田农业发展迅速，此时适于水田中耕的农具耘荡产生，用于匀熟泥土、耥平田面。王祯《农书》:“耘荡，江浙之间新制也，形如木屐而实长尺余，阔约三寸，底列短钉二十余枚，簨其上以贯竹柄。柄长五尺余。耘田之际，农人执之，推荡禾垅间草泥，使之溷溺，则田可精熟。既胜耙锄，又代手足。况所耘田数，日复兼倍。”（见图 1–26）以往耘田直接用手耘，有了耘荡以后，工作效率大大提高，减轻了农民劳苦，增加了粮食产量。耘荡这一古老农具至今仍在江浙地区的农村使用。

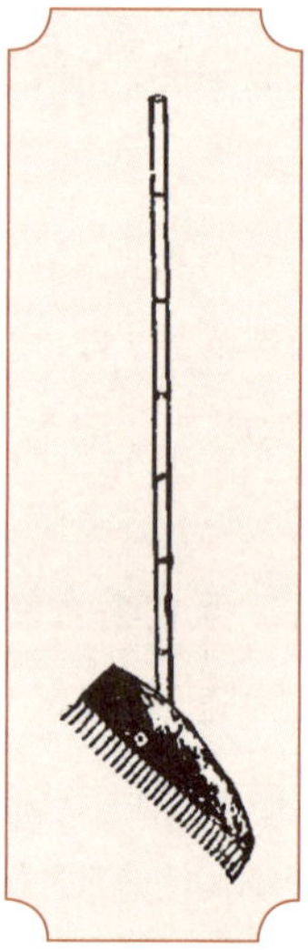
图 1–26　耘荡

2. 砘车

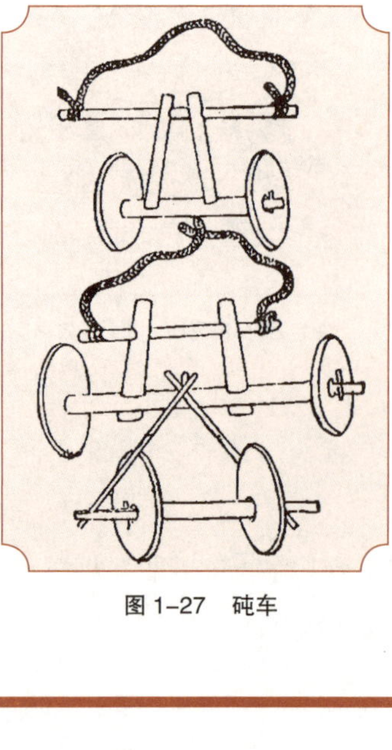
图 1–27　砘车

砘车是宋元时期发明的石质压实农具。播种后，用砘车镇压垄沟土壤，可以使种子和土壤紧密接触，利于种子生长。砘车的构造有几种形式，由 2～4 个石砣穿在一起，以两个石砣最为常见。石砣直径 48 厘米，厚 9～16 厘米，中间穿孔，然后用一根木棍作轴，穿入两个砣的孔中，轴的两端系绳，用以系牛牵拉，石砣之间的距离与耧车的耧脚距离一致。王祯《农书》:“砘，本石碣也，以木轴架碣为轮，故名砘车。两碢用一牛，四碢两牛力也。凿石为圆径可尺许，窍其中以受机栝畜力挽之，随耧种所过沟垄碾之，使种土相著，易为生发。然亦看土脉干湿何如用有迟速也。古农法云，耧种后用挞，则垄满土实。又有种人足蹑垄底，各是一法。今砘车转碾沟垄特速，此后人所创尤简当也。”（见图 1–27）可见当时的耕作程序是先用耧车进行条播，再用挞覆土，最后用砘车压实。自宋元创造使用以后，砘车一直在北方农村流传，华北各省称之为“砘子”。

十七、麦钐与推镰

1. 麦钐

麦钐是唐宋时期出现的一种专门割麦的工具。宋元时期出现了与麦钐配套的麦绰、麦笼。王祯《农书》说：“麦钐，芟麦刃也。”（见图 1–28）“麦绰，抄麦器也。篾竹编之，一如箕形，稍深且大。旁有木柄，长可三尺，上置钐刃，下横短拐，以右手执之。复于钐旁以绳牵短轴，左手握而掣之，以两手齐运，芟麦入绰，覆之笼也。”（见图 1–29）“麦笼，盛芟麦器也。判竹编之，底平口绰，广可六尺，深可二尺，载以木座，座带四碢，用转而行。芟麦者腰系钩绳牵之，且行且曳，就借使刀，前向绰麦，乃复笼内。”（见图 1–30）使用时，操作者两腿叉开，将钐刀抡起来，贴着地面砍去，将砍下的小麦收于绰内，

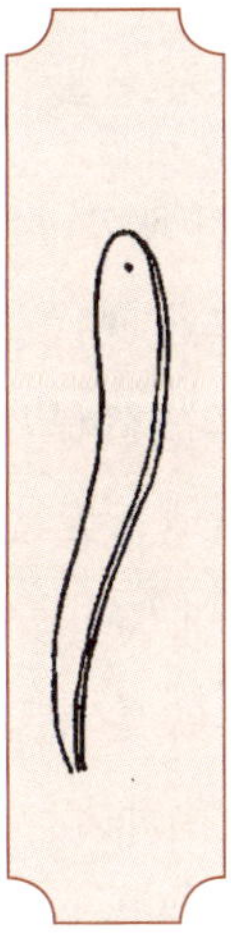

图 1–28　麦钐

随手倒入笼中，笼满后放置地头。麦钐、麦绰、麦笼“三物而一事”，大大提高了劳动生产率。王祯《农书》说：“北方芟麦，用钐绰腰笼，一人日可收麦数亩。”这套收麦工具，是适应唐宋以来北方小麦生产的大发展创制出来的，尤其适用于地多人少地区的麦田收割。麦钐与麦绰、麦笼组合使用，兴于宋

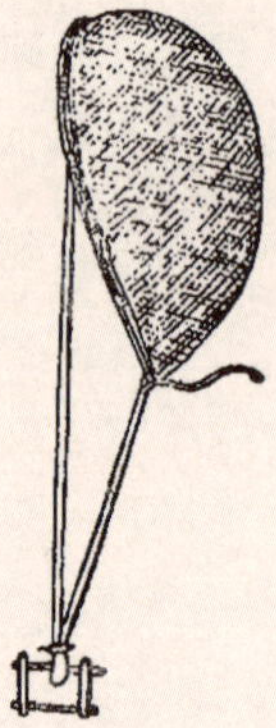

图1-29 麦绰

图1-30 麦钐、麦绰、麦笼联合作业图

元，盛于明清，曾是中国古代平原地区最先进的麦收工具。随着农业现代化的普及推广，传承几千年的麦收方式几乎全部被机械所替代。然而在中原地区，仍有农民用麦钐收割地里无法用机械收割的小麦。

2. 推镰

推镰是宋元时期出现的一种较大型的收割农具，主要用于收割荞麦。在顶端分叉的长柄上安装66厘米长的横木，横木两端装上转动的小轮，中段装一半月形向前的利镰，横木左、右各装一根斜向的蛾眉杖，可以聚敛割下的麦子。使用时大力推行，割下的麦子倒地成行。推镰的工作效率要比一般镰刀高，而且减轻了劳动强度。王祯《农书・铚艾门》：“推镰，敛禾刃也……形如偃月，用木柄长可七尺。首作两股短叉，架以横木约二尺许，两端各穿小轮圆转，

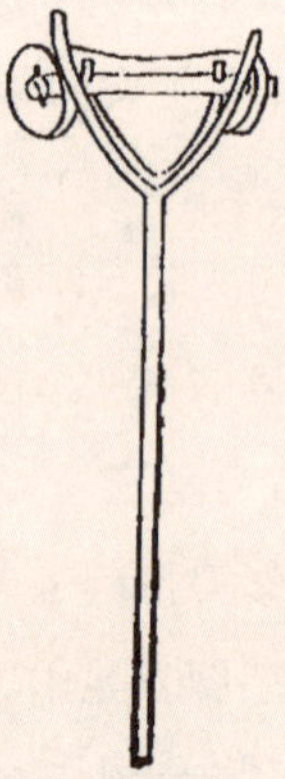

图1-31 推镰

中嵌镰刀前向，仍左右加以斜杖，谓之蛾眉杖，以聚所劖之物。凡用则执柄就地推去，禾茎既断，上以蛾眉杖约之，乃回手左擁成稕，以离旧地，另作一行。子既不损，又速于刃刈数倍。”（见图 1–31）推镰主要是针对荞麦的落粒性发明的,但它同时起到了减轻劳动强度的效果。推镰是收割农具史上的一项重要发明，它的意义在于，将收割方式从断续变为半连续。尽管它本身还不够成熟，却给人们的思想开拓了新的领域，带来了收割农具发生质变的信息。[①]

十八、漏锄

漏锄是适用于北方旱地的中耕除草工具，是由清代关中地区创制、中间具有空隙的小锄。它比一般锄稍小，刃宽约 10 厘米，刃边至中空处约寸许。[②] 使用漏锄松土锄草，不仅轻便省力，而且锄过之后的土地平整并利于土壤保墒。漏锄较大者叫作“笨锄”。清末《农言著实》说：“露锄、笨锄，总要有脚，无脚锄，锄地不好。”锄有脚，便于在苗间松土除草，提高中耕质量。漏锄可能创制于清代中、晚期，至今仍是中原及北方地区普遍使用的中耕农具。

① 参见周昕：《中国农具史纲及图谱》，第 87 页。
② 参见胡泽学：《传统农具洋洋大观》，《生命世界》2014 年第 9 期。

第二章 农产品加工工具

民以食为天。自从有了农业，远古先民就有了稳定的食物来源，为生存提供了物质保障。而食物的生产和消费，离不开农产品加工工具。在不断探索和创新中，我们的祖先逐渐发明和改进了一系列农产品加工工具。这些工具经历了由简单到复杂、由原始到先进的演变过程。比如，在石磨出现之前，先民只能吃颗粒粮食，即把稻、黍、稷、菽和小麦等粮食作物直接蒸煮成饭、粥来吃。新石器时代的石磨盘和石磨棒是比较原始的农产品加工工具，主要用来脱壳取米。鲁班发明的新式石磨既能磨脱水稻、谷物、小麦的皮壳，又能进一步加工农产品，使小麦的麸皮从麦面中分离出来，从而磨制出面粉。当人们学会磨制面粉和米粉的时候，各种粉食制品应运而生，日常食品从此变得更加丰富起来。西汉发明使用的风车，运用空气动力学、惯性、杠杆、轮轴等物理原理，将风能转化为机械能，用以分离谷物与杂质，既省时，又省力。东汉时期发明的水碓是一种水利加工工具，比杵臼、人力踏碓舂米的效率提高了百倍，大大解放了人力，提高了人们的生活水平。魏晋南北朝时期，人们又发明创制了连磨和水碾，以畜力和水力作为牵引，通过齿轮运转，带动石磨加工谷物。元代，人们又发明了船磨，把石磨安装在船上，充分利用水利条件加工粮食。食品从原粮到口粮、从粒食到粉食的一系列加工过程，也是中国古代饮食结构与饮食文化改善与提高的过程，人们的生活水平也随之越来越高。这些粮食加工工具的发明，充分体现了中国古代人民的智慧和伟大的创造力。时至今日，在许多比较先进的现代农产品加工工具里，我们还能隐约看到古代劳动人民勤劳智慧的影子。

一、石磨盘与石磨棒

石磨盘和石磨棒（见图 2–1）是新石器时代对谷物进行脱皮去壳的原始加工工具。最早的石磨盘产生于旧石器时代晚期，由上、下两个天然石块构成。大

图 2-1　新石器时代的石磨盘、石磨棒
（山东章丘西河遗址）

多数石磨盘用整块砂岩石磨制而成，表面有明显规则的弧度，磨盘中心略显低凹，四周稍稍凸起。磨盘表面高低不平，可以增加石棒与石磨盘的摩擦力度，这算是最早的“谷物脱壳机”了。使用时，人们将采集来的谷粒放在平石上，用石棒充当磨具来研磨稻谷脱粒。石磨盘和石磨棒的出现，改变了我国先民的饮食结构，提高了先民的生活质量，把中国农业文明提前了 1000 多年。

二、杵　臼

杵臼（见图 2-2）是新石器晚期出现的一种较为先进的谷物加工工具。“杵”其实是一根一头粗一头细的圆木棒；“臼”则是用石头或木头制成的容器，中间凹下，用来盛放要加工的谷物。最早的臼其实就是在地上挖个坑，铺上一张兽皮，将谷物倒进去，用一根木棍舂打，使谷物脱壳。《周易 · 系辞》记载：“断木为杵，掘地为臼。”当然这里的“掘地为臼”，就是挑选符合条件的坚硬的土质，经过加工处理，方能称之为“臼”。随着农业生产的进一步发展，粮食产量也有所提高，木杵土臼已经不适应人类生活发展的需要。在不断的实践和探索中，人们开始用石、铁、铜、玉等材料生产臼，用人力、

图 2-2　杵臼（元 · 王祯《农书》）

畜力和水力为动力进行谷物加工，加工质量和效率随之不断提高。

战国以后，石磨、石礁、石碾开始兴盛起来，延承了石杵臼的脱粒与粉碎功能。石杵臼制造工艺在南北朝时期达到了一个明显的高度，其原料的采用和凿刻的工艺技术不断改进。首先，民间大多选用石料细密、硬度大而又耐磨损的花岗岩来制作杵臼；其次，工匠们事先设计好石臼形状，随即使用坚硬的铁凿、铁锥、铁锤进行加工打制。战国以后，石磨、石碓、石碾开始兴盛起来，延承了石杵臼的脱粒与粉碎功能。

汉唐以来，特别是宋元以后，小杵臼开始受到人们的重视，并在炊厨、药房领域广泛应用，如用来捣蒜、捣花椒、制枣泥、捣盐、捣核桃、捣药材等等。人们根据应用领域的不同，把这些小杵臼分别称之为“厨臼”和“药臼”。宋元以后，随着民间对炊事和中药材加工的重视，厨臼、药臼的制作也逐渐走向精良。直到今天，杵臼作为家居必备品，在炊厨和药房中仍然发挥着不可替代的作用。

三、连枷与簸箕

1. 连枷

连枷，是战国时期开始广泛应用的一种粮食脱粒工具。该农具由一个长柄和一个敲杆（也称“枷头”）组成，长柄一般是一根轻便的长木棍或者粗细合适的竹竿，敲杆则由一组平排的竹条或木条构成。连枷制作材料很容易找到，制作工艺也比较简单。工作时人们上下挥动竹柄，这样竹条或木条就围绕着木轴来回上下转动，拍打谷物、小麦、豆子、芝麻、水稻等农作物，籽粒随之掉落下来。

范成大在《四时田园杂兴》里写道：“笑歌声里轻雷动，一夜连枷响到明。”打连枷（见图 2-3）时一定要握紧长柄，掌握好平衡，把枷头转活，否则不但抡不圆，还容易打坏连枷。扬起连枷，让枷头在空中划一道大圆，然后使劲抡

图2–3　打连枷(明·宋应星《天工开物》)

回来，这样枷头落地时才有力量。看似简单的技术，对臂力和握力却是很讲究的。枷头有轻有重，而且是不对称的，甩起来时半边重，要让它稳稳地做圆周运动，既要技巧又要力气。力气小的错拿了重的枷头，使用起来枷头一歪一歪地直打长柄，根本甩不好它！

连枷的打法有两种：一种是一字枷法，就是几个人同时举枷同时落枷。操作者始终保持右脚在前，左脚在后，右脚前移，左脚跟进，枷拍落时脚前移，枷拍起时脚稳固，做到脚、腿、手、眼、枷协调一致。另一种是重叠法，就是一枷紧挨一枷的叠枷法，从排头的第一枷举起到落下时，第二个人紧接着打第二枷，以此类推，枷枷紧扣。

连枷作为一种简单的脱粒农具，延续了几千年。自从脱粒机等农业机械普遍使用后，连枷才逐渐退出了农具舞台。如今在一些偏僻的农村地区，人们还经常使用这种农具来脱粒。

2. 簸箕

簸箕（见图 2–4）又称作“箕簸”，是一种扬米去糠的农具。《诗经·小雅·大东》说：“维南有箕，不可以簸扬。”意思是说，南天上的箕星亮晶晶，但不能用来簸扬米糠。这说明春秋之前簸箕就已经开始盛行，而且先民很早开始利用比重和风力的原理将谷壳等杂物和籽粒分离开了。簸箕在北方兼有盛和簸的功能，用途较广，南方只用来簸或晒粮食。北方一般用柳编簸箕，南方则用竹编

图2-4　簸箕（明·宋应星《天工开物》）

簸箕。簸箕的品种分为大簸箕、小簸箕、净物簸箕等。簸箕三面立起，前面敞开，留有“舌头”，用以“吐废物”。质量上乘的簸箕具有窝深、掌平、不撒粮食和簸物方便等优点。簸箕“掌平”利于播出杂物，不留残渣。在农家，簸箕是家庭生活的必备之物，一张簸箕用得爱惜点最少也可用十几年。簸箕常和连枷配合使用，用连枷敲打下来的粮食一般不是很干净，常和叶子、秸秆、小石子、土块以及皮壳混杂在一起，不便储存和食用，这时簸箕就会派上用场，人们用簸箕多次播扬杂物，把粮食播扬干净后装进口袋或藏入粮仓，以供食用。

从广义的角度来看，簸箕除了被农家用来播扬杂物、盛装粮食之外，还经常被用来晾晒枣、核桃、花椒以及其他农作物果实等。簸箕用来晾晒物品，既容易干又不粘脏物品，所以即使在科学技术迅速发展的今天，古老的簸箕在农村中仍占有重要的一席。

四、石　磨

石磨（见图2–5），又称“石转磨”，是我国传统的粮食加工工具。相传，石磨由春秋时期鲁国的工匠公输班发明创造，现已发现多例春秋战国时期的石磨。石磨由上、下两扇圆石组成：下扇中间装有立轴，用铁制成；上扇中间有相应

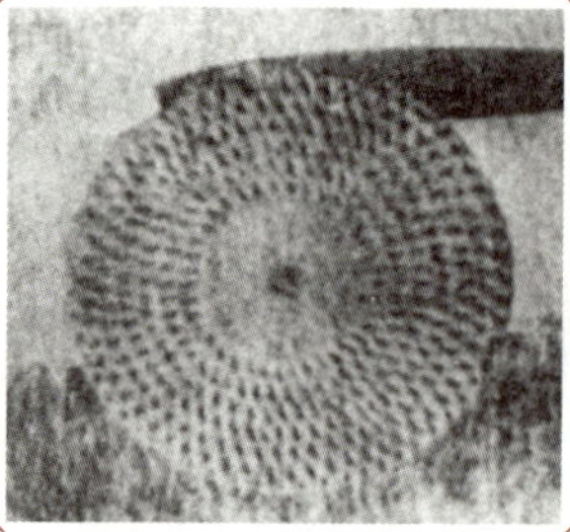

图 2-5　战国石磨（山东青岛黄岛出土）

的空套。两扇相合以后，下扇固定，上扇可以绕轴转动。两扇相对的一面，留有一个空膛叫“磨膛”，膛的外周制成一起一伏的磨齿。上扇有磨眼，磨面的时候，谷物通过磨眼流入磨膛，均匀地分布在四周，被磨成粉末，再从夹缝中流到磨盘上，最后经过罗筛去麸皮就得到面粉。石磨的主要功能之一是把麦粒磨成面粉，它的出现是麦作发展的标志之一。

石磨的发展分早、中、晚三个时期：从战国到西汉为早期。这一时期的磨齿以洼坑为主流，坑的形状有长方形、圆形、三角形、枣核形等，形状多样且不规则。东汉到三国为中期。这时期是磨齿多样化发展时期，磨齿的形状逐渐发展为辐射型的分区斜线型齿槽，这种分区斜线型齿槽又分为四区、六区、八区型。晚期是从西晋至隋唐。这一时期是石磨发展成熟阶段，磨齿主流为八区斜线型，也有十区斜线型。西汉以后，石磨在中原民间得到广泛使用。除了人力推磨外，人们还发明了用畜力和水力拉转的石磨（见图 2-6）。人们常年食用的稻米、小麦、大麦、高粱、黍子等大都要靠石磨来加工，石磨成为人们必备的生活设施。由于石磨使用非常广泛，所以古代每个村庄都建有公用磨坊以供村民轮流使用。在公共磨坊之外，一些家业较大的富裕农户中，还建有私人磨坊。另外，民间还有用于制作豆腐的小磨。

图 2-6　石磨（元·王祯《农书》）

宋代以前，北方石磨，无论是以人

力还是畜力转动，一般多把长木棒绑缚于磨顶用作杠杆，其方式原始、简易、适用。到了元代，杠杆的位置作了调整，人们将它从上扇磨的顶部下移到了磨的侧面位置。自明至20世纪80年代，各地的石磨皆是这样的形制。此处杠杆位置的调整，不仅改变了用力点，使石磨运转更加平稳，而且留出磨顶空间，便于摆放木圈或漏斗以利注入粮食，可谓是一大进步。石磨的出现、使用及改进，推动了我国古代农产品加工业的发展，成为我国传统农耕文化宝库中的一部壮丽的篇章。

五、砻 子

砻（lóng）子（见图2–7）是一种去掉稻壳的工具，形状有点像磨，由上臼、下臼、竹盘、推柄和支架等部分组成，最上层是一个广口的竹盆，用来盛稻谷。砻子、石臼、石碓和扬扇是加工大米的配套手工工具，长期以来成为南方稻作地区最主要的粮食加工工具。人们首先将稻谷放在砻子里过磨，磨破大部分稻谷的外壳，使之成为夹稻糙米。接着放到石碓的碓臼里，通过人力踏碓将夹稻糙米舂成熟（精）米，糠头亦同时在碓臼里被冲成糠末。然后用糠筛筛下粉糠，用米筛筛出夹在米中的稻谷，再用风车扬弃二糠，稻米加工的工序才算完成。

图2–7　砻子（清·陈梦雷《古今图书集成》）

砻子的外形是个圆柱体，基本上与成人的肘部等高。砻子外围是

用毛竹的篾丝编成的篾圈，分上、下两扇。上扇由石灰拌黄土筑成漏斗形，中部有一根椽形横档，两头伸出圈外，均有圆孔，称为“砻子手”。上扇的底部是嵌满砻齿的砻面，砻齿由圆段栗木破成的木片制作而成，由短至长呈三角形平行排列，多个齿状三角形嵌满砻面。下扇同样是用石灰拌黄土筑成的圆柱体，上面也是嵌满栗木砻齿的砻面，与上扇砻齿相噬嗑。砻子下方是装有四只落地木脚的十字架，上下砻体由轴心连接契合，固定在十字架上。加工前，先在屋梁或树枝上系好绳索，绳索的两头系紧“T”字形横档的两端，将直档前端的砻单嘴插进砻子手的圆孔，连续推拉砻单横档，由砻单嘴牵引砻子上扇反时针旋转。上、下砻齿相互作用，既能稻谷去壳，又能保证米粒不碎。

土砻的砻墩用竹篾围成圆柱体，再用泥土填实，所以砻沟很容易被磨平。又因为砻齿是薄薄的木片，很容易被磨损，所以土砻需要经常修理。所谓修理，也就是重新把砻沟打深，更换磨损的砻齿，这一行业由此被称为“打砻”。打砻主要分六个步骤，即备土、编砻圈、夯土、炒砻钉、钉八卦、造型等。

砻子属于土木结构，体大量重，所以加工稻米费时费力，是旧时农村最繁重的家务劳动。20 世纪 60 年代初，用柴油作动力的碾米机碾米成本低、效率高、米质好，很快得到普及，砻子、石碓等传统工具迅速被淘汰。

六、踏 碓

踏碓（见图 2–8）发明于西汉，是一种用人力冲捣谷物、脱皮去壳的粮食加工工具，又称“碓机”“石碓”“践碓”等。长期以来，踏碓在古代大江南北尤其中原地方普遍使用，是广大农民生活的必需品。踏碓由木、石组合而成，由杵臼发展而来，属于一种原始而传统的农业机械。碓的构造比较简单，主要是应用杠杆原理，杠杆的一头安装好杵头，杵头对准臼；另一头可以用脚踏，借助于人的重力将杵杆抬起，然后一松脚，杵杆下落便可舂米。踏碓和杵臼功能一样，但踏碓使人的劳动部位发生变化，由两臂换成双脚，利用杠杆原理，舂米的效率大大提高。同时，因为是用脚来踩踏，两脚可以轮换，劳动时两臂还可以伏在杆上，不用完全站立，大大减轻了劳动强度。①

图 2–8　踏碓（清·陈梦雷《古今图书集成》）

踏碓利用杠杆原理和物体平衡原理作业，具有初步的科学性。它是古代劳动人民在长期的生产实践中，通过不懈的探索和试验而发明的一种简易实用的机械，是对古代杵臼的改革和提升。东汉以后，踏碓的使用日益广泛。魏末晋初，杜预根据水排原理，发明了用水力去粮食皮壳的工具——水碓（见图 2–9），又称“机碓”“水捣器”“翻车碓”。后来南北朝祖冲之发明了水碓磨，这是一个由大水轮同时驱动水碓与水磨的机械，表明古代水碓技术有了较大的发展。

图 2–9　水碓（元·王祯《农书》）

水碓的动力机械是一个大的立式水轮，轮上安装有很多板叶，转轴上装有一些彼此错开且可以

① 参见犁播：《中国古代农具发展史简编》，农业出版社 1982 年版，第 59 ～ 60 页。

用来拨动碓杆的拨板。每个碓用柱子架起一根木杆，杆的一端装一块圆锥形石头，下面的石臼里放上准备加工的稻谷。流水冲击水轮，使碓转动；轴上的拨板拨动碓杆的梢，使碓头一起一落地进行舂米。只要有足够的水流，水碓就可以日夜不停地加工粮食，大大节省了人力、物力。水碓多建在河畔，为防止所加工的粮食及其他物品受风吹雨淋，村民们自发集资建设水碓房。为避免拥挤，村民会按一定的顺序轮流使用水碓，有的地方还收些租金作为维修之用。唐代以后，水碓逐渐推广，人们不但用来加工粮食，还用来加工药物、香料，乃至矿石、竹篾纸浆等。

如今，随着自动化水平的提高以及水源环境的变化，水碓已退出了历史的舞台，但在一些山区，它仍旧作为一种历史遗存，静静地陈列在河畔，成为人们心中永远的历史记忆。

七、扬 扇

扬扇（见图 2–10）是一种利用人工搧风来扬除糠秕的旋转式风扇车，又称作“风柜”“扇车”“飏车”“扬车”“风车”，代表了我国古代扬场工具的最高水平。在中国古代，人们在收割和脱粒之后，需要把糠秕、碎稻秆和谷物的籽粒分离开来。当时，分离的方法主要有三种：第一种分离方法是趁起大风时将谷粒抛入空中，糠秕被风吹走，籽粒落到地上；第二种方法是用扬谷筛筛谷。这些扬谷方法需要等到有大风时才能采用，并且速度缓慢而又费力；第三种方法是采用簸箕簸谷，随着手腕有节奏地抖动簸箕，糠秕与重的籽粒分开，糠秕逐渐被簸到簸箕的前部边缘，而籽粒则留在簸箕的后部。前两种方法必须借助风力，第三种方法费时费力。公元前 2 世纪，西汉人发明了扬扇，利用人力转动工具制造风力，克服了自然风不经常或风力过大过小的限制，大大提高了劳动效率。

扬扇分为支架、风鼓箱、漏斗、碎物出口四大部分。左上方为漏斗，下方为抽屉，右方则为圆形风鼓箱。收获晒干后的稻谷，经由上方漏斗放入，再经摇动风鼓箱，茎、叶、虫、尘土等细小杂物就会从左边的碎物出口排出，留下颗粒饱满的稻谷，从斜形抽屉落出，再经过继续加工，做成白米以食用。扬扇车综合利用流体力学、惯性、杠杆等原理，人为地操纵空气流动来加工粮食，曾被称为世界农具史上的“高新科技”。扬扇最初主要用于去除混杂在小麦和小米中的外壳和杂屑，后来则主要在南方用于扬稻谷。直到 18 世纪初，西方才有了从中国传入的扬车。英国科技史学家李约瑟博士认为，中国使用旋转式风扇车有一个惊人的特点，那就是进气口总是位于风腔中央，因而它是所有离心式压缩机的祖先，比西方至少要早 14 个世纪。

图2-10　扬扇车（明·宋应星《天工开物》）

八、水 磨

水磨是一种利用水力驱动石磨的粮食加工工具。水磨自汉代诞生起，就成为水力应用发展的标志。到魏晋南北朝时推广应用已颇具规模，到宋元时期，水磨业有了较大的发展。水磨主要有卧轮式和立轮式两种装置。卧轮式的结构，在卧轮中心轴上直接装置石磨。流水冲动卧轮，卧轮转动通过立

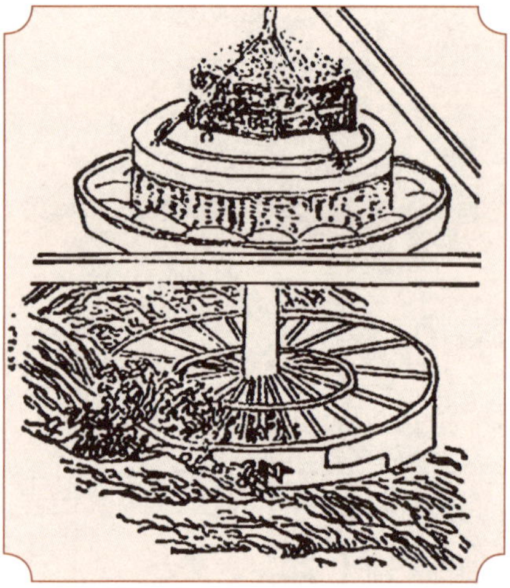

图2-11　水磨（明·宋应星《天工开物》）

轴带动石磨。立轮式的结构与卧轮式基本相同，所不同的是在立轮的横向中心轴上安装了一个齿轮，再与石磨立轴上的齿轮相连。后来随着机械制造技术的进步，人们又发明一种构造比较复杂的水磨——水转连机磨，一个水轮能带动几个磨同时转动。（见图 2-11）

水磨一般修建在水源高、落差大、有退水去路的地方，然后再根据水力资源和水势高低决定修卧轮磨还是立轮磨，同时按水面宽窄和水力大小决定磨盘数量。古代建造水磨要引水开渠，是一项仅凭一己之力很难完成的大工程，所以一般由集体统一修建，也有一些资金雄厚的人以个人名义筹资修建并经营。水磨不仅用于粮食加工，还广泛用于酿酒业、造纸业等。水磨的大规模发展带动了各种手工业的兴盛，在当时具有划时代的意义。

自水磨诞生后的中国 2000 多年的农业文明历史长河中，水磨房成为人们进行信息、文化交流及沟通亲情的重要场所。来到水磨房的老老少少，暂时抛开了长幼礼仪，毫无顾忌地谈天说地。趁着等待磨面的空暇时间，老人们饶有兴趣地讲讲“古经”；年轻人在众人的吆喝下，来两段或高亢激昂或缠绵深情的歌曲。不知有多少动听的歌谣、有趣的民间故事都是从这里传播出去的。水磨房维系着乡情，在农村有着不可替代的重要地位。水磨的出现，改变了以往石磨只靠人力和畜力作动力的历史，提高了粮食加工效率，在中国农耕文明史上写下了浓墨重彩的一笔。

九、石 碾

图 2–12　石碾（元·王祯《农书》）

石碾（见图 2–12）是一种重要的脱粒、碾粉用粮食加工工具。石碾最早见于东汉的文献记载，它的使用曾经推动了我国古代中原地区农业经济的发展。石碾主要由碾盘、碾台、碾槽、碾磙、碾架等几部分组成，其中最为重要的是碾盘、碾槽和碾磙。碾槽在碾盘上凿挖而成，槽、盘本为一体，故碾盘必须要有一定的厚度。碾磙是用来碾压转动的圆柱体巨石，中心穿孔用以安装杠杆，通过杠杆由人力或畜力驱动，并以碾槽为运转轨迹。碾盘、碾槽和碾磙都由巨大的石块制造而成，选材和制作方面的难度较大，而且安装、移动也很不容易，属于石碾结构的核心部分。至于碾台，可以用砖、石垒筑，形状为圆墩，用以放置碾盘。碾架由铁柱和木杠等配件构成，用以连接碾盘与碾磙，并控制和固定碾磙的运转路线。人们往往将麦、粱、豆及粟米等平整地输入碾槽，利用石磙的转动挤压去糠成米，或碾成面粉、米粉，以作各种面食之料。到宋、金时期，石碾发展为砣碾和辊碾两种形式：保持过去北魏、唐代结构的石碾称为“砣碾”，新兴的没有碾槽的石碾称为“辊碾”。那时的砣碾，既有单磙的，也有双磙的；而辊碾则皆是单磙，其磙形为圆柱体，磙压面积相当大，功效比较高。

对于磨、碓、臼来说，砣碾和辊碾都属于大型的农业加工工具，器形大，所需场地也大，其中砣碾所占面积更大些。如此则决定了砣碾和辊碾不可能只是一家独享，必然是公用的加工器械，因此往往被安置在公众场地，由农户轮流使用。石碾加工面粉时最怕有风把面粉刮跑或把尘土刮进来。而舂米时有风反倒容易使米、糠分离，即使有尘土进来，下锅前还可以淘洗。故而各地农村石碾通常以舂米为主，并承担某种特长性的面粉加工活动。如偶尔加工一些做糕用的糯米、糯黄米面粉，这些做糕用的米多要在未干或半干时上碾加工。明清以后，石碾又有局部变化。如在北方和南方农村，曾出现过拼接的碾盘和有坡度的碾盘。拼接的碾盘安装搬运灵活；有坡度的碾盘则节省驱动力，舂米速度加快。

十、水 碾

水碾（见图 2–13）是魏晋南北朝时在石碾的基础上发明的一种用于谷物脱壳或去麸的粮食加工机械，相传由后魏崔亮改制而成。水碾的特点是在技术上充分利用水利资源，借助水力带动碾砣进行加工生产。水碾的基本结构是在一扇大磨盘中设中轴，装上一横轴，横轴一端装一个滚轮，利用水轮带动轴转，产生滚动摩擦，将谷物脱壳或去麸。水碾对水力的充分利用，大大提高了生产效率，生产效益也颇丰厚，对于社会生产有着重要意义。但是受地理环境和水资源条件的影响和限制，水碾在许多地方并没有得到普及。尽管在宋元明清时期，冀豫晋的一些临河近水的村庄出现过零散的水碾设施，可终究未能大范围、大规模地发展起来。

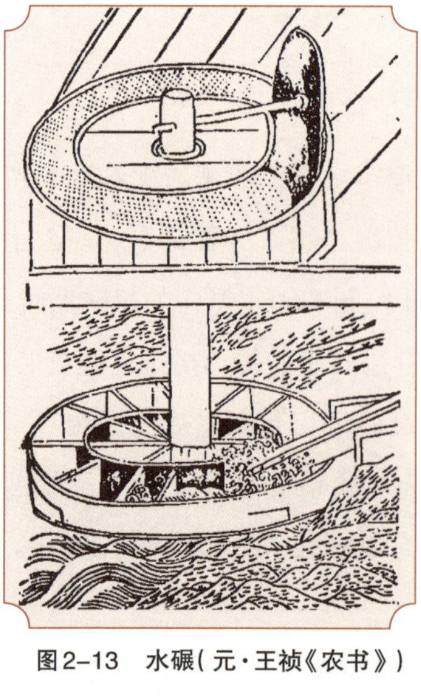

图2–13　水碾（元·王祯《农书》）

十一、船 磨

元代出现的船磨，是水磨技术的继续延伸。元代时，人们开始将水磨与木船相结合，把两艘木船并立相连，用缆绳及锚泊定于水流湍急的河岸边，船上建造类似木屋的船舱。舱内正中置一盘石磨，固定上扇磨盘，下扇磨盘下置一水平齿轮，穿左右两舷上的孔洞，孔中插一连杆，连杆正中置一垂直齿轮，与石磨上的水平齿轮横直咬合。穿出左右舷的连杆两端，各置一具木轮，上嵌板叶，类似风车，称为“板轮”。板轮一半沉入河中，水流冲击板轮，连杆随之旋转，带动齿轮转动，齿轮再带动下扇磨盘旋转，即可将粮食磨碎。因此，所谓船磨其实就是在水上流动的一个水磨。船磨分为独轮和双轮（两组磨扇）两种，这一装置与现代水轮机的工作原理相同，是劳动人民在生产生活实践中智慧和创造力的结晶。船磨还要用两根长木撑入激流之上，放置踏板用于上下走人，尾部有一尾杆支撑固定尾翼。船磨在村民心目中具有神圣的地位，每到年关节下，人们除了祭天、迎灶君、上坟之外，还要到船磨上插三炷香，祈求丰衣足食、事事平安。

十二、稻 桶

稻桶（见图 2–14），又名“脱粒木桶”，最早见于明代宋应星的《天工开物》，是南方稻作区用来脱粒的一种传统农具。其呈圆形或方形，齐腰高，桶口略大于底。为了方便在稻田里拖行，有的稻桶底部装有很粗的平行竹档，称“稻桶拔”或“泥拖”。如果稻田干枯，就不需要稻桶拔，用手拉着稻桶即可，拖行也较轻松。稻桶体积比较大，显得笨重，不易搬运。农民就把稻桶倒扣过来，往桶内斜撑一条扁担或木棍、竹棍，这样稻桶就稳稳当当地扛在人的肩上了。到了田头把

图 2–14　稻桶（明·宋应星《天工开物》）

稻桶安放停当，里面放上稻桶梯。所谓稻桶梯，就是一个嵌有多条弓形竹片做成的呈梯形的架子，专为方便脱粒而制作。另外还有用竹篾编成的稻桶罩作围屏，防止甩打稻谷时溅出，这种围屏俗称“遮扬”。

割麦割稻时，农民先把稻桶、遮扬和稻桶梯扛到田头，撑好遮扬，放上稻桶梯，然后割稻。他们把割好的稻束、稻茎朝稻桶方向堆放，稻穗头散开成扇形，排列整齐，便于打稻者拿起稻把立即打稻，不致浪费粮食。这种专门割稻放好稻把的活叫“放稻摊”。“放稻摊”的人要掌握稻把放多少，双手刚好能捧住稻把为准。如果排放的稻把数量过少，打稻速度就过慢；稻把过大，则谷粒容易夹杂在稻把中。收割后，农民双手搂着一捆稻禾，高高举起，用力在稻桶梯上甩打。那稻穗头与稻桶梯的竹条相撞击，“嘭”的一声，金黄的稻谷“刷拉拉”地落下来，散落到稻桶里。成千上万公斤的稻谷就是这样靠农民一甩一甩给脱下来的。“锄禾日当午，汗滴禾下土。谁知盘中餐，粒粒皆辛苦。”稻桶见证了种植粮食的艰辛。稻谷收成后，晒干，扬净，再装进稻桶，稻桶成为名副其实的储备粮仓库。也就是说，打稻桶除了用于脱粒外，还有一个用途就是储藏稻谷。现在稻桶作为原始的脱粒工具已经基本退出了历史舞台，难觅踪影了。

十三、打场工具

1. 扫帚和笤帚

扫帚是一种扫地除尘工具。相传由少康发明，《集韵》中有“少康作箕帚”的说法。竹枝扎成的体型比较大的叫“扫帚”，用农作物的穗和秸秆扎成的体型较小的叫“笤帚”。（见图 2–15）农村打场晒粮时，常用扫帚扫除粮食上面的糠秕等杂物，或聚堆粮食。

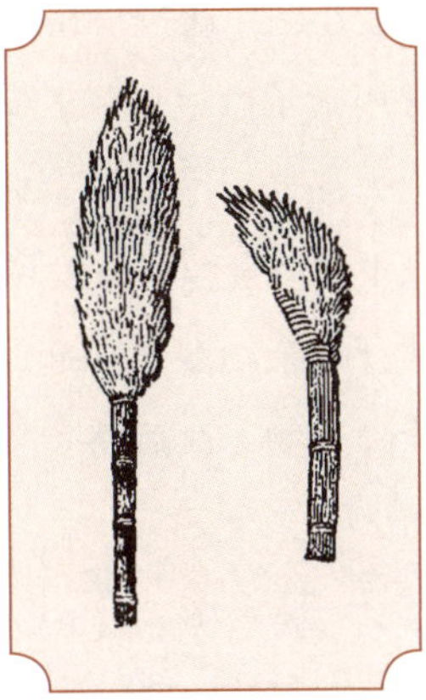

图 2–15　扫帚和笤帚（元·王祯《农书》）

2. 扬叉

扬叉（见图 2–16）是一种翻转粮食的打场工具，由木柄、叉尖组成。木柄长约 2 米，粗细要适于握在手中，有 23 ～ 26 厘米长的横档；叉尖连接，叉尖的上端削得尖尖的，而且微微有点弧度，与木柄呈一定的角度，略微上翘。粮食摊在地上晾晒时，用扬叉将其翻转，使其像原先那样薄厚均匀，让阳光再次照晒。之后再用扬叉将脱完粒的秸秆聚拢在一起，堆积成垛。特别是用扬叉将水田里的稻草捆成捆，往高高的车顶上抛时，更显出它的作用。扬叉也可以把割来的青草、藤蔓类植物，送进坑里沤制青肥。在北方一些地区，农民在打场时，扬叉还兼有连枷的功能。农民一边用扬叉敲打作物脱粒，一边用扬叉翻转秸秆，这样打场的效率和速度就大大提高了。

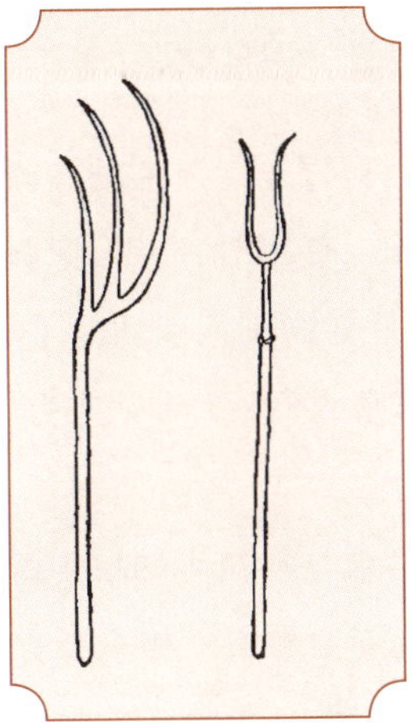

图 2–16　扬叉（元·王祯《农书》）

3. 筛子

筛子是一种用竹片编制的生活用具。常见的筛子有漏孔，如方孔、圆孔、矩形孔等，主要是通过一定的动力作用使小颗粒通过小孔漏出去。打场时，常用筛子做最后的收集工作。当人们把大部分干净的粮食收好之后，最后剩下的粮食颗粒一般和小石头、土块、秸秆等杂物混在一起，人们就用筛子筛除杂物，最后将粮食颗粒归仓（见图 2–17）。

图 2–17　筛谷（明·宋应星《天工开物》）

4. 铡刀

铡刀是一种传统的草料切割农具。铡刀由一块中间挖槽的长方形木料（一般是用榆木）和一把带有短柄的生铁刀组成。此刀的刀尖部位插入木槽里固定，另一头有把，可以上、下活动。铡刀一般用来切草、树枝、秸秆、玉米秆或其他植物类茎根。使用时，一人把草料平铺到木铡板上，另一人握住刀柄向下用力，草料等就齐刷刷地被切断了。铡刀的工作原理十分简单，却凝聚了古人的智慧，展现了丰富的想象力和创造力。

5. 木锨

木锨是一种长柄的扬场农具。扬场要有一定的功夫，就是将打出的粮食归拢聚堆后，为了除去粮食中的瘪壳、尘屑等杂物，用木锨铲着粮食一锨一锨地向空中扬去，使饱满的粮食颗粒与无用的瘪籽、半粒儿、草屑、空壳等在风中分离。木锨由长木柄和木制锨叶子两部分构成。看似简单的锨叶子，制作是很讲究的，因为锨叶子不是一块平板，而是略有弧度，弧度太大太小都不行。

6. 竹耙

竹耙是一种晾晒粮食的辅助农具。它用竹子做成，制作方法很烦琐：首先要把比较粗的竹子锯成 60 ～ 70 厘米长的竹片，然后用刀劈成宽 1 厘米、厚 0.3 厘米左右的长条；再用火烤使之尖部弯曲、冷却，最后用柳条在底部编制。农作物晾晒的时候，可以用它来搅动，使之干得更快些。此外，由于过去农村一年四季的燃料主要是草、庄稼秆、树叶、树枝等，农民经常用竹耙到野外田间搂草、树叶等做燃料。

7. 推板

推板是晒粮食时将粮食归堆的工具。其形制是：长方形木板中间有一眼，一根长木把的粗端穿进板中间的眼中固定。推板主要有两种：一种是双人用的比较大的大板，一人掌握着大板的把手，另外有人在前面拉。另一种是单人用的小板，又叫“耥板”。两种推板的区别是：大小不同，把杆不同，可使用的边不同。推板只有一个着地的边可以使用，而耥板（小板）的四个边都可以使用。

8. 晒席

晒席，也称作“席垫”，也是一种晾晒粮食的辅助农具。晒席主要用于晒玉米、小麦等谷物，这种席子多用竹篾、芦苇或高粱秸编成。晒席一般都是长方形状，宽约 1.5 米，长约 4 米。每年小麦收割后，把刚刚打下来的粮食在土场上晾晒两三天后，装入粮食囤里贮藏。除此之外，晒席还有一大用途，农户在磨面前，要把小麦从囤里取出来，用水淘净麦壳、尘土及其他杂物，在晒席上晾干后就拉到村里的磨房磨面。

第二章 农耕技术

在旧石器时代，农业还没有出现，人们只能靠采集和狩猎获取食物。随着弓箭等复合工具与磨制石器、钻孔技术的出现，新石器时代的先民们开始种植农作物，原始农业随之出现。农业出现以后，人类开始摆脱对自然的完全依赖，通过从事农业生产去获取食物。虽然最初收获的食物还不足以完全满足自身生活的需要，人们仍然需要从渔猎与采集中补充部分食物，但是每年播下的种子都能使他们获得一定数量的谷物。中国古代农耕大体经历了以下三个阶段：第一阶段是旧石器时代的“刀耕火种”阶段，这一时期，人们不知锄、犁等翻土农具为何物，不懂得土壤耕作，只会用尖头木棒掘洞点种，待谷物成熟后再去收获。第二阶段是新石器时代的“石器锄耕”（耜耕）阶段，在新石器时代的农业革命中，农具石铲、石耜、骨耜等相继出现，人们开始懂得播种前要先翻土地，逐渐掌握了基本的农耕技术。第三阶段是铁器时代的“铁犁牛耕”阶段，春秋战国时期，铁制农具的使用和牛耕的推广，使农耕技术走向成熟，我国精耕细作的传统开始形成。

为了提高土地利用率，西周时期，实行垄作法。西汉时实行代田法。宋代以后，江南地区形成稻麦轮作的一年两熟制和一年三熟制，充分发挥了土壤潜力，提高了土地单位面积产量。秦汉魏晋南北朝时期，中国北方地区旱地形成了耕—耙—耱耕作体系；隋唐宋元时期，中国南方水田形成了耕—耙—耖耕作体系。古代农业漫长的发展历程中，除了形成土壤耕作体系外，在肥料施用、良种选育等技术方面也有重要的贡献和成就，我国劳动人民的精耕细作技术不断向前发展。

一、刀耕火种

说起刀耕火种，很多人的脑海里会浮现出一幕远古洪荒的景象：一群人身穿兽皮、衣不遮体，挥舞着石斧等，砍树放火，然后用根木头锥子在地里扎眼，

随便撒点种子，不耕地，不施肥，不除草，与之相关联的是落后、野蛮、愚昧、生产力低下之类的形象。刀耕火种这种农业生产方式虽然落后，但它是长期生活在该环境中的人对这种环境适应的结果，也是长期实践经验的总结。农业在采集经济的基础上产生，产生的时代大约是 10000 年前的旧石器时代末期或新石器时代初期。人们将采集的野生谷物种子撒在地上，让它自然生长，到成熟时用手摘取，这是最原始的农业生产方式。考古学家在湖南道县玉蟾岩遗址、江西万年吊桶遗址发现了 10000 年前的稻作遗存和水稻植硅石，但没有发现典型的农业工具，说明它属于原始农业的生产方式。[①] 这一阶段原始农业的耕作方式被称为“火耕”或“刀耕火种”。

刀耕火种这种农业形式决定了农业生产没有固定的农田，故又叫“迁移农业”。人们选择山林为耕地，先以石斧砍伐地面上的枯根朽茎，草木晒干后用火焚烧，清出一片土地，烧后的草木灰成为肥料。人们用一端砍尖的木棒掘洞，在洞内播种子，此后等待谷物成熟收获。刀耕火种是一种原始的、几乎没有人工管理的耕作方式。这种耕作方式的特点是谷物播种以后，没有任何施肥、灌溉、中耕等田间管理措施，任其自然生长。由于不向土壤施肥，经过两三年以后，土壤养分消耗殆尽，土地没有再播种的价值，于是人们弃耕，再去寻找和开垦新的土地。如果周围的土地充裕的话，人们会等待该地块植被基本恢复以后再行刀耕火种；如果周围的土地不充裕，他们只好加快其更替的速率，不等植被恢复，就再行刀耕火种。这样，火烧后留下的可供谷物吸收的营养就逐步减少，维持谷物生长的年限就不断缩短，土地更替速率就更快。如此恶性循环，最后导致生态平衡破坏，播下的种子绝产绝收，为了生存，人们只好迁往他处。与其他农业生产方式相比，刀耕火种式的迁移农业是一种自给自足性的自然农业，它只能满足人们最低限度的食物需要，所以需要大面积的土地来维持人们

① 参见陈文华：《中国古代农业文明史》，江西科学技术出版社 2005 年版，第 53 页。

的生存需要。刀耕火种的农具，只有砍伐林木用的刀斧和挖坑点种用的尖头木棒，这种工具与原始生荒耕作制相适应，人们过着迁徙不定的生活。因为当时种植业在整个经济中尚不占主导地位，人们的生活资料来源在很大程度上还要依赖渔猎和采集。①

二、石器锄耕

原始农业继续发展，耕作工具耒耜出现并开始普遍使用（见图 3–1、图 3–2）。先民播种前先用农具把土壤翻松，因为翻土能使土质疏松，改良土壤结构，延长土地的使用年限。这样一来，一块土地砍烧后就可种植若干年，而后再行抛荒，这叫“熟荒耕作制”。在距今六七千年前后，农业脱离了刀耕火种阶段，进入“石器锄耕”（耜耕）的熟荒耕作制阶段。如 1973 年浙江余姚河姆渡遗址出土的农业生产工具，反映了河姆渡遗址的先民们所用的耕作方法，已超越了刀耕火种的阶段，进入了耜耕农业时期。

在历史长河中，先民很长时期内仍在不同程度上保留了刀耕火种的习惯。如西汉桓宽《盐铁论》中谈到南方生产时，就把“伐木树谷”“燔莱播粟”和“火耕水耨”并提。战国时期，今云南土著民族仍广泛采用刀耕火种的耕作方式。公元前 1 世纪以后，随着移民屯田的发展，滇中、滇西地区刀耕火种逐渐减少，但边远山区仍保留此种耕作方式。唐宋以来，随着人口的增加，上山烧荒的人越来越多。特别是明清时期，人口激增，大批无地人员涌向荒僻的山区，实行刀耕火种，开辟耕地。在历史上地广人稀、森林连片的生态环境下，刀耕火种是一种林木与谷物轮作的好方法。但是到了近代，随着人口的增加，火耕后，森林难以恢复，导致土壤流失严重，生态环境恶化。现在有些地方有“烧火粪”的习俗，就是刀耕火种时期的一种遗风。

① 参见李根蟠：《农业科技史话》，社会科学文献出版社 2011 年版，第 117 页。

图 3–1　神农执耒耜图（《汉武梁祠画像录》）

图 3–2　夏禹执耒耜图（《汉武梁祠画像录》）

三、铁犁牛耕

铁器农具的出现及牛耕技术的使用，在古代极大地节省了社会劳动力，提高了耕作效率，扩大了生产规模，促进了社会生产力的发展，进而推动了当时社会制度的变革，促使奴隶制社会向封建制社会转变。牛耕技术从出现一直延续到 20 世纪末，在中国农村延续了 2000 多年。作为农耕时代的标志，牛耕技术已经退出历史舞台，耕牛也已经被诸多的农业机械取而代之，不再是农业生产的主要“动力”。然而牛耕技术对生产力的发展、社会的进步所做出的贡献，以及在漫长的农业社会中所发挥的巨大作用，都在农耕技术史上留下了浓重的笔墨。

1. 牛耕方式的演变

铁犁牛耕之初，牛耕方式为二牛三人式。《汉书·食货志》有用二牛三人进行“耦犁”耕作的记载：“亩五顷，用耦犁，二牛三人。”二牛三人指的是用两

图 3–3　耦犁（汉画像石）

头牛拉一张犁，三人是一人扶犁，一人牵牛，一人压辕。（见图 3–3）唐人樊绰《蛮书》载有唐代云南地区“耦犁”的情景：“每耕田用三尺犁，格长丈余，两牛相去七八尺，一佃人前牵牛，一佃人持按犁辕，一佃人秉耒。”格，即架于二牛颈上的横木。西北、华北各省的汉族农民普遍采用过这种犁耕方式。

随着耕牛的调教驯熟，取消了牵牛的人；随着耕犁结构的改进，耕犁出现了可供调节耕作深浅的犁箭，又取消了中间控辕的人。于是从西汉晚期开始二牛三人式的耕作方式，发展为二牛一人式的耕作方式，并沿用至唐宋以后，这是牛耕方式的一大进步。二牛一人，即“二牛抬杠”：一人扶犁，由两头牛牵引，在两头牛的肩部压一条长木杠，木杠中央与犁辕相连。这种耕作方式在汉代最为普遍。1971 年，陕西米脂官庄村文明墓出土的一幅东汉牛耕画像石，该牛耕图上的耕者双手扶犁，腰微弯，俯首缓步……两头牛用一根绳系在一起，牛颈上抬一横杠，曳引耕犁，蹄步蹒跚。[①] 该牛耕方式属“二牛抬杠”犁式（见图 3–4）。在汉代画像石中还可以看到一牛拉犁的

图 3–4　“二牛抬杠”犁耕（陕西米脂出土汉画像石）

① 参见陕西省博物馆、陕西文管会：《米脂县东汉画像石墓发掘简报》，《文物》1972 年第 3 期。

图 3-5　清《织耕图》之一：耕

耕作方式。由于地形、土质的不同，二牛一人、一人一牛这两种耕作方式在后来的农耕中同时存在。近年来，在甘肃河西地区的酒泉、嘉峪关一带发现了一批曹魏至西晋时期的壁画。壁画反映出晋代早期犁的结构和秦汉时期差不多，多是“二牛抬杠”式的方框犁。该时代晚期的犁多由一牛牵拉，辕在牛的两侧。[①]清人杨屾《知本提纲》中说，“其土有用一犁一牛者，有用一犁二牛者，有用三牛四牛者”，开垦荒地应用“二牛或三牛以开之”。清代《织耕图》的犁耕方式也以一牛牵拉为主（见图 3-5）。这说明至明清时期，因地形、土质的不同，仍有多种犁耕方式并存。

2. 汉代牛耕技术的推广

从陕西、山西、山东、江苏等地出土的汉代牛耕壁画和画像石以及为数众多的犁具看，汉代牛耕技术推广的范围已经很广泛。汉代第一次较大规模地推广牛耕技术，是在汉武帝末年，由赵过集中在陕西、山西、河南和内蒙古的北方地区推广。东汉前中期是汉代牛耕技术的第二次大推广时期。如汉建武年间（25 ～ 56 年），九真郡（今越南清化、河静一带）太守任延教民牛耕，因而开垦的田亩年年增加。广西贺县已出土过东汉铁铧两件，而广西位于中原去九真的必经途中，因此广西推广牛耕不迟于九真之后。广东的考古发掘发现，汉墓中

① 参见周昕：《中国农具史纲及图谱》，第 56 页。

有随葬的牛和水田模型，这为汉代广东有可能推广牛耕提供了物证。《后汉书·王景传》记载:庐江郡“百姓不知牛耕”。王景为太守，“教用犁耕，由是垦辟倍多，境内丰给”。牛耕大大提高了耕作效率。为了保证牛耕的顺利发展，汉初对保护耕牛和加速耕牛繁殖较为重视，国家严禁杀牛。《淮南子 · 说山训》有“杀牛，必亡之数”之语。应劭曾解释道 :“牛乃耕农之本，百姓所仰，为用最大，国家之为强弱也。”东汉初年，有些地区经常发生牛疫，因而东汉王朝对损害耕牛者的治罪也不手软，不论宰杀自己的牛或是盗窃别人的牛，一律处以死刑。牛耕的推广是汉代发展农业政策的一项重大措施。牛耕技术对提高精耕细作水平、增加农业生产效益起了重要的作用。

3. 汉代牛耕图画像石

汉画像石是汉代地下墓室、墓地祠堂、墓阙和庙阙等建筑上雕刻画像的建筑构石。汉画像石中的牛耕图形象地反映了当时的农作情况。1950 年，江苏睢宁双沟镇出土的汉画像石因有扶犁驱牛耕田图案而得名“牛耕图”。该汉画像石高 80 厘米，宽 106 厘米。画面分三层 : 上层为仙人异兽图 ; 中层为人物送别图 ; 下层为牛耕图（见图 3–6）。牛耕图中主要雕刻的是二牛并抬犁架，拉着一张辕犁，后有一穿戴小衣小帽者，正扶犁驱牛犁田，一儿童紧随其后，提篮播种。远处一人挑着担子，一端挂着篮子，一端挂着水壶 ; 另一人正在锄草或翻地。田头角隅有一辆双辕车，三鸟栖车上。1933 年，山东滕县黄家岭出土了一耕耱画像石，纵 55 厘米，横 187 厘米。画面分为二层 : 上层为迎谒和锻造兵器场面，下层为耕作场面。下层中间有一男子扶犁耦耕，一牛一马拉犁，其后有一男子操耙耱地。耦耕者前方有三人持锄耘地，一人端着水罐似在浇水。画面左侧有一妇女挑着担子，带着两个小孩朝田间走，似为送饭而来。这幅画像石反映了汉代地主庄园依附农民集体耕作的真实情景，也是最早反映以畜

图 3–6　东汉牛耕画像石（江苏睢宁县双沟出土）

力引耙耱地的具体形象，是反映汉代整地情形的珍贵资料。[①]

目前出土的汉代牛耕图画像石大都分布在北方地区，如内蒙古、山东、陕西等，南方地区出土的汉代牛耕图画像石较少，可见铁犁牛耕在北方较南方普遍。究其原因，除了政治上官府对牛耕的重视程度有轻重之别外，南北方不同的气候条件也是一个重要的因素。我国北方降水量相对南方较少，土壤干燥，水分含量低，依靠人力耕作土壤效率低下，只好用畜力作牵引力，以犁耕作。南方地区土壤肥沃湿润，易于耕耘，用传统的翻土农具锸、铲、镬即可，无需牛耕。画面从左至右表现的依次是耘地、耕地、耱地，这三道工序一次完成，有利于保墒，说明当时的整地技术已经比较成熟。

四、整地技术

我国古代劳动人民创造出一套整地方法来调控土壤环境，如甽（quǎn）亩法、代田法、区田法以及耕、耙、耱、耢等。通过整地，可以改善土壤耕层构造和地面状况，创造出结构良好、土层深厚、松紧度适中、平整肥沃的土壤耕层。

① 参见徐燕：《从汉代画像石看汉代的牛耕技术》，《农业考古》2006 年第 1 期。

1. 畎亩法

畎亩法即后世所称“垄作法”。畎亩法萌芽于西周，春秋战国时期得以发展。畎，即沟；亩，就是垄。《吕氏春秋·辩土》中说：“亩欲广以平，畎欲小以深。”意思是说，垄应该宽而平，沟应该窄而深。畎亩的耕作有其相配套的农具，畎亩的规格以其所使用的农具为标准。《吕氏春秋·任地》提出种植要因地制宜，“上田弃亩，下田弃畎。五耕五耨，必审以尽”，即高处较旱的田适合将庄稼种在沟里，低湿的田适合将庄稼种在垄上，种植之前要将地耕五六次，种后要锄地五六次，耕锄要求细致彻底。作物种在沟里，有利于抗旱保墒；种在垄上，有利于排水防涝和通风透光。对于垄的内部构造，《吕氏春秋·任地》提出“稼欲生于尘，而殖于坚”，就是要创造一个“上虚下实”的土层结构。垄作可以达到提高作物产量的目的。开沟起垄劳动量大，“宗庙之牺，为畎亩之勤”，战国时期牛耕的推广和垄作技术的推广有密切的关系。

2. 代田法

代田法由畎亩法发展而来，该法把耕地分治成沟和垄。特点有三：一是沟垄相间。将种子播种于沟中，待出苗后，结合中耕除草，将沟两边的垄土耙下来埋在作物的根部。二是沟垄互换。垄和沟的位置逐年轮换，今年的垄到明年变为沟，今年的沟到明年又变为垄，这就是“代田法”名称的由来。（见图 3–7）

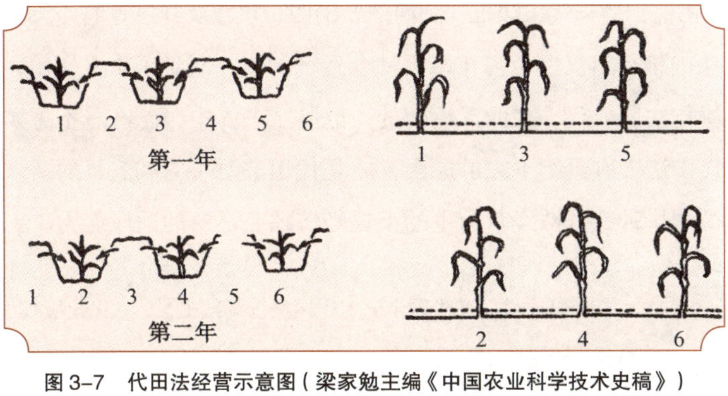

图 3–7　代田法经营示意图（梁家勉主编《中国农业科学技术史稿》）

三是耕耨结合。代田法每年都要整地、开沟、起垄，等到出苗以后，通过中耕除草来平垄，将垄上之土填回到垄沟。

代田法在用地养地、合理施肥、抗旱保墒、防倒伏、提高光能利用率、改善田间小气候等诸方面多有建树，是后世耕作制度改革的先驱。代田法在每个生产周期中，垄沟和垄台互换位置，产生了轮番利用土地的效果。这样代田法继承和发扬了战国时代的“息者欲劳，劳者欲息”的土壤耕作原则。代田法在春季实行低作，利于防风抗旱；在夏季实行高作，有利于排水防涝。代田法“用力少而得谷多”“一岁三斛常过缦田一斛，善者信之”，即代田法一般比不开沟起垄的田增产 25%，甚至能成倍增产。[①]

农业生产的自身发展及社会需求，是汉武帝时期代田法产生的原因。汉武帝时期，铁犁取代人工操作的耒耜成为主要的耕具，牛耕技术大面积推广，为农业新技术的发明创造了条件。另一方面，汉武帝末年，社会危机已显露，为了缓解社会矛盾，汉武帝实行重农政策。《汉书·食货志》记载：“赵过为搜粟都尉。过能为代田，一亩三圳。岁代处，故曰代田。”实际上代田法并非赵过发明，它是古代劳动人民长期实践的产物。《汉书》说它是“古法也”，而赵过对它加以总结并推广。代田法是第一次由国家有组织推广的新农业技术。推广过程中，赵过首先令宫卒在离宫外墙内侧空地上开辟试验田，又令关中地区的郡守督所属县令长、三老、力田和里学习并推广代田法，后来代田法推广到河南、山西、陕西及甘肃等地。[②]

代田法的推行对汉武帝晚年以后社会经济的恢复起到了重要作用，后来被平翻低畦的耕作法所取代。在西汉后期的《氾胜之书》中，已经看不见实行代田法的痕迹。代田法没有延续下去的原因，一是代田法对牛力和农具的要求较高，适合较大规模的耕种，分散经营为主的小农经济缺乏足够的适应能力。二是代田法

① 参见史仲文、胡晓林主编：《中国全史·中国秦汉科技史》，人民出版社 1994 年版，第 76 页。

② 参见陈文华：《中国古代农业文明史》，第 184 页。

只是黄河流域旱地土壤耕作的方法之一，当“耕—耙—耢”耕作技术体系逐步形成后，足可使黄河流域春旱问题获得相当程度的缓解，这时不需要实行特殊的垄沟种植了。

代田法虽然未能经久普遍施行，但是它所包含的先进技术因素仍然被后世所继承或吸收，对中国农业科技的发展产生了深刻的影响。如我国东北地区至今采用以垄作轮耕、垄沟互换、轮番利用为特征的传统耕作方法，说明代田法的遗风尚存，依然有着强大的生命力。

3. 区田法

区田法，又称“区（ōu）种法”。其最早载于西汉农学家氾胜之的《氾胜之书》中，是西汉后期在畎亩法和代田法基础上发展起来的一种园田化的集约耕作方法，区田法需深挖作“区”，意为地平面下的洼陷。区田法即把作物种在带状低畦或方形浅穴的小区内。区田法的农田布局方式有两种，即开沟点播（沟状区田法）和坑穴点播（小方形或窝状区田法）。区田法既适用于平地和熟田，也可施之于坡地和荒地，土地利用范围比较宽广。带（沟）状区田法主要种植禾、黍、麦、大豆、荏、胡麻等，把作物点播在沟内，水肥集中施在沟里，适于在较大片的平地上实行。小方形或窝状区田法主要种植粟、麦、大豆、瓜、瓠、芋等，在土地上按等距离挖方形或圆形的坑，作物点播在坑内，水肥集中施在坑里，既适于在面积较大的平地实行，也可以在斜坡、丘陵的小块地上实行。区田法在耕作上的特点是深耕作区，区内深耕，不耕区外的土地。作物种在区内，施肥、灌溉以及中耕除草等都在区内进行，便于充分发挥人力和物力的作用，能大大提高粮食的亩产量。一直到金代，朝廷还下令在北方推行区田法，区田法以后也在民间流传和发展。①

① 参见陈文华：《中国古代农业文明史》，第184页。

4. 耕—耙—耱技术、耕—耙—耖技术

春秋战国时期，整地已明确要求做到“深耕熟耰”，即要求深耕之后将土块打细，以减少水分蒸发，达到抗旱保墒的作用。《吕氏春秋 · 任地》云，深耕要求做到“其深植之度，阴土必得”，即耕到有底墒的地方。汉代对整地要求更加严格，除了深耕，还要细锄。西汉《氾胜之书》指出：“凡耕之本，在于趣时，和土，务粪泽，早锄早获。”东汉王充在《论衡·率性》中明确提出“深耕细锄，厚加粪壤，免致人功，以助地力”的基本要求。

（1）耕—耙—耱技术

耕—耙—耱技术是魏晋南北朝时期形成的北方保墒防旱耕作体系。战国以后，随着铁犁、牛耕的普及和推广，旱地耕作技术的发展进入新阶段。秦汉至魏晋南北朝时期，北方保墒防旱的耕作体系渐趋完善，形成了耕—耙—耱技术体系。“耕”是指耕地；“耙”是指将土地犁出沟；“耱”是指将土地表层碾磨成粉末。汉武帝时，由于大型犁铧和犁壁的广泛应用，耕地后往往用“耱”来进行整地作业。魏晋南北朝时发明铁齿耙后，又形成了耕后有耙、耙后有耱的耕作体系。1972～1973年，嘉峪关戈壁滩上发掘清理了8座魏晋墓葬，其中有6座为壁画墓，部分画面上清晰地展现了耕、耙、耱的劳作形象（见图3–8、图3–9、图3–10）。《齐民要术》主张耕一遍，耙两遍，耱两遍。在耕—耙—耱技术体系中，耕是最基本的，犁耕良好，方能进行下两道工序。当时人们对耕积累了相当丰富的经验，且有了一定的理性认识。耕地时间要根据土壤的墒情来确定。《齐民要术》指出：

图3–8　耕地画像砖（甘肃嘉峪关魏晋墓出土）

图3–9　耙地画像砖（甘肃嘉峪关魏晋墓出土）

图 3–10 耱地画像砖（甘肃嘉峪关魏晋墓出土）

“凡耕：高下田，不问春秋，必须燥湿得所为佳。若水旱不调，宁燥不湿。”耕地的深度也要因时间而定，“秋耕欲深，春夏欲浅”“初耕欲深，转地欲浅”。① 秋耕深，将新土翻上，经一冬之风化，土壤可渐变熟。春耕因迫近播种，夏耕一般为赶种一季作物，皆宜浅耕，否则，将新土翻上，来不及风化，反有碍作物生长。耕地的具体方法，《齐民要术》提出应依季节和耕地阶段的不同而各有差别。黄河中下游地区，气候干燥，年降水量有 400 ～ 750 毫米，而且 80% 左右的降水集中在 7、8、9 三个月，春季少雨，蒸发量大，容易因干旱而影响播种和作物生长，耕—耙—耱耕作技术体系较好地缓解了这一矛盾，意义十分重大。魏晋南北朝以后，我国北方基本上都沿用这一耕作技术。

（2）耕—耙—耖技术

图 3–11 清《织耕图》之一：耖

耕—耙—耖技术是唐代南方水田地区形成的耕作体系。唐代，中国经济重心南移，南方水田农业获得了长足发展。唐代“曲辕犁”的创制以及“碌碡”和“砺礋”等水田整地农具的发展，使水田耕作技术更进一步。唐陆龟蒙《耒耜经》云：“耕而后有爬，渠疏之义也，散坺去芟者焉。爬而后有砺礋焉，有碌碡焉。”在耕犁过后的水田里，用

① 参见陈文华：《中国古代农业文明史》，第 237 ～ 238 页。

带齿的铁耙把土块耙碎，清除杂草和作物根茬。耙过之后再用砺砰、碌碡搅细泥土。可见南方的水田耕作技术在唐代已经走上了精耕细作的道路，这为稻作在粮食种植中日益占据重要地位创造了前提，是唐代农业技术史上的一大成就。宋元时期，南方水田精耕细作技术更为成熟，形成了耕后有耙、耙后有耖（见图 3-11）的水田耕作体系。耕—耙—耖土壤耕作体系是我国农业生产技术史上的一个重要里程碑。

五、施肥技术

土壤是植物扎根立足之地，而肥料既是植物的粮食，又是土壤培肥的重要物质。我国劳动人民在长期的农业生产实践中积累了丰富的施肥经验，形成了我国农业特有的用地与养地相结合的优良传统。古代没有“肥料”一词，“肥料”二字起源于近代。在中国古代文献中称肥料为“粪”，如“土粪”“皮毛粪”[1]，甚至以植物作肥料也称“粪”，野生植物称“草粪”，栽培绿肥称“苗粪”，把施肥称为“粪田”。

1. 古人对土壤肥料的认识

劳动人民在长期的生产实践中，对土壤知识有丰富的经验积累。《尚书 · 禹贡》将土壤分为“壤”“黄壤”“白壤”“赤植垆”“白坟”“黑坟”“坟垆”“涂泥”“清黎”等九类，并依其肥力高低分为三六九等。《禹贡》把雍州（今陕西、甘肃一带）的土壤叫作“黄壤”，就是黄土层；把扬州（今长江下游地区）、荆州（今长江中游地区）的土壤叫作“涂泥”，因为那一带当时天然沼泽很多，开垦出来的是低湿田地；把青州（今山东东部）的土壤叫作“海滨广斥”，所指是海滨地区的盐渍土。书中不少土壤名称到现在仍然为广大群众所沿用。公元前 3 世纪的《周

① 参见谭黎明：《试论汉代的肥料科学技术》，《安徽农业科学》2010 年第 5 期。

礼》中，阐明了“万物自生焉则曰土”，分析了土壤与植物的关系，指出“土者是地之吐生物者也，壤则以人所耕而树艺焉则曰壤”。此后，《管子·地员》《吕氏春秋·任地》《白虎通》《氾胜之书》《齐民要术》《农桑辑要》《农政全书》及王祯的《农书》等著作，对土壤知识有更广泛全面的论述。

在古代，人们很早就认识到肥料在农业生产中的重要性，早在商周时代，施肥就已经开始。《诗经·周颂·良耜》中即有“以薅荼蓼。荼蓼朽止，黍稷茂止”诗句，意思是，把田间耨锄的荼蓼和杂草用作肥料，使黍稷等作物生长得更为茂盛，说明西周时期的劳动人民已经认识到拔除的田间杂草在烂朽以后可以促进黍稷生长。《孟子·滕文公上》中提到:“凶年粪其田而不足，则必取盈焉。”《荀子·富国》也提到“多粪肥田，是农夫众庶之事也”。这都说明战国时期的人们已认识到施肥的增产作用。《韩非子·解老说》中提到“积力于田畴，必且粪灌”，说明战国时期施肥和灌水两项技术在该时期已紧密地连在了一起。至汉代，肥源迅速扩大，以粪肥和野生绿肥(草粪)为主。《氾胜之书》中提到的肥料有碎骨汁、蚕矢（蚕粪）、溷肥（厕所人粪尿）、厩肥（牲畜粪肥）及其他动物排泄物。(见图 3–12）南北朝时期，旧墙土、草木灰、厩肥等也开始被当作肥料施用。宋元时期，人们对肥料种类的认知有显著增加，新出现的肥料有河泥、麻枯（即芝麻饼）、豆饼以及一些无机肥，如石灰、石膏、食盐和硫磺等。明清时期，肥源进一步扩大，肥料种类由宋元时期的 60 多种发展到 100 多种。《知本提纲》将它们归纳为人粪、畜粪、草粪、火粪、泥粪、蛤灰粪、苗粪、油粕粪、黑豆粪、皮毛粪等十类。当时的人们在冷水田插秧时常用骨灰蘸秧根，认为骨肥可以补充磷、钾元素，有发苗作用。饼肥在宋元时主要为麻饼和豆饼，明清时期，已有菜籽饼、大眼桐饼、乌桕饼、

图 3–12　东汉连厕猪圈模型
（湖南益阳出土）

芝麻饼、棉子饼、楂饼、莱菔子饼等。明清时，绿肥种类增加尤多，常见的有苕饶（黄花草）、大麦、蚕豆、绿豆、胡麻、油菜、萝卜等；无机肥增加了黑矾等种类；杂肥如蚕沙、鱼腥水、米泔、稻糠、酒罐头泥等。

从汉代开始人们就强调施肥的重要性，注重施肥理论的研究，提出一些提高土壤肥力的学说。如《知本提纲》中提到，耕作施肥处理得好，可以收到“一载之间，即可数收，而地力新壮，究不少减”的功效。书中再三强调粪壤的好处，认为合理施用肥料能够收到田地“膏润而生息，变臭为奇，化恶为美，丝谷倍收，蔬果倍茂”。土壤不是愈种愈瘠薄，而是“地力常新壮”。施肥要“时宜、土宜、物宜”“用粪犹如用药”。施肥如与耕作、灌溉相结合，则效果更好。而在欧洲，直到11世纪，才开始有目的地向土壤施肥。我国施肥的理论和技术比欧洲早得多，但是由于后来社会、政治等原因，施肥理论的研究及施用技术没有得到充分的发展。新中国成立后，我国土壤培肥研究进入一个崭新的阶段。目前，我国已经有了完整科学的施肥技术体系。

2. 绿肥栽培技术

绿肥作物（简称“绿肥”）是提供作物肥源和培肥土壤的作物。栽培绿肥以豆科作物为主，如紫云英、苜蓿、草木樨、柽麻、田菁、苕子等；非豆科作物有肥田萝卜、黑麦草等以及各种水生绿肥。绿肥含有多种养分和大量有机质，能改善土壤结构，促进土壤熟化，提高土壤肥力。绿肥施用一般是经过一定时期生长后，将其绿色茎叶切断，直接翻入土中，也可堆制或沤制后施用。古代文献上称野生绿肥为“草粪”，称栽培绿肥为“苗粪”。汉代以前，人们利用绿肥培肥土壤仅局限在野生绿肥上。魏晋南北朝时期，人们从过去简单地利用野生绿肥发展到人工栽培绿肥。人工栽培绿肥是当时人们对培肥改土的一大突出贡献，如今我国各地仍广为利用栽培绿肥。

人工栽培绿肥专供肥田之用的经验，最早见于西晋郭义恭的《广志》。《广志》曰：“苕草，色青黄，紫华，十二月稻下种之，蔓延殷盛，可以美田。”这是人工栽培绿肥的最早记载。苕草(见图3-13)，今称作“苕子”，目前仍是我国一种重要的绿肥。南北朝时期，绿豆、小豆、胡麻作为绿肥作物开始在我国北方地区种植。[①]北魏贾思勰《齐民要术·耕田》对绿肥种植法、豆科作物与禾本科作物轮作法的记载已相当详细，如“凡美田之法，绿豆为上，小豆、胡麻次之。悉皆五六月中穊种。七月八月，犁掩杀之。为春谷田，则亩收十石；其美与蚕矢熟粪同”。就是说，绿豆的肥效最好，其次是小豆和胡麻，其肥效与优质的蚕粪和熟粪相媲美。当时绿肥的栽培利用遍及南北各地，从大田种谷到种瓜、葵和葱等都用绿肥作基肥。明代《沈氏农书》记载“花草亩不过三升，自己收子，价不甚值，一亩草可壅三亩田”，一亩花草可供三亩田施用，花草是一种绿肥，今称“紫云英”(见图3-14)。

图3-13　苕子(浙江农业大学主编《农业化学》)

图3-14　紫云英(浙江农业大学主编《农业化学》)

3.肥料加工技术

随着对肥料认知的加深及生产实践经验的积累，人们发明创造了肥料制造加工技术。堆肥的制作最早见于贾思勰《农政全书·营治垦下》，称之为“踏粪法”：“凡人家于秋收场上，所有穰穊等，并须收贮一处。每日布牛之脚下三寸厚，经宿牛以蹂践便溺成粪。平旦收聚，除置院内堆积之，每日亦如前法。至春，可得粪三十余车。至夏月之间，即

① 参见刘彦威：《关于我国古籍中有机肥施用问题的概述》，《山西农业大学学报》2004年第2期。

载粪粪地。地亩用五车，计三十本，可粪六亩。”就是说，把所有晒谷场上的糠末、瘪谷、稻草茎收集起来放到牛栏里，让牛不断地踩，这样从秋收到农历十二月这一段时间，就可以收集足以施六亩地的粪肥。宋元出现了河泥积制、饼肥发酵、烧土粪和沤肥等新的肥料积制方法。如南宋《陈旉农书》有“耘除之草，抛叶他处，而不知和泥渥浊，深埋之稻苗根下，沤罨既久，即草腐烂而泥土肥美”。火粪是宋元时期的新肥料。《陈旉农书》记载，火粪是将“扫除之土，燃烧之灰，簸扬之糠秕，断稿落叶，积而焚之”而成。元代王祯提出割青草作肥料。《王祯农书》云：“江南三月长草，则刈以踏稻田，岁岁如此，地力常盛。”王祯还首次提到用水草、浮萍沤肥的经验，认为“粪田胜如买田”“惜粪如惜金”。那时人们已经认识到粪尿受到日晒、风吹、雨侵后会严重降低肥效，为了保存肥效，就在农舍附近设粪屋，在田头设砖窖等积肥、保肥设施。明清时期，肥料积制方法又出现了新的创造，如蒸粪法。蒸粪法，明代江南开始使用，在冬天地气回暖时挖深潭聚粪，封闭沤熟；或在空地建茅房，凡粪尿、灰土、垃圾、糠秕、藁秆、落叶皆可堆积其中，以土覆盖，关闭门户，使之在屋内发热腐熟。所得熟粪，又称“蒸粪”。明代还创造出一种由动物内脏、植物（如豆饼）和矿物炼制而成的综合性肥料，称为“粪丹”。

4. 施肥技术

战国时期，人们开始有目的地向土壤中补充肥料，施肥技术从此诞生。西汉时期，施肥技术有了很大发展，肥料施用有了基肥、种肥、追肥之分。按照现代的说法，基肥指的是播种前结合土壤耕作翻入土壤中的肥料，种肥指的是播种时施于种子附近或与种子混播的肥料，追肥指的是在作物生长发育期间施用的肥料。西汉《氾胜之书》强调，在区田法中，不论哪种作物的区种，都要施足基肥，然后再根据情况补施追肥。麻高 33 厘米的时候，可以用蚕粪作追肥；没有蚕粪，用坑中腐熟过的人粪尿也好。该书还记载：“薄田不能粪者，以原蚕矢杂禾种种之，则禾不虫。”就是说，田薄而又没有粪肥施用时，则可在播种前，将种子与蚕粪相拌，然后播种，这就是今天我们所说的施用种肥。汉代农民实施的种肥技术兼有供肥和防虫功效，类似于当今我们推广的种子包衣技术。《氾胜之书》还提到一种“溲种法”，即将牛、马、羊骨汁或蚕矢汁煮成浆状，用来浸种，可以使幼苗健壮，能使作物“耐旱”“忍寒”，提高作物的抗寒性和耐旱能力。魏晋南北朝时期，粪肥施用技术的进步反映在蔬菜生产上，《齐民要术》总结为“粪大水勤”；在果树生产上，也已知桃树增施熟粪可提高桃子品质。

宋元时期，人们对合理施肥的作用及其重要性有了更深入的认识。南宋农学家陈旉提出：“若能时加新沃之土壤，以粪治之，则益精熟肥美，其力常新壮矣。”他还阐述了“用粪得理”和“用粪尤用药”的道理。到了元代，王祯又用“粪壤”概括了施肥改土的作用，其《农书·粪壤》有“田有良薄，土有肥硗，耕农之事，粪壤为急。粪壤者，所以变薄田为良田，化硗土为肥土也”的记载。该时期人们已经做到肥料合理施用：下田水冷，故亦有石灰为粪，则土暖而苗易发；作肥料，秧田施用麻枯和火粪最佳，但不可用大粪，尤忌生粪浇灌；种苎麻，用驴马生粪可生热御寒；种百合和韭，用马粪尤为适宜；种山药，忌人粪尿，宜牛粪、麻枯等。农田作物的多次追肥法也首倡于此时，《陈旉农书》记载桑树在剪枝后要扒开四周土壤施“开根粪”，每年还要另施两次追肥。在果树施肥方面，南宋时，柑橘已实行冬、夏各施一次肥料。

明清时期，施肥技术更加精细化。如在水稻生产施肥上，充分强调“垫底”的重要性，就是说，水稻栽培时要施足基肥，同时也要注意“接力”，即适时施用追肥。明末《沈氏农书》介绍了水稻看苗施肥的经验：“下接力须在次暑后，苗作胎，便在苗色正黄之时。如苗色不黄，断不可下接力……切不可未黄先下，致有好苗而无好稻。”就是说，水稻在处暑后孕穗时，如苗色黄，需追施氮肥，因为追施氮肥能促使谷粒饱满，增加稻谷产量。到清代，杨屾《知本

提纲》指出，施肥要合乎“时宜”“土宜”和“物宜”，是对宋代“用粪如用药”的发展。所谓“时宜”，就是“寒热不同，各应其侯”。如春季宜用人粪尿和牲畜粪，夏季宜用草粪、泥粪和苗粪（草粪、苗粪是植物性肥料，泥粪是肥泥和大粪合用），秋冬用火粪等。所谓“土宜”，就是“随土用粪，如因病下药”。如阴湿地要用火粪，能提高地温，沙土要用草粪和泥粪，干燥地要用猪粪之类。所谓“物宜”，是因为“物性不齐”，所以“当随时情”，如种麦、粟要用黑豆粪和苗粪，种瓜菜宜用人粪尿之类，骨蚌蹄角粪和毛皮粪可施用于稻田。施肥要时宜、土宜、物宜，实际上就是今天我们说的看天（季节）、看地（土壤）、看苗（作物种类）施肥。此外，明清时期，太湖地区、珠江三角洲等地区出现的桑基鱼塘、稻基鱼塘、蔗基鱼塘等，类似于有机物质再循环的农田生态系统，代表了传统农业生产的较高水平。

合理施肥与精耕细作、灌溉等措施配合，能使土壤肥力不断升高，向获得高产、稳产的方向发展。如太湖地区的鳝血黄泥土、珠江三角洲的泥肉田和华北平原的蒙金土等，都是人为定向培育的结果。

六、选种技术

农业生产实践中，劳动人民在良种选育方面积累了丰富的经验。良种选育包括两方面的内容：一是选择植物的优良个体进行再繁殖，二是培育新品种。这两方面是难以截然分开的，只有选择优良种子才能逐步培育出新品种。

1. 远古时期的野生植物栽培

旧石器时代，先民以采集果实和渔猎为生。人们在长期的采集野生植物的过程中，逐渐掌握了一些可食植物的生长规律，经过无数次的实践，最终将它们栽培为农作物，从而发明了农业。[①] 农业的出现是和原始人对野生植物的培育联系在一起的。植物的野生种与栽培种在生长性状表现上有很大差别，如野生的禾本科植物，同穗各粒分期成熟，籽粒随时脱落，而栽培种则是同穗各粒一起成熟，不易脱落。野生种与栽培种的谷粒在形态上也有差别。因此，在培育过程中，栽培种对野生种的原有习性，有很大改变。粟是黄河流域古代居民栽植的主要粮食作物。长江以南地区，古代先民选择水稻作为栽植的主要粮食作物。距今 12000 ～ 7500 年，野生稻就被古代人类驯化为栽培稻。[②] 1973 年，在浙江余姚河姆渡遗址中发现了丰富的稻作遗存，这些稻作属栽培稻中籼亚种晚稻型水稻。河姆渡等古遗址出土的稻谷、稻壳及有关遗物证明，最早的栽培稻是我们的祖先培育出来的。随着农业技术的发展，人们培育出来的农作物品种越来越多。如河南郑州大河村遗址一座仰韶文化的房屋基址中出土了高粱；甘肃东乡林家遗址马家窑文化的一个袋形窑穴中整齐地放置着当时割下的捆成小把的稷穗；甘肃民乐东灰山遗址中发现了炭化的小麦、大麦、粟、高粱、稷等作物。这些考古发现表明，当时先民对谷物的需求已逐渐多样化。[③] 除谷物品种的培育，在新石器时代许多遗址中还发现了许多其他作物的种子，如西安半坡遗址出土了芥菜籽或白菜籽；秦安大地湾遗址出土了油菜籽；杭州水田畈及吴兴钱山漾遗址出土了西瓜、甜瓜、花生、芝麻、蚕豆、菱角、毛桃、酸枣、葫芦等植物种子。

2. 周代的选种技术

《诗经·大雅·生民》是周人歌颂其始祖后稷的诗篇，其中有“茀厥丰草，种之黄茂。实方实苞，实种实褎。实发实秀，实坚实好。实颖实栗，即有邰家室”

---

① 参见徐潜主编：《古代耕织与劳作》，第 2 页。

② 参见陈文华：《中国古代农业文明史》，第 120 页。

③ 参见史仲文、胡晓林主编：《中国全史·中国远古暨三代科技史》，人民出版社 1995 年版，第 30 页。

的诗句，反映中国最迟在西周时期已注意农作物的选种和留种了。“种之黄茂”是说要选用既光亮（黄）又美好（茂）的种子；“实方实苞”是说要选用肥大（方）而饱满（苞）的种子。这两句结合起来讲，就是要选用优良品种，其标准是肥大饱满。“实种实褎”“实发实秀”指的是播种良种，才能长出苗壮、整齐、均匀的禾苗。“实坚实好”“实颖实栗”说的是选用良种的好处，既能长出好苗，当然也就能结出穗子硕大的子粒饱满的果实。[1] 从《诗经》中所载有关西周至春秋时期的选种育种情况来看，这一时期选种和育种重视产量高低、品质好坏和熟期早晚等。西周时期种植的农作物以粟、稷为主，此外还有麦、稻等谷类作物和大豆、大麻、苎麻等作物。除谷物种植，园艺业在西周时期也有发展，如《诗经》中记述了多种蔬菜、果树的种类。至战国时期，选种育种工作又有新进展，陆续培育出许多新的作物优良品种。成书于战国时期的《管子·地员》中，已有粟、稻、稷、麦、菽、黍等多种作物的不同品种记载，并记载了各类作物品种适宜栽植的土壤种类。

3. 汉代的穗选法

《氾胜之书》最早记载了从田间选取强健硕大的禾麦穗子作种的穗选法。穗选法是最早带有育种意义的选种方法。《氾胜之书》说：“取麦种，候熟可获，择穗大强者，斩，束立场中之高燥处。曝使极燥。”“无令有白鱼！有，辄扬治之。取干艾杂藏之：麦一石，艾一把。藏以瓦器竹器。顺时种之，则收常倍。”“取禾种：择高大者，斩一节下，把，悬高燥处。苗则不败。”“欲知岁所宜，以布囊盛粟等诸物种，平量之，埋阴地。冬至后五十日，发取，量之。息最多者，岁所宜也。”其意为，留麦种要等麦成熟到可以收获的时候，选择穗大颗粒饱满的，斩断，缚成束，竖立于麦场的高燥处，曝晒到极干燥。不要留有白鱼，发现有白鱼，立即簸扬干净。同干艾混杂储藏，一石

① 参见郭文韬：《中国古代的选种育种和良种繁育》，《西南农业大学学报》2005年第1期。

麦用一把艾，用瓦器或竹器贮存。按照农时下种，产量可增加一倍。留禾种要选择谷棵高大的，截取一节下来，缚成把，悬挂在高燥的地方，这样的谷苗，一定可茁壮成长。① 汉代劳动人民已经认识到母强子良、母弱子病的种苗关系。有好种才有好苗，有好苗才能高产。为了获得良种，必须选种。选种的标准是生长健壮，穗形相同，籽粒饱满，成熟一致。选种的时间是在作物成熟后、收获以前，直接到田间去选。选好的种子要单收、单打、单藏，不能跟非种子混杂。后来的混合选种法和单株选种法都是在穗选法的基础上发展起来的。

4. 魏晋南北朝时期的选种技术

魏晋南北朝时期形成了从选种、留种到建立种子田的一整套管理制度，并培育出了一批耐旱、耐水、抗虫以及矮秆、早熟、高产、味美的优良农作物品种。《齐民要术·收种》中说的选种方法是："粟、黍、穄、粱、秫，常岁岁别收：选好穗纯色者，劁刈，高悬之。至春，治取别种，以拟明年种子。""其别种种子，常须加锄。""先治而别埋；还以所治蘘草蔽窖。"即年年用穗选法选种，与大田分开种，精心管理，收获时要先脱粒，单收，单藏，用自身的秸秆来堵塞窖口，以免混杂，否则"必有为杂之患"。② 这种办法，把选种、留种、建立"种子田"进行良种繁育与精细管理、单种、防杂保纯结合在一起，具有相当的科学性。这和现在常用的混合选择法及种子田制度类似，是我国选种史上的重大成就。

该时期培育出了许多农作物新品种。如粟类以熟期先后分为早谷和晚谷品种，以谷粒颜色又分为黄谷、青谷、白谷、黑谷等品种。西晋郭义恭《广志》记载粟的品种有 11 个、水稻品种有 13 个；北魏贾思勰《齐民要术》记载粟的

① 参见李根蟠：《农业科技史话》，第 161 页。
② 参见陈文华：《中国古代农业文明史》，第 241 页。

品种有86个，水稻品种有24个（其中糯稻品种11个），各有名称。魏文帝曹丕在《与朝臣书》中有关于水稻品种“新城粳稻”的记载。[①]

《齐民要术》记载的粟的分类依据主要是作物的“性状”。如《齐民要术·种谷》云：“凡谷：成熟有早晚，苗秆有高下，收实有多少，质性有强弱，米味有美恶，粒实有息耗。”此“质性”指耐旱、耐涝、免虫等能力。当时已认识到了早熟、矮秆作物之优势。《齐民要术·种谷》原注云：“早熟者，苗短而收多；晚熟者，苗长而收少。”同时也认识到物性与地域的关系，某些作物只宜在某地生长和留种，而不宜在另一地生长和留种。如《齐民要术·种蒜》云：“今并州无大蒜；朝歌取种，一岁之后，还成百子蒜矣……芜菁根其大如碗口，虽种他州子，一年亦变。大蒜瓣变小，芜菁根变大，二事相反。”“并州豌豆，度井陉已东，山东谷子入壶关、上党，苗而无实。”这与先秦著作《考工记》所云“橘逾淮北而为枳，鸜鹆不逾济，貉逾汶则死，此地气然也”，思想是一脉相承的。

《齐民要术》还介绍了一种甜瓜中间籽留种法。书中有：常岁岁先取“本母子瓜”，截去两头，只取中央子。本母子瓜是指长在近根部的子蔓上的瓜，是最初几片叶子结的瓜，其种子具有早熟性。之所以去掉两头留中间，是因为两头的种子会产生畸形瓜，如细曲短歪。根据现代生物学的生物全息规律，生物机体的一些特定部位对特定性状有较强的遗传势，以本母子瓜的中央子作种，与现代全息定域选种法是相同的。[②]

5. 宋元时期的选种技术

《宋史·食货志》记载，宋真宗大中祥符五年（1012年），浙、皖、赣等地旱灾，水稻歉收，引进占城稻，因其早熟、耐旱、不择地而生，成为南方早籼中的主要品种。后来陆续培育出各地的早、中、晚熟品种，与原有的早、中、晚熟品

① 参见周跃中：《试谈中国古代农作物种类及其历史演变》，《吉林农业》2010年第8期。
② 参见李根蟠：《农业科技史话》，第162页。

种搭配种植，为双季稻及三季稻的发展创造了条件。宋代，果树、蔬菜、花卉已成为农业的重要副业，种类不断增加，优良品种不断大量涌现。《梦粱录》记载，南京、杭州有蔬菜 30 多种；丝瓜最早记载于南宋陆游《老学庵笔记》；菠菜在宋已发展为主要蔬菜之一；南宋时白菜品种多且品质好。果树良种在宋代大量出现，据宋韩彦直《桔录》记载，仅温州一地就有橘 14 种、柑 8 种、橙 5 种，且该书对每个品种的性状作了详细的描述。宋蔡襄《荔枝谱》记载福州荔枝有 32 个品种。《梦粱录》记载了当时杭州的柿子有方顶、牛心等 10 多个良种。该时期花卉的发展达到空前，北宋首都汴梁、南宋首都临安都有花市，洛阳和成都的牡丹、扬州的芍药等都是当时的名产。

6. 明清时期的粒选法

明清时期在选育和繁育良种的理论和技术方面又有许多新发展。明代耿荫楼《国脉民天·养种之法》介绍了粒选法选种技术。粒选法比穗选法更先进。拣上好地，仔细精拣肥实光润的种子种下，精耕细作，增施粪肥。其子比所下之种必定更加饱满。再下种，后收获，如此连续选育三年，必有满意的效果。该书还说，如果选育的是蔬菜瓜果，则每苗只留一子。这种方法和今天所常用的多次混合选种方法很相似。

清代在种子选择、保存、培育、繁殖等方面都有很大发展和提高。《知本提纲》有“母强则子良，母弱则子病”的记载。郑世铎解释说：“母，犹种也。入地者为母，新收者为子。强，坚实也。”该书注文更细述选种之法：先选肥瘦适宜之地，上底粪，播种其上；勤耕耘浇灌，成熟之时，择纯色良穗，晾晒至干，取粒保存。清代使用传统选种方法选育出许多作物良种。清乾隆七年（1742 年）撰成的官修农书《授时通考》记录了全国 16 个省的水稻品种 3429 个、谷子品种 251 个、小麦品种 30 余个、大麦品种 10 余个，这些品种分别具有早熟、晚熟、味美等特点。（见图 3-15）郭云升在光绪二十二年（1896

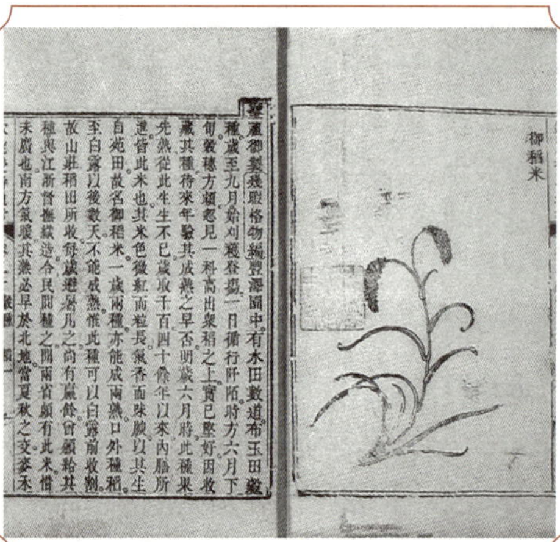
聖祖御製幾暇格物編豐澤園中有水田數道布玉田穀
種歲至九月始刈穫登場一日循行阡陌時方六月下
旬穀穗方穎忽見一科高出衆稻之上實已堅好因收
藏其種待來年驗其成熟之早否明歲六月時此種果
先熟從此生生不已歲取千百四十餘年以來內膳所
進皆此米也其米色微紅而粒長氣香而味腴以其生
自苑田故名御稻米一歲兩種亦能成兩熟口外種稻
至白露以後數天不能成熟惟此種可以白露前收割
故山莊稻田所收每歲避暑几之尚有贏餘曾頒給其
種與江浙督撫織造令民間種之聞兩省頗有此米惜
未廣也南方氣暖其熟必早於北地當夏秋之交麥禾

御稻米

图 3–15　选种（清·鄂尔泰《授时通考》）

年）所著《救荒简易书》介绍了不少耐碱、耐水、耐旱、抗虫的作物品种。① 丰富的农作物品种资源满足了生产生活的需要，还为现代育种技术的发展奠定了坚实的基础，为我国现代育种业的大发展提供了可靠的保障。

7. 单株选择法

中国是世界上最大、最古老的农作物起源地之一。单株选择法是古代栽培植物品种的起源，但是在古代典籍上这方面的记载很少，只有寥寥几条。如北宋蔡襄《荔枝谱》上记载着 32 个荔枝品种，其中小陈紫这个品种是在显著变异的基础上，经人工选择、培育出来的。当初有户姓陈的人家，种了一片陈紫荔枝，等到长成以后，有一棵树结的果实个小，核也小，但色香味跟其他树一样，因此，叫“小陈紫”。在陈氏一家的精心培育下，小陈紫这个品种繁衍下来。后来，陈家子孙分居，大、小两种陈紫也分属东、西二陈家。再如北宋欧阳修的《洛阳牡丹记》记载：元丰年间（1078 ～ 1085 年），应天神院御花园中，栽种了几百株野牡丹，其中忽然长出一种开重瓣黄花的新品种，这就是后来被称为“御袍黄”的牡丹。康熙《几暇格物编》记载：粟米有黄色和白色两种，而黄色的又有粘的和不粘的区别……惟独白色粟米都不粘。七年前在乌喇（今吉林境内）地方，在树孔中忽然生白粟一棵，当地人把其种子播种而得到收获，从此繁衍不断，以至于达到成亩成

① 参见史仲文、胡晓林主编：《中国全史·中国清代科技史》，人民出版社 1994 年版，第 71 页。

顷地播种。白粟的味道甘美，性又柔和。有人把此种粟送来进贡，我命人种植于山庄之内，它们的茎、干、叶、穗比其他粟大一倍左右，成熟也较早。做成的糕饼等食品洁白得像糯米做的，而其细腻、香滑超过了糯米做的。这是我国运用单株选择法选育良种的一个典型事例。清代康熙皇帝亲自试验，证明该粟米是一种早熟、高产、优质的良种，并将选育、推广、试验、对照比较的全部过程详细记录下来。这份记录是世界选种史上弥足珍贵的科学试验资料。康熙皇帝运用单株选种法选育出了著名的早熟“御稻”，该稻米色微红，米粒细长，气香味腴，堪称稻中精品。[①]

① 参见胡继杰：《康熙皇帝的单株选种与良种推广》，《新疆农垦科技》1986 年第 2 期。

第四章 农作物品种

传说神农氏（炎帝）教人们播种，并制作农具教人们耕作，中国的农耕文明由此得以产生。考古发现距今10000年前我国就已经有了种植业，种植业的出现是中国早期文明出现的物质基础，而种植业的发展，离不开农作物的培育和种植。

先秦时期，农作物的培育和种植经历了一个由多到少的过程。一开始，凡是可以吃饱而无毒的植物，先民们都尝试着进行种植。后来，随着对作物认识的提高，人们逐渐淘汰了一些产量低、口感差的植物种类。距今七八千年前，位于今陕西西安的半坡居民开始了粟的种植，而浙江余姚的河姆渡居民则开始了水稻的种植。夏代的农作物主要有谷、稻、麦、菽、糜等品种；商代主要有黍、稷、稻、麦、米（小米）等粮食作物；周代主要有粟、黍、稷、稻、粱、豆、麦、桑、麻等。从当时全国范围来说，北方以种植较耐干旱的粟为主，而南方则以种植水稻为主。

秦汉时期的主要农作物仍然沿袭前代，北方种植最多的依然是粱和粟。在南方水稻种植则显得十分突出，而且已推广到北方的部分地区。汉代时，人们还种植了较多的蔬菜和经济作物。蔬菜有瓜、葵、苜蓿、芥、芋、生姜、葱、大蒜、韭葱等，经济作物主要有桑、麻、芝麻、蓼蓝和胡瓜。张骞通西域后，从西域引入了西瓜、黄瓜、蚕豆、青葱、大蒜、胡椒、芝麻、葡萄等作物进行种植，从而丰富了人们的饮食生活。

魏晋南北朝时期，农作物格局依然是南稻北粟，但麦类种植逐渐普遍，在北方大有追赶粟类之势。随着北方移民的南迁，南方也开始了麦类的种植。

隋唐时期农作物种类有了较大的变化，麦类在北方大规模种植，南方则将其小面积地种植于丘陵旱地。此时麦类已仅次于稻，而与粟处于同等地位，并在全国形成了南稻北麦的生产格局。

五代宋元时期，南方麦类种植日益扩大，但是在南方的农作物仍以水稻为主，麦类种植的南移并未影响到水稻的种植面积。在宋代，南方的水稻种类已是早、

中、晚皆备，籼、粳、糯俱全。值得一提的是，“占城稻”的引入与种植，对我国稻作生产产生了深远的影响。

明代粮食作物基本上还是沿袭前代。目前，在中国粮食生产中占有重要地位的几种农作物，如玉米、番薯和马铃薯，就是在这个时期从海外引入种植的。人们的主要粮食作物品种得到丰富，也使人们的食物结构得到改善。

清代前期（1840 年前），在传统粮食作物种植上获得了较大的突破，选育出了大量的优良农作物新品种。此外，这个时期还在全国推广海外引进的一些高产农作物品种，如玉米、番薯、马铃薯、花生等，使之成为当时的主要农作物。

一、粟、菜与麻

1. 粟

粟又称作“谷子”“小米”，是我国培育的最古老的农作物之一。1954 年，考古学家在西安半坡新石器时代遗址中发现陶罐中有大量碳化了的粮食种子和菜籽遗存。经鉴定后得知，这些粮食种子为粟。西安半坡遗址中粟的发现，证明我国在六七千年前的新石器时代就已经栽培粟，是世界上最早种植粟的国家。

粟的发祥地在黄河流域中上游地区，它的祖先是狗尾草。狗尾草又叫“莠”“绿毛莠”“谷莠子”或“狐尾草”等，植物形态和粟十分相似，在我国黄河流域分布尤多。粟的最先培育与黄土高原的地理生态环境及其自身适应性广、耐干旱、耐瘠薄、抗逆性强等特点是分不开的。原始农业时期，人们的生产力水平还很低下，靠天吃饭，不可能人为地创造适应作物生长的环境条件，所以顺应自然环境的栽培技术就成为这一时期的重要特点。黄土高原这一地带的气候特点是：冬季严寒，夏季炎热，春季多风沙，雨量不多，年平均降雨量在 250 ～ 650 毫米之间，又大部分集中在夏季。在这种条件下，只有抗旱性强、生长期短的作物——粟才能适应，其他作物很难适应。原始农业产生之初，人们认识到野生粟的某些特性，开始把狗尾草栽培驯化。于是，曾对人类文明做出重要贡献的粟在人工干预下完成了由野生向栽培植物的进化。黄河流域的早期文化也可以说是旱农耕作的粟文化，奠定了后来中华农业文明的物质基础。

粟的种类有数十种，颜色有青、赤、黄、白、黑等多种，所以名字很多。《诗经》中与粟有关的字就有“黍”“稷”“秫”“粱”“糜”“芑”等多种。其中，关于“黍”，一种说法是粟，另一种说法是稷；“秫”是指有黏性的粟，后来泛指一切黏性的谷粒；“粱”指的是穗大芒长粗粒的粟；“糜”是红色的粱；“芑”是白色的粱。古代文献对“粟”的不同称呼，反映了人们对粟的不同类型早就有所认识。

因为粟的生产很重要，所以秦汉时期很多官职都与粟有关。秦代主管农业的官吏称“治粟内史”，西汉叫“搜粟都尉”。《汜胜之书》中“粟”被列为五谷之首。后来伴随着水稻和小麦种植面积的扩大以及产量的提高，粟的种植受到了排斥，粟在全国粮食生产中的主导地位也有所下降。唐末，水稻生产已经大大超过粟而在全国粮食产量中占第一位，粟降为第二位。到了宋代，小麦生产上升很快，粟在全国粮食产量中降为第三位。明代，玉米的引进使粟的种植又一次受到冲击，粟的生产日益萎缩。但在北方地区尤其是黄土高原地区，农民的主要口粮仍然以粟为主。现在，粟被列入杂粮之列。①

2. 菜

半坡遗址发现的菜籽是白菜或芥菜类的种子。菜籽遗存的出土证明半坡人在粮食之外还种植蔬菜，这说明早在七八千年以前我国就开始种植蔬菜。白菜

① 参见吴存浩编著：《农史丛话》，北京农业大学出版社 1988 版，第 11 ～ 14 页。

是中国的传统蔬菜，比其他原产中国的粮食作物还要古远。白菜古时称“菘”，最早得名于汉代。南北朝时是中国南方最常食用的蔬菜之一，唐代出现了白菘、紫菘和牛肚菘等不同的品种，元代时民间开始称其为“白菜”，明代李时珍在《本草纲目》中记载了白菜的一些药用价值。明代以前，白菜主要在长江下游太湖地区栽培，到明清时期，小白菜在北方得到了迅速的发展，与此同时，浙江地区成功培育出大白菜。18 世纪中叶，北方大白菜取代了小白菜，且产量超过南方，华北、山东出产的大白菜开始沿京杭大运河销往江浙以至华南。

芥菜在我国新石器时代就已经开始种植，是中国著名的特产蔬菜。芥菜的最早文献记载见于《左传》。《氾胜之书》记载了有关芥菜的栽培技术。芥菜在全国各地普遍栽培，多分布于长江以南各省，最初人们只是用它的种子来调味。李时珍在《本草纲目》里说，芥菜除了辛辣可以入药外，还有可以食叶的，如马芥、石芥、紫芥、花芥等。经过我国劳动人民多年的培育，芥菜出现了许多变种。如现在叶用的有雪里蕻、大叶芥等，茎用的变种有著名的四川榨菜，根用的变种有浙江的大头菜等。芥菜多种变种的出现，表明我国古代劳动人民在改造植物习性方面取得了很大的成就。

3. 麻

考古学者在半坡遗址中发现了陶纺轮、石纺轮、骨梭、骨针等纺织工具，这说明半坡居民已经开始从事原始纺织。但半坡原始居民用什么作纺织原料呢？考古学者在一个陶钵底部还发现了布纹，后来证明是半坡先民织的麻布印上去的。现在看来这些麻布还很粗糙，但是当时人们用骨针和线把布片缝在一起，制成最原始的衣服穿在身上。由此可以推断出，半坡居民的原始纺织材料就是麻。麻原产于中国，是重要的纤维作物兼粮食作物。三国以后，“麻”字逐渐发展为麻类作物的总称。唐代改称为“大麻”，以后又有“汉麻”“火麻”“黄麻”等别称。在河北、河南、湖南发现的一些汉墓中，也出土了麻籽，说明汉代时大麻经常被当作粮食作物。汉代以后的墓葬或遗址中则很少发现有麻籽遗存，说明麻籽逐渐退出了五谷的行列，专事纺织。明清时期，苎麻的根和苘麻子都是救荒食物；还有一些麻类作物的种子常被用作饲料和肥料，榨油供食用或用作涂料、燃料。另外，大麻的子和花、苎麻的根和叶、亚麻子和黄麻叶都可供药用。

秦汉至隋唐时期，麻的种植开始有了很大的发展。据《史记·货殖列传》记载，汉代齐鲁地区是盛产大麻的地区。北魏时，在今甘肃、陕西、河北、山东、山西及江淮等地区，以大麻布充税的现象比较普遍。南朝宋时，政府大力推广大麻种植。到了唐代，大麻在长江流域发展很快。因此，长江流域成为大麻的另一个重要产区。

中国麻纺织的历史比丝绸更为悠久，古人最早使用的纺织品就是麻绳和麻布，大麻布和苎麻布一直作为大宗衣料。宋元时期，大麻生产虽然在黄河流域很普遍，黄麻布和亚麻布也从宋代开始生产，但在南方麻布却明显缩减，原因就是宋末元初棉花已发展到长江流域，并开始向黄河流域推进。明清时期，大麻生产虽有一定发展，但是随着棉花继续向北方推广，作为衣着原料来源的大麻，逐渐退出了市场，最后几乎让位于棉花，麻布也逐渐为棉布所替代。

二、水　稻

我国栽培水稻的历史最早开始于南方沼泽地区。早在原始农业刚刚出现的时代，先民就已经把野生稻培育为栽培稻了。河姆渡遗址是一处新石器时代遗址，共叠压着四个文化层。其中第四文化层较大面积范围内，分布着稻谷、稻壳、秕谷、稻草、茎叶、木屑碎渣等交互混杂的堆积层。经过对地层中出土遗物的碳－14测定，确定其年代为距今六七千年。河姆渡遗址出土的稻谷和谷壳（见图4–1），换算出稻谷大约在12吨，数量巨大，保存完好。河姆渡遗址考古证明，长江流域早在六七千年前已经普遍种植水稻。据有关研究表明，距今10000年以前，长江

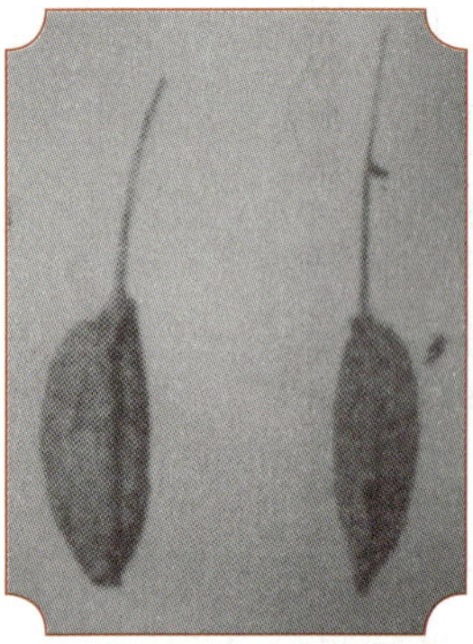
图 4–1　新石器时代的稻谷（浙江余姚河姆渡遗址出土）

流域及其附近地区的气候较现在温暖、湿润，大致相当于现在的珠江流域的气候，十分适合野生水稻的生长，这就为先民们驯育栽培水稻提供了必需的种质资源和理想的环境气候条件。

三国两晋南北朝以来，由于北方战乱，人口大量南迁，促进了南方水稻生产的迅速发展。唐宋以来，南方的一些地区进一步发展成为全国粮食的供应地。民间有“苏湖熟，天下足”和“湖广熟，天下足”的说法，充分反映了江南水稻生产对于全国粮食供应的重要性。北宋时，稻的总产量已由殷商时代居于五谷之末而上升为五谷之首，成为粮食作物中的第一位作物。据宋应星《天工开物》估计，明末的粮食供应，大米占 7/10，麦类和粟、黍等占 3/10。可以说，自北宋之后，稻居第一的粮食作物格局直至今天也没有太大改变。中国不仅最早种植了水稻，还是世界上最早有文字记录水稻品种的国家。《管子・地员》中记录了 10 个水稻品种的名称及其适宜种植的土壤条件。宋代《禾谱》一书专门记载了水稻的品种以及生育、栽培特性。其他各地地方史志也开始大量记载地方培育的水稻品种。各种史料证明，宋代籼、粳、糯分明，早、中、晚稻品种齐全。到明清时期，关于水稻的各种记述更为详细了。

三、小麦与高粱

1. 小麦

小麦出现于粟、稻之后，在我国的栽培历史同样悠久。小麦在西汉之前称为“来”“麦”，甲骨文和金文中的“麦”与“来”字有将近 80 种大同小异的写法。“小麦”一词，直至西汉《氾胜之书》问世才见于文献记载。实际上，早在

5000多年前，麦子就最先出现在中国西北地区（见图4–2）。麦子虽然属旱地作物，但要求有较好的灌溉条件。在这个条件不能满足之前，一般都是选择低地种植。因为水往低处流，低地墒情会相对好一些，麦子收成也会高一些。距今1700年前，麦子开始进入南方地区。南方雨水充沛，地势低洼，最大的障碍不是旱而是水，特别是在稻麦二熟地区，水稻在收割之后，为了能及时地种上麦子，必须及时排干稻田中的水分,所以排水成为在南方稻田上推广小麦的关键。宋代以后，政府为了鼓励种麦出台了一项政策，规定所有稻田上种麦的收成全部归佃户所有。

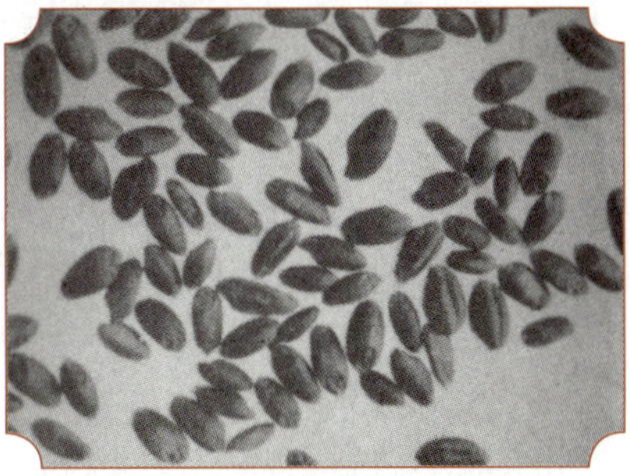

图4–2　新石器时代的小麦粒
（新疆孔雀河出土）

麦子种植经历了一个自西向东、由北向南的过程。西北地区是中国最早种麦的地方。古代文献中有不少关于西部少数民族种麦食麦的记载。如《穆天子传》记述周穆王西游时，新疆、青海一带部落馈赠的食品中就有麦。商周时期，麦子已入黄河中下游地区,《诗经》中也多次提到“麦”。春秋时期，麦已是中原地区司空见惯的作物了,分不清大豆和小麦会被人笑话。据《左传》的记载，在今山东、山西、河南、河北、安徽等地当时都有小麦生产。麦子虽然自西而来，但汉代以前，麦的主产区却是在东方的黄河下游地区。自战国开始，主产区开始由黄河下游向中游扩展，汉代又进一步将其向西、向南扩展。经过汉代的大力推广，麦子的种植面积扩大了，产量也提高了，在粮食供应中的地位逐渐提升。

汉代以前，江南没有小麦种植，到晋代，麦子在江南的种植面积有所扩大。唐代麦子的种植区域又进一步扩大到广西、云南，在云南还出现了稻麦两熟的最早记载。唐人在提到粮食作物时往往以“粟、麦”次序排列，说明麦的地位

已仅次于粟。麦作发展真正达到高潮是在南宋。南宋时期，北方人口大量南迁，他们把原有的饮食习惯也带到南方，社会对麦类的需求量空前增加，因而促进了麦子在南方的种植达到高潮。明代末年，中国北方人一半的口粮来自麦子，麦子在中国粮食供应中的地位得以确立。

2. 高粱

高粱，也称“蜀黍”，我国北方地区一般称为“秫秫”，在古代农书里也写作“蜀秫”或者“秫黍”。1931 年，山西万泉荆村新石器时代遗址中出土了谷类碳化物，经鉴定为粟和高粱的残存。1972 年，河南郑州大河村新石器时代遗址中发现了用陶瓷装着的大量碳化高粱籽粒。1985 年，甘肃民乐东灰山遗址出土了 5000 年前的炭化高粱，其形似球，和现代的高粱相同，经鉴定是中国高粱的原始种。由此可见，中国是高粱的发祥地之一。我国文献记载直到晋代才有“蜀黍”一名，唐代有了“高粱”的名称。

高粱是禾本科一年生草本作物，有直立的秸秆，叶子和玉米叶相似，比较窄厚，穗子有扫帚状和锤状两类，既抗旱又耐劳。高粱种植在汉代有了较大的发展，北起辽宁、内蒙古南至广东的汉墓中，都有高粱随葬品出土。河南洛阳烧沟汉墓出土的陶仓上经常写有“粱万石”之类的文字，陶仓里的谷物经鉴定是高粱，可见，汉代文献中的“粱”就是指高粱。秦汉以后，稻、麦这两种农作物迅速发展，对于高粱的扩大种植显然不利。不过，随着社会经济的发展以及低洼地利用技术的提高，高粱种植也得到了一定程度的发展。明代李时珍《本草纲目》就明确指出，高粱“今北方最多”。高粱既耐旱，又耐涝，并且浑身都是宝：其籽粒可作为主食，可酿酒，也可用作牲畜饲料；其秸秆可以编箔、织席、作房料、供柴烧；其叶可作饲料；其梢莛可扎笤帚，钉锅盖。因此，王祯《农书》云：高粱“农家不可缺也”。

四、黍、稷、桑与豆

1. 黍、稷

黍、稷原产于我国，是古老的栽培作物。黍、稷本是同种作物，因籽粒的糯性和粳性不同而加以区分。黍、稷均为禾本科一年生草本植物，生育期短，喜温暖，不耐霜，抗旱力极强，因此特别适合在我国北方尤其是西北地区种植。《玉篇》认为黍和稷是“五谷之长”，意思是黍、稷在古代农业中占有主导地位。同时，黍和稷也是“五谷之最”，是我国黄河流域最早培育成功的农作物。原始农业时期，耕作技术原始，缺乏施肥灌溉措施，土壤得不到改良，田间林木杂草丛生，人们就必须把黍、稷这种耐干旱、抗贫瘠、耐盐碱、生长期短的农作物作为主粮而进行大面积栽培，这样黍、稷长期处于“五谷之长”的主导地位。商周时期，黍、稷是北方居民的主要粮食作物。甲骨文和《诗经》中“黍”的出现次数最多，远远超过粟。春秋战国时期，黄河流域生荒地减少，黍的地位逐渐下降，黍、稷的黄金时代结束。现在黍、稷的种植很少，它们是杂粮中的次要者。

2. 桑

我国是世界上最早养蚕缫丝和植桑的国家。野蚕原是桑树的害虫，原始先民大概在采食野蚕蛹的过程中发现蚕丝是优质纤维，于是先民开始喂养蚕，桑树被远古先民栽培。野蚕的繁殖数量受到天然桑树数量的限制。桑树栽培后，家蚕的喂养量也随着栽培桑面积的扩大而迅速增加，从此家蚕饲养成为古代衣料纤维的一个重要生产部门。商周时代，家蚕的养殖在黄河流域相当普遍，从而也使桑树栽培成为商代的种植业的一项重要内容（见图 4–3）。殷商对桑蚕业相当重视，甲骨文中就已经有了“蚕”“桑”“丝”“帛”等字，而且从桑、从蚕、从丝的字达 100 多个。从西周到战国，《诗经》中有许多关于桑蚕及纺

图 4–3　采桑图（元·王祯《农书》）

织人的诗句，说明黄河流域已经盛行养蚕植桑。这一时期山东蚕丝业较为发达，所栽桑树有乔木和灌木两种。而后者由于植株低矮，枝叶繁茂，便于采摘，是经过人工选择而培育出的理想品种，被称为“鲁桑”。秦汉至唐代，我国养蚕植桑的中心一直在北方的黄河流域。宋代，南方超过了北方。元明之际，由于棉花的普及，我国南北植桑养蚕业开始逐渐衰落。[①]

3. 豆

中国是大豆的故乡，也被誉为“大豆王国”。先秦时期，大豆被称作“菽”“荏菽”，被列为五谷之一，是古代主要粮食作物之一。然而，菽不仅仅指大豆，还是黄豆、青豆、黑豆等豆类的统称。大豆原产于北方地区，是从野生大豆培育而来的。据考证，我国早在 5000 年前就已经有大豆种植。《诗经》《左传》《史记》等著作都有关于“菽”的记载，而“大豆”一词则出现于秦代以后。大豆在西周和春秋时期已经成为重要的粮食作物，被列为五谷或九谷之一。战国时期大豆的地位进一步上升，在不少古籍中已是菽、粟并列，也说明当时菽的种植面积在增加。但大豆只是普通人的主粮，称为“豆饭”，不像稻那样被认为是细粮。秦汉以后，“大豆”一词代替了“菽”字。汉代的很多文献中主张麦子和谷子或大豆轮种，可见，当时大豆的播种面积已相当可观。《氾胜之书》专门记载了大豆的栽培技术，书中提倡每人要种五亩大豆，各地的汉墓中也经常出土大豆类实物。汉唐时期，

① 参见吴存浩编著：《农史丛话》，第 107 ～ 112 页。

大豆的种植有很大发展。西自四川，东迄长江三角洲，北起东北地区和内蒙古、河北，南至岭南等地，都有大豆的种植。元代前，大豆从我国引种到朝鲜、日本及东南亚和中亚地区。近百年来，大豆又漂洋过海，进入欧洲、非洲和美洲，足迹遍布全世界。[①]

五、葡萄、核桃、黄瓜、香菜与石榴

1. 葡萄

葡萄原产于地中海东岸以及小亚细亚、中亚地区,《汉书》中把葡萄写作“蒲陶”。公元前 2 世纪以前，新疆地区就开始了葡萄栽培，并积累了丰富的葡萄酒酿造经验。关于内地种植葡萄的最早记载，一般认为与西汉张骞（见图 4–4）通西域有关。《史记 · 大宛列传》记载：“汉使取其实来，于是天子始种苜蓿、蒲陶肥饶地。”《史记》并没有明确指出引进葡萄的汉使是张骞,但是后人却把这项功劳归功于他了。事实上，葡萄引入中原的时间应早于张骞出使西域，只不过张骞的确从西域带来了某些葡萄的珍异品种。伴随着葡萄在内地栽培的成功，葡萄酒的酿造技术也被中原地区的人们所掌握。魏晋南北朝时期，葡萄在我国得到了迅速的传播。隋唐时期，葡萄种植进入繁荣期。唐代以后，葡萄种植业趋向稳步发展的状态。明代徐光启《农政全书》中记载了葡萄的无数优良品种，标志着葡萄生产达到了一个新的水平。

图 4–4　张骞像（陕西城固张骞纪念馆）

① 参见徐潜主编：《古代耕织与劳作》，第 23 ～ 24 页。

2. 核桃

核桃又称作“胡桃"羌桃”,原产于伊朗。据张华《博物志》云:“张骞使西域还,乃得胡桃种。”羌胡古时指现在的南亚、东欧及我国新疆、甘肃和宁夏等地。张骞将其引进中原地区时，名叫“胡桃”。史料记载，319 年，石勒占据中原，因其忌讳“胡”字，故将“胡桃”改名为“核桃”，此名延续至今。

3. 黄瓜

黄瓜是“胡瓜”的别名,又称作“王瓜”,原产于印度。唐代杜宝《大业杂记》中记载，大业四年（608 年），“九月，（炀帝）自塞北还至东都。改胡床为交床，改胡瓜为白露黄瓜，改茄子为昆仑紫瓜”。明代李时珍《本草纲目·菜部三·胡瓜》载：“张骞使西域得种，故名胡瓜。”如此说来，黄瓜传入我国已有 2000 多年的历史了。明代，北京郊区的菜农就开始利用温室来栽培黄瓜，以保证皇宫中能吃上鲜嫩的黄瓜。黄瓜虽名为“黄瓜”，但是人们所吃的并非是黄色的瓜，而是青绿色的嫩瓜。只有它充分老熟后，黄瓜才真正成为金黄色的瓜。[①]

4. 香菜

香菜又名“芫荽”，最初称为“胡荽”，原产于中亚和南欧或近东和地中海一带。据西晋张华《博物志》记载，汉武帝元狩四年（前 119 年），张骞从西域引进香菜,故初名“胡荽”。南北朝后赵时,后赵皇帝石勒认为自己是胡人,“胡荽”听起来不顺耳,下令改名为“原荽”,后来演变为“芫荽”。北魏贾思勰《齐民要术》记载了颇为详尽的种植、腌制芫荽的方法。因此，作为一种蔬菜，胡荽至少在南北朝时就已经得到了广泛种植。如今，香菜在全国各地均有种植，成为不可缺少的蔬菜和调香料。

5. 石榴

石榴原产于伊朗，公元前 2 世纪时传入中国。西晋张华《博物志》说，汉

① 参见吴存浩编著：《农史丛话》，第 156 页。

使张骞出使西域，到达过“安息国”，带回了当地盛产的一种瘤状多子水果，取名“安石榴”。“安石榴”为“安息”的音变，“石榴”为“安石榴”的简称。石榴虽是一种适应性极强的果树，但在传入中国之初仅仅作为一种珍贵的观赏树木种植在达官贵人的家中。南北朝时，石榴开始在民间栽培，到唐代已在全国各地广泛栽培。

六、青稞与荞麦

1. 青稞

青稞在藏语中称“耐”，主要产自中国西藏、青海、四川、云南等地，是青藏高原藏民族的主要食物之一。青稞在青藏高原具有悠久的栽培历史，距今已有 3500 年。《隋书·附国传》中曾记载：“其土高，气候凉，多风少雨，土宜小麦青稞。”这表明青稞适宜在高海拔的地区生长。自从 1938 年首次发现野生大麦之后，我国科学家们在青藏高原各地陆续发现了野生大麦。通过研究，认定青藏高原的青稞实际上就是中原大麦的祖先。同时，青稞也是当今世界所有粮食作物中为数不多的野生与培植共存的物种之一。虽然青稞在青藏高原具有悠久的栽培历史，但当时的农业技术比较粗疏，土地不加平整，不打畦，没有阡陌，水土容易流失，故青稞产量极低。唐代文成公主入藏后，所带去的汉族农业技术人员向吐蕃人传授了农业种植技术。吐蕃人民开始挖畦沟，田野间阡陌纵横，大大提高了青稞产量，他们在游牧之余，还能收获到大量的粮食。因此，可以断定，青稞种植得以快速发展是从唐代开始的。

2. 荞麦

荞麦起源于中国，中国青藏高原、蒙古高原、东北和西南各地区广泛分布着野生荞麦。最早的荞麦实物出土于陕西咸阳杨家湾四号汉墓中，距今已有 2000 多年。陕西咸阳马泉和甘肃武威磨嘴子也分别出土过西汉和东汉的实物。除了实物

出土外，古代很多文献也记载有荞麦。如公元前 5 世纪的《神农书》中，就有关于荞麦是当时栽培的八谷之一的记载。南北朝《齐民要术》、唐代《食疗本草》和宋代《嘉祐本草》等著作中，对荞麦的栽培技术、食用方法和食疗作用等已有较详细的记述。虽然 2000 多年以前中国开始种植荞麦，但是真正开始大范围普及种植是在唐代。农书中关于荞麦最为确切的记载首见于唐代《四时纂要》和孙思邈《备急千金要方》。同时，荞麦在这一时期的诗文中也屡被提及。因此，一般认为荞麦是从唐代开始普及的。

七、占城稻

占城稻出产于今越南中南部的占城，又称作“早禾”“占禾”，属于早籼稻，北宋初年引入我国福建地区。根据宋代史书记载，占城稻有很多优点：一是“耐旱”；二是适应性强，可以适应不同的土质，尤其适宜在缺水的丘陵地带种植；三是生长期短，从种植到收获仅需 50 余日。由于当时占城一带比较落后，生产力水平低下，耕作粗放，无灌溉设施，所以当地农民种植稻米往往任其自然生长。占城稻虽以占城为名，但除了占城以外，在中国广西地区和安南、真腊等国也都普遍种植。

引进占城稻是对外贸易繁荣发展的结果。五代时期，闽商尤其是泉州商人往来于安南、占城，他们发现占城稻有耐寒、早熟、适应性强等优点，便将稻种引入泉州试种，大获成功。政府便从福建调运占城稻 3 万斛，并把种植办法印成榜文到处张贴，于是占城稻被迅速推广到江南地区。宋代占城稻是中国古代典型的外来农作物品种，其出众的优良品性使其成为长江流域占统治地位的粮食作物，而伴随着地理环境的不同，占城稻相继演化出许多新品种。占城稻的引进和推广改良，对我国南方早晚稻系列的形成，对单季稻向多季稻的过渡，起了重大的推动作用。可以说，占城稻对长江流域稻作系统产生了深远的影响。

有关占城稻种植的资料，在《宋史·食货志》《宋会要辑稿·食货》中均有记载。占城稻非常适合在我国南方种植。此后，水稻成为我国南方第一位的粮食作物，改变了江南人民的饮食结构，为我国经济重心的南移奠定了坚实的基础。

八、棉　花

棉花主要从外国传入，共有四个栽培种，分别是草棉、亚洲棉、陆地棉和海岛棉。19 世纪以前，我国主要种植草棉和木棉（也就是“亚洲棉”）两种，先两广、福建后长江流域再至黄河流域，由南向北逐渐普及种植。原产非洲的草棉经中亚传入我国，时间是在西汉张骞通西域之后，当时人们称之为“白叠”。非洲草棉很早就在新疆得到推广，直到南宋末年，非洲草棉才得到了在渭水一带迅速传播的机会。原产于印度的木棉是经东南亚传入我国的，当时人们称之为“橦花”“吉贝”。南宋时，植棉区已不限于两广和福建，逐渐推广到长江和淮河流域，成为一种重要的经济作物。两宋时期，我国南方人民已经初步掌握了一套植棉技术。每年农历二三月开始播种棉籽，棉苗出土后，每月锄草 3 次。一株有 120 个棉铃，就算上品。棉花的纤维一般长 3.3 厘米左右，逐渐成为人们衣着的主要原料。

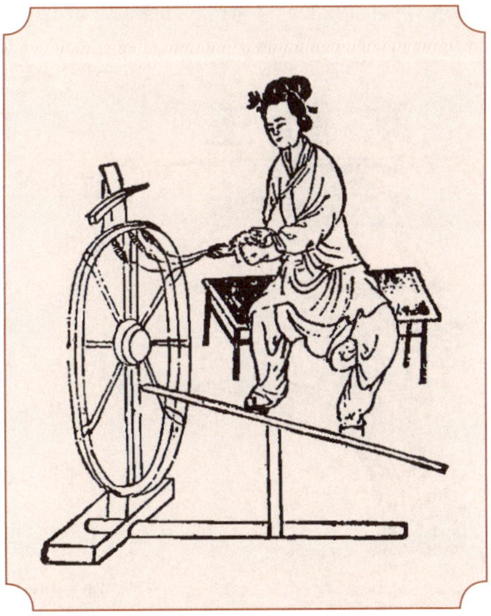

图 4–5　木棉纺车（元·王祯《农书》）

到元代中后期，棉花已在全国广泛种植。由于元代棉纺织业发达，棉布迅速成为江南人们的主要衣料，这是我国古代经济生活中的一件大事。（见图 4–5）明人的衣料逐渐以棉布为主。明太祖鼓

励农民种植棉、麻、桑等经济作物，规定了农户和种植数额，多种棉花的可以免税。因此，棉花的种植遍布南北各地，河北、河南、山东成为新的植棉中心。19 世纪后从美国引进了陆地棉，至今全国普遍种植的正是这种棉花。陆地棉栽培品种均为典型的一年生亚灌木，植株高大、健壮，生长期中等，产量高，品质好，适应性广，占世界棉产量的 90% 以上。当陆地棉这种农作物登陆华夏之后，便成为中国农业与稻麦并驾齐驱的主要依靠。

九、玉米、甘薯、马铃薯、烟草、花生

1. 玉米

玉米原产于美洲，明代引入中国，有“玉蜀黍”“玉黍”“包谷”“棒子”“珍珠米”等名称，还有叫“六谷”的，意思是说“五谷之外的又一种谷”。根据记载，玉米最早传到我国广西，时间是 1531 年，距离哥伦布发现美洲不到 40 年。李时珍《本草纲目》中有“玉蜀黍种出西土”之句，并对玉米作了形态描述。（见图 4–6）到明代末年，它已经传播到河北、山东、河南、陕西、甘肃、江苏、安徽、广东、广西、云南等十省。到 17 世纪末为止，辽宁、山西、江西、湖南、湖北、四川等省也开始了玉米的种植。玉米在传入之初，尚未列入谷物而被人们视为珍稀之物。直至清代乾隆时期还是皇家御用之物。明代的文学作品《金瓶梅词话》中，“烧鹅肉”和“玉米面玫瑰果馅蒸饼”都是大财主西门庆宴请宾客的佳肴珍馐。到了 18 世纪中期至 19 世纪初，玉米才开始在中国大规模推广。玉米的引进，解决了当时的一些社会问题，不仅满足了日益增长的人口对粮食的需求，而

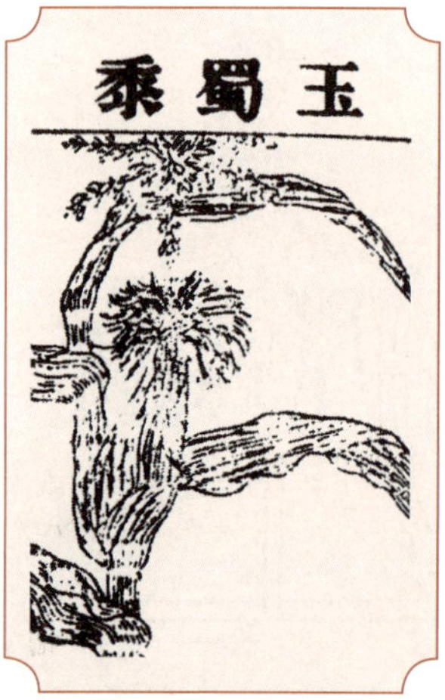

图 4–6　玉米图

且扩大了土地播种面积，促进了农村畜牧业的发展。

2. 甘薯

甘薯原产于美洲，有“番薯”“红薯”“地瓜”“红山药”“白薯”等多个别名。明代万历年间，甘薯传入我国的广东、福建等地。因其食味好，产量高，适应性强，用途广泛，受到广大人民的喜爱，随之在全国各地普遍种植。（见图 4–7）甘薯引进中国，主要有两种说法：

一种说法是明人陈振龙从吕宋（今菲律宾）引进。明代时，福建长乐人陈振龙曾侨居吕宋。他认真学习当地人民栽种、培育、收获、贮藏甘薯的技术，并决心把甘薯引进中国来。但当时的菲律宾处于西班牙殖民统治之下，严禁甘薯外传。后来，陈振龙精心谋划，在 1593 年初回国的时候，把薯藤秘密地缠绕在航船的缆绳上，表面涂上污泥，巧妙地躲过了殖民者的检查，顺利通过关卡，航行七天之后安全到达福建。当年六月，陈振龙让他儿子陈经纶向福建巡抚献出茵藤，并说清楚甘薯的用途和种植方法，此后甘薯在福建试种成功。那时候闽广等地常遭台风侵袭，连年饥荒，由于甘薯适应性强，高产味美，因而迅速在各地推广种植，劳动人民把甘薯看作度荒的珍品。

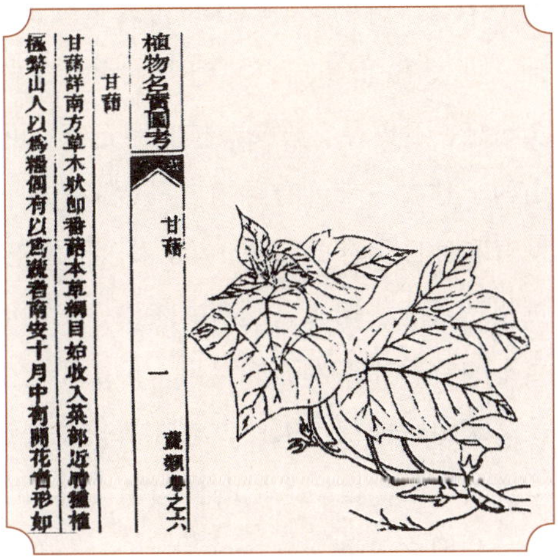

图 4–7　甘薯图

另一种说法是明人林怀兰从越南引进。据广东《电白县志录》记述，广东吴川有一位著名的中医叫林怀兰，医术高明，经常到安南（今越南）行医，曾治好守关将领的重病，二人遂结为挚友。守关将领推荐林医生为国王的女儿治病，结果药到病除。国下大喜，宴请林医生。宴席上有烹调甘薯一菜，浓香蓖郁，

味美适口。林医生请教甘薯源流，暗记在心，并要求尝食生薯，他咬了一口就藏在袖子里，带回中国。按当时安南的法律，外运种薯是要处死刑的。守关将领为了感谢林医生救命之恩，就把他放过关去，随后自杀了。林怀兰带回的半截甘薯在广东电白育秧栽种，后广泛栽培。

3. 马铃薯

马铃薯原产于南美洲，也称作“土芋”“土豆”。16 ～ 18 世纪的文献中只有关于马铃薯的零星描述，没有见到培育和大量传播的记载，只能是少量的试种。进入 19 世纪后，我国方志中对马铃薯的记载逐渐多了起来，并且所记翔实清晰，不再存有歧义。按文字记载，可知 19 世纪上半叶，云南、贵州、陕西、山西、甘肃一带已有种植。马铃薯早期传播区域集中在气候适宜、利于其生长发育和种性保存的海拔 1200 米以上气温较低的高寒山地及冷凉地区，如四川、贵州、云南、湖北、湖南、陕西、山西等地的山区。马铃薯在明清粮食作物中虽不如番薯和玉米那样突出，但由于它生长期短、耐瘠耐寒，特别适合在北方及高寒山区种植。因此，它在清代发展迅速，在解决农民口粮问题上起了相当重要的作用，也使人们的食物结构得到改善。①

4. 烟草

烟草原产于美洲，16 世纪中后期传入中国。当时名称很多，如“淡巴菰”“相思草”“金丝烟”“南蛮草”“还魂草”等。烟草在 18 世纪末已传遍全国各地。因为它有害健康，而且影响社会管理，所以历代政府都曾颁布过禁烟令，如明末崇祯帝曾多次下达禁烟令。崇祯十二年（1639 年），上谕严禁吸烟，违者处死。崇祯十六年（1643 年），又颁布了严禁私贩烟草、违者处死的禁令。还规定民间私种烟者，被抓获后要流放到不毛之地去服苦役。崇祯禁烟并未讲明吸烟的危害，而是出于“吃烟”与“吃燕”谐音，北京是燕地，崇祯认为吸烟兆头不

① 参见陈文华：《中国古代农业文明》，第 327 ～ 328 页。

好，不吉利。禁烟令既然不能以理服人，当然也就禁而不废了。清人入关以前，清太宗也曾下令禁烟，但却是禁百姓，不禁皇族。在清廷上层贵族内，吸烟已成风气。到清统一全国时，烟草的种植与吸食已从福建、浙江、江苏扩展到南北各地，朝廷遂重新颁示严禁，“不许种植，不许贩卖，违者与通番同罪”。即便烟草对人不利，但因吸烟人渐渐增多，市场扩大，许多农民专门从事烟草种植以牟利。随着清末殖民侵入和民族资本工业的兴起，中国烟草工业得到大规模发展。①

5. 花生

花生原产于中国，又称作“黄花生”。1958 年，浙江吴兴钱山漾原始社会遗址发掘出炭化花生种子，测定灶坑年代距今 4700 年左右。1961 年，江西修水山背地区原始社会遗址发掘出炭化花生种子。此外，广西、云南、江西等地也曾报告过与花生形态极为相似的野生植物。2007 年，西安汉阳陵出土的农作物里，已经出现了花生（见图 4–8）。我国花生栽培的文字记载，可追溯到 14 世纪中叶。元代贾铭《饮食须知·果类》：“近出一种落花生，诡名长生果，味辛苦甘，性冷，形似豆荚，子如莲肉。”明代蓝茂《滇南本草》中亦有花生的记载。花生种植至今约有 660 年。然而现今广泛种植者，则主要从南美引进。明末清初，中国沿海地区花生种植较为普遍，并多次从南美洲引进花生品种，最近一次为 1887 年。《慈溪县志》记载：“落花生，按县境种植最广。近有一种自东洋至，粒较大，尤坚脆。”

图 4–8　炭化花生（陕西汉阳陵博物馆藏）

① 参见顾森森：《中国烟草史》，《三联生活周刊》2005 年第 9 期。

第五章 农田水利

中国农田水利的发展史，是发展农田水利、克服旱涝灾害、同大自然进行斗争的历史，也是保卫家园、发展经济文化的历史。公元前5000年左右，远古先民在杭州良渚古城外修建的水利系统，是迄今所知中国最早的大型水利工程。公元前2000年左右，大禹治水时就已经发明沟洫并将其用于农田水利，但限于当时的生产力水平，沟洫没有得到很大发展。

周代，农田沟洫逐渐形成系统并趋向完善。由于铁制农具的使用和推广，东周以后水利工程的规模逐渐扩大，人们开始修建大型水利工程。如公元前613～前591年间，楚国在今安徽寿县修建了芍陂，并于公元前548年将发展农田水利列入国家法典。芍陂的修建一直影响着后世的农业生产。这一时期，还出现了桔槔和辘轳等原始灌溉工具，提高了灌溉效率，减轻了劳动强度。

战国至西汉时期，我国的农田水利建设蓬勃兴起。这一时期，水利工程技术得到迅速发展，渠系工程取代了农田沟洫。在李冰的主持下，秦国在今长江流域的成都平原修建了举世闻名的都江堰，使成都平原成为“天府之国”；在黄河流域，郑国渠、白渠和六辅渠的开凿，促进了关中经济的繁荣，并为汉代盛世奠定了基础。此外，这一时期，除今河套和河西走廊大兴水利工程外，今新疆地区也广兴屯田，注重修建灌溉工程。其中，最为著名的就是张骞通西域后，新疆地区出现了“坎儿井”。

东汉至南北朝时期，海河、黄河、淮河、长江、钱塘江等大江大河流域均有农田水利建设，其中淮河流域的陂塘建设成就尤为突出。东汉以后，曹魏在淮河南北大兴屯田，修建了数量不少的陂塘等灌溉工程。西晋的杜预在淮泗流域新建陂塘，疏浚排水河道，大大减轻了这一地区的洪涝灾害。东汉至三国时期还发明了一些灌溉和利用水力驱动的机械，如翻车（龙骨水车）、渴乌（虹吸管）、水排等。

隋、唐、宋三代获得较长时期的社会安定，这一时期最著名的水利工程就是隋炀帝时开凿的大运河。同时，北方以关中地区为代表的黄河流域渠系水利工程持续发展，在河套地区、河西走廊以及汾河流域纷纷兴建。南方的水利工

程除引水渠系的维修和兴建外，新的建设主要有蓄水塘堰、拒咸蓄淡工程和滨湖圩田等。

元明清时期，由于地方普遍兴修小型农田水利建设，著名的大型工程较少，北方除了元代的会通河和通惠河外，明清几乎没有新建的大型水利工程。这一时代成就最突出的是江南地区的水利，继太湖圩田之后，两湖垸田和珠江三角洲堤围迅速兴起。

一、良渚古城外围水利工程

杭州良渚古城外围水利系统，是迄今所知中国最早的大型水利工程，也是世界最早的水坝，距今已经有 4700 ～ 5100 年。良渚古城位于浙江天目山附近，而天目山是浙江暴雨中心之一。每年夏季，天目山脉形成的大量降雨会倾盆而下，使下游平原地区的农作物和城郭付之东流。正因此，良渚古城居民才修建了著名的大型水利工程——良渚古城水利工程。该工程通过高、低两级水坝将水蓄留在山谷和低地内，不仅解除了洪水威胁，同时还可以起到蓄水的作用。作为稻作农业的起源地，良渚文明在进入犁耕农业的同时，凭借所建立的发达的水利工程，使农业有了更为迅速的发展，从而刺激了手工业、商业等诸多领域的进步，创造出物质文明与精神文明并重的古都。考古研究发现，在良渚古城水利系统的部分坝体的关键位置，先民们通过“草裹泥包”堆垒加固，即用茅草包裹泥土形成长圆形的泥包，再将泥包横竖堆砌而成。“草裹泥包”的作用与现代堤坝使用的草袋装土类似，可大幅度增加坝体强度。人们先用淤泥堆筑外裹黄土，再用芦荻茅草将泥土包裹成长圆形，码在坝体需要加固的位置上。先民们在没有预制工具和模型、缺乏运输条件的情况下，在工程现场分组劳动，一组人负责制作草裹泥，一组人负责传递，另一组人堆筑坝体。就这样，经过不懈的努力，良渚文化水利工程最终完成。

良渚古城外围水利工程，是良渚文明的重要标志，为中华文明的进程研究提供了新资料。古代埃及、两河流域的水利系统，多以渠道、水窖进行引水，而作为世界上最早的“拦洪水坝”系统——良渚水利工程，与埃及、两河流域形成鲜明对照，体现了古代文明——“稻作文明”和“麦作文明”在不同环境气候下的不同特征。良渚古城外围水利系统的确证，是中国古代水利史研究的重大突破，将中国水利史的开卷从“大禹治水”提前到了“良渚文明”，同时也开启了史前水利考古研究的新领域。①

二、大禹治水

大禹治水（见图 5–1）是中国悠久的历史传说，也是中华民族勇往直前、不怕困难、战胜大自然的励志故事之一。禹的时代大约处于公元前 21 世纪，那时黄河流域出现了特大洪水。河水泛滥的主要地区，大致在今河南北部、东部及山东西部一带。这里正是一些著名的氏族部落居住与活动的区域。传说，最初，部落联盟会议推举夏后氏部落的鲧治水。鲧治水失败后，部落会议又推举鲧的儿子禹来主持治水。大禹总结了其父失败的经验教训，提出“疏川导滞”的治水方案，用疏导代替堵塞，一方面寻其主流，加深加宽，另一方面开决沟通涣散的细流，使之归于河槽，做到“水由地中行”，由主河道流入大海。经过人工疏浚后，不仅解除了水患，而且

图 5–1　汉画像石“大禹治水”（山东临沂出土）

① 参见丁以婕、张磊：《良渚发现 5000 年前水利系统》，《杭州日报》2016 年 3 月 15 日。

原来洪水漫溢的地方干涸后也成为耕地。就这样，经过了十多年的时间，大禹终于制服了汹涌的洪水。从此，因避水而躲到丘陵高地的人们，又回到平原上居住和进行生产。后代水利专家继承和发展了大禹以疏导为主的治水方针，逐渐掌握了“因水以为师”的水流运动的客观规律，为克服水患而进行了长期的斗争。

三、桔槔、辘轳

1. 桔槔

桔槔（见图 5–2）俗称“吊杆”，是我国古代通用的最原始的旧式井上提水器具，春秋时期开始普遍使用，一直被沿用了几千年。桔槔是应用杠杆原理的典型代表。人们在井旁或者陡峭的河边竖立一木头架子，架子上横放一根细长的杠杆，当中就是支点，杠杆前端悬挂水桶，末端悬挂一块石头或其他重物。当人们把水桶放入水中打满水以后，由于杠杆末端的重力作用，便能轻易把水提升至所需之处，一起一落就完成了汲水，非常节省力气。这种汲水工具虽然构造简单，但当人们用于农田灌溉时，就会大大减轻劳动强度，从而提高工作效率。①

2. 辘轳

辘轳（见图 5–3）是从杠杆演变而来、利用轮轴原理制成的民间汲水工具。公元前 1100 左右，我国就已经发明了辘轳。到春秋时期，辘轳已经在北方地区广为流行。辘轳由辘轳头、支架、井绳、水斗等部分构成，支架就是三只脚，这样三点构成平面，使辘轳稳稳当当地立在井口。辘轳头是一块圆硬木，中有轴孔，穿在轴上，轴上可以缠绕绳索，绳索另一端系水斗（水桶）。辘轳头上安装一个

① 参见徐潜主编：《古代耕织与劳作》，第 41 页。

图 5–2　桔槔（明 · 宋应星《天工开物》）

图 5–3　辘轳（明 · 宋应星《天工开物》）

用杨柳木制作的摇把，算是它的胳膊。为便于人们操作，摇把要歪斜一定的角度。水斗为白柳条编制，遇水膨胀，有韧性，耐磨，耐磕碰，上有两三个环，与绳连接。由于水斗重力的作用，放开摇把，水斗就可以自行下放到水面；汲满水后，只要摇转手柄，就可以慢慢地把水斗提升到井口以上。隋唐时期，由于北方降水缺少、地下水位逐渐降低，为了方便灌溉农田，我国北方人们对辘轳进行了进一步改进，发明了井车，即从深井中提水进行灌溉。

辘轳广泛地应用在农业灌溉上，虽经历代改进，但大体保持了原来的形貌，这说明在 3000 年前我们的祖先设计的这种汲水工具结构合理、省功省力。如今在一些地下水位很深的山区，还在使用辘轳从深井中提水，以供人们日常生活中使用。[①]

① 参见徐潜主编：《古代耕织与劳作》，第 41 ～ 42 页。

四、芍 陂

由楚国孙叔敖主持修建的芍陂是中国古代著名水利工程之一，位于今安徽寿县境内。芍陂东、南、西三面地势较高，北面地势低洼，向淮河倾斜。当时这里是楚国北疆农业区，粮食生产的好坏与当地的军需民用关系极大。孙叔敖根据当地的地形特点，组织当地人民修建工程，将东面的积石山、东南面的龙池山和西面六安的龙穴山流下来的溪水汇集于低洼的芍陂之中。同时，修建五个水门，以石质闸门控制水量，“水涨则开门以疏之，水消则闭门以蓄之”。这样，不仅天旱有水灌田，而且还可以避免水多洪涝成灾。后来又在西南开了一道子午渠，上通淠河，扩大芍陂的灌溉水源，使芍陂达到“灌田万顷”的规模。

经过战国秦汉 600 多年漫长的岁月，芍陂因久不修治而逐渐荒废。东汉建初八年（83 年），水利专家王景率领民众对芍陂进行了较大规模的修治。三国时期，曹魏在淮河流域大规模屯田，多次修治芍陂。建安五年（200 年），扬州刺史刘馥在淮南屯田，治理芍陂以灌溉稻田，使百姓仓廪充实。建安十四年（209 年），曹操亲临合肥，也开芍陂屯田。魏正始二年（241 年），尚书郎邓艾在芍陂附近修建大小陂塘 50 余处，大大增加了芍陂的蓄水能力和灌溉面积。西晋太康年间（280 ～ 289 年），刘颂每年征用数万人修理芍陂，说明芍陂已建立了岁修制度。南朝宋元嘉七年（430 年），刘义欣开沟引水入陂，对芍陂进行了一次比较彻底的整治。隋开皇年间（581 ～ 600 年），赵轨将原有的 5 个水门改为 36 个。宋元宗时，张旨对安丰塘作了较大规模的修治，使灌溉面积达到历史最高水平。元代以后，陂塘自然淤积，再加上豪强地主不断占湖为田，以至于陂塘面积日益缩小。

芍陂与都江堰、漳河渠、郑国渠并称“古代四大水利工程”。新中国成立后对芍陂进行了综合治理，开挖淠东干渠，沟通了淠河总干渠。芍陂成为淠史杭灌区的调节水库，灌溉效益有很大提高。2015 年，芍陂成功入选世界灌溉工程遗产名单。

五、都江堰

都江堰（见图 5–4）位于成都平原西部的岷江上，是全世界迄今为止唯一留存的年代最久、以无坝引水为特征的宏大水利工程。岷江发源于岷山山脉，从成都平原西侧向南流去，是地道的地上悬江。古代每当岷江洪水泛滥，成都平原就成为一片汪洋；一遇旱灾，又是赤地千里，颗粒无收。公元前 256 年，秦国蜀郡太守李冰和他的儿子吸取前人的治水经验，率领当地人民，主持修建了著名的都江堰水利工程。该工程充分利用当地西北高、东南低的地理条件，根据江河出山口处特殊的地形、水脉、水势，因势利导，无坝引水，将岷江水流分成两条，其中一条水流引入成都平原。都江堰水利工程包括鱼嘴分水堤、飞沙堰溢洪道、宝瓶口进水口和百丈堤、人字堤等附属工程，科学地解决了江水自动分流、自动排沙、控制进水流量等问题，这样既消除了水患，又保证了防洪、灌溉、水运和社会用水综合效益的充分发挥。都江堰建成后，“水旱从人，不知饥馑，时无荒年”，千百年来一直发挥着防洪灌溉作用，使川西平原成为“天府之国”，促进了四川经济、文化的大发展。

图 5–4　都江堰平面图

都江堰水利工程完工后，历朝历代都非常重视对其进行维护和修缮。汉灵帝时设置“都水椽”和“都水长”，负责维护堰首工程。蜀汉时，诸葛亮设堰官，并征集 1200 人专门负责维护。此后各朝，均以堰首所在地的县令为主管。到宋代时，制定了施行至今的岁修制度。都江堰有效的管理保证了整个工程历经 2000 多年依然能够发挥重要的作用。

都江堰的创建以不破坏自然资源、充分利用自然资源为人类服务为前提，变害为利，使人、地、水三者高度谐和统一，是全世界迄今为止仅存的一项伟大的“生态工程”。因其在历史和水利科学方面的突出价值，于 2000 年被确定为世界文化遗产。

六、郑国渠

郑国渠是我国古代最大的一条灌溉渠道，由战国时期韩国著名水利工程专家郑国设计并主持修建。整个工程自秦王政元年（前 246 年）始，历时 11 余年修建完成。据《史记》记载，郑国渠流经今天陕西泾阳、三原、高陵、临潼、阎良等县，绵延 12.4 万米，其主干渠宽 24.5 米，渠堤高 3 米，渠深约 1.2 米。灌田 4 万余顷（合今 280 多万亩）。郑国渠充分利用了关中平原的水系特点，结合关中平原西北高、东南低的地形，又在平原上找到了一条屋脊一样的最高线。这样，渠水就由高到低基本实现了自流灌溉。为保证灌溉用的水源，郑国渠采用了独特的“横绝”技术，就是通过拦堵沿途的清峪河等，让河水流入郑国渠，河流下游的土地因而得到了改善。郑国渠还巧妙地联通泾河、洛水，取之于水，用之于地，又归之于水。就以今天的眼光来看，这样的设计也可谓巧夺天工。

郑国渠修成后，大大改变了关中的农业生产面貌。从此，雨量稀少、土地贫瘠的关中变得富庶甲天下。同时，也为秦国兼并六国进而统一中国打下了坚实的物质基础。郑国渠的价值，不仅仅在于它发挥灌溉作用长达 100 余年，而且还在于首开了引泾灌溉的先河，对后世引泾灌溉产生了深远的影响。秦以后，历代继续在这里完善其水利设施，如汉代的白公渠、唐代的三白渠、宋代的丰利渠、元代的王御史渠、明代的广惠渠和通济渠、清代的龙洞渠等。新中国成立以来，对新老渠系进行了 3 次规模较大的改善调整与挖潜扩灌，古老的郑国渠继续造福当地百姓。

七、白渠、鉴湖、坎儿井

1. 白渠

白渠是古代陕西关中地区著名的水利工程之一，建于汉武帝太始二年（前 95 年），这是继郑国渠之后又一条引泾水灌溉农田的重要工程。它从谷口开始，尾入栎阳，最后注入渭河，长约 10 万米，溉田 4500 余顷（约合今 45 万亩）。该渠在郑国渠之南，两渠走向大体相同，白渠经泾阳、三原、高陵等县至下邽（今陕西渭南临渭区下邽镇）注入渭水。白渠的建成，使泾阳、三原一带的大片土地在改善土肥条件、促进生产发展、提高人民生活等方面取得了巨大的成就，因此广大群众对白公也深为爱戴，并编成歌谣广为传颂：“田于何所？池汤、谷口。郑国在前，白渠起后，举臿为云，决渠为雨。泾水一石，其泥数斗。且溉且粪，长我禾黍。衣食京师，亿万之口。”人民的感激之情，溢于言表。此后，白渠与郑国渠合称为“郑白渠”。

2. 鉴湖

鉴湖是江南古代最大的水利工程之一，灌溉农田 9000 余顷（约合今 90 万亩），为绍兴最终成为富甲江南的鱼米之乡奠定了坚实的基础。东汉永和五年（140 年），会稽太守马臻发动民工，筑堤蓄水，汇总了山阴、会稽两县 36 源之水，形成了一个巨大的湖泊，方圆百里，一片浩瀚，史称“鉴湖”。鉴湖东起蒿口斗门（今上虞蒿坝镇），西至广陵斗门（今浙江绍兴南钱清），全长 5.65 万米。鉴湖在集

雨时面积 610 平方千米，总面积 189.9 平方千米。后因水土流失，在唐中叶以后逐渐淤积。北宋大中祥符年间（1008 ～ 1016 年）开始有豪绅在湖中建筑堤堰，盗湖为田，湖面为此大大减少。现在鉴湖面积约 30.44 平方千米，其主干道东起亭山，西至湖塘，长 2.25 万米，形如一条宽窄相间的河道，镶嵌在绍兴平原上。鉴湖有利于平原农业的发展，催生了绍兴发达的水产业，又造就了绍兴独特的地方风光——稽山鉴水。

3. 坎儿井

坎儿井是荒漠地区一个特殊的灌溉系统，遍布于新疆吐鲁番地区。坎儿井是“井穴”的意思，《史记》称“井渠”，新疆维吾尔语称“坎儿孜”。坎儿井与万里长城、京杭大运河并称为“中国古代三大工程”，是我国新疆地区各族劳动人民在长期生活中，为适应干旱地区的自然环境而造的一种地下水利工程，有“地下运河”之称。坎儿井适用于山麓、冲积扇缘地带，主要是截取地下潜水作为居民用水或进行农田灌溉。

坎儿井之所以能在吐鲁番大量修建，是与这里特殊的地理条件分不开的。首先，吐鲁番盆地北部和西部的高山为坎儿井提供了大量的水资源。每当夏季来临，就有大量的融雪和雨水流向盆地。水流出山口后，很快渗入戈壁地下变为潜流。日积月累，戈壁下面含水层加厚，挖掘坎儿井有了可能。其次，吐鲁番盆地与北部和西部雪山之间有巨大的落差，这就可以沿地势引水，使得北部水源可以按地势向盆地汇聚。最后，吐鲁番大漠底下深处的土层主要是由黏土或钙质胶结的砂砾石组成，质地坚实，因此坎儿井挖好后不易坍塌。

张骞通西域后，因塞外缺水且沙土较松易崩，就将汉朝人们发明的凿井技术“井渠法”传授给了当地人民，后经西域各族人民的辛勤劳作，使之趋于完善，发展为适合新疆条件的坎儿井。它由竖井、暗渠、明渠和涝坝（一种小型蓄水池）四部分组成，方法就是在盆地边缘由高到低打若干口立井，再将立井逐次从地下挖通成串，水便从地下直接流出地表，可以直接饮用或者用于农田灌溉。

由于坎儿井通过地下暗渠输水，所以不受季节、风沙影响，加之水分蒸发量小，流量稳定，可以常年自流灌溉。

吐鲁番现存坎儿井多为清代以来陆续兴建的。据史料记载，由于清政府的倡导和屯垦措施的采用，坎儿井曾得到大量发展。坎儿井的清泉浇灌滋润吐鲁番的大地，使火洲戈壁变成绿洲良田，生产出驰名中外的瓜果和粮食、棉花、油料等。

八、翻　车

翻车（见图 5–5）又称作“水车”，是世界上出现最早、流传最久远的农用灌溉工具。因为其形状似龙骨，故又名“龙骨水车”。翻车是中国古代链轮传动原理的最早适用者，它的出现是农业灌溉工具的一项重大改进。翻车发明于东汉，三国时的马钧曾予以改进，此后一直在农业上发挥着巨大的作用。翻车用叶板作链条，卧于矩形长槽中，车身斜放在河边或池塘边。用时把下链轮和车身一部分没入水中，利用链轮传动原理，以人力为动力，使大轮轴转动，驱动链轮，叶板就沿着长槽刮着水上升，到了长槽上端将水倒出。如此连续循环，就可以把水流顺着沟渠输送到需要之处，进行农田灌溉。相对于辘轳来说，翻车功

图 5–5　翻车（明·宋应星《天工开物》）

效大大提高，可以连续取水进行农田灌溉，也可用于农田排涝。后来又陆续发明了利用畜力、风力、水力转动的多种水车，大大丰富了水车种类。翻车提水高度在 1 ～ 2 米左右，因此比较适合在平原地区使用，适用范围为近距离，或者作为灌溉工程的辅助设施，从输水渠上直接向农田提水。

水车的发展经历了三个阶段：

正式见于文献记载的水车，大约到东汉时才产生。汉灵帝命毕岚造“翻车”，此时的翻车已有轮轴槽板等基本装置。也有一种说法，翻车是三国时魏国人马均制造的。不论翻车究竟是何人首创，总之从东汉到三国时期，翻车正式产生，这可以视为中国水车发展的第一阶段。

唐宋时期在轮轴应用方面有了很大的进步，能利用水力为动力，发明了“筒车”，把水从低处输送到高处。筒车的功效不仅比水车大，而且还能节约宝贵的人力、物力和财力。南宋张孝祥《题能仁院壁诗》中大赞其曰：“转此大法轮，救汝旱岁苦。”可见此水车对农事的帮助的确很大，这是中国水车发展的第二个阶段。

翻车自从东汉三国时代发明以来，运转一直局限在人力方面。到了元明时期，轮轴的发展更为进步。一架水车不仅有一组齿轮，而且可以多至三组，有“水转翻车”“牛转翻车”“驴转翻车”(见图 5–6)，可以根据当地的实际情况交互使用。这一发展使翻车的利用更有效益。至此，利用水力和畜力驱动翻车，终于把人力从翻车脚踏板上解放出来。同时，也因转轴、竖轮、卧轮等的发展，使原先只用水力驱动的筒车（见图 5–7），即使在水量不丰沛的地方，也可以利用畜力，并且大大提高了功效。另外，“高转筒车”（见图 5–8）的出现，使地势较陡峻而无法开凿水塘的地方，也能做到低水高送。这是中国水车发展的第三阶段。

龙骨翻车是当时世界上最先进的灌溉工具，直到 20 世纪在中国某些地区的农村仍在使用这种水车灌溉。当今，翻车虽然龙骨水车作为灌溉工具已被电动水泵取代，然而这种链轮传动、翻板提升的工作原理，仍旧有着不朽的生命力。

图 5–6　元代翻车（元 · 王桢《农书》）

图 5–7　筒车（元 · 王祯《农书》）

图 5–8　高转筒车（明 · 宋应星《天工开物》）

九、水转筒车

据史料记载，筒车发明于隋而盛行于唐，距今已有1000多年的历史。筒车按照功能和制作工艺的不同又可以分为水转筒车、畜力筒车、高转筒车和黄河水车四种。

水转筒车是一种以水流作动力的水力灌溉工具，又称“天车”“竹车”“水轮”“水车”“筒车”，按照材质分为竹筒车和木筒车两种。水转筒车由水轮及若干个小筒构成。巨大的水轮必须架设在水流湍急的岸边，轮子周边斜装着若干竹木制小筒。水激轮转，浸在水中的小筒装满了水被带到高处，当筒口向下时，水自行从筒中倾泻到轮旁的水槽，汇集的水流随之被水槽导入农田，从而实现自动灌溉。水筒与水轮联成一体，既是接受水力的驱动构件，又是提水倒水的工作构件，其结构简明紧凑，设计构思巧妙。水转筒车属于自动灌溉工具，比人力、畜力翻车功效显著，一些地区沿用至今。

畜转筒车的立轮上不装水板，而在立轮的横轴一端装一个立齿轮。立齿轮旁边竖一个大立轴，轴上装一卧齿轮。立、卧二齿轮衔接，牲口转动立轴，带动卧、立二齿轮转动，大立轮随之转动，于是立轮上的小筒就可以把水从低处带到高处。

高转筒车是适用于田岸高深情况下的灌溉工具。其构造是在岸上和水中各装一个能转动的大轮，水中的大轮必须有一半浸没在水中。上、下二轮间绕以用绳索和小竹筒相间连成的长链环。用水力或畜力转动岸上的大轮，使链环绕上、下二轮循环转动。链环上的小竹筒经过水中时兜满了水，然后被链环带到岸上的大轮处，自动倾入水槽里而汇流入田。该种筒车结构巧妙合理，便于灌溉。

黄河水车又名“天车”“祖宗车”“老虎车”，由于最先安装在兰州附近，所以又叫“兰州天车”。兰州人段续于1556年成功研制出第一轮水车。水车解决了黄河岸高、水位低而难以提灌的困难，使沿河农业大受其益。河水冲来，借着水势缓缓转动着水车，一个个装满了河水的水斗被逐级提升上去。到了水车顶部，水斗又自然倾斜，将水注入渡槽，流到需要灌溉的农田里。和南方水车相比较，兰州水车具有三大特点：一是材质独特。兰州不产竹子，水车改用当地产的榆、槐、柳木作原材料。二是冲击力大。黄河河岸很高，势必加大水车的直径，增加水车的重量，这就需要更大的水冲力才能驱动它旋转。为此，段续开掘深巷，镶砌硬石，使水流形成高低落差，产生强大的冲击力，使庞大沉重的水车能够运转起来。三是压坝。在水车上游，在河流中心呈扇形面压抑浅坝，将水逼向岸边，以加大水流量，确保水车运转。到清代，兰州黄河两岸架设的水车已达300多轮，成为了黄河兰州段上独有的文化风景，兰州因此又被誉为“水车之都”。

十、围　田

围田又称作“圩田”，意思是筑堤以绕田。长江中下游的许多地方由于临江近湖，地势低洼，容易被水淹浸，不利于农作，于是筑堤挡水的圩田开始出现。春秋末年，吴国和越国就开始在长江下游的太湖地区围田，至秦汉时期又进一步推广，在唐宋以后围田大规模发展。

唐宋以后的围田已不再是简单的筑圩围水，还建有河渠、门闸等水利设施，既可以挡水，还可以在干旱时开闸引江水进行灌溉，使圩田成为旱涝保收的稳产高产田。圩田的规模比较大，每一区圩田方圆达数十里至数百里，就如大城市一般。还有一种规模较小的圩田，叫作“柜田”（见图5-9）。柜田和围田一

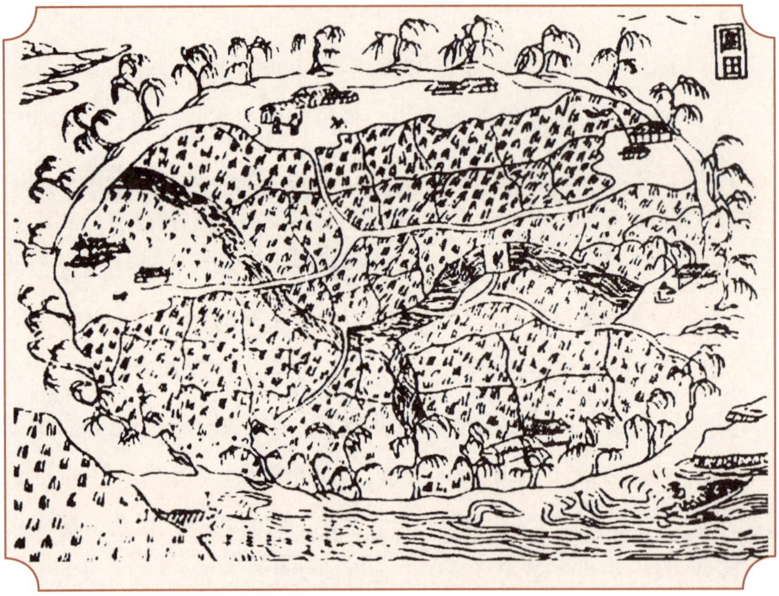

图 5–9　柜田（明 · 徐光启《农政全书》）

样，通过修筑围堤来保护农田免受洪水之害，它的特点是比围田小，围堤的四面有排水口，形制上如同柜子。之所以这样做，一是便于耕种；二是遇有水荒时便于加固加高围堤，拒绝外水流入；三是田内积水也可以抽干。由于柜田规模较小，修筑起来也比较方便。围堤和圩岸的建造和维修花费颇巨，一般农户根本承担不起，大多由政府或有实力的地主组织修建。围田或圩田都是化湖为田，是把堤岸伸入水中，抽掉堤内的水，而后造成田。圩田对促进唐代农业的发展起了不小的作用。五代十国时期，南唐与吴越在各自境内大修圩田。两宋时期，圩田主要分布在长江下游及太湖流域地区。圩田的发展，扩大了耕地面积，早在宋代，有些地方圩田的面积就达到了水稻种植面积的 90%，这对于稻米总产量的增加和人口的增长起了很大的作用。宋代有“苏湖熟，天下足”的谚语，苏湖地区稻米的高产便与圩田的发展分不开，因为苏州、湖州一带正是圩田最为集中的地区。明清时期，圩田向长江中游发展，在鄱阳湖和洞庭湖流域有大片圩田，这些地区成为新的粮食供应基地，出现了“湖广熟，天下足”的说法，至今圩田地区仍然是水稻的主产区。

宋代圩田的大量出现，扩大了耕地面积，安置了流民，对社会经济的恢复和社会的稳定起到了一定的积极作用。但是，宋代过度开发圩田，甚至废湖为田，对自然生态平衡造成了严重的破坏，使农田遭受旱涝之灾，导致农业减产。因此，我们应吸取前人的经验教训，从客观实际出发，使圩田这一古老的水利田发挥更大的效益。[①]

---

① 参见郭松义：《水利史话》，社会科学文献出版社 2011 年版，第 54 ～ 59 页。

第六章 农业制度

我国自古以来就以农业为立国之本，从事农业生产历史悠久，在农业生产发展中不断完善的农业制度是我国农业文明的最好写照。在不同的历史时期，农业制度有所不同，具体体现在农作制度、土地耕作制度、土地所有制及重农抑商等方面。

农作制度，即农作物种植制度，主要指一个地区或生产单位的作物构成、熟制和种植方式等。我国农业耕作历史悠久，由于国土幅员辽阔，气候、土质等条件不同，不同历史时期及不同地域存在着不同的农作制度，如撂荒制、休耕制、连种制。

土地制度，是农业发展的基本制度。土地是农业之本，有了土地，农民才有立身之本，农业才有发展之根，农村才有后续之源。因时代特点和统治需要，在我国古代农业发展历史长河中，形成了很多具有时代特色的土地制度，如商周时期的“井田制”、秦汉时期的“授田制”、曹魏时期的“屯田制”、西晋时期的“占田制”、北魏隋唐的“均田制”等。

土地所有制，即土地所有权归属的制度。纵观中国古代土地所有制的发展历程，土地经历了从无主到原始占有，从原始的氏族公社所有到国家所有，从国家所有到私有的发展演变过程。战国、秦汉以来形成的国家土地所有制、地主土地所有制、农民土地所有制并存的土地所有制度贯穿古代历史发展的始终。在不同的历史时期，这种格局虽然表现形式不同，相互之间的对比关系也不同，但是基本格局一直没有发生根本性的变化。

重农抑商，即重视农业生产，抑制商业发展。农业立国的基本国情决定了农业生产在我国历史发展中的基础性地位。农业生产不仅为社会发展提供基本的物质资料，同时也决定了经济的发展和人们的生活水平，所以重农抑商政策就成为了我国农业文明史上的主流政策。在中国2000多年的封建君主专制社会中，重农抑商思想伴随其始终，并且在这种思想指导下，历朝历代采取不同程度的重农抑商政策。

一、撂荒制

撂荒制是原始农业时期对开垦的荒地种植一年或若干年后即予以抛弃，另找新的地点开荒的一种土地利用方式。原始农业产生于旧石器时代末期或新石器时代初期。考古学家在湖南道县玉蟾岩遗址、江西万年吊桶遗址发现了10000年前的稻作遗存和水稻植硅石，但没有发现典型的农业工具。此种生产方式被称作“火耕”或“刀耕火种”,为原始生荒耕作制。我国古史传说中有“烈山氏”，其儿子“柱”能植“百谷百蔬”,在夏以前被祀为农神——“稷”。所谓“烈山氏”就是放火烧山，所谓“柱”就是挖眼点种的尖头木棒，它们代表了刀耕农业中两个相互衔接的主要作业，只不过在传说中被拟人化了。这也是我国远古时代实行生荒耕作制的刀耕农业阶段留下的史影。我国南方新石器时代早期的洞穴遗址，也可能处于刀耕农业阶段。

原始农业继续发展，人们逐渐制造出耒耜一类翻土工具，懂得了播种前先用农具把土壤翻松，因为翻土能使土质疏松，改良土壤结构，延长土地的使用年限。这样一块土地，砍烧后就可种植，若干年后再行抛荒，这叫“熟荒耕作制”。这时农业技术的重点已由林木砍烧转移到土地加工上来。与此相适应，人们由迁徙不定过渡到相对定居。在这一阶段，种植业已成为主要生产活动，畜牧业也有相对发展，而采集和狩猎逐渐变成辅助性的生产活动。在距今七八千年的黄河流域的仰韶文化和长江下游的河姆渡文化等，人们已广泛使用石斧、骨耜一类翻土工具，种植业已成为主要生计，过着比较稳定的定居生活，进入实行熟荒耕作制的耜耕农业阶段。①

撂荒农作制的突出特点是土地利用率很低，人工养地的能力很差，在地力消耗殆尽之后，人们只好把土地废弃而还给自然界，使其利用自然植被自发地恢

① 参见李根蟠：《农业科技史话》，第117～118页。

复地力。因此,原始农业时期通行的撂荒农作制,其撂荒期很长,一般为二三十年,甚至更长的时间。

二、休耕制

休耕制是指土地所有者或使用者为提高耕种效益、实现土地可持续利用,采取的一定时期内让土地休养生息,以保护、养育、恢复地力的措施。执政者将这种措施上升到政策法律层面,就形成了土地休耕制度。休耕分为季休、年休和长休。季休是指在可栽种两季以上的土地上留出一季不耕种;年休是指土地休耕周期为一年以上,多块土地轮流休养;长休则是以缓解农业生产过剩压力或保护自然环境为目标,对生态脆弱型的地块实行长期休耕。①

我国自虞夏由原始农业逐步过渡到传统农业以后,农作制度由撂荒制转为休耕制。周代称初垦之田为“菑”、次年之田为“新”、开垦第三年之田为“畬”。汉代词典《尔雅·释地》说:“田一岁曰菑,二岁曰新田,三岁曰畬。”从撂荒制过渡到休耕制,地力已不能像从前那样完全依靠自然过程来恢复,必须采取新的措施。一般在夏、秋、冬三季把休闲地的草木芟除,夏天芟除的草木晒干烧掉以后,还往往把雨季水潦引入田中浸泡,即所谓“烧薙行水”,以减少次年开耕后的杂草和促进地力恢复。

耕种一年、休耕两年的休耕制,土地利用率已达33%,比起原始农业的休闲10年或8年的抛荒制大为进步。到了西周时期,出现了只需休耕一年的“一易之地”和不需休耕的“不易之地”,土地利用率更为提高。② 我国在西周开始的三年轮种一次的休耕法在漫长的封建社会中一直沿袭下来,只不过休耕的规

① 参见罗婷婷:《撂荒、弃耕、退耕还林与休耕转换机制谋划》,《西部论坛》2015年第2期。
② 参见陈文华:《中国古代农业文明史》,第130页。

模、方式有所改变，但休耕制一直延续到明清时代。春秋战国时期，社会生产力发展，农作技术特别是施肥技术已有很大提高，农作制度以休耕制为主转变为以连种制为主。

三、连种制

春秋战国时期，由于“深耕易耨”“多粪肥田”等耕作技术的推广以及农田水利工程的兴修，地力得到恢复和提高，有一部分较好的土地就不需要休闲几年再种植，而是每年都可以种植，这种土地利用制度就是“连年种植制”。春秋时期，休耕制是主要的农作制度，到战国时期，农作制度从以休耕制为主转变为以连年种植的连种制为主。如魏国一般实行连种制，每个农户分配百亩份地，只有土地贫瘠的部分地区才实行休耕制，每户分地 200 亩。汉代，黄河流域的连种制已经定型，农田一般一年一熟，只有因耕作不善、地力衰退而连续两年长不好庄稼的地，才让它休闲一年，以恢复地力。连种制的实行，是以土壤耕作、施肥和禾豆轮作等恢复和培肥地力技术的发展为前提的。[①]土地连年种植利用率是 100%。从休耕制转变为年年耕作的连年种植制，可以大大提高农作物的产量，这在我国耕作制度上是一个巨大的进步。

在实行连种制的基础上，古代劳动人民还有许多出色的创造，如多熟农作制、轮作倒茬等。我国中原地区早在战国秦汉时已有多熟农作制的萌芽。《荀子·富国》称，在黄河流域的一些地方，“人善治之，则亩数盆，一岁而再获之”，即达到一年两熟。东汉著名的经学家郑玄注释《周礼》时提到，在他生活的那个时期，已经流行“禾下麦”（粟收获后种麦）和“麦下种禾豆”（冬麦收获后种禾豆）。南方部分地区双季稻种植不晚于汉代，如汉代杨孚的《异物志》说，南

① 参见李根蟠：《农业科技史话》，第 119 页。

方有“一岁再种”的双季稻（见图 6–1）。魏晋南北朝时期，双季稻种植已广泛使用，西晋左思《吴都赋》中有“国税再熟之稻”，意即吴国已把再熟稻当成了国家财政税收之一。隋唐时期，水旱轮作的稻—麦二熟在一些温暖的地方已开始出现，至南宋中期，南方已普遍推广稻—麦二熟。南宋时，稻后复种麦、豆、油菜、麻或蔬菜也已较普遍。南宋周去非《岭外代答》还曾记载广东钦州一年种三季水稻。清代多熟农作制因人多地少而获显著发展。在黄河流域，自乾隆中期，山东、河北及陕西关中地区，普遍实行三年四熟或二年三熟制。在长江中下游地区，基本实行一年二熟制，如稻—稻两熟、稻—麦两熟。清末又出现了稻—薯两熟、花生—番薯两熟等熟制。清末，三熟制有较大发展，如稻—稻—麦、稻—稻—豆、稻—稻—菜、稻—稻—薯三熟等形式。

轮作是在同一块田地上，不同年际之间有顺序地轮换种植不同种类的作物；换茬，是在一种作物收获后换种上另一种作物。二者的区别是轮作有顺序性，而换茬无顺序性。一块田地里如果连续种植同一种作物，会引起土壤养分失衡，土壤肥力下降，病虫草害滋生。合理轮作换茬可以均衡利用土壤养分，改善土壤理化性状，调节土壤肥力，减轻作物的病虫草害，有利于合理利用农业资源。我国古代轮作的特点是广泛采用有肥地作用的豆科作物或绿肥作物与禾谷类作物轮作，且方式灵活多样。魏晋南北朝，人们已有意识地利用绿肥培肥土壤，并发展了绿肥轮作。西晋郭义恭《广志》云：“苕草，色青黄，紫华，十二月稻下种之，蔓延殷盛，可以美田。”这是苕草和稻轮作，以苕草为绿肥，是我国古代绿肥轮作的最早记载。北魏《齐民要术》一书谈到了谷、瓜、葵、葱等多种作

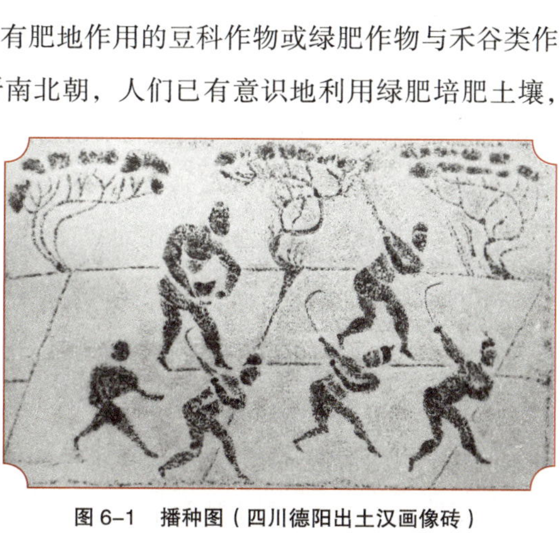

图 6–1　播种图（四川德阳出土汉画像砖）

物与绿肥轮作的制度，提出了多种轮作方案。《齐民要术》对不同的轮作方式进行了比较，特别强调以豆保谷、养地和用地相结合的谷类作物轮作制。轮作的出现，说明我国古代农业技术已发展到了相当高的水平。轮作的推广，对促进我国古代农业的发展起到了重要作用。

四、井田制

井田制起源于原始公社制末期。在进入阶级社会之后，其性质发生了变化，即土地由共有变为国有。西周承袭夏商时代的井田制，但有所发展。井田制发展到西周，可以说，它既是土地管理制度，又是土地使用制度，也是土地耕作制度。所谓井田制，简单地说，就是把土地按一定的面积划成一块块的方田，耕地阡陌纵横，形似“井”字，故名“井田”（见图 6–2）。西周时代井田的基本单位是“夫”，一个井田由若干个“夫”组成（大约是九夫）。井田制的主要特点是耕地被分隔成九块，每块百亩，中间一块为公田，周围的其余八块为私田，成年受田，老死则还。私田收成全部归耕户所有，公田由 8 户共耕，收入全归封邑贵族所有。尽管井田被区分为公、私两个部分，但理论上所有的耕地都属于国家，农民仅仅是耕地的使用者，而非所有者。这种土地的国有不是一般意义上的土地公有制，它是国王代表整个奴隶主阶级占有全国所有土地，然后分配给大小奴隶主使用，占人口绝大多数的奴隶和庶民则完全被排除在外。

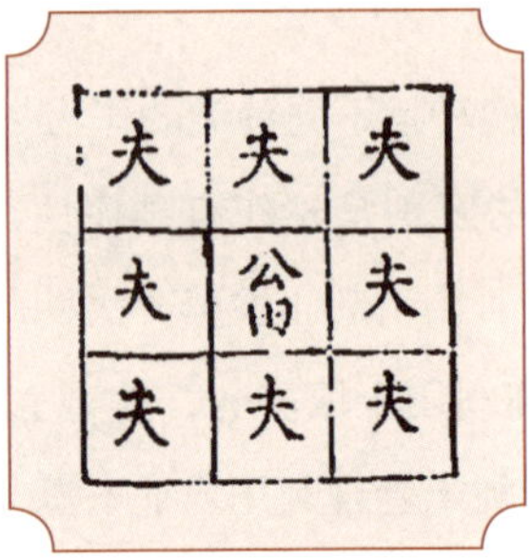

图6–2　井田（元·王祯《农书》）

井田制规定，一切土地属于国家所有。所谓国有实际上就是王有，周王把土地层层分封给诸侯，诸侯将受封土地分赐给卿大夫，卿大夫把土地再分赐其子弟和臣属。周王对所封土地有予夺之权。各级受封的贵族对土地只有使用权，没有所有权，只能世代享用，不能转让与买卖。受封者还要向国王承担义务，就是要向周王交纳贡赋。《孟子·滕文公上》:“方里而井，井九百亩。八家皆私百亩，同养公田。公事毕然后敢治私事。”农民通过“分田”获得土地，国家通过井田收取赋税，官吏可以通过井田获得俸禄。农民必先从事公田劳动，然后才可以从事“私田”劳动。

随着生产力的发展，井田制逐渐呈现出衰败的趋势。至春秋时期，井田制度已无法激励人们的生产积极性，成为生产力发展的障碍。“民不肯尽力于公田”“无田甫田，维莠骄骄”的局面时有发生。这一时期随着铁制生产工具和牛耕的出现，生产力得到了极大的发展，以家庭为单位的小生产成为可能。许多原本无力去开垦的荒地逐渐被开垦利用了起来，这部分土地是游离于“井田”之外的“私有田”，其所有权归贵族甚至是平民和农奴所有，土地私有制度开始萌芽。随着私有土地的数量不断增加，国家赋税收入急剧减少。各国为解决这一危机，纷纷进行土地制度改革。至商鞅变法，正式“废井田，开阡陌”，按军功授爵授田，土地私有制初步确立。

五、国家土地所有制

国家土地所有制，即土地直接由国家政权掌握，土地所有权归国家。古代土地“国有制”并非一般意义上的土地“公有制”。从周代开始，土地采用分封的形式，层层下放给诸侯、士大夫。虽然周天子名义上代表天下占有土地，但土地的使用和收益已经归诸侯、士大夫独自掌握。自商鞅废井田直至明清时期，中国历史上普遍存在着的是土地国有制，土地归属于专制国家的代表——皇帝，国有土地的收益也仅仅是皇帝的家产而非全社会共享，因而我国古代社会存在的土地“国有制”更多地体现出国家对土地制度安排的控制，

而不是真正意义上的“公有制”。[①] 国家土地所有制在历朝历代具体体现为以下几种形式：

1. 授田制

授田制是秦至汉初的重要土地制度，始于商鞅变法，也称为“名田制”。秦始皇统一中国后，颁布“使黔首自实田”令，标志着秦代正式以法律形式确立了土地私有权。名田制以二十等爵为基础授予田与宅，每一等级田、宅数量有着严格的对应关系。名田制对以后的土地制度产生了深远的影响。随着土地私有化的发展，国家与地主、农民间的土地兼并与反兼并的斗争十分激烈，汉武帝时土地兼并已非常严重。西汉末年，王莽为解决土地兼并问题而“更名天下田曰王田”，被称为“王田制”，即废除土地私有制、实行土地国有制。这不但未能阻止土地兼并的浪潮，反而加速了社会危机的爆发。

2. 屯田制

屯田制是政府强制士兵和农民垦种国有土地，以取得军队供养和税粮的制度。屯田制始于汉武帝时期在西域地区屯田，后世几乎历朝皆有，以曹魏屯田的规模和作用最大。东汉末年，战乱蜂起，人民大量流亡，曹操在这种形式下广推屯田制度。曹魏时期的屯田有民屯和军屯两种形式。民屯是把招募来的流民按军事制度编制起来，专门从事农业生产。军屯又叫“兵屯”，是由军队进行的屯田。屯田的实行，促进了农业生产的恢复和发展，为曹操统一北方创造了物质条件。随着曹魏社会经济的恢复和发展以及自耕农经济的复兴，屯田日益失去存在的条件和意义。由于剥削加重，屯田民大量逃亡并不断反抗，屯田土地不断被门阀豪族侵占，屯田制逐渐遭到破坏。屯田制是一种特殊形势下实行的土地制度，虽然它始终不是中国古代土地制度的主体，但唐宋明清均断断续

---

① 参见王琦：《中国古代土地所有制演进的逻辑及其当代启示》，《上海财经大学学报》2010年第4期。

续在局部地区推行，影响较为深远。

3. 占田制

占田制是晋初限制占有土地的制度。所谓占田，是指国家准许个人占有的土地数量。晋统一全国后，土地兼并日趋严重，为了巩固政权、保证封建国家的赋税收入和徭役征发，颁布了占田令，在全国范围内实行占田制。占田制包括两个方面的内容：一是对百姓占田的规定。男子一人占田 70 亩，女子 30 亩，没有年龄限制；二是对官员占田的规定。品官一至九品，根据品级可占田 5 ～ 10 顷。占田制规定的所占土地不是由政府授予或分配，而是对百姓、官员可以占有土地的法定数量和最高限额进行规定，但政府没有任何措施保证百姓占有足够数量的土地。占田制没有改变原有的土地所有制关系，地主和农民所有的土地仍然得以保留，不足规定限额的还可以依限占垦。西晋占田令颁布十年后，就爆发了“八王之乱”，占田制遭受严重的破坏。

4. 均田制

均田制是由北魏至唐前期实行的一种按人口数分配田地的制度。均田制下，土地国有和私有并存。这一制度将国家拥有的一些荒田及公田分发给农民使用和耕作，并按照人头向农民征收赋税。部分土地在耕作一定年限后归其所有，死后还给官府。北魏初年，北方经过了长期战乱，户口流徙，土地荒芜，为防止土地过度兼并，令耕者有其田，达到发展生产、保证税收的目的，孝文帝颁布《均田令》。其主要内容为：第一，年满 15 岁的成丁男女，依法分别分配一定土地和牲口。土地不许买卖，受田者死亡后，须将所受露田交还国家。第二，首次分配土地时，蚕桑产区成丁男子分配一定桑田，桑田可作为私有土地传给子孙，受田者年老或死亡不必交还国家，但是国家分配的桑田不准买卖。第三，地多人少地区，鼓励居民多耕种土地，由官府在法定分配数额之外，另以出借形式交付其使用。人多地少、土地不敷分配地区，鼓励居民向地多人少地区迁移。土地分配充足地区，居民不得无故擅自迁移流动。第四，新入居或落户的

受田居民，每 3 口人分配 1 亩宅基地，用作建造房屋居室。第五，地方州、郡、县各级主管官员，按职务高低划拨数量不等的“公田”，其收入作为官府办公费用。这部分官府公用地，随主管官员职务更替而交接，不准占为己有或私自买卖，违者依法惩处。第六，国家用来分配的土地，是所有权属于国有的“公田”，土地分配顺序是先亲后疏、先贫后富，每家分配的土地要集中在一起。[①]

自北魏颁行《均田令》，到唐初已近一个半世纪。通过该土地法律制度的实施，相当一部分国有土地重新划定了占有权与使用权，许多私有土地重新确立了所有权，这极大地促进了当时生产力的发展。由于土地私有制是当时的主要土地所有制形式，均田令作为一种土地法律规范，从一开始就明确规定可超额占田，并允许各种合法的土地买卖、交易与转让。随着土地所有权的转移，土地分配占有不均及兼并集中日益加剧。均田制的实施是以大量国有土地或无主荒地的存在为前提的，失去这个前提，就失去了继续推行均田制的社会条件，推行近 300 年之久的均田制终于在唐中期逐渐走向没落。

5. 更名田

清初，为了加速垦荒，增加赋税收入，康熙皇帝下诏将土地无偿给予原种之人，令其耕种，照常征粮。这些“改入民名”的田土，因为承种者“止更姓名，无庸过割”，故谓之“更名地”。“更名田”的实施，使原来失去田地的流民有了自己的田地，稳定下来，不再滋生事端，赢得了民心，促进了农业的发展。农民种田取得收益后，积极缴纳赋税，使清政府的国库日益充实起来。康熙在实施“更名田”的同时，大胆奖励官员、农民垦荒。他针对当时国库粮食不足及抛耕、荒耕现象普遍存在的状况，对新垦荒地免税的年限，由过去的 3 年放宽到 4 年，又宽到 6 年，最后宽到了 10 年。此外，康熙还下令地方政府针对贫困农民在垦荒和兴修水利无资金、无耕牛的问题给予财政资助，并且荒地垦熟后，

① 参见王有强：《中国古代土地权利制度研究》，南京农业大学硕士学位论文，2008 年。

原主不许复认，以鼓励垦荒者的积极性。清政府通过更名田形式把一部分藩产无偿地交予原耕佃农承种，使其成为拥有合法土地所有权、只缴纳国家赋税的自耕农民。更名田的实行，促进了清初经济的恢复和发展，在一定程度上缓和了清前期尖锐的阶级矛盾和民族矛盾。但是，由于在实行更名田以前，很多地主豪强侵占了不少藩产，以后又借垦荒田名义，广为搜索，所以更名田的好处实际上多为地主豪强所取得。

六、地主土地所有制

春秋时期，随着铁器及牛耕技术的出现，农业生产力水平有了较大的提高，生产关系与经济基础发生了很大的变化。周天子所代表的以宗族土地所有权制度为核心的社会经济基础趋于崩溃，一家一户为单位分散经营的小生产形式和个体小农阶层、小农经济开始出现。自西周中期开始的土地所有权的转移变化，尤其是春秋时期出现的“公田”以外的“私田”数量日益增多，极大地冲击了“溥天之下，莫非王土；率土之滨，莫非王臣”的传统体制，直接威胁到原来的宗族国家土地法律制度的继续存在。为了挽救社会危机，保证国家的赋税财政收入，春秋时期各诸侯国相继进行土地法律制度改革。原来的宗族土地所有制逐渐向地主土地所有制度过渡。在各国进行的土地法律制度改革活动中，以齐国管仲主持进行的“相地而衰征”和鲁国实行的“初税亩”改革最具代表性，这些改革在客观上为西周时期的宗族土地所有制的最终瓦解扫清了道路，为战国以后地主土地所有制的确立奠定了基础。

商鞅变法之后，随着国家授田制与等级授田制的广泛推行，土地所有权逐渐由国有向个体私有过渡，土地私有制开始发展起来。公元前 221 年，秦始皇建立秦朝，之后正式颁布“使黔首自实田”的土地法令，一改战国时期各国普遍盛行的国家授田制，鼓励进而要求广大农民自行开垦并占有土地，国家既

不再对其加以限制，也不再继续进行授田。这项土地法令的颁布，标志着秦朝正式以法律形式确立了普遍的土地私有权。从此以后，土地私有制的发展取得了公开的合法地位，拥有若干私有土地的广大自耕农阶层，构成了国家的广泛社会基础，他们以自己所承担的赋税课役义务，支撑着整个政权大厦。[①] 汉初奉行秦朝以来所推行的土地私有化的法律制度，对土地占有未作明确的法律限制。随着土地私有制的发展，土地买卖、兼并与高度集中日益加剧，地主阶级土地所有制迅速形成。汉武帝即位之初，就已出现了“网疏而民富，役财骄溢，或至兼并豪党之徒，以武断于乡曲”[②]的现象。在土地兼并大潮的疯狂涌动下，大批官僚、贵族、豪强、商人等纷纷踊跃跻身于这一行列，他们“众其奴婢，多其牛羊，广其田宅，博其产业，畜其积委”[③]，于是造成了“强者规田以千数，弱者曾无立锥之居”[④]的严重局面，导致广大自耕农阶层破产流亡。

自战国开始，土地国有一直是土地制度发展史的主题，这一主题在秦汉时期第一次遇到土地兼并所带来的地主土地私有制的挑战，大地主通过兼并方式不断吞噬国有土地和自耕农土地。封建社会前期，历代王朝尚能通过国家力量打击豪强权贵对土地的掠夺，不断加强国家土地所有制和农民土地私有制，维持土地与农民之间的稳定状态。但是随着历史的发展，国家对土地的掌控越来越力不从心，封建王朝末期出现的土地兼并现象屡见不鲜，土地兼并又导致没有活路的农民起来革命推翻旧王朝，从而形成我国古代历史上“土地兼并——农民起义——土地平均”的循环模式。西汉时期的“授田”“假田”“屯田”等生产形式，王莽的“王田改革”，魏时期的“屯田制”，西晋时期的“占田制”等，

---

① 参见王琦：《中国古代土地所有制演进的逻辑及其当代启示》，《上海财经大学学报》2010年第4期。

② 《史记·平准书》。

③ 《汉书·董仲舒传》。

④ 《汉书·王莽传》。

这一系列旨在加强中央对土地控制的制度安排，都无一例外地在土地私有化浪潮的冲击下宣告失败，被地主土地私有制所侵蚀。至明清时期，地主土地私有制已经占据主流。与此同时，由于国家对土地掌控的弱化，农民土地私有制也获得了一定的发展。

七、农民土地所有制

农民土地所有制是土地归个体农民所有的土地私有制，这部分土地最初来自政府的授田，也包括各种形式的合法转让。古代土地所有制的主要表现形式为国家土地所有制和地主土地所有制，农民土地所有制处于次要位置。历代“编户齐民”在辛勤劳作（见图 6–3）的同时，还要承担繁重的地租、田赋、徭役、兵役等。从国家的角度而言，农民可以承担各项负担，所以政府总是想法设法稳定农民的土地占有；从地主的角度而言，拥有的土地越多，地租收入就越高，所以总是通过各种方式兼并农民的土地。古代农民遭受国家和地主的双重剥削，尤其是地主的土地兼并行为，导致农民土地所有制极其不稳定。

图 6–3　宋初耕作图：农民耕种、收割和扬谷（犁播编《中国古农具发展史简编》）

历代王朝的兴衰史揭示出了国家、地主和自耕农三种力量之间在土地占有上的博弈局面。王朝前期，新政权往往采取打击大地主、没收其土地分给自耕农的措施，以达到维护新王朝统治、实现休养生息的目的。王朝前期政治的安定和经济的恢复，必然带来人口的大规模增长，人口急剧增加与

有限耕地之间的矛盾日益加剧。至王朝后期，由于政治的腐败与地主力量的强大，国家对土地的掌控力日益削弱，地主对土地的兼并愈演愈烈，必然导致大量自耕农破产，因丧失土地而沦为地主的附庸，一旦遇上灾荒之年，收成减少而税赋依旧，租佃户无力缴纳地租，最终沦为流民，农民起义也就在所难免。及至推翻旧王朝，建立新政权，再度打击土地兼并，通过国家掌控大量土地，实行土地平均分配，安民于土地又成为新王朝的首要任务。中国古代历史上的王朝更替就延续了这样一个“土地兼并—农民起义—土地平均”的循环模式，其背后则是国家、地主和自耕农之间三种力量的博弈。如果博弈均衡，那么国家力量强盛，土地牢牢掌握在王权手中，地主的土地兼并受到抑制，自耕农经济获得一定程度的发展，社会经济则呈现出稳定繁荣的“盛世”局面；如果博弈失衡，那么国家力量式微，失去对土地的掌控，地主土地兼并风潮兴起，自耕农因为经济破产而沦为流民，战乱也就在所难免。

八、重农抑商政策

在2000多年的封建社会中，农业生产始终占有非常重要的地位，农业生产的发展程度直接决定了人们的生活水平，而人们的生活水平又直接决定了社会的稳定程度。重农抑商政策是一种必然的历史选择。所谓“重农抑商”，就是通过采取贬低、压制商人政治社会地位的政策及措施，保护农业的优先发展地位，将农民固定在土地上，防止农民弃农从商，减少人口流动，从而维护阶级统治。

“重农抑商”思想萌芽于先秦时期。春秋战国时代的诸子百家之一——农家，崇尚农业耕种，主张重农贵粟。商鞅变法，开创了重农抑商政策之先河。秦建立后，秦始皇提出“上农除末”“黔首是富”，就是说要发展农业，抑制商业，使百姓生活富裕起来。

汉承秦制，继续实行重农抑商政策。贾谊在《论积贮疏》中提出了“崇本抑末”

的主张，“驱民而归之农，皆著于本，则天下各食于力”。晁错进一步提出重农抑商的主张，他认为商人“男不耕耘，女不蚕织”，却“衣必文采，食必粱肉”，主张“贵粟”,“驱天下之民于南亩”[①]。可见西汉时重农抑商已成为主要的指导思想和政策取向。到汉武帝时期，实行“盐铁官营”“平准均输”“算缗告缗”等一系列打击、抑制富商大贾的政策，抑商政策达到极端。东汉继续沿袭西汉重农抑商的传统，但其抑商思想的推行力度较西汉已和缓了许多，措施执行得也比较宽松。

唐宋时期，重农抑商政策较以往有了较大转变。唐初，为了恢复因战乱而凋敝的经济，政府依承前朝惯例，重农的同时继续实行抑商政策。在服制方面贬低商人，在政治地位上百般压制商人。《旧唐书·食货志》记载，唐律规定，“工商杂类，不得预于士伍”。不许商贾入仕，不准有官阶的人入市。宋代主张“强本”,就是要解决土地和农业生产问题。“民之大命,谷米也。国之所宝,税租也。”[②]宋代统治者除亲耕籍田外，还将“劝农”正式定为地方官员的职责，即将劝农成果的好坏作为考核地方官政绩的标准之一。随着社会经济的发展，商人地位在唐中期以后取得了明显的改善，在户籍管理上，商人已经成为良人，被列入士、农、工、商四民中，开始脱离贱籍；在赋税方面，政府也减轻了对商人的重剥苛征，一度出现了“官家不税商”的情况，使商人获利甚丰，商品经济更为活跃。两宋时期，商品经济得到进一步的发展，传统的抑商观念不断受到冲击，商人和其他城市居民一样被编入坊郭户的户籍。商人开始取得了国家“编户齐民”的资格。这一变化，标志着宋代商人身份已经和平民趋于平等，反映了其法律地位的提高。

明清统治者继续推行“重农抑商”政策，进一步扩大禁榷范围，不仅继续把盐、

① 《汉书·食货志》。

② （宋）李觏：《李觏集·富国策》，中华书局 1981 年版，第 135 页。

铁、茶作为禁榷的主要对象，而且进一步把金、银、铜、锡等商品的专营权也集中到政府手中，民间资本经营的商业范围逐步萎缩。明清政府在国内实行重税政策以抑制商业的发展，在国外推行海禁政策，禁止商民同海外各国和地区进行商业贸易。

重农抑商政策从战国时形成并实施，符合当时经济社会发展的需要。其一，重农抑商政策稳定了封建社会的经济基础。小农经济是封建统治的经济基础。当时中国地广人稀，生产力水平较为低下，比较适合发展农业，而农业的发展又有利于稳固统治者的统治秩序。“重农”思想的重要内容就是发展和重视农业，轻徭薄赋，爱惜民力。为了确保“重农”思想的施行，国家用行政干预的办法强行“抑商”，使农业生产得到发展，国力得到增强。其二，重农抑商政策是封建社会国家机器运转的基石。农民和土地相结合，构成了封建社会的基本特征。只有把农民固定在土地上，才能确保封建政权的稳固。在封建社会里，地租是封建国家赋税的基本部分，是国家机器运转的基石。由于经商本身具有流动性，商人的财产难以估算，国家对商人很难实施有效的、具有长久性的收税办法，历史上虽产生过剥夺商人财产的事情，但始终没有法律化和制度化。国家只能把农业税作为赋税的主要来源，因此农业就显得尤为重要。重农抑商政策不仅仅是一项经济政策，更是一项政治政策，对于封建国家的运转具有重要的意义。[①] 其三，重农抑商政策推动了小农经济的繁荣，保护了中国传统农业。历代封建王朝都制定了一系列发展农业的措施，包括劝民农桑、奖励垦荒、限制土地兼并及组织和兴建水利灌溉工程等。传统农业是在重农抑商政策保护下发展乃至成熟的，政治上的保护、政策上的倾斜，是我国传统农业发展的基本保证。在保护农业的同时，也带来了小农经济的繁荣。由于抑商政策主要在于稳定小农经济，在一定程度上防止了土地兼并，阻止了商业资本向土地的渗透，从而稳

① 参见史慕华:《中国古代的重农抑商思想与政策探究》，吉林大学硕士学位论文，2007年。

定了个体小农的生活条件，造成了中国古代间或出现的小农经济的繁荣。可以说，汉唐盛世在某种程度上就是重农抑商政策的直接结果。

作为封建社会的基本经济政策，重农抑商政策在推动经济社会发展的同时，也在某些历史阶段上阻碍了经济社会的发展。其一，重农抑商政策阻碍了商品经济的发展。传统的“贱商”意识使民众安于现状，不到万不得已不会弃农从商，这阻碍了中国商人阶层素质的提高，使得他们不能跳出自身活动的限制去认识商业活动对推动社会经济的伟大意义，不能培育出具有远见卓识的现代意义的商人阶层。商人的心理意识影响了商业资本的投资流向，影响了商品经济的发展，抑制了社会财富的增加。其二，重农抑商政策阻碍了民主与法治意识的形成。作为古代东西方都曾经实行过的一种经济政策，重农抑商政策是与古代专制统治联系在一起的。重农抑商政策宣扬君权至上，这使得传统政治缺少民主和法治精神。专制统治下，统治者通过重农抑商政策把农民固定在土地上，对商人实施限制措施，从而僵化了社会秩序。农民无法脱离土地，商人无法自由经商，这两个社会阶层没有政治权利，民主和法治无从谈及。

第七章 农学著作

农书撰写以农业生产的发展为基础。为了总结和推广农业生产技术，古人十分重视农学著作的撰写。据《中国农学书录》记载，中国古代农书共有542种，流传至今的有289种。中国农书撰写兴起于春秋战国时期。当时由于铁器广泛应用，水利设施大规模兴修，农业生产取得重大的发展，农业成为治国安邦的根本。为了总结农业生产经验，农书应运而生。据《汉书·艺文志》记载，战国时曾有《野老》《神农》等专业农学著作，但都已经佚失。《吕氏春秋》中有“上农”4篇，专门记载农业生产技术。而《夏小正》则是一部月令体的农事历书。随着传统精耕细作技术的深入发展，古代农学著作也越来越完善。

由于春秋战国时期以及秦朝末年战争不断，农业生产一直处在停滞阶段。直到汉武帝时，社会面貌才开始改善。耕犁进一步完善，耕作工艺和技术得到改进，加上大型水利设施的兴建及冶铁业的发展，也进一步促进了农业生产。到了西汉末年，耕地面积已达800万顷。农业的兴盛促进了农学发展，农学著作成果丰富，《氾胜之书》是这一时期的杰出代表。除此之外，还有《董安国》16篇、《尹都尉》14篇、《赵氏》5篇、《蔡癸》1篇等，但都已佚失。魏晋南北朝时期，混乱的社会局面阻碍了农业生产的发展，然而精耕细作的农业生产技术却没有中断。北魏贾思勰就对当时的农耕技术作了一次全面的大总结，广泛摘录了前人著作，写成《齐民要术》。

在《齐民要术》之后的很长一段时间内，中国没有出现一部综合性的农学著作。隋唐时期，精耕细作技术得到进一步发展，水利工程建设兴盛，果蔬、茶树的种植逐渐发达起来，曲辕犁的改进促进了耕种技术的发展。此时虽然出现了不少农书，但多是专业性质的，如陆龟蒙《耒耜经》是记述农业工具的，陆羽《茶经》是关于茶的，李石《司牧安骥经》则是关于牲畜的，韩鄂《四时纂要》是一部月令式的农学杂录。除此之外，几乎没有综合性农书流传下来。

中国的农业生产发展到宋元时期已经臻于成熟。农业生产的集约化程度越

来越高，精耕细作技术继续完善，从耕作技术到田间管理，其工艺都更加成熟；人口增加，粮食产量增长，贸易也得到了发展，很多农作物的新品种从国外引入中国，进一步促进了农业的发展。这一时期涌现了很多农学著作，其中综合性的农书有《陈旉农书》《农桑辑要》《王祯农书》等；还有关涉专业性质的农书，如《橘录》《桐谱》《禾谱》《笋谱》《菊谱》等；而且出现了一部农具谱，即曾之谨的《农器谱》。

明清时期的农业在传统基础上继续发展，农学进入到一个全面总结的时代，农书的数量空前。明末徐光启的《农政全书》、清代官修的《授时通考》是两部影响重大的综合性农书。另外，张履祥的《补农书》、喻仁和喻杰的《元亨疗马牛驼经合集》，都是很有价值的农书。马一龙《农说》、杨屾《知本提纲》是对中国农学思想的深入探讨。[①]

一、《夏小正》

《夏小正》（见图 7–1）是我国现存最早的一部农业科学著作，同时也是已知最早的汉族农事历书。通常认为《夏小正》成书于春秋战国时期。《夏小正》曾收录在《大戴礼记》中，但在唐宋时期佚失。现存的《夏小正》是由宋代傅嵩卿综合当时两个版本的内容整理编著而成。古时的农耕和祭祀都需要依时而行，《夏小正》就是为了安排农事活动、举行祭祀仪式而编撰的，其目的就在于敬授民时。

今本《夏小正》正文，由两部分组成：一部分是“经”，是关于夏代情况的原始传说，比较简单。一部分是“传”，是关于“经”的解释性文字，其体例和文句都与《公羊传》相类似。根据《史记·夏本纪》记载：“孔子正夏时，学者

① 参见周昕：《中国农具史纲及图谱》，第 98 页。

多传夏小正云。”司马迁认为“夏时”指的就是《夏小正》，所以“传”的内容应当是传授时所加。《夏小正》全文共有 463 字，明确区分一年为十二个月，并将物候和天象结合起来表示时令季节，特别是几乎每月都标有一定的农事，其中包括修理农具、春耕、饲养小羊、修剪桑树枝条、养蚕、种麦等各种生产活动。其农时记载具体、系统，被公认为我国最早的农历书。《夏小正》不仅以时系事，记载了每月的农事活动，而且还是中国最早的一部星象物候历，也是流传至今的最早的一部完整的天文学文献。早在夏代，人们就已经通过观察天体运动来指导农业生产了。《夏小正》对天象的记载有两个方面：一是斗建，一是星宿的见、中、伏。[①]《夏小正》对星象的记录包括昏中星（黄昏时南方天空所见的恒星）、旦中星（黎明时南方天空所见的恒星）、晨见夕伏的恒星、北斗的斗柄指向、河汉（银河）的位置以及太阳在星空中所处的位置等。

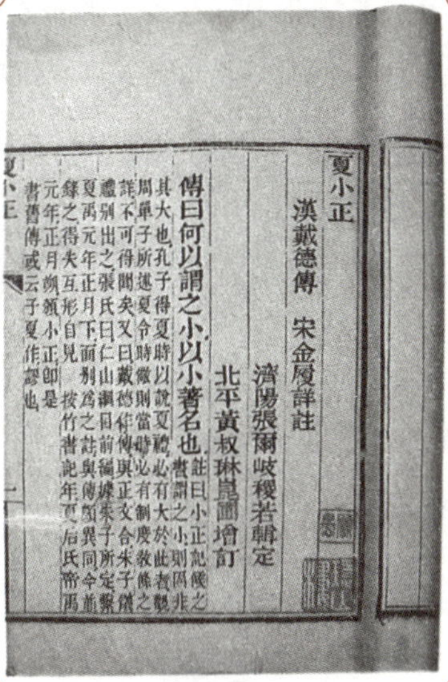
夏小正
漢戴德傳　宋金履詳註
濟陽張爾岐稷若輯定
北平黃叔琳崑圃增訂
傳曰何以謂之小以小著名也

图 7–1　《夏小正》书影

《夏小正》是我国农书的萌芽，其月令体例在后来的农书、文献中不断沿革，比它晚出的《礼记·月令》《吕氏春秋·十二纪》和《淮南子·修务训》等沿袭了《夏小正》以时系事的部分，以上这些月令书又成为以后许多农书的资料来源和结构依据。而在综合性农书中，如明代的《农政全书》、清代的《授时通考》等，都设有专篇讨论时宜问题。[②]这些内容都可以追溯至《夏小正》。《夏

① 参见何幼琦：《〈夏小正〉的内容和时代》，《西北大学学报》1987 年第 1 期。
② 参见惠富平：《试论中国农书的起源》，《西北农业大学学报》1994 年第 3 期。

小正》作为我国著名的农业科学著作，记载了当时先进的农业生产经验，反映了我国古代朴素的农学思想，为指导农业生产起到了重要的作用，给后世留下了宝贵的农学资料。

二、《氾胜之书》

《氾胜之书》是我国现存最早的个人专著农书。该书反映了2000年前西汉黄河流域的旱地农业生产水平，代表着当时的农业技术水平与科学知识成就。该书作者氾胜之（见图7–2），生活在西汉时期，氾水（今山东曹县）人。氾胜之继承了前人的“重农”思想，认为粮食和棉帛是决定战争胜负的关键，是关系国计民生的大事，把发展农业技术提高到了“忠君爱国”的高度。班固《汉书·艺文志》记载，氾胜之在汉成帝时曾任议郎，在关中平原的三辅地区指导人们种麦，推广农业生产技术。关中地区有着悠久的农业传统，是古代农业最为发达的地区。早在春秋战国时期，关中为秦国故地，号称“八百里秦川”，所以关中地区拥有很好的农业基础。《氾胜之书》就是在总结关中地区农业生产经验和技术的基础上编写出来的。

图7–2　氾胜之像

《氾胜之书》共有18篇，3700余字。《汉书·艺文志》“农家”书中将其称为“氾胜之十八篇”。《氾胜之书》一名最早出现于《隋书·经籍志》中，后来才成为该书的通称。《氾胜之书》18篇分别为：耕田、收种、溲种法、区田法、禾、黍、麦、稻、稗、大豆、小豆、枲、麻、瓜、瓠、芋、桑、杂项。农学家石声汉先生将该书概括为七个大的节目：耕作的总原则、选择播种日

期、种子处理、个别作物的栽培技术、收获、留种及贮藏、区种法。[①] 全书开篇总结了耕种总原则："凡耕之本，在于趣时，和土，务粪泽，早锄早获。"所谓"趣"，即"趋"，就是"赶上、趁着"的意思；"粪"即保持土地的肥力；"泽"，保持水分，即现在的"保墒"；"早锄"的目的在于清除杂草，保持土地水分。这也就是说，耕作的根本在于：一要不误农时，二要耕作工艺合理，三要合理施肥，四要及时灌溉和注意保墒，五要加强田间管理，六要及时收割。综合说来，就是人们要尽自己所有的力量，为农作物的生长创造最适宜的环境。书中所记载的各种农耕工艺，代表了当时先进的农业生产技术，并且有些原理沿用至今，如溲种法。由于蚕粪吸湿性强，且富含氮、磷、钾等元素以及大量的微生物，是天然的肥料，所以人们把种子和蚕粪拌在一起，再加入骨汁，使蚕粪包裹在种子外面，把种子种在状态良好的土壤里。这可以为农作物的初期生长提供肥料，为植物未来的生长创造了有利的条件。现代种子包衣技术的原理就是由此而来的。《氾胜之书》不仅记载了我国当时先进的农业生产技术，而且在经济思想方面也有其一定的贡献，其最突出的一点是对投入和产出的分析。在"种瓠法"中对成本和收益进行了计算分析，是有关农业生产成本计算的最早记录。虽然计算方法还不完备，但却标志着中国经济思想史上农业经济核算思想的萌芽。

《氾胜之书》奠定了我国综合性农书的基础，为后世中国农业生产及农学的发展方向产生了深远的影响。此后重要的综合性农书均以其为范本，承袭了它的编纂体例。例如，南北朝时期贾思勰编写的《齐民要术》，虽然内容更加丰富，记载的技术更为先进，但是其编撰的体例仍以《氾胜之书》为基础。其后的《王祯农书》《农政全书》《授时通考》等很多重要的综合性农书，也都参照《氾胜之书》进行编撰。《氾胜之书》所记载的内容反映了秦汉时期中国先进的农业

① 参见石声汉：《氾胜之书今释》，科学出版社 1956 年版，第 57 页。

生产技术，这对农耕技术的推广起到了重要的作用，同时为农业生产提供了指导，为中国古农书的传承奠定了基础。[①]

三、《齐民要术》

《齐民要术》是我国现存最早，在当时最完整、最全面、最丰富的一部农业科学著作。该书详细地记述了魏晋南北朝时期黄河中下游地区的农牧业生产经验，包含了农、林、牧、副、渔等各个方面，被誉为“中国古代农业百科全书”。作者贾思勰（见图7–3），生活在北魏到东魏时期，益都（今山东寿光）人，曾任高阳郡（今山东临淄）太守。北魏统治者从战乱中认识到发展农业生产的重要性，颁布了一系列扶植农业的措施，要求对传统的农业生产技术进行总结。[②]（见图7–4）贾思勰以发展农业为己任，从传统的“农本”思想出发，强调“为治之本，务在安民；安民之本，在于足用”[③]，全面系统总结了自秦汉以来中国旱地农业的精耕细作技术，最终写成《齐民要术》。“齐民”即平民百姓，“要术”就是指谋生的重要方法，“齐民要术”的意思就是指人民群众从事生活资料生产的重要技术。《齐民要术》从“农本”思想出发，提出“食为政首”“要在安民，富而教之”，使人们明白农桑的重要意义。

图7–3　贾思勰像

《齐民要术》全书10卷92篇，共11万字，涉及农业生产的各个方面，从耕作种植到酿造烹饪，凡是生产生活资料的一切技术都包括在内。在土壤耕作

① 参见康丽娜：《秦汉农学文献研究》，河南大学硕士学位论文，2009年。
② 参见周昕：《中国农具史纲及图谱》，第55页。
③ 石声汉校释：《齐民要术今释·种谷》，科学出版社1957年版，第98页。

方面，作者记述了一套以保墒防旱为中心的技术，通过“借泽”“保泽”来保持土壤的水分，为耕作创造良好的条件。在轮作制度方面，作者总结了各种植物之间的轮作规则，提出了20多种轮作方式，明确指出谷子和水稻不宜连作、大麻不宜连作等。除了轮换作物品种，书中还记载了绿色植物的栽培及轮作套种的方式，明确提出从事农业生产要因时、因地、因作物品种而异，顺应季节时令，不能违背规律。在选种技术方面，作者提出了选育良种的重要性以及生物和环境的相互关系等问题。贾思勰认为种子的优劣对作物的产量和质量有举足轻重的作用，因此要重视对种子的选育。对于植物的遗传性、驯化性和变异性以及人工选择、人工杂交和定向培育等方面，作者也都有正确的认识。

图7–4　耕种图（魏晋砖画）

《齐民要术》不仅记载了当时我国黄河中下游地区的传统农业科学技术和生物化学技术，而且还广泛征引古人的农学文献，如《礼记·月令》《四民月令》以及《氾胜之书》等，使得这些宝贵的文献得以流传下来。《齐民要术》是世界上最早的、最有价值的、最有系统的农学科学名著，其中许多宝贵的经验在今天仍有借鉴价值。[1] 在现代，《齐民要术》与《王祯农书》《广桑蚕说辑补》被编入《农书三种》，对古代传统农业技术的继承和发展具有重要意义。

① 参见刘洁：《中古时期一部重要的文献——〈齐民要术〉》，《古籍整理研究学刊》2004年第3期。

四、《耒耜经》

《耒耜经》是我国第一部专门记载农具的农学著作。作者陆龟蒙，唐代长洲（今江苏苏州）人。

《耒耜经》的篇幅并不长，连序文在内只有633字。全书一共记载了4种农具，分别为爬（耙）、砺砗、碌碡、曲辕犁，其中对曲辕犁的叙述最为详细。唐代曲辕犁（见图7–5），即“江东犁”，被誉为我国犁耕史上的里程碑。《耒耜经》记载，曲辕犁由铁制的犁壁和木制的犁底、压镵、策额、犁箭、犁梢、犁评、犁建、犁辕等11个零件组成，作者在书中对每个零件的形状、大小和尺寸都作了详细的描述，便于模仿和流传。曲辕犁的特点概括起来有如下几点：第一，改变了犁辕长且直、犁的转弯半径大、转弯困难的缺点，使得操作灵活省力；第二，曲辕犁上设有调节犁箭的评及建，可以调节耕地的深浅，适用于各种土壤；第三，曲辕犁的犁梢可以牵动犁底，从而依据犁梢的摆动幅度控制耕垄的宽窄；第四，犁槃可以在犁辕前灵活摆动，所以在牵引过程中，摆动及转向十分方便；

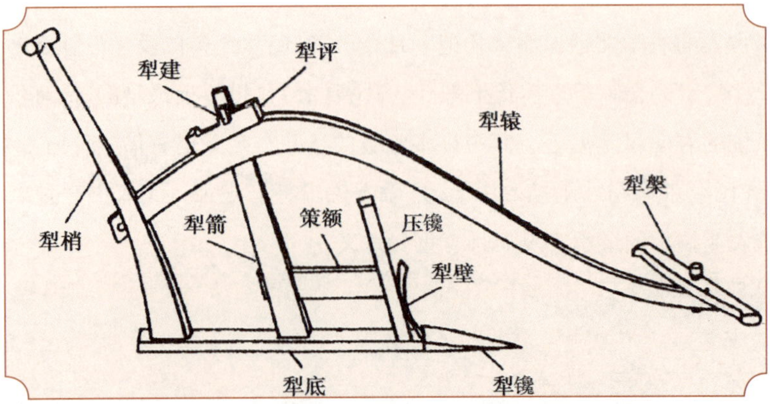

图7–5　曲辕犁复原图（张春辉《江东犁及其复原研究》）

第五，犁镵和犁壁之间构成一个不连续曲面，这个曲面使得人们既易碎断土块，同时又便于形成窜垡；第六，犁底修长，落地平稳，不易左右摇摆，有助于装备犁箭和犁评，扶犁也比较省力。总之，整个曲辕犁结构完整合理，使用轻便、回转灵活，又适用于各种土壤，耕作质量好，劳动效率高。①

《耒耜经》最初收录于陆龟蒙的《笠泽丛书》中，后来历经转载，被收入《四库全书》《丛书集成》《海纳百川》《钦定授时通考》《小十三经》等书中。还有一些书籍收录了《耒耜经》的一些章节，其中收录较多的如元代《王祯农书》、明代《农政全书》以及近代刘仙洲的《中国古代农业机械发明史》，足以看出《耒耜经》对于后代农业科学著作发展的重要影响。②《耒耜经》被誉为中国农书中里程碑式的著作，书中对于曲辕犁的详细记载，不仅有利于先进农具的推广和应用，而且为现在研究古代农耕文化留下了宝贵的资料。

五、《四时纂要》

《四时纂要》是一部月令式的农村日用百科全书。该书作者韩鄂，生活在唐末到五代之间。唐中期之前，经济十分繁荣，社会也非常稳定，这为农业生产的发展提供了良好的环境。唐中期之后，社会出现了动荡，北方的农业遭受了严重的破坏，而南方则相对比较稳定，农业经济在此期间一直持续地缓慢发展。总体来说，唐代经济繁荣，农业生产一直处于发展之中，《四时纂要》总结了隋唐时期各种农业技术，详细记述了当时农民的生产经验。

《四时纂要》全书 5 卷，共 4.2 万余字，是一部月令体的农书。《四时纂要》依次记载一年四季十二个月的天文、祭祀、占候、择吉、禳镇以及各种农事

① 参见周昕：《中国农具史纲及图谱》，第 168 页。
② 参见周昕：《〈耒耜经〉和它的作者》，《农业考古》1985 年第 2 期。

活动。从所记述的内容来看，该书十分清晰地反映了唐代北方农民主要按照节气来安排农业生产活动的传统。该书包含了很多领域的内容，如农业生产、农副产品的制造、器物的修造、医药卫生、商业经营以及教育文化等。根据《四时纂要》的记载，我们可以了解到唐代农民的生产习俗：以稻、麦等大田作物的经营为主，蔬菜种植、家畜饲养、果树栽培为辅，同时也经营蚕桑、渔业、养蜂等农家副业，表现出农家多种经营的习俗。书中对种茶、种食用菌、养蜂等内容的记叙在历史上是第一次。在医药卫生方面，书中记载了很多药用植物的栽培技术，如决明、合欢、槐花、黄耆、牛膝、车前、五茄、当陆等，书中还首次提到了罂粟。[①]这些内容都是对之前农书的补充。书中除了有关农业生产的内容，还有很大一部分是占候、择吉等带有迷信色彩的内容。农民总是祈盼生产生活风调雨顺，所以书中所记载的这部分具有迷信色彩的内容，是对农民生活风俗的真实反映。

《四时纂要》综合了前人的多种农学文献，为后人展现了当时的社会风貌。虽然该书中占候等具有迷信色彩的内容占据了一定的篇幅，但它仍然是一部具有参考价值的农学著作，对农业技术的推广和发展产生了重要的作用。

六、《陈旉农书》

《陈旉农书》，又简称《农书》，是中国古代第一部具有比较完整理论与技术体系的重要农书，也是我国古代第一部介绍长江流域农耕技术的农书。该书作者陈旉（又作“陈敷”），南宋人。他继承古人重农思想，终生致力于农桑，从实践中总结农业生产经验，终于在 74 岁时，写成《陈旉农书》。陈旉所生活的年代正处于南宋偏安之时。北方战乱，南方相对安定，农业生产也得以

① 参见李浩：《〈四时纂要〉所见唐代农业生产习俗》，《民俗研究》2003 年第 1 期。

发展。南方多湖泊水泽，农业生产必然是以“泽农”为主，因此陈旉所撰农书是我国第一部记叙长江流域以经营水田为主的“泽农”生产经验的农业科学著作，反映了南宋经济发展和农业生产技术水平。①

《陈旉农书》全书篇幅不大，分为上、中、下 3 卷，共 22 篇，有 1.2 万余字。上卷是全书的主体，共 14 篇，占了全书的 2/3，为农业经营与作物栽培总论，内容以水稻为主（见图 7–6）。作者开创性地将农业生产经营管理和生产技术放在同等重要的位置进行研究。中卷讲养牛，讲述耕畜的饲养管理等问题，这也是在现存古农书中第一次用专篇来讨论耕牛。下卷讲桑蚕，讨论有关种桑、养蚕的技术，把蚕桑作为农书的重要组成部分，也是本书的首创。

图 7–6　水稻插秧（南宋《陈旉农书》）

《陈旉农书》在很多方面都是中国古农书的创举。上卷内容以“十二宜”为篇名，篇与篇之间互有联系，构成了一个完整农学体系，这是之前农书所不具备的。第七篇“粪田之宜”，陈旉提出了著名的“土壤肥力学说”：一是“虽土壤异宜，顾治之如何耳，治之得宜皆可成就”，即通过人力来改善自然环境的先进思想。二是提出了“地力常新壮”理论。陈旉认为，如果不去维护土壤，则它会寸草不生，所以要经常对土壤掺入新土，施以粪肥，这样

① 参见王永厚：《陈旉及其〈农书〉》，《图书馆学研究》1982 年第 34 期。

就可以常年保持土壤的肥力。[①] 陈旉的这些思想是《陈旉农书》的精华所在，一直被中外学者看作中国农学史上最重要的贡献。不仅如此，陈旉在其他方面也有很大的建树，如他提倡因地制宜，实施多种经营，这种思想贯穿了全书。

《陈旉农书》无论从内容上还是从体裁上，都突破了先前农书的樊篱，开创了中国古农书的多个先河。该书不仅创立了一个完整的农学体系，完善了之前农书的不足，而且提出了先进的农学理论，其中的很多内容被《王祯农书》所摘录，对后世影响深远。

七、《农桑辑要》

《农桑辑要》（见图 7–7）是元初大司农司编纂的一部综合性农书，是我国现存最早的官修农书。该书总结了北方地区的农业生产技术，促进了元代初年农业的生产。该书主要编撰者孟祺是元代著名农学家,元代宿县（今安徽宿州）人。元代初年，大量农田荒芜，生产力急剧下降。孟祺等人一直主张农业是立国的根本，并不断地向统治者提出建议。元世祖忽必烈开始重视农业生产，其中一项措施就是让孟祺等人编撰《农桑辑要》。

《农桑辑要》全书共 6 万余字，分为 7 卷 10 篇，包括典训、耕垦、播种、栽种、养蚕、瓜菜、果实、竹木、药材、孳畜。其内容综合了《氾胜之书》《四时纂要》《齐民要术》等古代的农学著作。该书详细介绍了各种农作物的耕种方法、耕地的时间以及种植何种农作物的产量高、经济效益好等，给农业生产提供了指导，推广了当时先进的农业技术。[②] 书中还收录了 20 多种以往农

① 参见范楚玉：《陈旉的农学思想》，《自然科学史研究》1991 年第 2 期。

② 参见张秀荣：《从出土的铁农具与〈农桑辑要〉中看金中都地区农业的发展及原因》，《农业考古》2005 年第 3 期。

书中未曾记载的作物，例如棉花、菠菜、西瓜等这些自唐宋之后从边疆地区和国外引入的新品种。与其他农书相比，《农桑辑要》具有以下特点：第一，重视商品性农作物的生产。本书首次将桑蚕业提高到了与农业生产相当的地位，书中有 1/3 的篇幅介绍桑蚕的生产；增加了商品性作物的记载，对各类农作物经济价值的介绍随处可见，反映了当时市场交换的情况。第二，重视农业生产技术的科学性。作为官修农书，其目的就在于教授农民技术，提高农作物产量，从而获得丰收。因此，该书必须重视农业技术的科学性，抛弃古农书中的荒诞部分，将不科学的内容进行纠正，使之与客观实际相符。

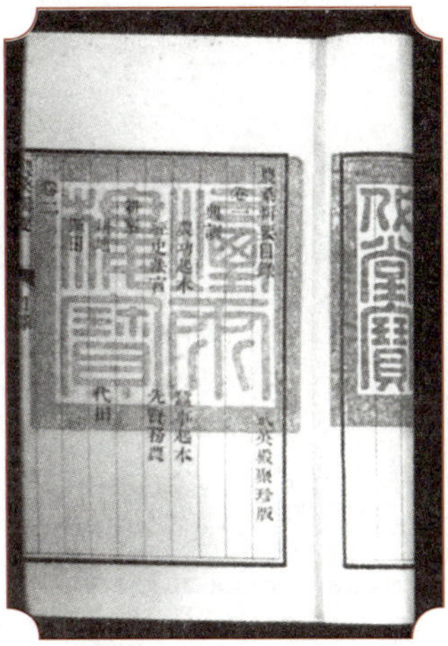

图 7–7　《农桑辑要》书影

《农桑辑要》是政府为恢复发展农业生产而编纂的农书。书成之后，政府下令多次刊印，颁发至全国，这为农业生产起到了促进作用。粮食产量大增，农业生产力水平也得到了恢复。元代的丝织业发展迅速，当时丝织品既是国内市场上的重要商品，也是对外贸易的重要商品，在《马可·波罗游记》中有详细的记载。这一切与《农桑辑要》中对桑蚕业的重视有密切的关系。《农桑辑要》摘录了前人众多的古农书，很多宝贵资料籍此保存下来，对古农书的继承和发扬起到了重要作用。

八、《王祯农书》

《王祯农书》（见图 7–8），又简称《农书》，是元代一部综合性的农业著作，兼论南北方汉族农业生产技术，在中国古代农学著作中占有重要的地位。该书

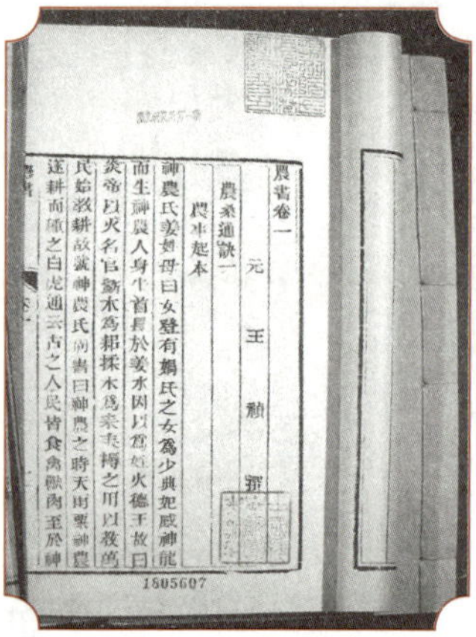
農書卷一
元 王禎 撰
農桑通訣一
農事起本
神農氏姜姓母曰女登有蟜氏之女為少典妃感神龍而生神農人身牛首長於姜水因以為姓火德王故曰炎帝以火名官斲木為耜揉木為耒耨之用以教萬民始教耕故號神農氏周書曰神農之時天雨粟神農遂耕而種之白虎通云古之人民皆食禽獸肉至於神
1805607

图 7–8 元《王祯农书》书影

作者王祯为元代东平（今山东东平）人。王祯生活的年代，正值战乱之后，百业萧条，民不聊生，民族矛盾和阶级矛盾十分尖锐。王祯为官期间，十分重视农业生产，亲自指导农桑，为百姓做了很多好事，人们称赞他“惠民有为”。[①] 王祯的阅历十分丰富，游历大江南北，不仅在河北、山西、陕西及辽宁等北方地区，而且在江南一带都留有足迹。游宦经历为其编撰《农书》积累了经验，奠定了基础。

《王祯农书》全书约 13 万字，分为《农桑通诀》6 集 26 目、《百谷谱》11 集 83 目、《农器图谱》20 集 261 目，共 37 集 370 目。《农桑通诀》是农学总论，概述我国的农业发展史，介绍了耕垦、播种、锄治、施肥、灌溉、收获及植物、畜牧、栽桑、养蚕等具体方法。王祯强调农业生产要因时而异，因地制宜。一年四季，要根据不同的时令来耕种不同的农作物，土壤、气候的不同也会影响农作物的生长。但是，王祯反对“风土限制说”，认为农业生产要积极实践，大胆尝试新的农作物培育方式，各地农作物可以相互引进，不能局限于风土。[②]《百谷谱》是对各种农作物的栽培分论，包括谷物、蔬菜瓜类、果树、竹木、水生植物等，特别是棉花、茶叶，都记录在内，兼收并蓄。《农器图谱》详细记载了农业生产和手工业生产的工具，共有 20 门 261 目：田制门 14 目、耒耜门 16 目、镢锸门 12 目、蓧蒉门 20 目、杵臼门 10 目、仓廪门 12 目、鼎釜门 8 目、舟车门 9 目、灌溉门 23 目、利用门 14 目、麰麦门 8 目、蚕缫（见图 7–9）门 20 目、织纴门 7 门、纩絮门 12 目、麻苧门 16 目。作者在这部分绘制出了工

① 参见吴天钧：《王祯〈农书〉的农学思想及其当代价值》，《安徽农业科学》2013 年第 36 期。
② 参见傅崇宝：《王祯及其〈农书〉》，《春秋》2000 年第 6 期。

具的图形，并附有说明性的文字，可谓图文并茂。王祯还对一些已经失传的工具进行探访和研究，如东汉“水排”、西晋“连磨”等。此外，王祯还亲自设计了“水转连磨”“水转高车”“高转筒车”等农灌和农产品加工工具图样。

图 7–9　茧馆（元·王祯《农书》）

《王祯农书》不但继承了经典农书的精华，而且在很多方面都有创新。《农具图谱》是本书的特色之处。这部分既记载了宋元时期农具的真实情况，也系统总结了中国传统农具的发展情况，并对历史上已经失传和淘汰的农具进行了复原。《王祯农书》是我国现存农书中第一部兼论南北方农业生产经验的著作，书中所体现出的农学思想，在当时具有突破性，对今天仍有借鉴意义。

九、《农说》

《农说》是明代嘉靖年间由马一龙撰写的一部农学理论著作。该书不是以介绍农业技术为主要内容，而是将传统的农学理论系统化、理论化，构建出一种农学理论。马一龙生活的年代，正处在明代统治最为昏暗的时期。由于繁重的赋税，农民大多离开故土，开始弃农经商，从而留下了大量的荒地。马一龙看到农民弃农经商，深感忧虑，认为人们都去贪图商贾之利，没有人种田，就会出现人吃人的现象，天下将会大乱。因此，马一龙从“民为治本，食乃民天”

的重农思想出发，著写《农说》，以阐述农学原理。[①]

《农说》全书共 1 卷，约 6000 字，由正文和小注两部分构成，正文 600 余字，每段正文之下的小注约 5000 字。《农说》篇幅虽小，但涉及的学科却非常多，哲学、农学、天文历法、中医学等都有涉及。其哲学思想来源于《周易》。具体表现在：

第一，作者以《周易》中的“阴阳五行说”为理论核心，将“阴阳五行”引入农学，开创“农学阴阳论”。[②] 马一龙认为：“阴阳往复无停机，进退乘除，流行者，未尝断续；充塞者，未尝空缺，大而天地之全体，小而一物之微区，无不皆然。”也就是说，无论从时间上还是空间上，阴阳的对立统一无处不在，是永恒存在的。他将普遍存在的阴阳矛盾运用到农业生产中，解释农作物生长、发育、死亡、收获的自然规律，对农业生产进行指导。

第二，是对“天地人三才”理论的发展。在《农说》中，“天”即指“农时”，作者认为在农业生产中，只有不误农时，才能获得高产，否则只能事倍功半。所谓“地”，就是要“识地之宜”，不同的土壤适合不同的农作物生长，所以要因地制宜，这是不可违背的规律。由于农作物所依赖的生存环境，即“天”“地”是多变的，所以就需要人来协调作物和环境之间的关系，使之达到和谐统一，这也就是“三才”理论中“人”的作用。在此基础上，作者提出农业生产要“三知”：“知时为上，知土次之，知其所宜。”即进行耕作时，要顺应天时，了解土壤，知道农作物的特性，然后再发挥人的主观能动性，才能获得丰收。作者在这些理论的支撑下，总结出很多农业生产经验，为农业生产提供了指导。[③]

作为中国农书史上不可多得的一部纯理论性著作，《农说》在农学理论上独树一帜，开创性地将“阴阳五行”应用到农学中，为农学研究提供了一种新的视角。

① 参见桑润生：《马一龙与〈农说〉》，《农业考古》1981 年第 2 期。
② 参见缪启愉：《〈农说〉的整理和研究评说》，《农业考古》1991 年第 3 期。
③ 参见桑润生：《马一龙与〈农说〉》，《农业考古》1981 年第 2 期。

该书没有系统介绍农业生产经验，而是从哲学的高度来阐述农学原理，探讨农学思想，构建了一个新的农学体系。但是，由于本书过于重视理论，造成了理解上的困难，所以并未像其他农书那样得到广泛的传播，然而它在农学史上的地位却是不可替代的。

十、《农政全书》

《农政全书》是我国一部大型综合性农书和全国性整体农书，全面总结了中国2000多年来农业科学的成果，还吸收了西方农业科学知识，是中国古代农学集大成之作。该书作者徐光启（见图7–10），明代上海（今上海市）人。明代末年，政治腐败，朝廷统治江河日下。徐光启为稳定明王朝政权，主张进行变革，然而却与当政者的意见不合，因此他三次辞官，致力于农桑，《农政全书》的撰写就是源于此。崇祯十二年（1639年），《农政全书》付印出版。此时正值中国资本主义萌芽兴起。它的出版反映了17世纪中国农业发展的水平、生产结构的特征，是研究中国资本主义萌芽时期农业生产的宝贵文献。[1]

图7–10　徐光启像

《农政全书》约50万字，共60卷，12门类，包括农本3卷、田制2卷、农事6卷、水利9卷、农器4卷、树艺6卷、蚕桑4卷、蚕桑广类2卷、种植4卷、牧养1卷、制造1卷、荒政18卷。该书除详细介绍各种具体的农业生产技术外，还从“农

① 参见李洵：《从王祯〈农书〉到徐光启〈农政全书〉所表现的明代农业的生产力水平》，《明史研究论丛》1991年第1期。

政”思想出发，着重研究了水利、荒政与农业生产之间的关系，从国家的实际来规划农业。全书自始至终都贯穿着中国传统的“重农”思想，具体表现在：

第一，“富国必以本业”。作者在《农本》3卷中引经据典，反复阐述农业的重要性，认为明末的衰败正是当政者轻视农业所造成的，旨在劝诫朝廷要从思想上重视农业。

第二，“水利者，农之本也”。重视兴修水利是徐光启“农政”思想之一。针对明末水旱灾害频发，徐光启把水利视为农业生产的根本。

第三，“预弭为上，有备为中，赈济为下”。从本质上讲，灾荒与农业生产并无直接关系，但是由于灾荒会破坏农业生产力，引起农民起义，从而危及统治，所以为政者要重视荒政，以稳定江山。

在农业技术方面，徐光启不但亲自进行试验，而且重视对古代农耕技术的总结，并通过实践提出自己的见解。例如，他亲自进行实验，注重解决南种北移或北种南移的问题，积极扩大农作物的种植范围，提倡新品种的引入，打破了传统农业上狭隘的风土说和各种保守观念。

《农政全书》是徐光启一生忧国忧民的写照，是他致力于农桑的成果。它一经出版，就得到很高的评价。乾隆皇帝称赞：“用意勤而于民事切。”清代官修农书《授时通考》大量摘录了其内容，对清代的农业和农学产生了重大的影响。[①]作为中国农书的集大成之作，《农政全书》既继承了中国古代农书的精华，同时又吸收了西方的先进技术，为农业生产提供了科学的指导，为后世留下了一笔宝贵的历史遗产。

十一、《知本提纲》

《知本提纲》是一部应用传统农业哲学原理阐释农学理论和原理的代表作。

---

① 参见姜吉林：《徐光启与〈农政全书〉的编辑》，《兰台世界》2010年第15期。

该书作者杨屾，清代兴平（今陕西兴平）人。他所生活的年代正处在清代鼎盛时期，人口不断增长，精耕细作技术不断深入，农业生产力得到了发展。他认为：“经世大务，总不外教、养两端。而养先于教，尤以农桑为首务。”所谓“教”，就是儒学知识；所谓“养”，就是关于农的理论与实践。“养”先于“教”，因此要把劝课农桑作为首要的事情。杨屾把一生的精力都投入到“教”和“养”上，而《知本提纲》就是他的教学讲义。[①]

《知本提纲》共 10 卷，除了弁言与源流，共有 14 章。与农业相关的是“修业”一章，所占篇幅最大，包括“耕稼、桑蚕、树艺、畜牧”四个部分，其中对北方旱田农耕技术的记载最为详尽。与马一龙的《农说》相同，杨屾也把“阴阳五行”引入到了农学体系中，创立了“农学阴阳论”，但与《农说》不同的是，此处的“五行”并非传统意义上的“金木水火土”，而是“天地水火气”，这种变化使得五行更加适合于阐述农学原理。杨屾的“农学阴阳论”继承发展了中国传统农学中的“三才”理论，强调“人”要顺应“天时”，了解“地利”，才能获得丰收。他分列出“地宜论”和“时宜论”两篇，重点阐述“三才”理论。杨屾以“农学阴阳论”为基础，从农业生产的实际出发，在生产技术方面提出了自己独到的见解。在风土物候方面，他强调种植农作物要合农时，根据不同的气候和土壤来选择作物。特别是在“地宜论”中，作者提出农作物的选取要根据土壤的不同特征进行，并分别对山、原、隰、泽、水田等五种类型的土壤进行分析，详述各自的耕种方法。在土壤耕作方面，他提出了“耕作四原则”，目的均在于先保“阳极”后待“阴收”。在土壤施肥方面，他总结以往的施肥经验，以“余气相培”为理论基础，提出了自己的施肥理论，即利用人畜粪便、腐化草木以及熟化土壤的“余气”，

① 参见齐文涛：《从原理到推论的理论系统——〈知本提纲〉农学阴阳论研究》，《农业考古》2013 年第 3 期。

培肥土壤，滋养禾苗。[①]

杨屾将农学理论应用于农业生产实践，为农业生产提供了科学的指导，使得农学理论趋于实用化。书中很多农业生产经验，不仅在当时发挥了积极的作用，促进了农业的发展，而且在当代依然具有很高的参考价值。杨屾在《知本提纲》中提出的“新五行说”，继承发展了之前的“农学阴阳论”，把中国的农学理论提高到了新的高度。在杨屾去世后，乾隆皇帝下令对其进行褒奖，这足以看出他在农学史上的地位。[②]

十二、《授时通考》

《授时通考》是一部清代官修农书，也是中国古代最后一部综合性农书。乾隆二年（1737 年），鄂尔泰、张廷玉等 40 人奉旨编纂《授时通考》，共历时 5 年，乾隆七年（1742 年）编成。《授时通考》不同于以往的综合性农书，它是由乾隆皇帝钦命南书房及武英殿的翰林们进行编纂的，书前冠“乾隆御制序”，遂称之为《钦定授时通考》。当时，刚刚经过康雍两朝 70 多年的整治，正处在兴盛时期，国土面积扩大，人口迅速增长，农业生产也逐渐从明末的衰败中恢复起来，古代的精耕细作技术发展到此时，已经趋于成熟，农业基础良好。（见图 7-11）此时编纂农书，总结与整理过往的农业生产技术，是历史发展的必然。

《授时通考》中的“授时”，出自《尚书·尧典》“历象日月星辰，敬授人时”，意在劝诫朝廷“敬授民时”，教导百姓不误农时。该书广泛征引历代经、史、子、集、农书、方志等古籍，分门别类，然后按时代进行辑录，据统计共收录文献 535 种，3575 条引文，另有插图 512 幅，规模宏大。全书共计 98 万字，分为 8 门，78 卷。

① 参见胡火金：《论清代农学的实用性趋向——以杨屾“天地水火气”五行为例》，《苏州大学学报》2015 年第 4 期。

② 参见李虎：《论杨屾的农业情结》，《安徽农业科学》2007 年第 13 期。

分别为：天时门 6 卷、土宜门 12 卷、谷种门 12 卷、功作门 11 卷、劝课门 12 卷、蓄聚门 4 卷、农余门 14 卷、蚕桑门 7 卷。《授时通考》依然继承了古代农业的“三才”理论，把对“天、地、人”的阐述置于“八门”之中。“天”即为“天时门”，论述各个时节的农业生产活动。“地”则为“土宜门”，包括辨方、物土、田制、田制图说、水利等内容，说明耕田要根据不同的土壤进行。对“人”的阐述则在“功作门”中。这部分的技术性最强，主要记载了各种农作物的种植方法等。“谷种门”中，记载了各种粮食作物名称的来源等。“劝课门”记录了历代统治者的重农措施，汇集了国家长久以来颁布的重农政令、诏令、奏章等，突出当朝统治者重农劝农的思想。“蓄聚门”是有关于仓储、积谷及备荒的制度和政令。“农余门”所占篇幅最大，记载了耕田之外的其他所有农业生产。其内容庞杂，桑麻百果、菜蔬烟茶无所不有。“蚕桑门”中则是对养蚕和桑政的记载。

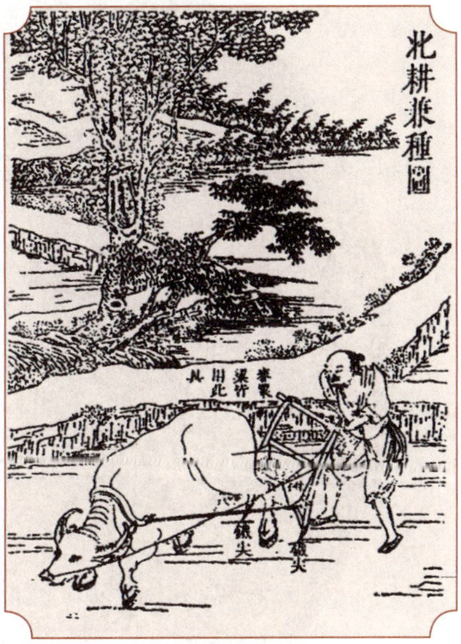

图 7–11　北耕兼种图（清・鄂尔泰《授时通考》）

《授时通考》作为传统社会最后一部大型综合性古农书，其内容丰富多彩，涉及范围极广，涵盖了农业生产的各个方面，全面总结了古代农耕技术。该书对历代古籍进行了系统的整理和征引，使得很多宝贵的历史资料保存下来，为后世研究提供了重要参考，为农学发展做出了重大贡献。

第八章 农业历法

中国自古就是一个农业大国，几千年来，古代劳动人民不断从农业生产生活中积累经验，总结规律，形成了很多先进的发明创造。

“二十四节气”就是中华民族的独创之一。2000多年前，人们就学会了利用土圭来测量日影，并由此确定了“二分二至”。后来人们夜观天象，发现北斗七星的斗柄指向寅位时，大地回春；指向巳位时，就进入了夏天。以此类推，又把“四立”确立下来。到了西汉时期，“二十四节气”就已经完全确定，并且沿用至今。“二十四节气”是由于地球公转而产生的时节变化。因此，从本质上讲，它是属于“阳历”的范畴，但是中国古代劳动人们利用智慧，把“二十四节气”与中国的“农历”结合了起来。“农历”实际上是一部“阴阳合历”，即通过“置闰”的方法，把“阴历”与“阳历”相结合，既能够反映月相变化，又能够与四时节令相符合，因此对农业生产具有重要的指导意义。在此基础上加入了“二十四节气”，可以同时反映各个时节的气候特征，从而更加科学地指导农民的生产生活，防止农民错过农时。“农历”与“二十四节气”融合，在世界范围内都是一项伟大的发明创造。在科学发达的今天，农历不仅没有被淘汰，而且焕发着独特的光彩。

历法的重要作用在于提醒人们“不误农时”，因此历朝历代都非常重视历法的颁布。早在远古时期，就有黄帝“迎日推策”，颛顼“载时以象天”，帝喾“历日月而迎送之”，帝尧“命羲、和，敬顺昊天，数法日月星辰，敬授民时”。[①]可见，早在5000年前人们就有了重视农时的传统。因此，国家为了“顺天时而动”，垄断了“历法”的编制权，把历法的颁布视作国家大事。

国家对农时的重视，还表现在“月令”上。“月令”是上古的一种文章体裁，采用以时系事的结构，记载着每个月的天文、物候、农事及政事等内容。无论是具有王官性质的《吕氏春秋·十二纪》《礼记·月令》，还是农家月令书《四

① 参见董恺忱：《试论月令体裁的中国农书》，《北京农业大学学报》1982年第1期。

民月令》《农桑衣食撮要》，或是从湖南长沙出土的楚帛书（见图 8–1），都表明了古代人们敬奉天时、顺时而动的思想。

图 8–1　与历法有关的楚帛书（湖南长沙子弹库楚墓出土）

中国的农业历法以科学为基础，从农业生产的实践中总结而来，集中了中华民族 5000 年的智慧。历经岁月的检验，农业历法依然闪烁着智慧的光辉，是中国的文化瑰宝，值得每一个炎黄子孙继承和发扬。

一、二十四节气

二十四节气（见图 8–2）起源于黄河中下游流域，是中国古代劳动人民观察天文、气象并且与农业生产相结合的产物。在西汉《淮南子》一书中，就已经记载了与现代完全相同的二十四个节气。为了具体地反映每个节气的气候特征，人们把一个节气分为三候，一年共有七十二候，各候均以一个物候现象相对应，称为“候应”。“七十二候”最早见于公元前2世纪的《逸周书·时训解》，后元代理学家吴澄将其收入《月令七十二候集解》之中，加以详解。二十四节气是中国农耕时期留下来的宝贵遗产，它不仅是对农事活动的重要指导，而且成为了中华民族几千年的文化基因，深深地融入了我们的生活。

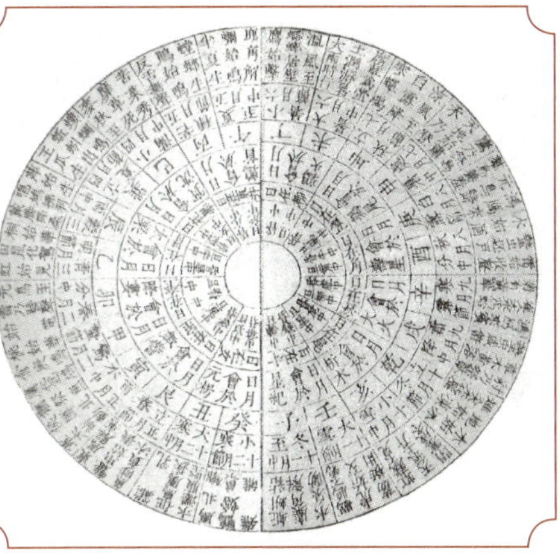

图 8–2　二十四节气

（一）春季节气

1. 立春

立春一般在每年公历 2 月 3 ～ 5 日之间，太阳到达黄经 315 度。《月令七十二候集解》对立春的解释是：“立春，正月节，立建始也。”因此，“立春”预示着春天来了。立春时节，气温上升，大地回春。与立春相对应的三候为:初候东风解冻，二候蛰虫始振，三候鱼陟负冰。说的是立春时节东风送暖，大地开始解冻，在洞中蛰居的虫子开始苏醒;河里的冰融化，鱼儿开始到水面上活动。在农业生产方面，由于立春后天气变暖，农民就要开始忙碌起来了。在西北地区开始给春小麦整地施肥，防止禽畜破坏冬小麦;在东北地区，土表开始化冻，所以要及时耙地、保墒、送粪；华北地区就要做好春耕准备了（见图 8–3）。农谚有云：“立春雨水到，早起晚睡觉。”大备春耕的日子要开始了。中国自古以农立国，所以历代王朝对立春这一节气都相当重视。据记载，唐宋时期，立春这一天会举行盛大隆重的春祭活动。明清以来，民间还形成了食青菜、迎土牛、浴蚕种、喝春茶等习俗。直至现代，有些地区人们依然保留了吃春卷、鞭打春牛的习俗。

2. 雨水

每年公历 2 月 18 日前后为雨水，太阳到达黄经 330 度。《月令七十二候集解》

图 8–3　春耕（清·焦秉贞《耕织图册》）

中对雨水这样描述："正月中，天一生水。春始属木，然生木者，必水也，故立春后继之雨水。且东风既解冻，则散而为雨水矣。"雨水后，春天降水就要增多了。全国大部分地区，冰雪都开始消融，气温回升到 0 度以上。雨水有三候：初候獭祭鱼，二候鸿雁北，三候草木萌动。意思是说，雨水时分，水獭开始捕鱼觅食，这说明动物们开始活跃起来；大雁从南方飞回北方，春雨随风而来，润物无声，草木抽出新芽。雨水时分，降水增加，正是越冬作物返青需要雨水的时候，所以有"好雨知时节，当春乃发生"的说法。此时，黄河中下游地区要给麦田除草、追肥，给果树剪枝。在四川盆地，此时霜期结束，气候温暖，桃李含苞，樱桃花开，正是嫁接果木、植树造林的好时候。而在长江流域，气候更加暖和，所以农事活动较多，既要管理水稻，也要注意果树等经济作物的管理。常言道："春雨贵如油。"雨水对于农业生产有着重要的意义。为了祈求风调雨顺，人们会在农历的"二月初二"祭龙王，正所谓"二月二，龙抬头，大仓满，小仓流"。这个习俗也流传至今。

3. 惊蛰

惊蛰为春季的第三个节气，一般在公历 3 月 5 日左右，太阳到达黄经 345 度。《夏小正》曰："正月启蛰，言发蛰也。万物出乎震，震为雷，故曰惊蛰。是蛰虫惊而出走也。"春雷惊醒了蛰伏的动物，这就是"惊蛰"的由来。惊蛰过后，天气转暖，春光明媚，万物复苏。与惊蛰对应的三候是：初候桃始华，二候仓庚鸣，三候鹰化为鸠。惊蛰时节，正是"桃花历乱李花香"的时候，黄莺开始鸣叫，这时候人们可以看到鸠了。[①] 俗话说："惊蛰春雷响，农夫闲转忙。"由于惊蛰期间是春翻、施肥、灭虫和造林的好时节，为了"不误农时"，农民就要忙碌起来，在田间清沟理墒，育苗施肥，防治虫害，加强园艺作物的防冻保温，播种棉花和玉米，一刻也不能松懈。正如韦应物在《观田家》中所云："微雨众卉新，一雷惊蛰始。田家几日闲，耕种从此起。"惊蛰雷动，蛇虫鼠蚁从洞中苏醒，开始为害庄稼，传播病菌。由于古时没有农药，所以各地都会举行除虫的仪式，希望赶走病害。这些风俗代代流传，延续至今，例如广东客家人就有在惊蛰这天"炒虫"的风俗，象征消灭虫害。

4. 春分

在每年公历 3 月 21 日前后，太阳到达黄经 360 度，正值春分时节。"春分，二月中。分者，半也。此当九十日之半，故谓之分。"这是《月令七十二候集解》对春分的解释。春天过半，故曰"春分"。在春分这天，昼夜平分，各约为 12 小时。春分时节，草长莺飞，杨柳拂堤，全国气温继续回升。春分时节所对应的三候是：初候元鸟至，二候雷乃发声，三候始电。这便是说燕子从南方迁徙回北方，下雨时雷声轰鸣，并伴有闪电。民间谚语云："春分麦起身，一刻值千金。"春分时节，江南大地上，小麦拔节，油菜花香；华南地区则是一派暮春景象；西南地区开始春耕春播，给冬小麦、油菜追肥，防治病虫害；而在华北、西北、东北等降水较少的地区，抗御春旱则是主要问题。总之，在这"一刻值千金"的春分时节，农业生产上依然如韦应物在《观田家》中所云"丁壮俱在野"。在古代，人们会在春分这天互送春牛（见图 8–4）。这一习俗起源于周代，历代沿袭，牛也从早期的泥制土牛演变为清代的纸质牛。现在，江西西北的上高县农村仍有互赠《春牛图》的习俗，表达对五谷丰登的美好祈盼。

① 参见王佳：《二十四节气》，黄山书社 2013 年版，第 36 页。

图 8–4　春牛图（汪石满《中国民俗》）

5. 清明

清明一般在每年公历的 4 月 5 日前后，太阳到达黄经 15 度。《国语》中记载，一年有“八风”，其中“清明风”属巽，“万物齐乎巽，物至此时皆以洁齐而清明矣”。“清明”，取“天清地明，清亮明净”之意。“花落草齐生，莺飞蝶双戏。”清明过后，气温升高，草木繁盛，春意盎然。清明时分对应的三候为：初候桐始华，二候田鼠化为鴽，三候虹始见。清明节之后，白桐花盛开，田鼠喜阴，所以钻回洞中，而喜欢阳光的鹌鹑开始出来活动了，雨后天空中会出现彩虹。自清明之后，北方地区也摆脱了冬季的寒冷。如农谚所说：“清明时节，麦长三节。”这时是春播的关键时期，大面积播种和大规模植树造林就要开始了。随着气温的升高，茶芽的萌动速度加快，各地要做好采摘的准备。[①]清明不仅是一个节气，更是一个节日。自古清明节就有祭祖扫墓的传统。“清明时节雨纷纷，路上行人欲断魂。借问酒家何处有，牧童遥指杏花村。”唐代诗人杜牧的这首诗，道出了几千年来清明这一天的特殊气氛。直至今天，人们依然在清明时节祭拜祖先，纪念故去的亲人。大约从唐代开始，人们在清明扫墓的同时，也伴之以踏青游乐的活动。（见图 8–5）

6. 谷雨

谷雨一般在每年公历 4 月 20 日前后，太阳到达黄经 30 度。《月令七十二候集解》中说：“雨其谷于水也……盖谷以此时播种，自上而下也。”明代王象晋的《群芳谱》中描述道：“谷雨，谷得雨而生也。”这些都说明，谷雨期间，雨量充沛，谷物生

① 参见高倩艺编著：《二十四节气民俗》，中国社会出版社 2010 年版，第 20 页。

图 8–5　五代 · 赵嵒《八达春游图》局部（台北“故宫博物院”藏）

长繁茂。谷雨的三候为：初候萍始生，二候鸣鸠拂其羽，三候戴胜降于桑。意思是说，谷雨之后雨水逐渐增多，水草进入生长期，布谷鸟的鸣叫提醒人们要开始播种了，此时戴胜鸟飞上桑树枝头。“雨生百谷”，谷雨时节，庄稼对雨水要求迫切，如果雨量充足而且及时，作物就能茁壮成长；如果雨量欠丰，那么就要采取灌溉，减轻干旱的影响。“谷雨麦怀胎”，冬小麦在此时进入孕穗抽穗期，养蚕也进入了关键时期。杂粮播种，果树嫁接，采摘茶叶，都是谷雨期间的重要农事活动。相传谷雨节是因为仓颉造字而产生的。仓颉造字感动了天地，玉帝为了奖励仓颉，向人间下起了谷子雨。从此，把下谷子雨的这天定为“谷雨”。现在陕西的部分地区，还会在谷雨这天祭拜仓颉。

（二）夏季节气

1. 立夏

立夏通常在公历 5 月 5 ～ 7 日之间，太阳到达黄经 45 度。《月令七十二候集解》中这样写道：“立，始建也。夏，假也。物至此时皆假大也。”从夏天开始，万物进入繁茂时期，各种作物皆已长大。立夏后的气候特点，与春季明显不同，气温上升很快，降雨也会增多。立夏的三候是：初候蝼蝈鸣，二候蚯蚓出，三候王瓜生。这也就是说，进入夏季，首先就听到青蛙呱呱的叫声，蚯蚓从土地

里爬出，王瓜的枝蔓开始茂盛地生长起来。立夏时节，夏收作物进入生长后期，冬小麦扬花灌浆，油菜接近成熟，夏收作物年景基本定型；茶树这时发育最快，一旦错过，茶叶就会老化，所以茶农要全力采摘；田中的杂草在立夏之后进入快速生长期，所以要进行中耕除草，这不仅可以除去杂草，而且可以提高地温、加速土壤的养分分解、促进作物苗期的健壮成长。在中国古代，立夏是一个非常重要的日子。在立夏这一天，皇帝会率领文武百官到郊外迎夏，举行祭祀仪式，以祈求风调雨顺、五谷丰登。如今这个传统随着时代的变迁已经不复存在了，但是人们对于丰收的期盼却永远传承。

2. 小满

小满一般在每年公历 5 月 21 日或 22 日，太阳到达黄经 60 度。《月令七十二候集解》中记载："小满者，物至于此小得盈满。"俗语有云："麦至此方小满而未全熟，故名也。"夏收作物此时已经结果，渐渐变得饱满，却未完全成熟，因此得名"小满"。小满过后，全国即将进入盛夏，大多数地区的平均气温高于 22 度。小满的三候为：初候苦菜秀，二候靡草死，三候麦秋至。小满之时，苦菜正是枝繁叶茂的时候，而一些喜阴的植物因为阳光的照射而逐渐枯萎，麦子进入成熟期。[①] 小满期间，各地的农业活动十分繁忙，夏收、夏种、夏管工作从此开始（见图 8–6）。东北地区，人们要给农作

图 8–6　插秧图（清 · 雍正《耕织图》）

① 参见高倩艺编著：《二十四节气民俗》，第 23 页。

物间苗、定苗，查田补种，灭草松土；西北地区，要给冬、春小麦浇水、松土，防治病虫害；华中地区，夏收作物先后成熟，要开始大规模收割；而在四川盆地，正是水稻栽插的季节。小满时节，有祭蚕神的风俗。相传，蚕神诞生于小满这天，因此，为了祈求养蚕丰收，这天要拜蚕神。在古时，由皇后在皇宫亲自主持；百姓就去蚕神庙祭拜蚕神像。在当代，江浙一带依然保留了这种习俗。

3. 芒种

芒种一般在每年公历6月5日前后，太阳到达黄经75度。《月令七十二候集解》中记载："芒种，五月节，谓有芒之种谷可稼种矣。"它代表着麦类等有芒作物成熟，夏种开始。进入芒种，就意味着正式到了盛夏，天气炎热，南方进入了梅雨季节，阴雨连绵。芒种所对应的三候为：初候螳螂生，二候鹏始鸣，三候反舌无声。这是说，在芒种时节，小螳螂破卵而出，喜阴的伯劳鸟开始在枝头鸣叫，而反舌鸟却不再鸣叫。白居易《观刈麦》云："田家少闲月，五月人倍忙。夜来南风起，小麦覆陇黄。"芒种时节是农业生产的大忙季节。华南地区，早稻追肥，中稻耘田追肥，晚稻播种；华中地区，抢晴收麦，选留麦种，抢种夏玉米、夏大豆等；华北地区，麦田开始收割，夏收夏种等；东北地区，冬、春小麦灌水追肥，棉花打叶，水稻除草，防治病虫害等。可见，全国上下，从南到北，都进入了农忙高潮。芒种时节同时是南方梅子成熟之时，所以有"芒种煮梅"的传统，据说这一传统从夏朝就开始了。4000年来，梅子一直是南方夏季的重要果品。在皖南地区，人们在芒种这天举行祭祀仪式，以祈求秋天能够获得丰收。

4. 夏至

夏至通常在每年公历6月21日或22日，太阳到达黄经90度。夏至是二十四节气中最早确立的节气之一，公元前7世纪，人们利用土圭测量日影时，发现一年中有一天的日影最短而白昼时间最长，将这一天称为"夏至"。夏至到来后，空气对流旺盛，雷雨频发，天气炎热，"三伏"天就此开始。夏至三候分别为：初候鹿角解，二候蜩始鸣，三候半夏生。夏至日，鹿角开始脱落，

知了因炎炎夏日开始鸣叫，与半夏一样喜阴的植物开始生长。夏至过后，我国南方大部分地区因农作物生长旺盛，杂草、病虫迅速滋长蔓延而进入田间管理时期；高原牧区进入草肥畜旺的黄金期；华南西部地区，降雨增多，如有夏旱，此时可以缓解。[①]夏至是古时一个重要的节日，每年夏至，帝王都要率领王公大臣到郊外进行祭祀，以祈求"灾消年丰，国泰民安"。北京的地坛，就是明清两代君王在夏至日进行祭祀的专用场所。在民间，人们的活动主要是祈求秋天的丰收。《史记·封禅书》中记载："夏日至，祭地祇。皆用乐舞。"这个习俗被延续了下来，在今天的浙江金华，人们在夏至日祭拜田公、田婆，以求丰收。

5. 小暑

小暑大约在每年公历 7 月 7 日前后，太阳到达黄经 105 度。《月令七十二候集解》中说："六月节……暑，热也，就热之中分为大小，月初为小，月中为大，今则热气犹小也。"农历六月初，天气虽热，却不是最热的时候，因此称为"小暑"。时值小暑，天气炎热，暴雨多发，在南方地区还易出现雷暴天气。小暑也分为三候：初候温风至，二候蟋蟀居壁，三候鹰始挚。这说明，小暑到来，风中带着热浪，蟋蟀逐渐躲至穴中面壁，老鹰飞到高空开始追击猎物。[②]农业生产上，在小暑期间，早稻处于灌浆后期，早熟品种在大暑到来前就要收割；中稻已经拔节，进入孕穗期，应根据具体情况追施穗肥；单季晚稻正在分蘖，要及早施蘖肥；双晚秧苗要防治病虫；栽秧前，施足"送嫁肥"。小暑时节，各地有"食新"的习俗。因为小暑期间，小麦、稻谷成熟，为了庆祝丰收，人们便会用新收获的稻米做饭来祭祀五谷大神和祖先，然后人们再品尝新米、新酒。

---

① 参见朱宁虹编著：《中华民俗风情博览·节日娱乐》，中国物资出版社 2005 年版，第 16 页。
② 参见王佳：《二十四节气》，第 97 页。

6. 大暑

每年公历 7 月 23 日或 24 日是大暑节气，太阳到达黄经 120 度。所谓“月中为大”，大暑是一年中最热的时期。谚语有云：“小暑不算热，大暑正伏天。”大暑三候分别是：初候腐草为萤，二候土润溽暑，三候大雨时行。进入大暑时节，小萤火虫在枯萎的草上破卵而出；天气变得闷热，土地也变得很潮湿；不仅如此，此时经常有倾盆大雨，并伴有雷电。大暑期间是一年中最紧张、最艰苦的收获季节。华中地区，春播的水稻和春玉米先后成熟，需要马上收割；黄淮平原，玉米已经拔节孕穗，此时正是产量形成的关键时期，需要根据水分的多少来安排灌溉，防止受到“卡脖旱”的危害；在西北地区，人们要给地里施基肥，浇灌伏水，给冬小麦的种植做足准备。大暑时节，浙江台州一带会进行“送大暑船”的民俗活动。相传在清同治年间，台州经常病疫肆虐，在大暑时期最为严重，人们认为是凶神在作怪，于是在江边建了五圣庙，并在大暑这天送大暑船以驱走瘟疫，祈求平安。这个习俗延续了上百年，现如今已经演变成了类似庙会的活动。

（三）秋季节气

1. 立秋

每年公历 8 月 7 ～ 9 日之间是立秋节气，太阳到达黄经 135 度。《月令七十二候集解》中说：“秋，揫也。物于此而揫敛也。”万物经过夏日的繁茂期，从秋天开始走向凋零，所以立秋就是一年之中的转折点。立秋后，早晚天气会凉爽些，但天气依旧炎热且干燥。立秋三候为：初候凉风至，二候白露降，三候寒蝉鸣。说的是立秋之后，天气转凉，风中夹带丝丝凉意；早晚温差变大，清晨有雾，喜阴的寒蝉在入秋后开始鸣叫。《立秋》有言：“一叶梧桐一报秋，稻花田里话丰收。”立秋后，在华北地区，春玉米、春谷子等大秋作物先后成熟，要准备收割了；西南地区则要加强大秋作物的田间管理，促进其早熟，以避免受到低温霜冻的危害；华中地区，双季晚稻需要利用高温时期追肥中耕；华南地区，

中稻已经开始抽穗，所以要及时追施穗肥。[1] 在古代，立秋是一个非常重要的日子。早在周代，天子会在立秋日亲率三公九卿到西郊迎秋，举行祭祀；汉承此俗，并杀兽以祭，表示“秋来扬武”之意；到了宋代，立秋日皇帝会在宫中举行迎秋的仪式。秋天是收获的季节，所以在立秋后第五个戊日，百姓会举行祭祀土地神的仪式，以酬谢丰收，这就是“秋社”日，这个习俗自汉代一直延续下来。

2. 处暑

处暑一般在公历 8 月 23 日前后，太阳到达黄经 150 度。在《月令七十二候集解》中：“处暑，七月中，处，止也。暑气至此而止矣。”因此，处暑就是炎热的天气彻底结束的时节，北方地区从此明显感到气温下降，而南方的炎热天气还要持续一段时间。处暑三候为：初候鹰乃祭鸟，二候天地始肃，三候禾乃登。这是说，在天气由热转凉的处暑时节，老鹰开始大量捕食鸟类，天地万物开始凋零，农作物在此时成熟并收获。处暑之后，北方各地的粮豆作物进入结实、灌浆期，是产量形成的关键阶段，人们要及时清除田间杂草，改善通风条件，在偏寒的地带还要及时灌溉，促进作物充分灌浆；在江南地区，柑橘进入秋梢发生期、果实膨大期；在四川盆地，部分秋收作物进入收获期。处暑前后，正好赶上农历的七月十五“中元节”，民间又称作“鬼节”或“七月半”，人们会在这一天放河灯，以寄托对故去的亲人的哀思。

3. 白露

每年公历 9 月 7 日前后是白露节气，太阳到达黄经 165 度。《月令七十二候集解》中曰：“白露，八月节。秋属金，金色白，阴气渐重，露凝而白。”从白露这天起，天气转凉，早晨空气中的水遇冷凝结成白色的露珠，故此名为“白露”。白露之后，气温迅速下降，北方干燥，而南方阴雨绵绵。白露时节的三候分别为：初候鸿雁来，二候元鸟归，三候群鸟养羞。时值白露，天气转凉，燕子等候鸟

---

① 参见高倩艺编著：《二十四节气民俗》，第 28 页。

要飞到南方避寒；鸟儿们开始贮存过冬的粮食。白露时节是收获的季节，庄稼都已成熟，大江南北的农民都在田地里辛勤地忙碌着。华中地区收获水稻和玉米；西南地区收割水稻和谷子；东北地区在收获谷子、高粱的同时，要给棉花、高粱、谷子等选种留种；华北地区除收获外，要做好送粪、翻耕、平整土地的工作；西北和黄河中下游地区开始种植冬小麦。白露是太湖人祭祀大禹的日子。相传大禹治理水患，将作祟的鳌鱼压在了太湖下，人们为了感激大禹，在白露这天举行隆重的祭祀仪式。随着时代的发展，现在演变成了热闹的庙会，依然寄托着人们对美好生活的向往。

4. 秋分

每年公历 9 月 22 日前后是秋分时节，太阳到达黄经 180 度。汉代董仲舒《春秋繁露》中记载：“秋分者，阴阳相伴也，故昼夜均而寒暑平。”秋分意味着秋天已过半，同时这天昼夜平分。进入秋分，气温继续下降，降雨逐渐减少，天气干燥。秋分三候分别是：初候雷始收声，二候蛰虫坯户，三候水始涸。秋分过后，打雷现象减少，虫子开始钻入洞穴中蛰伏，降雨减少，天气干燥，河流与湖泊中的水量减少，一些水洼和沼泽开始干涸。从秋分开始，农业生产上将进入秋收、秋耕、秋种的三秋工作阶段。东北地区开始收割水稻、玉米等作物；华北地区的秋收已经结束，要准备播种小麦了；而在西北地区也要开始种植冬小麦；华中地区的单、双季晚稻要抓好水浆管理，精耕细作，精选麦种；西南地区要随收、随耕、随种，非常忙碌。秋分有祭月的习俗。早在周代，帝王会在秋分日祭拜月亮，但秋分这天并不一定出现月亮，而“八月十五”这天通常皓月当空，所以就把“祭月节”调至中秋。到了唐宋时期，演变为“中秋节”，成了中华民族的重大节日之一。

5. 寒露

寒露一般在每年公历 10 月 8 日或 9 日，太阳到达黄经 195 度。《月令七十二候集解》中记载：“九月节，露气寒冷，将凝结也。”这时所结的露珠相

比白露更加寒凉，就要结成霜了。俗语道：“寒露寒露，遍地冷露。”从寒露起，天气由凉转寒，即使在温暖的南方，日均气温也不到 20 度。寒露三候分别为：初候鸿雁来宾，二候雀入大水为蛤，三候菊有黄华。这是说进入寒露后，就已经是深秋时节，鸿雁大举南迁；雀鸟不见了，水边却出现了许多的蛤蜊，菊花也在这个时候绽放。在农业生产方面，寒露过后，华北地区要深翻土地，精选良种，抓紧时间播种小麦；在西北地区，播种冬小麦的同时要平整土地；在西南地区，风雨频繁，所以必须及时抢收水稻、玉米等；在华中地区，早熟单季稻即将成熟，所以要做好收割的准备，双季晚稻正处在灌浆期，需要间歇灌水。时值寒露，菊花盛开，所以寒露后的重阳节就有赏菊、饮菊花酒的习俗（见图 8–7）。重阳节的风俗还有登高远眺、佩戴茱萸、食重阳糕等，这些传统到今天依旧流行。[①]

图 8–7　清·陈枚《月曼清幽游图之重阳赏菊》

6. 霜降

每年公历 10 月 23 日前后，就是霜降节气，太阳到达黄经 210 度。“九月中，气肃而凝，露结为霜矣。”这是《月令七十二候集解》中对霜降的描述。王勃在《滕王阁序》中写道：“时维九月，序属三秋。潦水尽而寒潭清，烟光凝而暮山紫。”霜降时节，天气变得寒冷，天地万物一片清冽冽的景象，北方地区夜晚气温逐渐低于 0 度，水汽结为霜。霜降三候为：初候豺乃祭兽，二候草木黄落，三候蛰虫咸俯。这是说，豺狼将捕获猎物以备过冬；草木全部枯萎，纷纷落下，虫子蛰居在洞中，进入冬眠的状态。在农业生产方面，华北地区，要及时刨收山

① 参见高倩艺编著：《二十四节气民俗》，第 31 页。

药和花生，抓紧时间秋耕；西北地区，给冬小麦灌溉；西南地区，深耕、秋种进入了紧张阶段；华中地区，则开始种小麦，抢收晚麦，播种油菜，收摘棉花等；华南等地开始收割中稻、晚玉米、花生等农作物。霜降时节，民间有吃柿子的习俗。“霜降吃丁柿，寒冬不流涕”，霜降吃柿子，就可以抵御寒冷的冬天。现在这一习俗多流传于泉州、厦门一带。

（四）冬季节气

1. 立冬

每年公历 11 月 7 日或 8 日为立冬节气，太阳到达黄经 225 度。《月令七十二候集解》中记载：“冬，终也，万物收藏也。”立冬代表寒冷的冬天来到。立冬后，降雨明显减少，黄河中下游地区开始结冰，土地表面开始冻结。立冬三候分别是：初候水始冰，二候地始冻，三候雉入水为蜃。天气变冷，水凝结为冰，大地开始冻结，已经看不见野鸡一类的大鸟了，但在海边却出现了线条和颜色与野鸡类似的大蛤。进入冬天，东北地区，大地封冻，农林作物进入越冬期；江淮地区，“三秋”工作接近尾声；江南一带，抢种晚茬冬麦，抓紧移栽油菜；华南地区，正处于种麦的最佳时期；华北及黄淮地区，在适宜的时机浇好麦、果、蔬的冬水，以补充土壤水分，改善田间小气候环境，减轻和避免冻害的发生。立冬作为冬季的伊始，自古就备受重视。早在周代，天子会在立冬日带领文武百官去郊外迎冬、祭祀神明，此后历代帝王也都会在立冬日举行祭祀活动。在民间，人们对立冬也非常重视，在北方有立冬吃饺子的习俗，到现代依然盛行。

2. 小雪

每年公历 11 月 22 日到 23 日是小雪节气，太阳到达黄经 240 度。《月令七十二候集解》中记载：“小雪，十月中。雨下而为寒气所薄，故凝而为雪。小者未盛之辞。”从小雪起，开始降雪，但降雪量不大，故称“小雪”。小雪过后，开始下雪，天气寒冷。小雪三候分别是：初候虹藏不见，二候天气上升地气下

降，三候闭塞而成冬。这是由于小雪节气雨水减少，所以很少出现彩虹，天空中的阳气上升，大地中的阴气下降，导致天地不通，阴阳不交，万物皆失去生机，所以称为“闭塞成冬，万物不通”。所谓“小雪不耕地，大雪不行船”，自小雪后，农业生产活动逐渐减少。人们利用这一时期，修补农具，做好牲畜的御寒保暖工作，为来年做准备；南方地区则会兴修水利，清沟排水，疏通水道，为来年水稻的生长做准备。南方地区有小雪节气吃糍粑的习俗。糍粑是一种传统的食物，最早用于祭祀，后来成了节庆的食物。①

3. 大雪

大雪通常在每年公历 12 月 7 日或 8 日，太阳到达黄经 255 度。《月令七十二候集解》中说:“大雪,十一月节。大者盛也。至此而雪盛。”相较于“小雪”而言，大雪后的降雪更加频繁而且量大，称之为“大雪”。大雪期间，各地虽然雪量增加，但是全国大部分地区的降水却呈减少趋势，天气十分干燥。大雪三候为：初候鹖鴠不鸣，二候虎始交，三候荔挺出。大雪时分，天气寒冷，寒号鸟不再鸣叫，老虎会在此时进行求偶，荔挺这种兰草抽出新芽。大雪过后，全国大部分地区都进入严冬，田间农活减少。在东北、西北、黄河流域以及华北等地，冬小麦停止生长，田间管理很少；在南方地区，小麦、油菜在缓慢地生长，所以要划锄松土、增温保墒、清沟排水、追施腊肥，做好作物的防冻御寒工作。民间素有“小雪腌菜，大雪腌肉”的习俗，所以一到大雪，家家户户开始腌肉，甚至会导致猪肉价格上涨。而在鲁北地区有在大雪日喝红薯粥的民俗。

4. 冬至

冬至一般在每年公历 12 月 22 日前后，太阳到达黄经 270 度。冬至是最早确立的节气之一，早在 2500 年前，就被人们用土圭测定出来了。《二十四节气解》说:“阴极之至，阳气始升，日南至，日短之至，日影长至，故曰冬至。”

---

① 参见王佳：《二十四节气》，第 154 页。

冬至日日影最长，白昼时间最短，同“夏至”相反。冬至过后，全国各地的气候都将进入最寒冷的时期，数九寒天就要到来。冬至三候为：初候蚯蚓结，二候麋角解，三候水泉动。在冬至时节，蚯蚓在地下蜷缩着身体，麋鹿的角脱落，地下的泉水向上冒着热气。由于天气寒冷，冬至是一年中的农闲时期，农事活动较少，要做好越冬作物的御寒防冻工作，耕翻松土，蓄水保墒，为春耕做好准备。古时人们对冬至的重视程度超过了任何一个节气，称冬至为“亚岁”“冬节”等。在周代，人们把冬至这一天定为岁首，天子要率领百官到郊外举行盛大的迎岁活动；汉代把冬至定为“冬节”，与春节一样重要，官府举行“贺冬”仪式，例行放假；明清时期，皇帝在冬至日要到郊外祭天，称为“冬至郊天”。随着时代的变迁，冬至已不像古时那样隆重，但是过冬至节的习俗却一直流传了下来。

5. 小寒

每年公历 1 月 5 ～ 7 日是小寒节气，太阳到达黄经 285 度。《月令七十二候集解》中记载：“小寒，十二月节。月初寒尚小，故云。月半则大矣。”小寒时节，天气已经非常寒冷了，但尚未冷到极点，所以称为“小寒”。小寒过后，天气会越来越寒冷，一年中最冷的“三九四九”，就是在小寒到大寒期间。小寒三候分别是：初候雁北乡，二候鹊始巢，三候雉雊。古人认为候鸟中的大雁是顺阴阳而迁徙的，此时阳气初动，所以大雁开始北飞。北方的喜鹊因感受到了阳气而开始筑巢，野鸡也开始鸣叫。此时天气寒冷，所以农业生产的主要任务就是防寒。东北地区，要兴修水利，积肥造肥；华北地区，要严管冬麦，盖粪；华中地区，要精选种子，油菜清沟，以防冻窖；华南地区，则预防冬薯霜冻，给小麦追肥。我国古代在小寒时节会举行祭祀众神、祖先的习俗，称为“腊祭”。腊祭可追溯到先秦时代，然而现在却湮没在历史长河之中了。

6. 大寒

大寒是二十四节气中最后一个节气，每年公历 1 月 20 日前后，太阳到达

黄经 300 度。大寒，顾名思义，就是寒冷到极点，与小寒相对应。这时气温极低，且干燥多风，一片天寒地冻的严冬景象。大寒物候分别是：初候鸡乳，二候征鸟厉疾，三候水泽腹坚。这说明到了大寒时节，就可以孵小鸡了；鹰隼等猛禽正处于捕食能力最强的状态，盘旋在空中寻觅食物补充能量以抵御严冬；水面完全结冰，并且非常坚硬结实。大寒期间，农事活动依然非常少。在北方地区，农民主要忙于积肥堆肥，为春耕做准备，同时加强牲畜的防寒防冻工作；而南方地区，则要加强小麦以及其他农作物的田间管理。俗话说："过了大寒，又是一年。"大寒在每个农历年的年尾，所以大寒时节总是充满了浓浓的年味。正所谓"二十三，糖瓜黏；二十四，扫房子；二十五，磨豆腐；二十六，去割肉；二十七，杀只鸡；二十八，把面发；二十九，蒸馒头；三十晚上熬一宿"。大寒就在这忙忙碌碌中度过了，但是其中却充满了人们的希望和对生活的美好向往。

二、农　历

（一）农历的起源

历法是随农业的产生而产生的，但在农业发明以前，就已孕育了原始历法的萌芽。原始先民在长期的采集、渔猎生活中，对于花草树木的荣枯、虫鱼鸟兽的活动等内容有所注意，并逐步积累了物候知识。在农业诞生之后，由于其自然再生产特征与物候、时令的联系最为密切，人们对物候的观察与时令的划分也更加深入细致，并据此以安排、管理农业生产，从而诞生了早期的历法。[①]"太阴历"是最早的历法形式，因为月亮的阴晴圆缺是最容易被感知到的，于是人们通过对月相的观测，推算出了一套历法，即"太阴历"，

① 樊志民：《月令书与中国传统农业思想之嬗变》，《中国农史》2002 年第 31 期。

俗称“阴历”。“阴历”是以“朔望月”为周期进行计算的，但由于与地球的公转不协调，致使四时紊乱，无法用于指导农业生产，于是被“阴阳合历”，即“农历”取而代之，延续至今。

（二）历法的编制

我国的农历起源很早，黄帝历（见图 8-8）、颛顼历、夏历、殷历、周历、鲁历等都是我国历史上使用过的历法，其中以黄帝历最为古老。[①] 由于历法对农耕具有重要的指导意义，因此历法编制在古代是一件重大的事情，皇帝不许民间私制历书，只能由朝廷统一制定。从古至今，由朝廷颁布的历书不下百种，其中比较著名的有：（1）西汉武帝时期的《太初历》，是中华民族文化史上第一次由国家正式颁布的历法，也是流传至今的第一部完整的历法。（2）魏晋南北朝时期祖冲之编制的《大明历》，其在历法中引入“岁差”，使历法更加准确。（3）唐代一行和尚创制的《太衍历》，把天文知识与农业知识融合为一体，为农业生产提供了科学的指导。（4）元代郭守敬的《授时历》，提高了一年中天数的精确度，这种精确度比西方早了约 300 年。

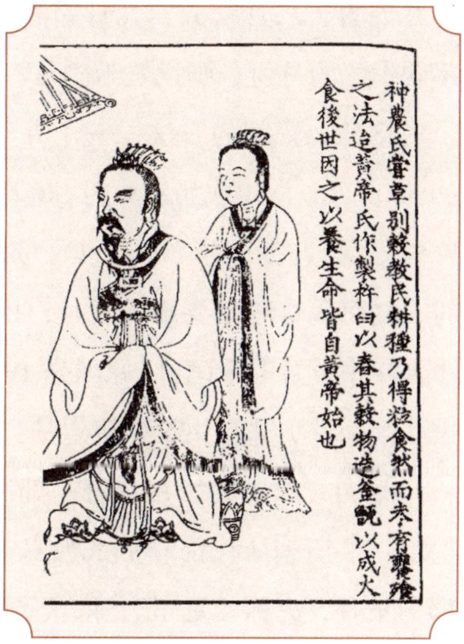

图 8-8　黄帝氏（元 · 王祯《农书》）

（三）农历的内容

“农历”，又称“夏历”，民间又称“阴历”。如前文所述，我国的农历是一种“阴阳合历”，并非纯粹的“阴历”，其主要内容有以下几个方面：

① 参见金传达编著：《民间实用寿庆文化通书》，气象出版社 2007 年版，第 201 页。

第一，农历每月的天数仍以朔望月为基准，大月 30 天，小月 29 天。规定“朔日”即“无月日”为月首，而将“望日”即月圆之日定为每月的十五或十六。

第二，二十四节气与历法相结合。在二十四个节气中，人们把位于奇数位的称为“节气”，简称“节”；把位于偶数位的称作“中气”，简称“气”。因此，一年中有 12 个中气，然后规定农历中的 12 个月要与中气相对应，即用中气来确定月份，即正月雨水、二月春分、三月谷雨、四月小满、五月夏至、六月大暑、七月处暑、八月秋分、九月霜降、十月小雪、十一月冬至、十二月大寒。遇到不含中气的月份，则设置为闰月。

第三，置闰的方法——十九年七闰。朔望月的周期，即月球绕地球一周为 29.5306 天，所以农历有大月 30 天，有小月 29 天。一年 12 个月，全年 354 天或 355 天。这与回归年 365 天少了 11 天，经过 3 年，会少 33 天，为了与回归年相符，约每隔 3 年就要添置闰月，出现闰月的一年称为“闰年”。① 平均规律就是十九年中放置七个闰月，原因是 19 个回归年有 6939.6018 日，而 19 个农历年（加上 7 个闰月）共有 235 个朔望月，有 6939.6910 天，二者基本一致。

第四，农历的岁首。每一部历法都要设置一个月为一年的开始之月，称为“岁首”。历朝历代都非常重视岁首的设置。在夏代，将寅月②定为一年的伊始，即为正月，史称“夏正”，依次类推，“卯月”为二月……“丑月”为十二月③；商代改建丑之月为岁首，史称“殷正”；周代以建子之月为岁首；秦以建亥之月为岁首；汉初沿袭秦代历法，到了汉武帝才改用夏正，以建寅之月为岁首；后王莽篡权，改成殷正建丑；其后魏明帝、武则天及唐肃宗也使用过殷正，但

① 参见张冰隅：《农历与民俗文化》，上海教育出版社 2008 年版，第 11 页。

② 人们利用“十二地支”（即“子丑寅卯辰巳午未申酉戌亥”）来表示月份，规定“冬至”所在的月为“子月”，那么“大寒”所在的月就为“丑月”，“雨水”所在月为“寅月”……“小雪”所在月为“亥月”。

③ 参见屈堍利：《中国农历——一部落满灰尘的中华瑰宝》，《社会纵横》2012 年第 3 期。

自唐肃宗后，改回夏正，并沿用至今。因此，现在的“农历”是以寅月为一年的开始。

（四）农历的意义

农历与二十四节气的结合是我国古代劳动人民创造的杰出成果。它不仅反映了月相的变化，而且与四季相适应，对农耕进行了科学的指导。每一个节气对应着相关的农业生产活动，使农民“不误农时”，合理地安排生产生活，促进了中国农业的发展。辛亥革命之后，中华民国虽然改用国际上流行的“太阳历”，称为“新历”，但在民间依然使用“夏历”来指导农事活动。而到1949年，中华人民共和国成立，新历、农历并用。农历延续了上千年的历史，直到现在依然是我们生活中不可或缺的一部分，在农历的基础上产生的各种民间风俗，已经融入到中华民族的血液中，代代相传。

三、月　令

月令是上古一种文章体裁，按照一年十二个月的时令，记述政府的祭祀礼仪、职务、法令、禁令，并把它归纳在五行当中。[①] 自战国末到西汉早期，曾出现过很多关于月令的文章，这些文章包含十分丰富的政治、文化、思想、宗教及科学的内涵，是先秦阴阳家的杰作。总览月令的文章，贯穿其始终的是阴阳五行的理论。它把一年分成春、夏、秋、冬四季，每一季又分成三个月，分别与五行相对应。春为木令和木旺，正月阳木，二月阴木，三月属土；夏为火令和火旺，四月阴火，五月阳火，六月属土；秋为金令和金旺，七月阳金，八月阴金，九月属土；冬为水令和水旺，十月阴水，十一月阳水，十二月属土。然后记载了每个月的星象、物候以及与之相应的政事、民事等内容。

---

① 参见任丙未编：《中华民俗老黄历》，气象出版社 2015 年版，第 28 页。

（一）《诗经·豳风·七月》

在传世经典中，《诗经·豳风·七月》讲述了上古农民按时劳作的事实，这是具备月令体雏形的最早文献。诗中咏诵的众多物候、农作和风俗事项，蕴藏着丰富的上古自然与社会信息，不少物候在后世“月令”类文献中频繁出现，一直被当作重要知识，与生产、生活时令安排互相对应。可见，在《诗经》时代，人们就已经有了顺时而动的先进思想。[1]

（二）《吕氏春秋·十二纪》

《吕氏春秋·十二纪》不是一部专门记载天文历法的书籍，但是其所构建的“月令图式”对后世的月令书产生了重要的影响。《吕氏春秋》按月令编写，以十二纪纪首为框架，构建了一个庞大的自然、社会发展变化体系，形成了一个以年为周期、周而复始的循环系统，即“月令图式”。在整个月令系统中，包括季节、天象、物候、生产、政事、祭祀、气数、日常生活等方方面面的自然现象和社会活动，这实质上是按照四季气候和生物的变化，替即将建立的统一王朝合理地统筹处理这一体系中的各种活动及关系规定了基本程序。《吕氏春秋·十二纪》重点突出了农业生产的地位。农事与月令配合，以农为中心观察四季更替，记录天地运行，描述生物变化，综合地体现了当时农业生产的科技水平。[2]《十二纪》在《吕氏春秋》中居于核心地位，其所构建的“月令图式”，展现了一个宏观的管理模式，对后世影响深远。《礼记·月令》继承了《十二纪》的精华。

（三）《礼记·月令》

《礼记·月令》是月令文献的代表，成书于战国时期，也有人认为它是两汉人杂凑汇编而成。该篇全文共4339字，以阴阳五行学说为指导，具体阐述了

① 参见王利华：《〈月令〉中的自然节律与社会节奏》，《中国社会科学》2014年第2期。
② 参见樊志民：《月令书与中国传统农业思想之嬗变》，《中国农史》2002年第31期。

孟春、仲春、季春、孟夏、仲夏、季夏、孟秋、仲秋、季秋、孟冬、仲冬、季冬十二个月的天文、历象、物候等自然现象，从而说明天子每月在衣食住行方面应遵守的有关规定。该篇把世界描绘为一个多层次的结构：太阳位于最高层，具有决定的意义；太阳的运行形成了四时，每时又分为三个月；四时有各自的气候特征，每个月又有各自的征候;与四时相对应，每时都有一班帝神，与四时、月的变化相对应，每个月各有相应的祭祀礼制；五行与四时的运转相配合，春为木，夏为火，秋为金，冬为水，土被放在夏秋之交，居于中央；四时的变化不仅受太阳的制约，还受五行的制约；再下一个层次是各种人事活动，如生产、政令等。上述结构基本是同向制约，特别是人事，要受到太阳、四时、月、神、五行各种力量的制约，政令要以生产规律为依据，不能与规律相违背，表明了古人对于规律的认识，强调人要敬奉天时，顺时施政。

（四）《四民月令》

《礼记·月令》的立足点是从国家、天子的角度来记述每月的事情，具有王官的性质。而随着时代的发展,“月令”的思想在下移。东汉末年,崔寔的《四民月令》就是一部独具特色的月令体文献,是农家月令的开创者。《四民月令》原书已经佚失，其现存的部分主要是《齐民要术》《玉烛宝典》中保留下来的引文，以及之后同类书籍的转抄。[1] 从现存的《四民月令》中，可以了解到其框架结构依然继承了传统月令书的基本特征，仍然以时系事且与农事紧密相关，但是其叙述的具体内容却发生了很大的变化。该书以东汉末年豪族地主经济兴起为历史背景，主要记述当时世族庄园生活，反映了我国古代农业管理模式及管理思想由宏观渐向微观层次的过渡。石声汉先生在《四民月令校注》一书中对“四民”的解释是：“按当时所谓‘士农工商’四民来说，这是以‘农’业、小手‘工’业收入为主、‘商’业收入为辅，来维持一个‘士’大夫阶级家庭的生活，合‘四民’为一。”《四民月令》

① 参见李成贵：《〈四民月令〉探讨》，《中国典籍与文化》1994 年第 2 期。

的内容涉及许多方面，除了耕种、养蚕、加工、采集等农业生产活动外，还有祭祀、饮食、收藏、保养、卫生等杂事。值得注意的是，《四民月令》还反映出作者先进的经济思想，如重农、劝农、家庭经营管理思想，以及提倡耕读结合、宗族和睦。[①]这些经济思想对现代农业依然有重要的参考价值。

（五）《农桑衣食撮要》

图 8–9 鲁明善像

《农桑衣食撮要》被石声汉先生称为“最好的月令书之一”。作者是元代农学家鲁明善（见图 8–9），该书是他在做官期间为了奖励农桑而作。从元代成书以来，经历明、清两朝，该书曾多次刊印，被《永乐大典》《四库全书》两部皇家藏书所收录。《农桑衣食撮要》的主要内容来自元代官修农书《农桑辑要》，但作者将农事活动逐月进行编排，仍是以时系事的农家月令著作。本书语言通俗易懂，利于农民阅读理解，因而非常实用。[②]

月令书发展到后来，越来越向农家通书的方向演进，在月令以时系事的基础上，不再过分地拘泥于季节的次序，而是更广泛地反映农家生活的全貌，类似于农家日用手册，变得更加适用于农民的生产生活。

四、农历节日

中国是一个农业古国，自古以来，每年收成的丰歉是社会各个阶层所关注

① 参见吴天钧：《〈四民月令〉的经济思想及其当代价值》，《黑龙江史志》2014 年第 3 期。
② 参见董恺忱：《试论月令体裁的中国农书》，《北京农业大学学报》1982 年第 1 期。

的事情。人们期望春播秋收、五谷丰盈，因此农事活动逐渐形成了各种各样的节庆习俗。我国传统的节岁节庆，大多数起源于先秦时代；其后从魏晋南北朝到唐宋时代，是传统节日的成熟时期，节日体系趋于完备和定型；到了元明清时期，各种节日继续得到完善和发展，其节庆节俗大多都具有鲜明的农耕特色。

（一）春节

春节是农历正月初一，俗称“过年”。“年”最初叫作“稔”，寓意“谷禾丰登”，同农业生产有着直接的关系。农历的元月，是一个东风送暖、万物复苏、开始农耕的季节，因而在远古时期，便产生了在立春日前后为春耕的开始进行农事活动的节庆，这就是春节的起源。春节前后举行的祭祀活动，主要有以下两项：第一是祭祀农具之神。《夏小正》记载：“初岁祭耒。”祭耒就是在春耕前祭祀农具之神。第二是祭天祈年。在春耕前要进行祭天祈年的仪式，祈求来年风调雨顺。秦汉时期，春节基本定型，在这一时期，人们会进行一些时令活动，如祭韭、采芸荐祖、祭春神、句芒、祀户、禁食鸟卵等。魏晋南北朝是春节节俗过渡的一个重要时期。现代很多年俗都源于此一时期。这个时期，春节已经从单一型的农事节庆转变为复合型的大年节庆了，逐渐变得更加具有人文色彩。隋唐之后，春节的习俗（见图 8–10）逐渐增多。到了明清时期，春节的习俗变得越来越丰富多彩，如吃年糕、饮春酒、吃元宵

图 8–10　爆竹生花（《吴友如画宝》）

等，非常隆重精彩。[①] 辛亥革命之后，废除旧历，实行新历，但是春节的民俗得到了继承和弘扬，并且一代又一代传承下去。

（二）端午节

端午是指农历五月初五，又称作“端阳”“端五”“重五”“蒲午”等。晋人周处在《风土记》中说：“仲夏端午，烹鹜角黍。端，始也，谓五月初五日也。”端午节是仲夏月的第一个午日，即夏历的午月午日。（见图 8-11）关于端午的起源有很多种说法，如“辟邪说”“祭龙说”“纪念屈原说”“纪念勾践操演水师说”“纪念伍子胥或曹娥说”“古代越人新年说”等。民间广为流传的是纪念楚国大夫屈原。但是，在这些传说之前，古人就已经有了过端午的习俗。据文献记载，端午节最初形成于战国时期。当时人们认为五月初五是一个恶日，需要辟邪禳灾，因此有沐浴兰汤的风俗。汉代继承了战国时期端午节的习俗并在此基础上继续发展，出现了端午系五色丝来驱邪防灾的习俗。魏晋南北朝时期是端午节趋于定型的一个时期，此时有了吃粽子、划龙舟的风俗活动。[②] 自唐宋时期开始，人们逐渐淡化了端午节的神话迷信色彩，赋予了其更多的历史人文的内容，自此，端午节成型并

图 8-11　端午喜庆（桃花坞年画）

① 参见张君：《神秘的节俗》，广西人民出版社 2004 年版，第 42 页。
② 参见黄涛：《端午节的历史传承与当代复兴》，《温州大学学报》2011 年第 4 期。

一直流传了下来。直到现在，人们仍会在五月初五竞渡龙舟、饮雄黄酒、吃粽子等。

（三）中秋节

农历八月十五是中秋节。中秋又称“仲秋”，是秋天的中间时期。此时的月亮是一年中最亮、最圆的时刻。而从时令上讲，中秋正处于丰收时期，春夏的耕耘在此时收获，所以中秋节也是庆祝丰收、酬谢农神和地母的一个节日。中秋节起源于古代的祭月礼。人们在春天耕种之前进行祭祀，以祈求丰收，称为“春社”；在秋天收获之时，也要祭拜土地之神，酬谢丰收，称为“秋社”。春社、秋社合称为“社日”，也称作“春祈秋报”。在秋社日，除了拜谢土地神，还要拜月。（见图 8–12）因为古人认为，五谷丰登离不开月亮，如果没有月亮赐予露水，没有月亮的阴晴圆缺，也不可能有丰收。因此，人们对月亮非常崇拜。古时的帝王会进行祭月、拜月的祭祀活动，后来逐渐传入民间，形成中秋节。直至唐初，中秋节才成为一个固定的节日，到了宋代开始流行，至明清时期与“元旦”齐名，成为中国重要的传统节日。[①] 中秋佳节，满月当空，象征着团团圆圆。“但愿人长久，千里共婵娟”是人们在中秋佳节构建的美好愿景，寄托着人们对团圆的盼望和对生

图 8–12　中秋拜月

① 参见史原朋：《节俗》，宗教文化出版社 2004 年版，第 120 页。

活的无限热爱。这些内在的文化含义赋予了中秋节更加深刻的寓意和人文气息。

（四）冬至节

冬至不仅是一个重要的节气，同时也是一个传统节日。冬至是一年中日影最短、日照时间最短的一天。古时人们将冬至看作一年的开始、节气的起点、生命萌发的汛期，所以有“冬至大如年”的说法。在殷商时期，人们把夏历的十一月视为岁末，所以在十一月要举行祭祀祖先、神明的盛大活动，称为“清祭”。据考,殷人清祭的日期很可能就是冬至日。到了周代,虽然以十二月为岁末,但仍然会在冬至举行祭祀活动。秦汉时期,冬至变成了节日,特别是在汉代以后,冬至这一天都要进行庆贺仪式,俗称“贺冬”,人们欢度节日,热闹程度堪比过年。到了唐宋时期，冬至节成了祭天祀祖的日子，皇帝在这天要到郊外举行祭天大典,百姓在这一天要向父母尊长祭拜。明、清两代,皇帝均有祭天大典,谓之“冬至郊天”。宫内有百官向皇帝呈递贺表的仪式，而且还要互相祝贺，就像元旦一样。[①] 到了现代，冬至已不再像古时那样隆重，但人们依然要进行庆祝。在中国的北方地区，冬至还有吃饺子的习俗。

---

① 参见任炳未：《中华民俗老黄历》，第 79 页。

主要参考书目

1.（西汉）氾胜之撰，石声汉释：《氾胜之书今释（初稿）》，科学出版社1956年版。

2.（北魏）贾思勰著，石声汉校释：《齐民要术今释》，中华书局2009年版。

3.（元）王祯撰，孙显斌等点校：《王祯农书》，湖南科学技术出版社2014年版。

4. 曾雄生：《中国农学史》，福建人民出版社2008年版。

5. 陈文华：《中国古代农业文明史》，江西科学技术出版社2005年版。

6. 高天星：《中国节日民俗文化》，中原农民出版社2008年版。

7. 犁播编：《中国古代农具发展史简编》，农业出版社1981年版。

8. 李根蟠：《农业科技史话》，社会科学文献出版社2011年版。

9. 李根蟠：《中国古代农业》，中国国际广播出版社2010年版。

10. 高倩艺编著：《二十四节气民俗》，中国社会出版社2011年版。

11. 马新等：《中国传统文化要论》，高等教育出版社2003年版。

12. 上海古籍出版社编：《中国文化史三百题》，上海古籍出版社1987年版。

13. 万书波编：《田园作物》，山东科学技术出版社2013年版。

14. 王佳：《二十四节气》，黄山书社2013年版。

15. 吴存浩编著：《农史丛话》，北京农业大学出版社1988年版。

16. 徐潜主编：《古代耕织与劳作》，吉林文史出版社2014年版。

17. 张冰隅：《农历与民俗文化》，上海教育出版社2008年版。

18. 张勃、荣新：《中国民俗通志：节日志》，山东教育出版社 2007 年版。
19. 周瑞增编：《中国烟草史话》，中国轻工业出版社 1993 年版。
20. 周昕：《中国农具史纲及图谱》，中国建材工业出版社 1998 年版。
21. 周昕：《中国农具通史》，中国建材工业出版社 2010 年版。
22. 朱学西：《中国古代著名水利工程》，商务印书馆 1997 年版。

后　记

应马新先生之约，笔者有幸参加“中国文化四季”丛书之《精耕细作：中国传统农耕文化》的撰写。从编写大纲的制定，到稿子内容的修改，马先生不辞劳苦，认真把关，几易其稿，付出了大量的心血，在此谨表谢忱。

中国自8000年前即已进入农耕文明，农业一直是国家的根本。精耕细作的农业文明孕育了中国特有的文化传统，所以说，农耕文化是中国传统文化的重要组成部分，是了解中国传统文化的钥匙。我们希望通过这本小册子，使当今青年、学生熟悉传统农耕文化，学习中国传统文化，从而增强文化自信和民族自信。

本书是集体合作的结果。陈新岗撰写大纲、绪论、第7～8章（与王睿合作），并负责全书统稿，王思萍撰写第1、3、5章，张森撰写第2、4、6章。中国传统农耕文化的内容量大、面广，远非这本小书所能包揽。我们力求重点突出，集中阐述了传统农耕文化的起源、基本内容以及若干重大方面的内容，避免面面俱到。在编写过程中，我们参考了相关学者的研究成果，在此谨致以诚挚的感谢！

当然，因笔者学识有限，谬误之处在所难免，恳请各方学人不吝赐教。

作　者

2016年10月17日

图书在版编目（CIP）数据

精耕细作：中国传统农耕文化/陈新岗，王思萍，张森著.—济南：山东大学出版社，2019.8(2020.3重印)
（中国文化四季/马新主编）
ISBN 978-7-5607-5729-2

Ⅰ.①精… Ⅱ.①陈… ②王… ③张… Ⅲ.①农业—传统文化—研究—中国 Ⅳ.①F329

中国版本图书馆CIP数据核字(2017)第197112号

责任编辑：李孝德
装帧设计：牛　钧

出版发行：山东大学出版社
社址：山东省济南市山大南路20号
邮编：250100
电话：市场部（0531）88363008
经销：新华书店
印刷：济南华林彩印有限公司
规格：787毫米×1092毫米　1/16
13.25印张　185千字
版次：2019年8月第2版
印次：2020年3月第3次印刷
定价：38.00元

中国文化四季

马新 主编

人文荟萃

中国传统文学

马丽娅 著

山东大学出版社

山东省中华优秀传统文化传承发展工程重点项目
中华优秀传统文化传承书系

课题组负责人

马　新

课题组成员
（以姓氏笔画为序）

马丽娅	王文清	王玉喜	王红莲
王思萍	巩宝平	刘娅萍	齐廉允
李仲信	李沈阳	吴　欣	宋述林
陈树淑	陈新岗	张　森	金洪霞
赵建民	贾艳红	徐思民	郭　浩
郭海燕	董莉莉	韩仲秋	谭景玉

總序

中国传统文化是中国历史发展中物质文化与精神文化的结晶，也是人类文明史上唯一没有中断的独具特色的文化体系，是中国历史带给当今中国与世界的文化遗产。

早在遥远的旧石器时代，我们的先民为了生存，打制着各式各样的石器，也击打出最初的文化的火花。随着新石器时代的到来，以农业生产为前提的农业文明发生了，我们的先民筚路蓝缕，耕耘着文明的处女地，孕育着中国文化的萌芽，绚烂多姿的彩陶文化与精致绝伦的玉石文化是这一时代的文化地标，原始宗教与信仰、语言、审美及创世神话也纷纷出现。

进入文明的门槛后，先民们开始了艰辛的文化积淀。商周时代的礼乐文明与青铜文化代表了这一时代的杰出成就，甲骨文与金文则成为这一时代的文化符号。至春秋战国，中国文化史上的“寒武纪大爆发”开始了，无论是物质文化，还是精神文化，都进入一个创造和迸发的时代：这一时代，出现了“百家争鸣”，从孔子、老子、墨子到孙子、孟子、庄子等贤哲，无一不在纵横捭阖，挥斥方遒，发散出理性的光芒。这一时代，出现了《诗经》《楚辞》，还出现了《左传》与《国语》以及不可胜数的人文经典。这一时代，又是科学与技术的辉煌时代，铁器与牛耕技术的出现，奠定了此后2000多年中国农耕文明的基础；扁鹊的医术与《黄帝内经》的理论，成为中医药文化的基石；墨子、鲁班、甘德 、石申，启迪了我们的科学探索，民间无数的工匠们在纺织织造、建筑交通以及各种手工工艺上都进行了卓越的创造。春秋战国时代既是中国文化的启蒙时代，也是中国文化的奠基时代。

随着秦汉时代的到来，海内为一，中国文化进入凝炼时代，形成了大一统的文化特色。这一时代，不仅有了大规模的驰道、长城以及宫殿的兴建，还有了统一的度量衡与文字；这一时代，不仅牛耕技术继续向全国推进，还有了精耕细作技术，使其成为中国农耕文化的首要特征;这一时代，不仅有“独尊儒术”与经学的繁荣，也有汉大赋的飞扬与汉乐府的古朴；这一时代，商品贸易“周流天下”，工商政策与商业理论富有特色，全社会在衣、食、住、行方面的水平明显提高。生活的精致化与生活水平的不断提高，使得20世纪的权威史学家汤因比也动了想去中国汉代生活的念头。

魏晋南北朝与隋唐时代，是中国文化史上的交融与繁荣时代，周边游牧民族文化的涌入，西部世界的宗教文化及其他各种文化的东来，使这一时代形成了空前的中西文化碰撞与冲击。在此后到隋唐时代的融合发展中，实现了文化的大繁荣。道教虽产生于汉代，但其发展与传播则是在魏晋南北朝与隋唐时代；佛教也是在汉代传入，它的发展与繁荣同样是在魏晋南北朝与隋唐时代。这一时代，玄学与禅宗是思想史上的两大硕果，书法、绘画、雕塑以及音乐、舞蹈方面，更是群星闪耀，唐诗的地位在文学史上是无可替代的，唐三彩的艺术魅力同样穿越千古。这一时期的农耕文化、工商文化以及其他各文化形态也都取得了长足的发展，特别是中外文化交流之活跃、之丰富，使中国文化与外部世界的文化产生了有力互动，隋唐长安城是当时世界文明的中心所在。

宋元明清时代是中国文化的扩展时代。随着文明的进步与文化手段的变化，随着市民社会的兴起与社会结构的变化，面向民间、面向市民与普通民众的文化形态迅速扩展。宋明理学的主旨是给民众套上牢牢的精神枷锁，但是与汉代经学相比，它也是儒学民间化的一种体现。从宋词到元曲，从“三言二拍”到话本小说，再到戏剧的兴起和四大文学名著的问世，无不体现着这一特色。这一时代，既有明末清初试图开启民智的三大启蒙思想家，又有直接面向社会生产与社会生活的《天工开物》《本草纲目》以及《农政全书》。这一时代，中国文化在积淀着中国文明丰厚底蕴的同时，也在准备着自己的转身，准备着与新文化的拥抱。

从中国文化的发展可以看出，其历史之悠久、内容之丰富、价值之巨大，可谓蔚为大观，令人叹服。在新的历史时期，把握与了解这些渐行渐远的文化宝藏，并将其传承给青年一代，是摆在我们面前的世纪难题。

自 20 世纪 80 年代以来，学术界与文化界一直在孜孜不倦地去破解与完成这一难题，为此付出了艰辛的努力，推出了一批又一批面向青少年群体的“中国传统文化”类读物或教材，可谓琳琅满目，数目繁多。毋庸置疑，文化学者们的这些努力，对于研究与普及中国传统文化发挥了重要作用。但是，若作为当今面向青少年群体的普及性著作还有若干不适应之处。比如，有的著作篇幅过大，往往动辄四五十万字甚至上百万字；有的著作理论性偏强，在理论性与知识性的结合上还不够；还有的著作对有关知识点的叙述不够均衡，轻重不一。更为重要的是，随着社会主义核心价值体系建设的推进，尤其是习近平总书记所提出的对中国传统文化的“四个讲清楚”，对中国传统文化的研究和普及提出了更高的要求。为此，我们组织了 10 余所高校的相关研究人员，共同编写了这套适合当代青少年阅读的中国传统文化读物——《中国文化四季》，旨在为青少年提供一套富有时代特色的中国传统文化专题知识图书。

在编写过程中，我们深刻地感受到中国传统文化源远流长、博大精深，是中国文明 5000 年进程的辉煌结晶——既有筚路蓝缕的春耕，又有勤勤恳恳的夏耘；既有金色灿然的秋获，又有条理升华的冬藏。所以，我们以“中国文化四季”

作为总领，旨在体现5000年文明进展中最具代表性的精华篇章。在专题确定与内容安排上，也着重体现中国文化在春耕、夏耘、秋获、冬藏各个演进环节上的标志性成就。整套丛书由16册组成，包括：

《精耕细作：中国传统农耕文化》

《货殖列传：中国传统商贸文化》

《大匠良造：中国传统匠作文化》

《巧夺天工：中国传统工艺文化》

《衣冠楚楚：中国传统服饰文化》

《五味杂陈：中国传统饮食文化》

《雕梁画栋：中国传统建筑文化》

《周流天下：中国传统交通文化》

《人文荟萃：中国传统文学》

《神逸妙能：中国传统艺术》

《南腔北调：中国传统戏曲》

《兼容并包：中国传统信仰》

《天人之际：中国传统思想》

《格物致知：中国传统科技》

《传道授业：中国传统教育》

《止戈为武：中国传统兵学》

我们希望通过各专题的介绍，使读者既可以有选择地了解中国传统文化的有关知识，又可以全面地把握传统文化的基本构成。

为适应青少年的阅读需求，我们吸取了以往此类图书的优点，尽量避免其缺陷与不足。在全书的内容设计上，打破了传统的章节子目式的编排方式，每章之下设置专题，以分类叙述各门类知识；在写作时，尽量避免以往一些读物的“高深”与“生冷”现象，以叙述性文字为主，做到通俗、易懂、生动;另外，各册都精心配备了一些与各章内容相对应的中国传统文化图片等，做到了图文并茂。

需要说明的是，这套丛书作为“中华优秀传统文化传承书系”被纳入山东省“中华优秀传统文化传承发展工程”重点项目，得到中共山东省委宣传部和有关专家的大力支持与指导 。为不负重托，我和 20 余位中青年学者共同合作，以对中国传统文化的挚爱为基点，精心施工，孜孜不倦，以打造一套中国传统文化的精品作为出发点和最终目的。全书首先由我提出编写主旨、编写体例与专题划分；各专题作者拟出编写大纲后，我对各册大纲进行修订、调整，把握各专题相关内容的平衡与交叉，以更好地体现中国传统文化的四季风情；然后交给各专题作者分头撰写初稿；初稿提交后，由我统一审稿、统稿、定稿，并补充与调整书内插图。这套丛书若能蒙读者朋友错爱，起到应有的作用，功在各位作者；若有缺失与不足之处，我当然不辞其咎。

我们由衷地希望通过全体作者的努力，使本书不再只是枯燥乏味的知识叙述，而是青少年真正的学习伙伴，让中国优秀传统文化能够浸润到每一个青少年的心灵深处。

马　新

2017 年 3 月于山大高阁书斋

目錄

第四章　近体格律诗

第五章　曲子词

第六章　散　曲

第七章　古　文

第八章　小　说

概述

中国传统文学是中华文明的重要组成部分，历史悠久，其起源约略与中华文明的起源同步。漫长的历史上曾经产生一代又一代的杰出作家和浩如烟海的优秀作品，出现了多姿多彩的文学体裁、题材、风格、流派，形成了各种各样的文学现象、文学潮流和文学理论，内容极其丰富。

广义的中国传统文学指自先秦至清代末年的中国文学，包括作家、作品、文学事件，文体起源与发展历程，文学运动、流派，文学理论，作家作品的考据、研究等等，类似中国古代文学史。狭义的中国传统文学指中国古典文学作品。代表性的传统文学作品形式有诗、词、曲、赋、散文、小说等；各种文体中，又有多种多样的艺术表现手法，从而使中国传统文学呈现出多姿多彩、壮丽辉煌的图景。

几千年来，中国传统文化孕育了中国传统文学，中国传统文学又大大丰富了中国传统文化，使传统文化具有更深刻的影响力。在中国思想史上，儒、道两家的思想体系互为补充，儒、道、释三家也渐趋合流，三家分别给予中国传统文学以不同侧面的影响。

儒家以“修身、齐家、治国、平天下”为核心的入世思想，以“仁、义、礼、智、信”为标准的道德观念，以“天、地、君、亲、师”为次序的伦理观念，以“允执其中”为规范的中庸哲学等核心思想深刻影响着中国传统文学的观念及内涵表达。所谓“穷则独善其身，达则兼善天下”的思想，儒家继承的是兼善精神，道家则发展了独善思想。积极入世和消极避世思想往往交织在中国文人身上，此消彼长。在文学作品中，这种现象有鲜明的表现。如果说“兼善天下”与“独善其身”是古代士大夫的互补的人生趋向，那么，慷慨悲歌与愤世嫉俗，则成为古代知识分子常有的心理状态和艺术意念。

虽然儒家思想对中国传统文学总体风格的影响占据主导的方面，但老庄哲学对中国传统文学艺术的影响也是巨大的。道家“大音希声，大象无形”的观点揭示了艺术中“虚”和“实”、“无”和“有”的辩证法，指出“有生于无”。

这对于形成中国传统文学艺术表现形态上含蓄精练的特点起着非常重要的作用。中国古典文学极强调以虚写实、以静写动的表现方法。中国古代文人不喜欢纤毫毕现的直接描述，而是把艺术感觉、艺术想象的空间留给读者自己去品味、揣摩和思寻，让读者自己去追索那些不可言传的“大音”“大象”——美的极致，创造出“无声胜有声”的艺术境界。道家的“大制不割”“道法自然”强调一种自然的完整性，强调自然的淳朴、素朴、浑朴，追求“自然”之美。中国传统文学艺术家向来把刻苦的技巧训练与不露刀斧凿痕的无技巧境界结合起来，正所谓“看似寻常最奇崛，成如容易却艰辛”。

佛教在东汉时期始传入中国，经过历代高僧的弘扬，佛教教义深入中国社会的各个阶层，王侯将相、文人儒士、平民百姓无不受其熏陶。两千多年来，佛教的许多佛理也与儒、道文化一样，经过不断的矛盾冲击和思辨聚合，自然汇入了中华文化的长河，极大地丰富了中华文化的内涵和容量。佛教为中国传统文学带来了新的意境、新的文体、新的命意遣词方法。一些由梵文直接翻译成汉语的经典，本身也是优秀的文学作品。佛教对古典诗词和小说的影响表现在题材内容、语言形式及艺术风格等诸多方面。佛经的翻译及讲唱，不仅丰富了汉语诗歌创作的音韵规律，还扩充了汉语词汇，如文学叙事中大量使用双音节词及多音节词，并集中形成了大量成语典故。佛教对中国传统文学理论及艺术风格的影响亦极为深远。佛教追求自我解脱，主张离尘恬淡，历代文人如王维、白居易、苏轼等都受到般若和禅宗思想的影响，他们的文学主张及作品中所反映的冲淡虚静、空灵妙悟，无不着佛家色彩。佛教有着天马行空般的幻想力，带有浓烈的浪漫色彩，极大地推动了中国传统文学中浪漫主义文学的发展。

文学是用语言塑造形象反映社会生活的一种艺术，是文化中具有强烈感染力的重要组成部分。汉字和汉语是世界上历史最悠久、最古老的语言文字之一，对中国传统文学的形成和构建起着巨大的作用。

由于汉字具有表意性特征，其自身排列有时会引起某种具体的意象。如赋和骈文，就大量运用同形旁的字。中国传统文学的象征表意特征造成了一种独特的审美效果。汉字一般为一字一音、单文独义，这就使中国诗歌的音节变化有了一整套独特而谨严的格律，并且在外观上构成整齐对称的形式美。汉语有四声，诗人们充分利用四声变化，写诗时注意字声安排，造成节奏鲜明、抑扬顿挫的艺术效果，于是近体诗（格律诗）、词、散曲等诗歌体式应运而生，并统领诗坛达千年之久。文言文作为特殊的书面语言，虽与日常用语长期分离，但一直保持官方语言的地位，由此产生了传统文学在文言和白话两个不同的轨道上运行，内容与形式皆有巨大差异的现象。

根据艺术对世界的审美关系的不同，一般将艺术分为“再现的”和“表现的”两种类型。再现的艺术力求按照感知和认知的方式客观地、准确地反映现实世界，使现实世界的表象与艺术的意象达到一致和重合；而表现的艺术则是以心灵外射的方式，根据主观的意愿拆碎现实表象的固有的常态的组合并重新加以组合。一般来说，中国传统文学是倾向于表现的，这可以从体裁和创作方法的选取看出来。

首先，在体裁上，中国传统文学一直以诗歌为主基调，偏重抒情，而叙事文学兴起较晚，也较不发达。在整个诗歌史上，从《诗经》这部最早的古代诗歌总集开始，抒情诗蔚为大观，而叙事诗则不够景气。中国小说冷清寂寞地到了魏晋南北朝时期才有了起色，但真正具有小说意识，则是进入唐代以后，长篇小说的产生更是推迟到了明代。

其次，在创作方法上，中国传统文学不重写实而重写意。比如古典诗歌中游历山川、探览名胜、凭吊古迹的题材，可以处理成叙事性或描述性的作品，但在众多的诗歌中，却往往是代之以象征、暗示、隐喻、抒情等艺术手段，而虚化了即目所见的景象。

再次，中国古代文学批评理论在自身发展中形成了自己的体系，有着一整套与西方不同的范畴。它们不是玄虚而是微妙，往往是拟象取譬以供参悟，如

“气”“风骨”“韵”“味”“意”“神”“体”“肌理”“格调”“意境”等。这些范畴经过不断演变、完善，内涵也日渐丰富，又逐渐相互交叉，形成网络，构成体系。相对于西方的“悲剧”“喜剧”“崇高”“滑稽”“幽默”“典型”等美学范畴，中国传统文论的诸范畴则表现出一些多义性特点，但更注重主、客体的和谐。

中国传统文学之所以有着经久不衰的永恒魅力，除脍炙人口的语言形式、光彩动人的艺术形象以及优美的意趣、意境等因素外，还因为优秀的传统文学作品所表达的爱国忧民、护生济世的情怀，总是那样激荡着历代读者的心灵。这也是中华民族的根基所在。

第一章 《诗经》与楚辞

在《礼记·乐记》中记载道："凡音之起，由人心生也。人心之动，物使之然也。感于物而动，故形于声。"早期的诗、歌与乐、舞是合为一体的，诗即歌词，在表演中总是配合音乐、舞蹈而歌唱；后来诗、歌、乐、舞各自发展，独立成体，诗与歌统称"诗歌"。《毛诗序》曰："诗者，志之所之也。在心为志，发言为诗。情动于中而形于言。言之不足故嗟叹之，嗟叹之不足故咏歌之。"诗源于生活，饱含着作者丰富的想象与思想感情。诗的语言精练而形象性强，具有鲜明的节奏、和谐的音韵，易读成诵。"诗三百"和楚辞是中国传统文学的光辉起点。

一、上古文化之渊薮：《诗经》

（一）《诗经》概说

《诗经》是我国最早的一部诗歌总集。最初称为《诗》或《诗三百》，西汉时，汉武帝尊《诗》《书》《礼》《易》《春秋》为儒家经典，故称《诗》为《诗经》。它汇集了公元前 11 ~前 6 世纪的古代诗歌 311 首（有 6 首只存篇名而无诗文，称为"笙诗"）。《诗经》内容丰富，反映了劳动与爱情、战争与徭役、压迫与反抗、风俗与婚姻、祭祖与宴会，甚至天象、地貌、动物、植物等方方面面的内容，是社会生活的一面镜子，反映了西周初期到春秋中叶约 500 年间的社会面貌。

《诗经》大约成书于春秋中期，传为孔子编订，作品皆没有具体作者。经文史专家考定，《诗经》中的作品是在周武王灭商（前 1066 年）以后产生的。《诗经》中最早的记录为西周初年，最迟产生的作品已在春秋时期，整部《诗经》的时代，上下跨度有五六百年。产生的地域以黄河流域为中心，南到长江北岸。据说春秋时流传下来的诗有 3000 首之多，后来只流传下来今天所见的 305 首。孔子编纂《诗经》之后，最早明确记录的传承人，是"孔门十哲"之一、位列

七十二贤的子夏，他对诗的领悟力最强，所以由他传诗。到汉初，研究《诗经》的有鲁人申培公、齐人辕固生和燕人韩婴，合称“三家诗”。齐诗亡于魏时，鲁诗亡于西晋时，韩诗流传到唐代。当今世上流传的《诗经》则是毛公（大毛公“毛亨”和小毛公“毛苌”）所传的“毛诗”。

《诗经》按《风》《雅》《颂》三类编辑。《风》是周代各地的歌谣。相传周代设有采诗之官，每年春天摇着木铎深入民间收集歌谣，把能够反映人民欢乐疾苦的作品整理后交给太师（负责音乐之官）谱曲，演唱给周天子听，作为施政的参考。这些没有记录作者的民间作品，即“国风”。“风”的意思是土风、风谣。“风”诗是《诗经》中的精华部分。其中有对爱情、劳动等美好事物的吟唱，也有怀故土、思征人的幽思，更有反压迫、反欺凌的愤怒与怨叹。“风”常用复沓的手法来反复咏叹，一首诗中的各章往往只有几个字不同，表现了民歌的特色。其中周南中的《关雎》《桃夭》，魏风中的《伐檀》《硕鼠》，秦风中的《蒹葭》等都是脍炙人口的名篇。

《雅》是周人的正声雅乐，分《小雅》和《大雅》，多为贵族祭祀之歌，内容为祈丰年、颂祖德。《大雅》是中国上古仅存的史诗，作者多是西周贵族文人，但对现实政治有所不满，除了宴会乐歌、祭祀乐歌和史诗之外，也写出了一些反映人民愿望的讽刺诗。《小雅》产生于西周晚年到周室东迁（前 770 年）以后，其中一部分诗歌与《国风》类似，最突出的是关于战争和劳役的作品。

《颂》是周王廷和贵族宗庙祭祀的乐歌，分为《周颂》《鲁颂》和《商颂》。《周颂》时代最早，在西周初年产生，是贵族文人的作品，以宗庙乐歌、颂神乐歌为主，也有部分描写农业生产的场景。《鲁颂》和《商颂》都产生在周室东迁以后。

周代由文、武奠基，成、康繁盛，这时可称为周代的黄金时期。昭、穆以后，国势渐衰。后来，厉王被逐，幽王被杀，平王东迁，进入春秋时期。春秋时期王室衰微，诸侯兼并，夷狄交侵，社会处于动荡不安之中。《诗经》正是这 500 年间中国社会生活面貌的形象反映，其中有先祖创业的颂歌、祭祀神鬼的乐章，也有贵族之间的宴饮交往和对劳逸不均的怨愤，更有大量反映劳动、打猎以及恋爱、婚姻、社会习俗方面的动人篇章。

（二）《诗经》的价值

《诗经》的社会功用价值表现为“赋诗言志”和“兴观群怨”。在春秋时代，《诗经》的编集主要是为了应用：其一，作为学乐、诵诗的教本；其二，作为宴享、祭祀时的仪礼歌辞；其三，在外交场合或言谈应对时作为称引的工具，以此表情达意。尤其是通过赋诗来进行外交上的来往，在春秋时期十分广泛，这使《诗经》在当时成为重要的交际工具。《左传》中有关这方面的情况记载较多。真正意义上的“赋诗言志”指以诗来表达作者的思想感情，表达自己对社会、人生的态度，从而达到歌颂、赞美、劝谏、讽刺的目的。另外，《诗经》编集的宗旨之一，是社会（包括士大夫与朝廷统治者）利用它来宣扬和实行修身养性、治国经邦的道理。孔子十分重视《诗经》，曾多次向其弟子及儿子训诫要学《诗》。他对孔鲤说：“不学《诗》，无以言。”并认为：“《诗》可以兴，可以观，可以群，可以怨。”既点出了《诗经》的文学特征——以形象感染人，引发读者的想象与联想，又切合了社会与人生，达到了实用功效。

《诗经》的历史和民俗价值、礼乐文化价值毋庸置疑，文学价值则更加突显。《诗经》关注现实，注重抒发现实生活触发的真情实感，具有强烈深厚的艺术魅力。它是我国现实主义文学的第一座里程碑。

1. “《诗经》六义”

《诗经》按内容题材分为“风、雅、颂”三部分，艺术表现手法被总结成“赋、比、兴”三种，合称“《诗经》六义”。

赋、比、兴的运用，既是《诗经》艺术特征的重要标志，也开启了中国古代诗歌创作一些基本手法的先河。关于赋、比、兴的意义，历来说法众多。简言之，赋，就是铺陈直叙，即诗人把思想感情及有关的事物平铺直叙地表达出来。比，就是比方，以彼物比此物，即诗人有本事或情感，借一个事物来作比喻。兴，

则是触物兴词，客观事物触发诗人的情感，引起诗人歌唱，所以大多在诗歌的发端。赋、比、兴三种手法，在诗歌创作中往往交相使用，共同创造诗歌的艺术形象，抒发诗人的情感。

赋 赋，即直言。朱熹《诗集传》说：“赋者，敷陈其事而直言之也。”这里所谓“直言之”，即可以把“兴”“比”以外的其他一切表现手段都包括在“赋”的范围之内。如《豳风·七月》《大雅·生民》全诗都用赋法，无论对于弃儿情节的叙述，还是对于祭祀场面的描写，都极为生动。如《豳风·东山》《小雅·采薇》二首，除《豳风·东山》第一章“蜎蜎者蠋，烝在桑野”外，也全用赋法。《小雅·采薇》曰：

采薇采薇，薇亦作止。曰归曰归，岁亦莫止。靡室靡家，猃（xiǎn）狁（yǔn）之故。不遑启居，猃狁之故。

采薇采薇，薇亦柔止。曰归曰归，心亦忧止。忧心烈烈，载饥载渴。我戍未定，靡使归聘！

采薇采薇，薇亦刚止。曰归曰归，岁亦阳止。王事靡盬（gǔ），不遑启处。忧心孔疚，我行不来！

彼尔维何？维常之华。彼路斯何？君子之车。戎车既驾，四牡业业。岂敢定居？一月三捷！

驾彼四牡，四牡骙（kuí）骙。君子所依，小人所腓。四牡翼翼，象弭鱼服。岂不日戒，猃狁孔棘！

昔我往矣，杨柳依依。今我来思，雨雪霏霏。行道迟迟，载渴载饥。我心伤悲，莫知我哀！

《采薇》出自《小雅·鹿鸣之什》，模仿一个戍卒的口吻，以“采薇”起兴，前五节着重写戍边征战生活的艰苦、思乡情绪的强烈以及久久未能回家的原因，从中透露出士兵既有御敌胜利的喜悦，也深感征战之苦，流露出期望和平的心绪；第六节以痛定思痛的抒情结束全诗，感人至深。此诗运用了重叠的句式与比兴的手法，末章头四句“昔我往矣，杨柳依依。今我来思，雨雪霏霏”，抒写当年出征和今日生还这两种特定时刻的景物和情怀（见图 1–1），言浅意深，情景交融，历来被认为是《诗经》中有名的诗句之一。

图 1–1　宋 · 马和之《诗经 · 小雅 · 采薇》插图

赋法在《诗经》中也常常体现为一些简单的叙事。如《邶风 · 静女》：

静女其姝，俟我于城隅。爱而不见，搔首踟蹰。

静女其娈，贻我彤管。彤管有炜，说怿女美。

自牧归荑，洵美且异。匪女之为美，美人之贻。

写一个女子约小伙子晚间在城隅相会，但小伙子按时到了约会地点，却不见这位姑娘，等之不来，既不能喊，也不能自己去找，不知如何是好而“搔首踟蹰”。过了一会儿，姑娘忽然从暗中跑出来，小伙子异常高兴。诗中所写姑娘藏起来的细节，可以理解为开玩笑，也可以理解为对小伙子的“考察”，充满了生活情趣。后面赠彤管的细节也一样。此诗既无比，也无兴，敷陈其事，情节曲折有致，风格含蓄蕴藉，语言明快简洁，写人状物惟妙惟肖，感情发展颇有层次，衬托出鲜明突出的人物个性，充分体现出民间情歌的艺术特点。

《诗经》中也有通过人物的对话来抒情、叙述的。如《郑风 · 溱洧》：

溱与洧，方涣涣兮。士与女，方秉蕑兮。女曰“观乎？”士曰“既且”。“且往观乎！洧之外，洵訏且乐。”维士与女，伊其相谑，赠之以勺药。

溱与洧，浏其清矣。士与女，殷其盈矣。女曰“观乎？”士曰“既且”。“且往观乎！洧之外，洵訏且乐。”维士与女，伊其将谑，赠之以勺药。

此诗表现三月间春暖花开之时，男女青年在水边游玩戏谑的情景。女子主动邀约男子，男子尽管已经游玩过了，但还是爽快地又和女子一起去玩耍；互赠礼物的细节可见二人的情投意合。通篇并无兴词，也全无比喻，却描绘出一幅充满欢乐气氛的民俗画。

《诗经》中有些纯用赋法的诗中，也创作出了很深远的意境。如《王风·黍离》《王风·君子于役》《秦风·蒹葭》等全用赋法，既无兴词，也无比喻，然而抒情味道之浓、意境之深远、情调之感人，后来之诗，少有出其右者。

比　比，即譬喻。比喻可以使描述形象化。如《卫风·硕人》：

硕人其颀，衣锦褧衣。齐侯之子，卫侯之妻，东宫之妹，邢侯之姨，谭公维私。

手如柔荑，肤如凝脂，领如蝤蛴，齿如瓠犀，螓首蛾眉，巧笑倩兮，美目盼兮。

硕人敖敖，说于农郊。四牡有骄，朱帻镳镳，翟茀以朝。大夫夙退，无使君劳。

河水洋洋，北流活活。施罛涉涉，鳣鲔发发，葭菼揭揭。庶姜孽孽，庶士有朅。

此诗描写了齐女庄姜出嫁卫庄公的盛况，着力刻画了庄姜高贵、美丽的形象。诗从庄姜的家世写起，再写其外貌，犹如一个个特写镜头。写庄姜的美貌云：“手如柔荑，肤如凝脂，领如蝤蛴，齿如瓠犀，螓首蛾眉。巧笑倩兮，美目盼兮。”因为有这前后一系列的比喻，所以末尾的点睛之句才能使其形象跃然纸上。此诗描写细致，比喻新鲜，是中国古代文学中最早刻画女性容貌美、情态美的优美篇章，开启了后世以博喻写美人的先河，历来备受人们的推崇和青睐。

比喻可以突出事物的特征，常常有夸张的性质。由于喻体在人们长期的社会生活中已获得了一定的情感意蕴，在某种程度上已有一定的象征意义，所以根据与不同喻体的联系，可以表现不同的感情，如《硕鼠》《相鼠》等。《诗经》

中用“比”的地方很多，运用亦很灵活、广泛。如“桑之未落，其叶沃若”“桑之落矣，其黄而陨”（《卫风·氓》），前者用以比喻形体，后者用以比喻感情之变化。

有的比喻手法比较含蓄，往往从多方面进行比喻，此即丛喻之法。如《小雅·大东》：

> 跂彼织女，终日七襄。虽则七襄，不成报章。睆彼牵牛，不以服箱。东有启明，西有长庚。有捄天毕，载施之行。维南有箕，不可以簸扬。维北有斗，不可以挹酒浆。维南有箕，载翕其舌。维北有斗，西柄之揭。

本诗通过一系列的比喻说明东方诸侯国之百姓对西周王室贵族窃据高位、不恤百姓的愤怒（皆有名无实之物）。末尾以箕之翕其舌、斗之向北开口挹取，指出西人对东人的剥削，实际上是用了象征的手法。

也有的运用通感的修辞手法，即在比喻中打破了事物在人的听觉、视觉、触觉方面的界限。如《小雅·节南山》：“节彼南山，维石岩岩。赫赫师尹，民具尔瞻。”以山之高峻比喻师尹地位之显赫、重要。

《邶风·谷风》：“习习谷风，以阴以雨，黾勉同心，不宜有怒。”以山谷之风喻人之盛怒。以自然现象喻人情绪之变化，是通感之比。

兴　兴，即引发。朱熹《诗集传》说：“兴者，先言他物以引起所咏之词也。”“兴”即引发、开头，包括两种情况：一是情触于物而发为歌咏（即用一个与表现内容相协调的事物为开头）；二是借助某事某物起韵。如果从文学发源的整个过程来说，它是早期诗歌的特征；如果从诗歌作者的层次来说，它是民歌的特征；如果从创作方式来说，它是口头文学的特征。采用“兴”的手法的作品多在《国风》之中。“情触于物而发为歌咏”的情形，是指由于人们的生活阅历各不相同，每个人的经历都会有种种偶然的情形，某些事物对一般人来说漠不相关，但对某些人来说，就可能会勾起其对以往的经历的回忆，引发很深的感慨。

《诗经》中“兴”的运用情况比较复杂。有的只是在开头起调节韵律、唤

起情绪的作用，与下文在内容上的联系并不明显。如《小雅·鸳鸯》：“鸳鸯在梁，戢其左翼。君子万年，宜其遐福。”兴句和后面两句的祝福语并无意义上的联系。《小雅·白华》以同样的句子起兴，抒发的却是怨刺之情：“鸳鸯在梁，戢其左翼。之子无良，二三其德。”这种与本意无关，只在诗歌开头协调音韵，引起下文的起兴，是《诗经》兴句中较简单的一种。《诗经》中更多的兴句，与下文有着委婉隐约的内在联系，或烘托渲染环境气氛，或比附象征中心题旨，构成诗歌艺术境界不可或缺的部分。如《郑风·野有蔓草》：

野有蔓草，零露漙兮。有美一人，清扬婉兮。邂逅相遇，适我愿兮。

野有蔓草，零露瀼瀼。有美一人，婉如清扬。邂逅相遇，与子偕臧。

“野有蔓草，零露漙兮”两句是兼赋的兴句，它勾勒出一派春草青青、露水晶莹的良辰美景，清秀妩媚的少女，就像滴着点点露珠的绿草一样清新可爱。而绿意浓浓、生趣盎然的景色和诗人邂逅相遇的喜悦心情，正好交相辉映。四句诗俨然是一幅“春日丽人图”。再如《周南·桃夭》：

桃之夭夭，灼灼其华。之子于归，宜其室家。

桃之夭夭，有蕡其实。之子于归，宜其家室。

桃之夭夭，其叶蓁蓁。之子于归，宜其家人。

以“桃之夭夭，灼灼其华”起兴，茂盛的桃枝、艳丽的桃花和新娘的青春美貌、婚礼的热闹喜庆互相映衬。而桃树开花（“灼灼其华”）、结实（“有蕡其实”）、枝繁叶茂（“其叶蓁蓁”），也是对新娘出嫁后多子多孙、家庭幸福昌盛的良好祝愿。诗人触物起兴，兴句与所咏之词通过艺术联想前后相承，是一种象征暗示的关系。《诗经》中的“兴”，很多都是这种含有喻义、引起联想的画面。“比”和“兴”都是以间接的形象表达感情的方式，后世往往“比”“兴”合称，用来指《诗经》中通过联想、想象寄寓思想感情于形象之中的创作手法。

2.《诗经》的形式特点

《诗经》的句式以四言为主，四句独立成章，其间杂有二言至八言不等。

二节拍的四言句带有很强的节奏感，是构成《诗经》整齐韵律的基本单位。四字句节奏鲜明而略显短促，重章叠句和双声叠韵读来又显得回环往复，节奏舒卷徐缓。《诗经》重章叠句的复沓结构，不仅便于围绕同一旋律反复咏唱，而且在意义表达和修辞上也具有很好的效果。《诗经》中的重章，许多都是整篇中同一诗章重叠，只变换少数几个词，来表现动作的进程或情感的变化。在意义上形成一个整体，一唱三叹，曼妙非常。

《诗经》的叠句，有的在不同诗章里叠用相同的诗句，如《豳风·东山》四章都用“我徂东山，慆慆不归。我来自东，零雨其濛”开头，《周南·汉广》三章都以“汉之广矣，不可泳思；江之永矣，不可方思”结尾。有的则是在同一诗章中，叠用相同或相近的诗句，如《召南·江有汜》，既是重章，又是叠句。三章在倒数第二、三句分别叠用“不我以”“不我与”“不我过”。

《诗经》的语言不仅具有音乐美，而且在表意和修辞上也具有很好的效果。《诗经》时代，汉语已有丰富的词汇和修辞手段，为诗人创作提供了很好的条件。《诗经》中数量丰富的名词，显示出诗人对客观事物有充分的认识。《诗经》对动作描绘的具体准确，表明诗人具体细致的观察力和驾驭语言的能力。如《周南·芣苢》，将采芣苢的动作分解开来，以六个动词分别加以表示：

采采芣苢，薄言采之。采采芣苢，薄言有之。
采采芣苢，薄言掇之。采采芣苢，薄言捋之。
采采芣苢，薄言袺之。采采芣苢，薄言襭之。

用六个动词——“采、有、掇、捋、袺、襭”，写采芣苢的一连串动作：开始寻找，找到，拾掇，取其子，撩起衣襟，收在衣襟里。鲜明生动，环节相接而流畅不滞，真实地描绘出采芣苢的过程，宛若实景。

后世常用的修辞手段，在《诗经》中几乎都能找到：夸张，如“谁谓河广，曾不容刀”（《卫风·河广》）；对比，如“女也不爽，士贰其行”（《卫风·氓》）；对偶，如“穀则异室，死则同穴”（《王风·大车》），等等。

《诗经》的语言形式形象生动，丰富多彩，往往能“以少总多”“情貌无遗”。雅、颂与国风在语言风格上有所不同。雅、颂多数篇章运用严整的四言句，极少杂言，而国风中杂言比较多。小雅和国风中，重章叠句运用得比较多，在大雅和颂中则比较少见。国风中用了很多语气词，如“兮”“之”“止”“思”“乎”“而”“矣”“也”等，这些语气词在雅、颂中也出现过，但不如国风中数量多且富于变化。国风中对语气词的驱遣妙用，增强了诗歌的形象性和生动性，达到了传神的境地。雅、颂与国风在语言上这种不同的特点，反映了时代、社会的变化，也反映出创作主体身份的差异。雅、颂多为西周时期的作品，出自贵族之手，体现了“雅乐”的威仪典重；而国风多为春秋时期的作品，有许多采自民间，更多地体现了新声的自由奔放，比较接近当时的口语。

（三）“诗”传统的影响

《诗经》是儒家的重要经典之一，是中华文化的瑰宝，也是中国古老文明的代表性典籍，更是全人类重要的文化遗产。西方汉学家这样评价：《诗经》与荷马史诗、莎士比亚戏剧在世界文学史上鼎足而立，具有难以估量的价值。作为中国上古文化的渊薮，《诗经》汇聚了传说、神话、巫术、礼仪、祭典、信仰、艺术原型、语言表象、名物制度、生活习俗、社会家庭组织形态等，是一部包罗万象的百科全书。

《诗经》在中国文学史上具有崇高的地位和深远的影响，奠定了中国诗歌的优良传统，中国诗歌艺术的民族特色由此肇端而形成。

1. 现实主义精神与传统

《诗经》立足于社会现实生活，没有虚妄与怪诞，极少超自然的神话，描述的祭祀、宴饮、农事是周代社会经济和礼乐文化的产物，对时政世风、战争徭役、婚姻爱情的叙写，展现的是周代政治状况、社会生活、风俗民情，这一“饥者歌其食，劳者歌其事”的精神传统为后世代代继承和发扬。

2. 抒情诗传统

从《诗经》开始，抒情诗成为诗歌的主要形式之一。《诗经》305 篇，基本上是抒情诗和叙事诗，抒情诗占多数。《诗经》中抒发的情感是真实的，抒情方式坦率自然，即所谓“饥者歌其食，劳者歌其事”。《诗经》中的叙事诗也大多包含作者的情感。以诗句抒发内心情感、以情感融于文字，成为中国古典诗歌的主流形式。

3. 风雅与文学革新

《诗经》中关注现实的热情、强烈的政治和道德意识、真诚积极的人生态度，被后人概括为“风雅”精神。后世诗人往往以倡导“风雅”精神为口号来进行文学革新。

4. 赋、比、兴的垂范

《诗经》中赋、比、兴的表现手法，在古代诗歌创作中一直被继承和发展着，成为中国古代诗歌的一个重要特点。《诗经》还以鲜明的事实证明了劳动人民的艺术创造才能。《诗经》重叠反复的形式，准确、形象、优美的语言，被后世诗人、作家大量吸收运用。《诗经》灵活多样的诗歌形式和生动丰富的语言也对后代各体文学产生了重要影响。

《诗经》的诞生（包括产生、采集与编成），首先在诗歌体裁形式上创立了中国诗歌史上的新体式——四言体。在《诗经》之前，诗歌虽说已经出现，但尚无自己固定的体式，且还流于口头形式，一般以二言为主；到《诗经》时，中国诗歌开始真正奠定了自己的创作格局，形成了相对稳定的体式，也就是说中国诗歌的真正起步，始于《诗经》时代。

《诗经》不仅创立了中国诗歌史上第一个有形的历史阶段——四言诗时期，而且这种体式影响了后世各代的诗歌创作。后代的五、七言诗，尤其是五言诗，是在它基础上的突破与扩展；即便在五、七言时代，也还有作者创作了不少四言诗，沿袭了《诗经》形式。从诗歌的节奏韵律上说，《诗经》也为后世诗歌

开创了先例，尤其是在诗歌的押韵形式与韵部等方面，为后世诗歌提供了范式与典型，这在诗歌创作史上具有重要的价值与意义。

更重要的是《诗经》在创作上首开写实的艺术风格——以其朴素、真切、生动的语言，逼真地刻画和表现了事物、人物及社会的特征，艺术地再现了社会的本质，为后世文学创作（尤其是诗歌创作）提供了艺术写真的楷模与借鉴范式。《诗经》为后世留下了立体的、具象的历史画卷，是一部丰富生动的上古时代百科全书。

二、泽畔行吟，文辞并发：楚辞

楚辞，其本义是指楚地的歌辞，后来逐渐固定为两种含义：一是诗歌的体裁。战国时期楚国大夫屈原吸收楚歌营养，创作出《离骚》等鸿篇巨制，后人仿效，名篇继出，成为一种有特点的文学作品，通称“楚辞”。二是指诗歌总集的名称。“楚辞”的名称，西汉初期已有之，至刘向乃编辑成集，东汉王逸作《楚辞章句》。（见图 1–2）集本原收战国时期楚人屈原、宋玉及汉代淮南小山、东方朔、王褒、刘向等人辞赋共 16 篇。后王逸增入自己的作品《九思》，成 17 篇。全书以屈原的作品为主，由于楚辞和汉代赋作之间的渊源关系，所以屈原作品又有“屈赋”之称。其余各篇大多承袭屈赋的形式，被称为“骚体”。以其运用楚地（即今湖南、湖北一带）的文学样式、方言声韵和风土物产等，

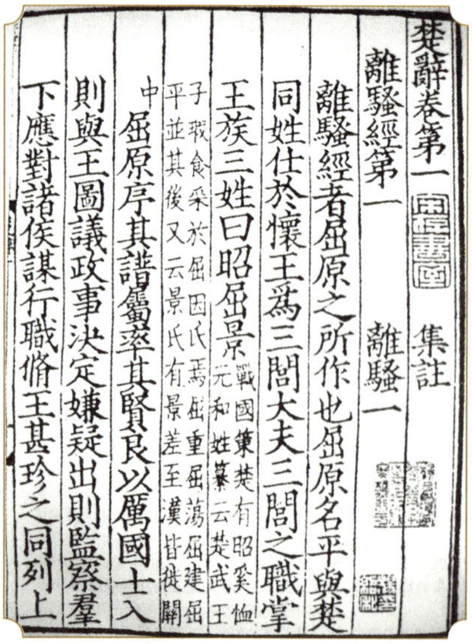
楚辭卷第一 集註
離騷經第一 離騷一
離騷經者屈原之所作也屈原名平與楚
同姓仕於懷王爲三閭大夫三閭之職掌
王族三姓曰昭屈景 戰國策楚有昭奚恤 元和姓纂云楚武王
子瑕食采於屈因氏焉屈重屈蕩屈建屈 平並其後又云景氏有景差至漢皆徙關
中 屈原序其譜屬率其賢良以厲國士入
則與王圖議政事決定嫌疑出則監察羣
下應對諸侯謀行職脩王甚珍之同列上

图 1–2　《楚辞集注》书影（宋端平刻本）

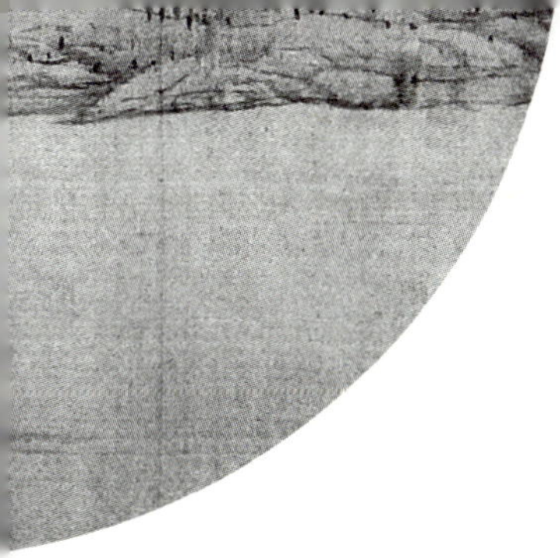

具有浓厚的地方色彩，在形式上与北方诗歌有明显区别，故名“楚辞”。

楚辞是在楚国民歌的基础上经过加工、提炼而发展起来的，有着浓郁的地方特色。楚国有悠久的历史，楚地巫风盛行，楚人以歌舞娱神，使得神话大量保存，诗歌、音乐迅速发展，楚地民歌中充满了原始的宗教气氛。所有这些影响使得楚辞具有楚国特有的音调、音韵，同时具有深厚的浪漫主义色彩和浓厚的巫文化色彩。

屈原（前 340 ~ 前 278 年），战国时期楚国诗人。芈姓，屈氏，名平，字原；又自云名正则，字灵均。屈原也是楚国重要的政治家，早年受楚怀王信任，任左徒、三闾大夫，兼管内政外交大事。他提倡“美政”，主张对内举贤任能，修明法度，对外力主联齐抗秦。因遭贵族排挤毁谤，被先后流放至汉北和沅湘流域。公元前 278 年，秦将白起攻破楚都郢（今湖北江陵），屈原悲愤交加，于当年五月初五怀石自沉于汨罗江，以身殉国。其代表作品有《离骚》《九歌》《九章》《天问》等。

《离骚》　“离骚”二字，东汉王逸释为：“离，别也；骚，愁也。”《离骚》以理想与现实的冲突为主线，以花草禽鸟的比兴和瑰奇迷幻的“求女”神境作象征，借助自传性回忆中的情感激荡和复沓纷至、倏生倏灭的幻境交替展开全诗。作品倾诉了诗人屈原对楚国命运和人民生活的关心，“哀民生之多艰”，叹奸佞之当道；主张“举贤而授能”“循绳墨而不颇”；提出“皇天无私阿”，对天命论进行批判。作品中大量的比喻和丰富的想象，表现出积极的浪漫主义精神，并开创了中国文学史上的“骚”体诗歌形式，对后世影响深远。

离　骚（节选）

帝高阳之苗裔兮，朕皇考曰伯庸。摄提贞于孟陬兮，惟庚寅吾以降。皇览揆余初度兮，肇锡余以嘉名：名余曰正则兮，字余曰灵均。

……

日月忽其不淹兮，春与秋其代序。惟草木之零落兮，恐美人之迟暮。

不抚壮而弃秽兮，何不改乎此度？乘骐骥以驰骋兮，来吾道夫先路！

……

老冉冉其将至兮，恐修名之不立。朝饮木兰之坠露兮，夕餐秋菊之落英。

……

亦余心之所善兮，虽九死其犹未悔。怨灵修之浩荡兮，终不察夫民心。众女嫉余之蛾眉兮，谣诼谓余以善淫。固时俗之工巧兮，偭规矩而改错。背绳墨以追曲兮，竞周容以为度。

……

朝发轫于苍梧兮，夕余至乎县圃。欲少留此灵琐兮，日忽忽其将暮。吾令羲和弭节兮，望崦嵫而勿迫。路漫漫其修远兮，吾将上下而求索。

……

世溷浊而不分兮，好蔽美而嫉妒。朝吾将济于白水兮，登阆风而緤马。忽反顾以流涕兮，哀高丘之无女。溘吾游此春宫兮，折琼枝以继佩。

……

国无人莫我知兮，又何怀乎故都！既莫足与为美政兮，吾将从彭咸之所居。

屈原在《离骚》中成功地塑造了中国文学史上第一个形象丰满、个性鲜明的抒情主人公形象，体现了屈原的伟大思想和崇高人格。《离骚》继承并发展了《诗经》的比兴传统，但更有广度和深度，它较多地运用比喻，构成庞大的比兴系统；更为注意比兴中“此物”与“彼物”的内在联系，用作比喻的事物与全篇所表达的内容统一，富有象征性。如诗中用“美人”“荃”（香草）喻指楚怀王，用“众芳”及“椒”“桂”“蕙”“茝”四种植物喻群贤，等等，把比兴与表现的内容合而为一，使诗中的名物具有了象征意义。

《离骚》吸取楚地民歌的语言特点，打破了《诗经》的四言句式，把句式加长，扩大了诗歌的容量。屈原不仅采用灵活变化的民歌句法，又在此基础上吸收了战国时散文的句法，在作品中使用了“路漫漫”“长太息”等，从而创造了一种节奏分明而参差错落的杂言句式。一般来说，《诗经》中的诗以四字句为典型句式，句中是二二节奏；《离骚》的典型句是五、六字句，句中常常是三三或三二节奏，构成灵活多变的自由体，语言节奏自有独到的妙处。交叉使用五字句、六字句、七字句、九字句，通过字数的增加与减少，有意造成跌宕起伏的语言节奏；又大量使用双音实义二字结构和联绵词，如“耿介”“謇謇”“冉冉”“郁邑”“岌岌”“菲菲”“歔欷”“逍遥”“啾啾”等。双声、叠韵、重言，错杂相间，极大地丰富了诗歌的节奏感和音调美，形成《离骚》特殊的语言形式美。

《诗经》中的“兮”字一般用在句末，如“巧笑倩兮”“美目盼兮”，是“兮”字的典型句式；还有的用在句中，如“宽兮绰兮”“伯兮朅兮”，但是这样的用法相对来说只占少数。到屈原的作品，“兮”字用得更为广泛，而且有比较严格的规律性。用“兮”虽然不是屈原作品的专长，但是用得奇特、富有创造性，并因此成为作品语言形式的一个突出特点，是屈原划时代的创造。从《离骚》来看，两句用一“兮”字，用在奇句末尾，主要作用是强化情感、延长音节、调整节奏，增强诗歌语言的音乐美。

《离骚》对中国文学的发展产生了重要影响。在汉代以后，后世文人无不对屈原推崇备至。究其原因，似可归功于屈原那砥砺不懈、特立独行的节操以及在逆境之中敢于坚持真理、反抗黑暗统治的精神。屈原的遭遇是中国封建时代正直的文人士子普遍经历过的，因此，屈原的精神能够得到广泛的认同。

《天问》 《天问》是屈原除《离骚》之外的另一首长诗，也是其代表作之一。《天问》通篇是屈原对于天地、自然和人世等一切事物现象的发问。诗篇从天地离分、阴阳变化、日月星辰等自然现象，一直问到神话传说乃至圣贤凶顽和战乱兴衰等历史故事，表现了屈原对某些传统观念的大胆怀疑以及他追求真理的探索精神。

天　问（节选）

曰：遂古之初，谁传道之？上下未形，何由考之？冥昭瞢暗，谁能极之？冯翼惟象，何以识之？明明暗暗，惟时何为？阴阳三合，何本何化？圜则九重，孰营度之？惟兹何功，孰初作之？斡维焉系，天极焉加？八柱何当，东南何亏？九天之际，安放安属？隅隈多有，谁知其数？天何所沓？十二焉分？日月安属？列星安陈？出自汤谷，次于蒙汜。自明及晦，所行几里？夜光何德，死则又育？

……

地方九则，何以坟之？河海应龙？何尽何历？鲧何所营？禹何所成？康回冯怒，墬何故以东南倾？九州安错？川谷何洿？东流不溢，孰知其故？东西南北，其修孰多？南北顺椭，其衍几何？

……

成汤东巡，有莘爰极。何乞彼小臣，而吉妃是得？水滨之木，得彼小子。夫何恶之，媵有莘之妇？

……

屈原被逐，心中忧愁憔悴。彷徨于川泽之间，游荡在平原丘陵之上。仰面叹息，向苍穹发出呼号。诗人见到楚国先王的宗庙以及王室公卿的祠堂，墙壁上描绘着主宰天地山川的神灵，画面瑰奇美丽，形象神奇怪异，又有描绘古代圣君贤王行事的图画，于是在墙壁上书写了“问”天的文字，以抒发心中的愤懑之情。从全诗的结构及内容来看，《天问》是一首以四字句为基本格式的长诗，对天文、地理、历史、哲学等许多方面提出了100多个问题，这些问题有许多是在屈原那个时代尚未解决而他又怀疑的，也有明知故问的。《天问》以新奇的艺术手法表现精深的内容，奇绝的内容显示出屈原惊人的艺术才华，表现了诗人非凡的学识和超卓的想象力。

《九歌》　“九歌”原为汉族神话传说中的一种远古歌曲的名称。屈原的《九歌》是根据汉族民间祭神乐歌改作或加工而成的（见图 1–3），共 11 篇：《东皇太一》《云中君》《湘君》《湘夫人》《大司命》《少司命》《东君》《河伯》《山鬼》《国殇》《礼魂》。《国殇》一篇，是悼念和颂赞为楚国而战死的将士；其他多数篇章，则皆描写神灵间的眷恋，表现出深切的思念或所求未遂的伤感。如：

图 1–3　元 · 张渥《湘夫人》

湘夫人

帝子降兮北渚，目眇眇兮愁予；袅袅兮秋风，洞庭波兮木叶下；登白薠兮骋望，与佳期兮夕张；鸟何萃兮蘋中，罾何为兮木上？沅有芷兮澧有兰，思公子兮未敢言；荒忽兮远望，观流水兮潺湲；麋何食兮庭中，蛟何为兮水裔；朝驰余马兮江皋，夕济兮西澨；闻佳人兮召予，将腾驾兮偕逝；筑室兮水中，葺之兮荷盖；荪壁兮紫坛，播芳椒兮成堂；桂栋兮兰橑，辛夷楣兮药房；罔薜荔兮为帷，擗蕙櫋兮既张；白玉兮为镇，疏石兰兮为芳；芷葺兮荷屋，缭之兮杜衡；合百草兮实庭，建芳馨兮庑门；九嶷缤兮并迎，灵之来兮如云；捐余袂兮江中，遗余褋兮澧浦；搴汀洲兮杜若，将以遗兮远者；时不可兮骤得，聊逍遥兮容与！

《九歌》是屈赋中最精美、最富魅力的诗篇。它代表了屈原艺术创作的最高成就。《九歌》以楚国宗祖的功德和英雄业绩为诗，以山川神祇和自然风物为诗，以神话故事和历史传说为诗，淋漓尽致地抒发了诗人忠君爱国、忧世伤时的愁苦心情和“荡志而愉乐”“聊以舒吾忧心”“寓情草木，托意男女”及“吟

咏情性，以风其上”的心旨。《九歌》是以娱神为目的的祭歌，它所塑造的艺术形象，表面上是超人间的神，实质上则是现实中人的神化，在人物感情的刻画和环境气氛的描述上，既活泼优美，又庄重典雅，充满着浓厚的生活气息。

《九章》 《九章》包括9篇作品。依王逸《楚辞章句》的次序，分别是：《惜诵》《涉江》《哀郢》《抽思》《怀沙》《思美人》《惜往日》《桔颂》《悲回风》。其内容与风格可与《离骚》列为一组，大都是有事可据，有义可陈，重在表现作者内心的情愫。

屈原作品的风貌和《诗经》明显不同。这与长江流域和黄河流域的民风不同有关。当时，北方早已进入宗法社会，而楚地尚有氏族社会的遗风，民性强悍，思想活泼，不为礼法所拘。所以，抒写男女情思、志士爱国是如此直切，而使用的材料又是如此丰富，万物皆可入笔入诗。写人神之恋，写狂怪之士，写远古历史传说，写与天神鬼怪游观，一切神都具有民间普通的人性，神也不过是超出常人的人而已。它们使作品显得色泽艳丽，情思馥郁，气势奔放。这样的作品表现了与北方文学不同的特色。

屈原的作品充满了积极的浪漫主义精神。其主要表现是他将对理想的热烈追求融入了艺术的想象和神奇的意境之中。作为一个伟大的诗人，屈原的出现不仅标志着中国诗歌进入了一个由集体歌唱到个人独创的新时代，而且他所开创的新诗体——楚辞，突破了《诗经》的表现形式，极大地丰富了诗歌的表现力，为中国古代的诗歌创作开辟了一片新天地。后人也因此将《楚辞》与《诗经》并称为“风骚”。“风骚”是中国诗歌史上现实主义和浪漫主义两大优良传统的源头。同时，以屈原为代表的楚辞还影响到汉赋的形成。

《楚辞》对中国文学的发展有极其深广的影响，几乎每个文学领域，各个不同体裁的文学都不同程度地存在它的身影。在楚人建立汉王朝定都关中后，“楚辞”产生了更大的影响，不断传习、发展，北方的文学逐渐楚化，新兴的五、

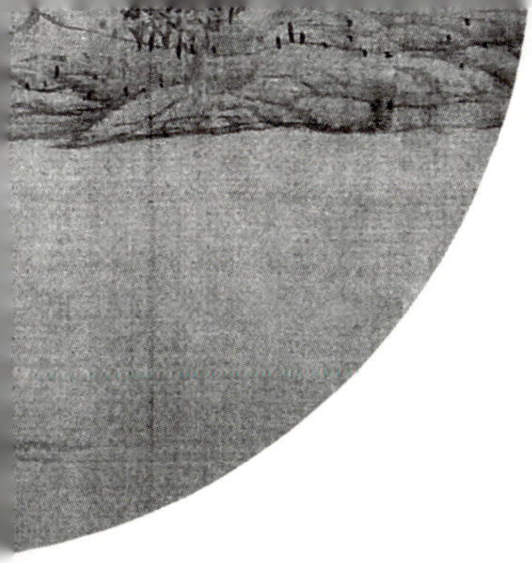

七言诗都和楚骚有关。汉代的赋作家无不受“楚辞”影响，汉以后“绍骚”之作，历代都有。至于诗人屈原，更是影响世代文人。后代作家往往用屈原的诗句抒发自己胸中的块垒，甚至用屈原的遭遇自喻，这是屈原文学的直接发展。此外，以屈原生平事迹为题材的诗、词、曲、戏剧、话本等，绘画艺术中如屈原像、《九歌图》《天问图》等，也难以数计。

第二章 辞赋

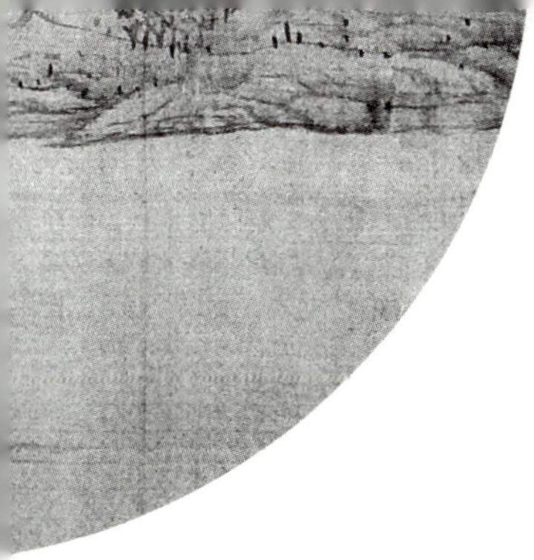

赋作为一种文体兴起于先秦，繁盛于汉代，是汉代文学的代表样式。从形式上看，赋不是诗或词，也不是文或曲，但又兼有诗、文的一些特点，如句式或工整或骈散，夸饰铺排，兼用对偶、押韵等。关于“赋”这种文体，刘勰《文心雕龙·诠赋》说：“赋也者，受命于诗人，拓宇于楚辞也。于是荀况《礼》《智》，宋玉《风》《钓》，爰锡名号，与诗画境，六义附庸，蔚成大国。遂客主以首引，极声貌以穷文。斯盖别诗之原始，命赋之厥初也。”“赋自诗出，分歧异派。写物图貌，蔚似雕画。”班固在《两都赋》序中也说：“赋者，古诗之流也。”可以肯定的是，《诗经》、楚辞、先秦散文等早期文学样式都是赋体的孕育源泉，赋兼有诗、文等各体特征就很自然了。

在中国古代文学发展史中，汉赋同唐诗、宋词、元曲一样，在文体前标明时代，说明这一文体在当时达到了高峰。王国维在《宋元戏曲史》序中说：“凡一代有一代之文学，楚之骚，汉之赋，六代之骈语，唐之诗，宋之词，元之曲，皆所谓一代之文学，而后世莫能继焉者也。”①

从内容和表现形式看，汉赋大体可分为两大类：一类以抒情为主，体制基本与楚辞相类，这类作品一般称之为“辞”或“骚”，即“骚体赋”；另一类以状物为主，铺排夸饰，竞采骋文，即一般所说的“汉大赋”的典型。东汉后期，汉赋发生了一些变化，一种句法仍类似大赋，但篇幅比较短小，铺叙描摹略简而抒情有所增益的赋作渐趋旺势，一般将这类作品称为“抒情小赋”。

汉赋从题材上大致可分为五类：一是游猎类，以描写皇帝或贵族的狩猎为主，如司马相如的《子虚赋》《上林赋》，扬雄的《长杨赋》《羽猎赋》等。二是以描写城市宫殿为主，如班固的《两都赋》、张衡的《两京赋》等。三是记行类，以记叙旅途经历、见闻为主，如班彪的《北征赋》、蔡邕的《述行赋》等。四是述志类，以抒发个人怀才不遇之情为主，如贾谊的《吊屈原赋》、班固的《幽

① 王国维著，杨扬校订：《宋元戏曲史·序》，华东师范大学出版社 1995 年版，第 1 页。

通赋》、张衡的《思玄赋》等。五是咏物类，以描写风云山水、花鸟草虫为主，如马融的《长笛赋》、王褒的《洞箫赋》等。枚乘、司马相如、王褒、扬雄在文学发展史上被奉为汉赋正宗。枚乘的《七发》标志着汉大赋的正式形成。司马相如的《子虚赋》和《上林赋》是最典型的作品。

一、感愤追怀，尽抒情志：骚体赋

骚体赋从楚辞发展而成，形式上近于屈原、宋玉一体。骚体赋抒情浓郁，句尾多缀有“兮”“些”等楚地方言调节音韵，有散文化的倾向，实际上是楚辞的发展和变种。因此，汉代人常把它的产生发展同楚辞紧密相连，称为“辞赋”。骚体赋多是文士为抒发怀才不遇、胸有块垒难以消解之感喟而作。

汉代骚体赋大体经历了三个发展阶段：首倡者是西汉初年的贾谊，代表作有《吊屈原赋》《鹏鸟赋》，作品善于运用比兴，情感节律与语言节律相与抑扬，有着较为明显的楚辞痕迹。

贾谊 贾谊少有才名，18 岁时，以善文为郡人所称。（见图 2–1）20 余岁被文帝召为博士，很快迁太中大夫，后受排挤，谪为长沙王太傅，故后世亦称“贾长沙”“贾太傅”。后被召回长安，为梁怀王太傅。梁怀王坠马而死，贾谊深感歉疚，抑郁而亡，时仅 33 岁。司马迁对屈原、贾谊都寄予同情，在《史记》中为二人合传，故后世往往把贾谊与屈原并称为“屈贾”。

图 2–1 贾谊像

《吊屈原赋》作于他出任长沙王太傅途经湘江时。历屈原放逐所经之地，贾谊对前代这位竭诚尽忠以事其君的诗人的不幸遭遇深致伤悼，遂作此赋。此赋是汉初文坛的重要作品，是以骚体写成的抒怀之作，也是汉人最早的“吊屈”之作，开汉代辞赋家追怀屈原的先河。文曰：

恭承嘉惠兮，俟罪长沙。侧闻屈原兮，自沉汨罗。造讬湘流兮，敬吊先生。遭世罔极兮，乃殒厥身。呜呼哀哉！逢时不祥。鸾凤伏窜兮，鸱枭翱翔。阘茸尊显兮，谗谀得志。贤圣逆曳兮，方正倒植。……国其莫我知兮，独壹郁其谁语？凤漂漂其高逝兮，固自引而远去。袭九渊之神龙兮，沕深潜以自珍。

贾谊在赋中对屈原的遭遇表示深切悼惜，其实就是对自身处境的伤感，因为两人的经历有着太多的相似之处，他是将自己心中的愤慨不平与屈原的忧愁幽思融会在一起，以表达对世间贤人失意、小人得志这种不公平状况的极大不满。但他不赞同屈原以身殉国的做法，认为屈原最终的不幸在于他未能“自引而远去”。他主张“远浊世而自藏”，以此保全自己，这才合乎“圣人之神德”。

此赋描写出一个善恶颠倒、是非混淆的黑暗世界，借哀悼屈原的遭遇来发泄自己的怀才不遇之情，艺术上激昂感愤，余音浏亮，风格近似屈原的《离骚》和《九章》。刘勰《文心雕龙·哀吊》评曰：“贾生浮湘，发愤吊屈，体同而事核，辞清而理哀，盖首出之作也。”

《鹏鸟赋》为贾谊谪居长沙时所作。贾谊在长沙做了三年太傅，长沙气候潮湿，贾谊颇有不适。有只鹏鸟偶然飞进他的住所，鹏鸟长得很像猫头鹰，人们认为鹏鸟是不祥之鸟。贾谊心中原本就觉得苦闷，于是以写赋来自我安慰：

万物变化兮，固无休息。斡流而迁兮，或推而还。形气转续兮，变化而嬗。沕穆无穷兮，胡可胜言！祸兮福所依，福兮祸所伏。忧喜聚门兮，吉凶同域。……

此赋借与鹏鸟问答以抒发自己忧愤不平的情绪，并以老庄的齐生死、等祸福的思想自我解脱。其中引用了很多道家思想，如：物相转化、福祸无常，生命的偶然性和死亡的超然性等，达人、至人与世俗之人对人生追求的不同看法等。似乎都在渲染一种人生短暂、生命渺小和具有不确定性的人生感受，一种无欲

无求、幽远宁静的生活态度。作者在感伤身世的同时表述人生祸福无常，故应“生不足悦，死不足患”“知命不忧”，表现的是乐观而豁达的精神世界。文曰：

且夫天地为炉兮，造化为工；阴阳为炭兮，万物为铜。合散消息兮，安有常则？千变万化兮，未始有极！忽然为人兮，何足控抟；化为异物兮，又何足患！小智自私兮，贱彼贵我；达人大观兮，物无不可。……

虽然在文章中潇潇洒洒、海阔天空，其实作者的真实状态却是为怀才不遇而悲愤、为身心疲惫而感伤、为前途未卜而惆怅。正是这悲愤促使其在文章中处处反其道而行之，于是写得越欢娱，就越反衬出现实的凄凉；写得越洒脱，就越反衬出无力割舍的迷茫。

艺术表现方面，此赋以议论为主，抒写对生命忧患的思考，阐发人生哲理。作者因物兴感，由感生理，由理见情；情理交融，文笔潇洒，格调深沉。且笔力劲健，一气呵成。《鹏鸟赋》的形式十分奇特，它以人鸟对话形式展开。这种形式受到庄子寓言的影响，同时也开汉赋主客问答体式之先河。此赋以整齐的四言句为主，语言精审凝练，也有散文化的倾向，是向汉大赋过渡的表现。

骚体赋的第二阶段是武帝时代。此时期骚体赋揉进了三、四言句式。淮南小山《招隐士》句式参差不齐，形象诡异，情景奇特，是其代表。

淮南小山　“淮南小山”是西汉淮南王刘安的一部分门客的共称。今仅存辞赋《招隐士》一篇，始见于东汉王逸的《楚辞章句》，题为淮南小山作，然而萧统《文选》则题刘安作。王逸《楚辞章句·招隐士序》称：“昔淮南王安博雅好古，招怀天下俊伟之士。自八公之徒，咸慕其德而归其仁，各竭才智，著作篇章，分造辞赋，以类相从，故或称‘小山’，或称‘大山’……”近世学者多以为类似现在的集体笔名。

招隐士（节选）

桂树丛生兮山之幽，偃蹇连蜷兮枝相缭。山气巃嵸兮石嵯峨，溪谷崭岩兮水曾波。猿狖群啸兮虎豹嗥，攀援桂枝兮聊淹留。王孙游兮不归，春草生兮萋萋。岁暮兮不自聊，蟪蛄鸣兮啾啾。……

虎豹斗兮熊罴咆，禽兽骇兮亡其曹。王孙兮归来，山中兮不可以久留。

作者采用夸张、渲染的手法，极写深山荒谷的幽险和虎啸猿悲的凄厉，造成触目惊心的艺术境界，成功地表达了渴望隐居的“王孙”早日归还的急切心情。其艺术构思似受到《楚辞·招魂》的影响。通篇感情浓郁，意味深永，音节谐和，像“王孙游兮不归，春草生兮萋萋。岁暮兮不自聊，蟪蛄鸣兮啾啾”这样的句子，优美动人，历来为人传诵。

骚体赋的第三阶段是西汉中期以后。此时期骚体赋逐渐定型，严忌的《哀时命》、东方朔的《七谏》、王褒的《九怀》等是典范之作。

东方朔　东方朔（生卒年不详），本姓张，字曼倩。汉武帝即位，征四方士人。东方朔上书自荐，诏拜为郎，后任常侍郎、太中大夫等职。他性格诙谐，言词敏捷，滑稽多智，常在武帝前谈笑取乐。他曾言政治得失，陈农战强国之计，但当时的皇帝始终把他当俳优看待，不以重用。

东方朔一生著述甚丰，有《答客难》《非有先生论》等名篇。其名篇《七谏》，由《初放》《沉江》《怨世》《怨思》《自悲》《哀命》《谬谏》七首短诗组成，表现了屈原忠而被谤、信而见疑、无辜放逐、最终投江的悲剧一生，也反映了东方朔怀才不遇、愤世嫉俗的心境，是封建时代正直之士普遍的遭遇和典型的心态。

二、铺张扬厉，竞采骋文：汉大赋

大赋，又叫“散体大赋”，是汉赋的典型形式。兴起于汉初，衰落于汉末，历时400多年。汉大赋结构宏大，气势恢宏，辞藻华丽，往往是成千上万言的鸿篇巨制。形式上采用主客问答体，其句式以四言、六言为主，但也有五言、七言或更长的句子，词汇丰富，文采华茂，韵散夹杂。在篇章结构上，汉大赋一般都有三部分，即序、本文和被称作“乱”的结尾。在内容上以状物为主，

以铺叙渲染帝王、贵族生活为手段，以“润色鸿业”为目的；兼有讽喻劝谏，以微刺帝王、贵族淫奢为旨归。大赋在艺术上最突出的特点，就是采用铺张扬厉的手法和丰辞缛藻、穷极声貌来大肆铺陈，显示了绵密细致、富丽堂皇的风格特征。

西汉前期至东汉中叶的赋，随着枚乘《七发》的出现而分流：一是骚体赋继续发展，代表作为董仲舒的《士不遇赋》、司马迁的《悲士不遇赋》等，趋势是由强到弱；另一种是枚乘的《七发》，结构宏大，文辞富丽，标志着汉代散体大赋的正式形成。此后约200年间，沿着《七发》的新倾向形成了以铺张描写为能事，追求形式主义的巨浪狂波，出现了以司马相如、扬雄、班固、张衡（史称“汉赋四大家”）为代表的辞赋大家，作品繁多，标志着汉赋的发展达到顶峰。

枚乘《七发》 枚乘的《七发》假设楚太子有病，吴客前去探望，通过互相问答，构成七大段文字。此赋是汉大赋的发端之作，对后世有很大影响。主客问答的形式，连写七件事的结构方式，为后世所沿袭，形成赋中的“七体”。文曰：

楚太子有疾，而吴客往问之，曰：“伏闻太子玉体不安，亦少间乎？”太子曰：“惫！谨谢客。”客因称曰：“今时天下安宁，四宇和平，太子方富于年。意者久耽安乐，日夜无极，邪气袭逆，中若结轖。纷屯澹淡，嘘唏烦酲，惕惕怵怵，卧不得瞑。虚中重听，恶闻人声，精神越渫，百病咸生。聪明眩曜，悦怒不平。久执不废，大命乃倾。太子岂有是乎？”

……

客曰：“龙门之桐，高百尺而无枝。中郁结之轮菌，根扶疏以分离。上有千仞之峰，下临百丈之溪。湍流溯波，又澹淡之。其根半死半生。冬则烈风漂霰、飞雪之所激也，夏则雷霆、霹雳之所感也。朝则鹂黄、鳱鴠鸣焉，暮则羁雌、迷鸟宿焉。独鹄晨号乎其上，鹍鸡哀鸣翔乎其下。于是背秋涉冬，使琴挚斫斩以为琴，野茧之丝以为弦，孤子之钩以为隐，九寡之珥以为约。使师堂操《畅》，伯子牙为之歌。……此亦天下之至悲也，太子能强起听之乎？”太子曰：“仆病未能也。”

……

客曰：“将为太子奏方术之士有资略者，若庄周、魏牟、杨朱、墨翟、便蜎、詹何之伦，使之论天下之精微，理万物之是非。孔、老览观，孟子筹之，万不失一。此亦天下要言妙道也，太子岂欲闻之乎？”

于是太子据几而起，曰：“涣乎若一听圣人辩士之言。”涊然汗出，霍然病已。

吴客认为楚太子的病因在于贪欲过度，享乐无时，不是一般用药和针灸可以治愈的，只能“以要言妙道说而去也”。吴客通过向太子描述音乐之悲、饮食之美、车马之骏、游观之乐以及政猎之壮、观涛之奇六件事，用来启发、诱导太子，但太子的病还是不见好，回答都是“仆病未能也”。直到最后，吴客以给太子引荐“有资略”的“方术之士”，让太子听“天下要言妙道”，结果太子精神大作，病体痊愈。此赋虽为游戏之作，但作品的主旨在于劝诫贵族子弟不要沉溺于安逸享乐，表达了作者对贵族集团腐朽纵欲的不满。只不过作者用力于渲染夸饰、骋辞竞丽，讽喻之旨反而甚微。

《七发》的艺术特色是用铺张、夸饰的手法来穷形尽相地描写事物，其语汇丰富，辞藻华美，结构宏阔，富于气势。后来沿袭《七发》体式而写的作品很多，如傅毅《七激》、张衡《七辩》、王粲《七释》、曹植《七启》、陆机《七徵》、张协《七命》等等。因此，在赋史上，“七”成为一种专体。

司马相如《子虚赋》《上林赋》 典型的汉大赋是宫廷文学，其内容多为为天子歌功颂德，描写国家的富强、宫室苑囿的宏丽、水陆物产的丰饶、帝王生活的奢侈等等。司马相如的名篇《子虚赋》《上林赋》代表了汉代散体大赋的最高成就。这两篇赋虽非一时一地之作，但内容上前后相接，因此司马迁在《史记》里将它们视为一篇，名之为《天子游猎赋》。

《子虚赋》作于汉景帝年间，此时司马相如为梁孝王宾客，赋的主题以这一时期道家“虚静”思想为旨归。此赋写楚国的子虚先生出使齐国，齐王问及楚国，子虚先生极力铺排楚国的广大丰饶，以至云梦不过是其后花园之一角；乌有先生不服，便对以齐国之大海名山、异方殊类，傲视子虚。赋的主要意义是通过夸张渲染的描写，表现有汉一代王朝的强大声威和雄伟气魄。文曰：

“……臣闻楚有七泽，尝见其一，未睹其余也。臣之所见，盖特其小小耳者，名曰云梦。云梦者，方九百里，其中有山焉。其山则盘纡茀郁，隆崇嵂崒；岑崟参差，日月蔽亏；交错纠纷，上干青云；罢池陂陀，下属江河。其土则丹青赭垩，雌黄白坿，锡碧金银，众色炫耀，照烂龙鳞。其石则赤玉玫瑰，琳瑉琨吾，瑊玏玄厉，碝石碔玞。其东则有蕙圃：衡兰芷若，芎䓖昌蒲，茳蓠麋芜，诸柘巴苴。其南则有平原广泽，登降陁靡，案衍坛曼，缘以大江，限以巫山；其高燥则生葴菥苞荔，薛莎青薠。其埤湿则生藏莨蒹葭，东蔷雕胡，莲藕觚卢，奄闾轩于，众物居之，不可胜图。其西则有涌泉清池，激水推移，外发芙蓉菱华，内隐钜石白沙；其中则有神龟蛟鼍，瑇瑁鳖鼋。其北则有阴林：其树楩柟豫章，桂椒木兰，蘗离朱杨，樝梨梬栗，橘柚芬芳；其上则有鹓雏孔鸾，腾远射干；其下则有白虎玄豹，蟃蜒貙犴。……”

乌有先生曰：“是何言之过也！……齐东陼钜海，南有琅邪，观乎成山，射乎之罘；浮勃澥，游孟诸；邪与肃慎为邻，右以汤谷为界。秋田乎青丘，彷徨乎海外。吞若云梦者八九于其胸中，曾不蒂芥。若乃俶傥瑰伟，异方殊类，珍怪鸟兽，万端鳞崪，充牣其中，不可胜记。禹不能名，卨不能计。然在诸侯之位，不敢言游戏之乐，苑囿之大；先生又见客，是以王辞不复，何为无以应哉！”

《子虚赋》前三段写云梦泽的地理风貌和自然富有，中间四段写楚王游猎云梦之乐，最后一段写乌有先生对子虚的批判，归结讽谏主题。前两个部分列述奢侈淫游的种种表现，后一部分揭示淫逸奢侈的危害。此赋极尽铺张扬厉之能事，辞藻丰富，描写工丽，散韵相间。与《上林赋》构成姊妹篇，标志着汉大赋的成熟。

《上林赋》写亡是公听了子虚、乌有先生争夸诸侯“苑囿之大，游戏之乐”后，以天子代表身份，讲了一番诸侯国应纳贡述职、封疆禁淫的道理；然后批评子虚、乌有两君“不务明君臣之义，正诸侯之礼，徒事争于游猎之乐，苑囿之大，欲以奢侈相胜，荒淫相越”，并指出这样做“不可以扬名发誉，而适足以贬君自损也”。接着，他又把汉天子上林苑的“巨丽”以及汉天子游猎的无比壮阔的场面大肆渲染了一番。之后，亡是公又描写了汉天子在“酒中乐酣”之时幡然省悟：“此大奢侈！……非所以为继嗣创业垂统也。”于是下令解酒罢猎，废除上林苑，交百姓使用。亡是公对诸侯、天子的纵欲政猎还进行了尖锐的批评，指出这是“务在独乐，不顾众庶；忘国家之政，贪雉兔之获，则仁者不繇”的奢侈行为。

宫廷猎苑赋的主体内容表现了汉代帝王的独特生活方式，结尾委婉地表达了作者惩奢劝俭的用心，有讽谏之意。扬雄评价汉大赋的这个“尾巴”实际上起了“劝百而风一”[1]的作用。汉大赋艺术表现的特点是铺张扬厉，极尽铺排、夸饰之能事，讲究声音美和字形的排列美，僻字堆叠，辞藻华丽，气势宏阔，描写不厌其细而又极度夸张。不过汉大赋虽然富丽堂皇，形式却略显板滞，文学韵味不足，加上堆砌辞藻，艰涩难懂，不易引起读者的兴味。司马相如的这两篇作品对后世影响极大，后来一些描写宫苑、田猎、巡游的大赋都有效仿。

扬雄《羽猎赋》《长杨赋》 扬雄早年崇拜司马相如，曾模仿司马相如的《子虚赋》《上林赋》作《甘泉赋》《羽猎赋》《长杨赋》。晚年，扬雄对赋有了新的认识，称其为“童子雕虫篆刻”“壮夫不为”，并认为自己早年的赋也和司马相如的一样，是“劝百而风一”。

① 《汉书·司马相如传》。

班固《两都赋》　东汉班固《两都赋》分《西都赋》《东都赋》两篇，开创了京都赋的范例。据其自序，自东汉建都洛阳后，“西土耆老”希望仍以长安为首都，班固因作此赋以驳之。《西都赋》由假想人物西都宾叙述长安地势险要、物产富庶、宫廷华丽等情况，以暗示建都长安的优越性；《东都赋》则由另一假想人物东都主人对东汉建都洛阳后的各种政治措施进行美化和歌颂，意谓洛阳当时的盛况无可比拟，已远远超过了西汉首都长安。后来张衡《二京赋》、左思《三都赋》，在形式上皆受其影响。

两都赋并序

或曰：“赋者，古诗之流也。”昔成、康没而颂声寝，王泽竭而诗不作。大汉初定，日不暇给。至于武、宣之世，乃崇礼官，考文章。内设金马、石渠之署，外兴乐府、协律之事。以兴废继绝，润色鸿业。……故言语侍从之臣，若司马相如、吾丘寿王、东方朔、枚皋、王褒、刘向之属，朝夕论思，日月献纳。而公卿大臣御史大夫……时时间作。或以抒下情而通讽谕，或以宣上德而尽忠孝，雍容揄扬，著于后嗣，抑亦《雅》《颂》之亚也，故孝成之世，论而录之。……斯事虽细，然先臣之旧式，国家之遗美，不可阙也。臣窃见海内清平，朝廷无事，京师修宫室，浚城隍，起苑囿，以备制度。西土耆老，咸怀怨思，冀上之眷顾，而盛称长安旧制，有陋雒邑之议。故臣作《两都赋》，以极众人之所眩曜，折以今之法度。

……

汉之西都，在于雍州，实曰长安。左据函谷、二崤之阻，表以太华、终南之山。右界褒斜、陇首之险，带以洪河、泾渭之川。众流之隈，汧涌其西。华实之毛，则九州之上腴焉。防御之阻，则天下之隩区焉。是故横被六合，三成帝畿，周以龙兴，秦以虎视。

……

其宫室也，体象乎天地，经纬乎阴阳。据坤灵之正位，放太紫之圆方。

树中之华阙，丰冠山之朱堂。因瑰材而究奇，抗应龙之虹梁。列棼橑以布翼，荷栋桴而高骧。雕玉瑱以居楹，裁金壁以饰珰。发五色之渥彩，光焰朗以景彰。于是左墄右平，重轩三阶。闺房周通，门闼洞开。列钟虡于中庭，立金人于端闱。仍增崖而衡阈，临峻路而启扉。徇以离殿别寝，承以崇台闲馆，焕若列星，紫宫是环。

……

（东都赋）于是圣皇乃握乾符，阐坤珍，披皇图，稽帝文，赫然发愤，应若兴云，霆击昆阳，凭怒雷震。遂超大河，跨北岳，立号高邑，建都河、洛。绍百王之荒屯，因造化之荡涤，体元立制，继天而作。系唐统，接汉绪，茂育群生，恢复疆宇，勋兼乎在昔，事勤乎三五。岂特方轨并迹，纷纷后辟，治近古之所务，蹈一圣之险易云尔哉。……

班固的《两都赋》仿照《子虚赋》《上林赋》的结构方式，合而为一，又相对独立成篇。从主导思想上说，他不从规模和繁华的程度上贬西都而褒东都，而是从礼法的角度，从制度上衡量，指出此前赞美西都的西都宾所述西都的壮丽繁华实为奢淫过度而无益于天下。《西都赋》写长安都城之壮丽宏大，宫殿之奇伟华美，后宫之奢侈淫靡，也极尽铺排之能事，着实表现了作者写骋辞大赋的才能。但结果却不是写得越奢华便越体现作者对它的赞扬，而是折之以法度，衡之以王制。《东都赋》写洛阳，虽也写宫室、田猎的内容，但比较概括，宣扬“宫室光明，阙庭神丽，奢不可逾，俭不能侈”，“顺时节而蒐狩，简车徒以讲武，则必临之以王制，考之以风雅”。

因为《两都赋》写长安与洛阳两都的形胜、制度、文物等，同《子虚赋》《上林赋》仅写田猎相比，内容要更为丰富、开阔，也更能集中、多角度、多方面地展现一个时代政治、经济、文化的发展状况，因而后世不时有人加以模拟，遂成“京都赋”类型。南朝梁萧统编《昭明文选》，把“赋”分为十五类，“京都赋”列第一类。

张衡《二京赋》 东汉张衡学习班固赋作，作《二京赋》，包括《西京赋》《东京赋》两篇。二京，指西汉的“西京”长安与东汉的“东京”洛阳。这两篇赋的体制比班固的赋更宏大、更细致，也更有特色。文如：

> 后宫则昭阳飞翔，增成合欢，兰林披香，凤凰鸳鸾。群窈窕之华丽，嗟内顾之所观。故其馆室次舍，采饰纤缛。裛以藻绣，文以朱绿，翡翠火齐，络以美玉。流悬黎之夜光，缀随珠以为烛。金戺玉阶，彤庭辉辉。珊瑚林碧，瓀珉璘彬。珍物罗生，焕若昆仑。虽厥裁之不广，侈靡逾乎至尊。于是钩陈之外，阁道穹隆，属长乐与明光，径北通乎桂宫。命般尔之巧匠，尽变态乎其中。后宫不移，乐不徙悬，门卫供帐，官以物辨。恣意所幸，下辇成燕。穷年忘归，犹弗能遍。瑰异日新，殚所未见。……（《西京赋》）
>
> 昔先王之经邑也，掩观九隩，靡地不营。土圭测景，不缩不盈。总风雨之所交，然后以建王城。审曲面势，溯洛背河，左伊右瀍。西阻九阿，东门于旋。盟津达其后，太谷通其前。回行道乎伊阙，邪径捷乎轘辕。大室作镇，揭以熊耳。底柱辍流，镡以大伾。温液汤泉，黑丹石缁。王鲔岫居，能鳖三趾。宓妃攸馆，神用挺纪。龙图授羲，龟书畀姒。召伯相宅，卜惟洛食。周公初基，其绳则直。苌弘魏舒，是廓是极。经途九轨，城隅九雉。度堂以筵，度室以几。京邑翼翼，四方所视。汉初弗之宅，故宗绪中圮。……（《东京赋》）

《二京赋》突出地表现出驰骋想象、体物抒情、铺张扬厉、极尽夸张的特点，篇幅更长，辞藻更华美，内容也更丰富。如《东京赋》中描写洛阳的宫殿、飞阁、楼榭、湖苑的壮丽宏伟，气魄浩大，显示江山雄峻，城市繁荣，商业发达，物产丰饶，宫阙巍峨，服饰奢丽，湖光山色，奇树异果，描写出极尽奢华艳绝、巧夺天工的图景。描写宫殿楼台、游苑湖山的富丽堂皇、绝妙幽深，动中有静、静中有动，有点有面、有声有色，竟是一幅全景式的丹青长卷。写景状物，栩栩如生，飞鸟鸣泉，跃然纸上。且聚散有致，层次鲜明，语言清新，言简意赅，显示了艺术技巧上很高的成就。从这些描写里，既可以看出汉代都城和宫廷建筑艺术已达到很高水平，也客观地反映了汉帝国经过长久的统治，物质生产进一步发展所带来的那种物力的富裕和国力的强大。

又如《西京赋》写城市工商业发达的情况一段，列举了许多具体现象和实际的例子，描写了长安商市的繁华和商业经济的发展，还愤慨地指责了那些见利忘义欺骗农民的奸商的不道德行为，生动再现了当时的商市、街道、丰富的货物和买卖双方热闹的经营活动。《二京赋》除了像它以前的事类赋一样，铺写东西南北所有以及宫室、动植物等外，还写了许多民情风俗，如《西京赋》里写了商贾、游侠、骑士、辩论之士以及角抵百戏、杂技幻术等，《东京赋》里写了驱逐疫鬼的大傩、方相等，都极其生动、具体，绘声绘色。如《西京赋》中有关于天子驾至平乐馆观看“角抵百戏”演出的情景：

> 乌获扛鼎，都卢寻撞。冲狭燕濯，胸突铦锋。跳丸剑之挥霍，走索上而相逢。华岳峨峨，冈峦参差。神木灵草，朱实离离，总会仙倡，戏豹舞罴。白虎鼓瑟，苍龙吹篪。女娥坐而长歌，声清畅而蜲蛇。洪涯立而指麾，被毛羽之襳褷。度曲未终，云起雪飞。初若飘飘，后遂霏霏。复陆重阁，转石成雷。礔砺激而增响，磅盖象乎天威。巨兽百寻，是为曼延。神山崔巍，欻从背见。熊虎升而拏攫，猿狖超而高援。怪兽陆梁，大雀踆踆。白象行孕，垂鼻磷囷。海鳞变而成龙，状婉婉以昷昷。舍利飏飏，化为仙车，骊驾四鹿，芝盖九葩。蟾蜍与龟，水人弄蛇。奇幻倏忽，易貌分形。吞刀吐火，云雾杳冥。画地成川，流渭通泾。东海黄公，赤刀粤祝。冀厌白虎，卒不能救。挟邪作蛊，于是不售。尔乃建戏车，树修旃。侲僮程材，上下翩翻。突倒投而跟结，譬陨绝而复联。百马同辔，骋足并驰。撞末之技，态不可弥。弯弓射乎西羌，又顾发乎鲜卑。

此处描述记载了汉代时的杂技艺术已发展到很高水平，节目精彩，千变万化。

《二京赋》使张衡名声大振。除了由于它文字典雅，取材翔实，更由于它

改变了辞赋专一阿谀颂德的陋习，使汉赋从主要赞颂扬厉而趋向于客观描述，开一代新风。

三、体物抒怀，不歌而诵：抒情小赋

东汉末年，政治日趋腐败，社会动荡，战乱频仍，民生凋敝，因而歌颂国势声威、美化皇功帝业的冠冕堂皇的散体大赋衰落，代之而起的是以讽刺现实、述行咏物为主的抒情小赋。

抒情小赋兴起于汉末，盛行于魏晋南北朝，唐宋以降一直绵延不息。这是赋体文学中最有生命力和价值的一类。在内容上侧重于抒写个人的心志，或托物言志，或咏物抒情，也有针砭现实之作。抒情小赋在艺术上继承了大赋的铺排手法，但语言较汉大赋朴素，语汇生动，手法精巧灵活、风格多样，有的清丽自然，有的感情激切。汉末的抒情小赋还有诗意化的倾向。代表作品有张衡的《归田赋》、赵壹的《刺世疾邪赋》、蔡邕的《述行赋》、祢衡的《鹦鹉赋》等。

归田赋

游都邑以永久，无明略以佐时；徒临川以羡鱼，俟河清乎未期。感蔡子之慷慨，从唐生以决疑。谅天道之微昧，追渔父以同嬉；超埃尘以遐逝，与世事乎长辞。

于是仲春令月，时和气清。原隰郁茂，百草滋荣。王雎鼓翼，鸧鹒哀鸣；交颈颉颃，关关嘤嘤。于焉逍遥，聊以娱情。

尔乃龙吟方泽，虎啸山丘。仰飞纤缴，俯钓长流；触矢而毙，贪饵吞钩；落云间之逸禽，悬渊沉之魦鰡。

于时曜灵俄景，系以望舒。极般游之至乐，虽日夕而忘劬。感老氏之遗诫，将回驾乎蓬庐。弹五弦之妙指，咏周孔之图书；挥翰墨以奋藻，陈三皇之轨模。苟纵心于物外，安知荣辱之所如！

张衡的《归田赋》可谓散体抒情小赋的先驱。作者形象地描绘了田园山林和谐欢快、神和气清的景色，反映了作者畅游山林、悠闲自得的心情，又颇含自诫之意，表达了作者道家思想的超脱精神。《归田赋》包容了内涵丰富的史实，并赋之以新意；选用人们所熟悉的典故，而又不晦涩难懂。《归田赋》一洗汉大赋铺采缛文、繁重凝滞、虚夸堆砌的规矩，转为文句平淡清丽、结构短小灵活的风格，语言自然清新，洗练优美，感情真挚，情景交融，是千百年来为人们所传诵的优秀篇章。

此后东汉末年赵壹的《刺世疾邪赋》、祢衡的《鹦鹉赋》，三国西晋时期王粲的《登楼赋》、曹植的《洛神赋》（见图 2–2）、向秀的《思旧赋》、陶渊明的《感士不遇赋》，以至具有同样特点的嵇康的《与山巨源绝交书》、刘伶的《酒德颂》、阮籍的《大人先生传》等相继问世，把赋从僵死滞重的困境中解救出来，开辟了一块具有生命力的新天地。东晋陶渊明的《归去来兮辞》在构思、命意、手法上都直接受《归田赋》的启示。

图 2–2　东晋·顾恺之《洛神赋图》（局部）

归去来兮辞并序

余家贫，耕植不足以自给。幼稚盈室，缾无储粟，生生所资，未见其术。亲故多劝余为长吏，脱然有怀，求之靡途。会有四方之事，诸侯以惠爱为德，

家叔以余贫苦，遂见用于小邑。于时风波未静，心惮远役，彭泽去家百里，公田之利，足以为酒，故便求之。及少日，眷然有归欤之情。何则？质性自然，非矫厉所得。饥冻虽切，违己交病。尝从人事，皆口腹自役。于是怅然慷慨，深愧平生之志。犹望一稔，当敛裳宵逝。寻程氏妹丧于武昌，情在骏奔，自免去职。仲秋至冬，在官八十余日。因事顺心，命篇曰《归去来兮》。乙巳岁十一月也。

归去来兮，田园将芜胡不归？既自以心为形役，奚惆怅而独悲？悟已往之不谏，知来者之可追。实迷途其未远，觉今是而昨非。舟遥遥以轻飏，风飘飘而吹衣。问征夫以前路，恨晨光之熹微。

乃瞻衡宇，载欣载奔。僮仆欢迎，稚子候门。三径就荒，松菊犹存。携幼入室，有酒盈樽。引壶觞以自酌，眄庭柯以怡颜。倚南窗以寄傲，审容膝之易安。园日涉以成趣，门虽设而常关。策扶老以流憩，时矫首而遐观。云无心以出岫，鸟倦飞而知还。景翳翳以将入，抚孤松而盘桓。

归去来兮，请息交以绝游。世与我而相违，复驾言兮焉求？悦亲戚之情话，乐琴书以消忧。农人告余以春及，将有事于西畴。或命巾车，或棹孤舟。既窈窕以寻壑，亦崎岖而经丘。木欣欣以向荣，泉涓涓而始流。善万物之得时，感吾生之行休。

已矣乎！寓形宇内复几时？曷不委心任去留？胡为乎遑遑欲何之？富贵非吾愿，帝乡不可期。怀良辰以孤往，或植杖而耘耔。登东皋以舒啸，临清流而赋诗。聊乘化以归尽，乐夫天命复奚疑！

这篇抒情赋作，是作者脱离仕途回归田园的宣言。其不仅是陶渊明一生转折的标志，亦是中国文学史上表现归隐意识的创作巅峰。此篇作于作者辞官之初，叙述了自己辞官归隐后的生活情趣和内心感受，表现了作者对官场的认识以及对人生的思索，表达了他洁身自好、不同流合污的精神情操。作品通过描写具体的景物和活动，创造出一种宁静恬适、乐天自然的意境，寄托了诗人的生活理想（见图 2–3）。

图 2–3　明·马轼等《归去来兮图》

辞前小序也是一篇优秀的小品文。从“余家贫”到“故便求之”，略述自己因家贫而出仕的曲折经历。其中“亲故多劝余为长吏，脱然有怀”，及“彭泽去家百里，公田之利，足以为酒，故便求之”，写出仕时一度真实有过的欣然向往，足见诗人天性之坦诚。从“及少日”到“乙巳岁十一月也”，写自己决意弃官归田的原因。“质性自然，非矫厉所得”，是弃官的根本原因。语言虽然和婉，意志却坚如金石。“序”是对前半生道路的省思，“辞”则是陶渊明在脱离官场之际对新生活的想象和向往。

此篇在文体上属于辞赋，但语言浅显，辞意畅达，匠心独运而又通脱自然，感情真挚，意境深远，有很强的感染力。苏轼曾于《跋退之送李愿序》中说：“欧阳文忠公尝谓晋无文章，惟陶渊明《归去来》一篇而已。”

魏晋以后，骈赋兴盛。骈赋句式灵活，多用虚词，行文流畅，词气通顺，音韵自然和谐，词语华美。西晋陆机的《文赋》以六言句为主，两句对联，体制已趋严整，但句式不避参差。文如：

> 伫中区以玄览，颐情志于典坟。遵四时以叹逝，瞻万物而思纷。悲落叶于劲秋，喜柔条于芳春，心懔懔以怀霜，志眇眇而临云。咏世德之骏烈，诵先人之清芬。游文章之林府，嘉丽藻之彬彬。慨投篇而援笔，聊宣之乎斯文。……

又如庾信《小园赋》：

> 若夫一枝之上，巢父得安巢之所；一壶之中，壶公有容身之地。况乎管宁藜床，虽穿而可坐；嵇康锻灶，既暖而堪眠。岂必连闼洞房，南阳樊重之第；绿墀青琐，西汉王根之宅。……

除连接转折的虚词外，句子字数虽有参差，但基本为四六节奏，两句一典，隔句对仗，犹如对联串缀成文。

骈赋的抒情成分增多，文学气息浓厚起来。如南朝齐梁时代江淹的《别赋》：

> 黯然销魂者，唯别而已矣！况秦吴兮绝国，复燕宋兮千里；或春苔兮始生，乍秋风兮暂起。是以行子肠断，百感凄恻。风萧萧而异响，云漫漫而奇色。舟凝滞于水滨，车逶迟于山侧。棹容与而讵前，马寒鸣而不息。
>
> ……
>
> 视乔木兮故里，决北梁兮永辞。左右兮魂动，亲宾兮泪滋。可班荆兮赠恨，惟尊酒兮叙悲。值秋雁兮飞日，当白露兮下时。怨复怨兮远山曲，去复去兮长河湄。
>
> ……
>
> 下有芍药之诗，佳人之歌。桑中卫女，上宫陈娥。春草碧色，春水渌波，送君南浦，伤如之何！至乃秋露如珠，秋月如珪，明月白露，光阴往来，与子之别，思心徘徊。
>
> 是以别方不定，别理千名，有别必怨，有怨必盈，使人意夺神骇，心折骨惊。虽渊云之墨妙，严乐之笔精，金闺之诸彦，兰台之群英，赋有凌云之称，辩有雕龙之声，谁能摹暂离之状，写永诀之情者乎！

此赋写惜别的情形，把亲友间别离时伤心的气氛渲染到了极致。作者以浓郁的抒情笔调，以环境烘托、情绪渲染、心理刻画等艺术方法，通过对成人、富豪、侠客、游宦、道士、情人别离的描写，生动具体地反映出齐梁时代社会动乱的侧影。“黯然销魂者，唯别而已矣”一句总写，以精警之句，发人深省。尽管作者写了各种离别，但最后依然感叹任何大手笔也难写离别之深情，言尽而意不尽。全赋用骈偶句式，绘声绘色，语言清丽，声情谐婉，千百年来脍炙人口。

魏晋南北朝时期写赋的人较多，著名的有曹植、王粲、陆机、左思、谢灵运、鲍照、庾信、江淹、徐陵等作家。

附：骈文

骈文与骈赋的区别在于骈文句尾基本不押韵，而骈赋句尾有韵。骈文是魏晋以来产生的一种文体，盛行于六朝，又称“骈俪文”“四六文”。骈文是与散文相对而言的，在声韵上，讲究运用平仄，韵律和谐；在修辞上，注重藻饰和用典。由于骈文注重形式技巧，故内容的表达往往受到束缚，但若运用得当，也能增强文章的艺术效果。南北朝时期，亦不乏内容深刻的骈文作品，如庾信的《哀江南赋序》。他一方面描写了自己的身世之悲，另一方面则谴责了梁朝君臣的昏庸，表达了对故国的怀念之情。文曰：

> 日暮途远，人间何世。将军一去，大树飘零；壮士不还，寒风萧瑟。荆璧睨柱，受连城而见欺；载书横阶，捧珠盘而不定，钟仪君子，入就南冠之囚，季孙行人，留守西河之馆。申包胥之顿地，碎之以首；蔡威公之泪尽，加之以血。钓台移柳，非玉关之可望；华亭鹤唳，岂河桥之可闻！

骈文在魏晋南北朝的衍化经历了一个漫长的过程，至迟在西晋时期，比较完整的骈文已经出现。而文学性的骈文的成熟，大致在南朝的刘宋时代，其代表作是鲍照的一些作品。齐梁以后，以表现美的事物为主旨而注重形式的各类骈文逐渐成为文坛流行的文体，像梁简文帝萧纲的《三月三日曲水诗序》、陈代顾野王的《虎丘山序》、沈炯的《林屋馆记》等形制相当规整而艺术上又均有较高水准的文学性骈文皆其适例。

中唐古文运动以后，骈文稍告衰落。入宋之后，在欧阳修等人率领之下，古文运动掀起第二轮高潮，散文大家迭出，而骈文自此渐衰，在元、明两代成为绝响。至清初，骈文作者接踵而起，通常以清末王闿运为最后一个作家。

四、唐宋的律赋与文赋

唐宋时代科举考试要求作赋，于是在骈赋基础上又衍化出律赋。律赋有很严的格律：对仗要工整，声律要严密，限制篇幅，指定用韵，即限定表示立意要求的韵脚字，一般为四言两句八字，即限八韵。后世便通称这类限制立意和韵脚的命题赋为“律赋”。律赋格律已超出汉语文字音韵本身特点所属的形式美，近于文字游戏。其与明清八股文类同，不过是唐宋文人进仕谋官的敲门砖，文学艺术价值甚微。

唐宋两代都出现过古文运动，其宗旨即反对僵化的骈体文，提倡写作刚健质朴、新鲜活泼的散文。唐代古文运动的领军人物韩愈、柳宗元，以及宋代欧阳修、苏轼等人（后称“散文八大家”）的散文成就很高，影响广泛。受这种优秀散文的影响，骈赋又发生变化，向散文化方向发展，形成文赋。文赋是中唐以后产生的一种散文化的赋体，不刻意追求对偶、声律、词采、典故，句式错落多变，押韵较自由，甚至大量运用散文的句式。文赋实际上是赋体的一种解放。如欧阳修的《秋声赋》，以“秋声”为引子，抒发草木被风摧折的悲凉，延及更容易被忧愁困思所侵袭的人，感叹“百忧感其心，万事劳其形”，也是作者自己对人生不易的体悟。全文立意新颖，语言清丽，章法多变，熔写景、抒情、记事、议论于一炉，显示出文赋自由挥洒的韵致。文如：

欧阳子方夜读书，闻有声自西南来者，悚然而听之，曰：“异哉！”初淅沥以萧飒，忽奔腾而砰湃；如波涛夜惊，风雨骤至。其触于物也，𨱏𨱏铮铮，金铁皆鸣；又如赴敌之兵，衔枚疾走，不闻号令，但闻人马之行声。余谓童子：“此何声也？汝出视之。”童子曰：“星月皎洁，明河在天，四无人声，声在树间。”

予曰：“噫嘻悲哉！此秋声也。胡为而来哉？盖夫秋之为状也，其色惨淡，烟霏云敛；其容清明，天高日晶；其气栗冽，砭人肌骨；其意萧条，山川寂寥。故其为声也，凄凄切切，呼号愤发。丰草绿缛而争茂，佳木葱茏而可悦。草拂之而色变，木遭之而叶脱。其所以摧败零落者，乃其一气之余烈。

“夫秋，刑官也，于时为阴；又兵象也，于行用金。是谓天地之义气，常以肃杀而为心。天之于物，春生秋实，故其在乐也，商声主西方之音，夷则为七月之律。商，伤也，物既老而悲伤；夷，戮也，物过盛而当杀。

“嗟夫！草木无情，有时飘零。人为动物，惟物之灵。百忧感其心，万事劳其形，有动于中，必摇其精。而况思其力之所不及，忧其智之所不能，宜其渥然丹者为槁木，黟然黑者为星星。奈何以非金石之质，欲与草木而争荣？念谁为之戕贼，亦何恨乎秋声！”

童子莫对，垂头而睡。但闻四壁虫声唧唧，如助余之叹息。

此赋写“秋”，以立意新颖著称。从题材上讲，悲秋是中国古典文学的永恒主题，但作者选择了新的角度，虽然承袭了写秋天肃杀萧条的传统，却烘托出“人事忧劳”更甚于“秋的肃杀”这一主题，这就使文章在立意上有所创新。此赋骈散结合，铺陈渲染，词采讲究，是宋代文赋的典范。

此外如杜牧的《阿房宫赋》及苏轼的《前赤壁赋》《后赤壁赋》，都是文赋的代表作。在所有的赋中，文赋可读性最强。文赋写作比较自由，叙事、抒情、议论皆可，已相当接近散文了。

“赋”这种文体，从汉代到宋代存在1000多年，宋以后渐趋衰歇。在文学史上，赋有一定地位，特别在汉代，几乎是具有代表性的文体，它在丰富文学语言和提高表达技巧方面对以后的文学产生过积极影响。

第二章 乐府古辞及魏晋六朝诗

乐府，是汉代建立的管理音乐的宫廷官署。乐府最初始于秦代（见图 3–1），汉代沿用了秦时的名称。根据《汉书·礼乐志》记载，汉武帝时设有掌管音乐的机构，并监管采集各地歌谣和整理、制订乐谱，便于在朝廷宴饮或祭祀时演唱，这一机构名为“乐府”。后来，人们就把这一机构收集并制谱的诗歌称为“乐府诗”，简称“乐府”。

图 3–1　秦代刻有“乐府”二字的铜钟

现存两汉乐府诗的作者涵盖了从帝王到平民各阶层，有的作于庙堂，有的采自民间，像司马相如这样著名的文人也曾参与乐府歌诗的创作。

两汉乐府诗主要保存在郊庙歌辞、鼓吹曲辞、相和歌辞和杂歌谣辞中，而以相和歌辞数量最多。郊庙歌辞主要是贵族文人为祭祀而作的乐歌，华丽典雅，思想内容不足，如《安世房中歌》十七章（楚音）、《郊祀歌》十九章等。音乐主要采用秦国音乐和楚国音乐。鼓吹曲辞又叫“短箫铙歌”，是汉初从北方民族传入的北狄乐。歌辞是后来补写的，内容庞杂，主要是汉族民间创作。相和歌辞是从各地采集的俗乐，歌辞也多是“街陌谣讴”，其中有许多优秀作品是汉乐府中的精华。杂歌谣辞中的乐调多不知所起，因无可归类，就自成一类，其中也有一部分优秀民歌。

魏晋时期，旧的乐府歌辞有的还在继续沿用，有相当数量的两汉乐府诗流传于朝廷内外。六朝有些总集专门收录乐府古辞，其中主要是两汉乐府诗。至南朝梁沈约编纂《宋书》，其《乐志》收录两汉乐府诗尤为众多。到唐代，这些诗歌的乐谱虽然早已失传，但这种形式却相沿下来，成为一种没有严格格律、近于五七言古体诗的诗歌体裁。唐代诗人作乐府诗，有沿用乐府旧题以写时事，以抒发自己情感的；也有即事名篇，无复依傍，自制新题以反映现实生活的。宋代时，郭茂倩把汉至唐的乐府诗搜集在一起，编成《乐府诗集》，共分为 12 类：

郊庙歌辞、燕射歌辞、鼓吹曲辞、横吹曲辞、相和歌辞、清商曲辞、舞曲歌辞、琴曲歌辞、杂曲歌辞、近代曲辞、杂歌谣辞、新乐府辞。

一、感于哀乐，缘事而发：汉乐府诗

《汉书·艺文志》在叙述西汉乐府歌诗时写道：“自孝武立乐府而采歌谣，于是有代、赵之讴，秦、楚之风。皆感于哀乐，缘事而发。”激发乐府诗作者创作热情和灵感的是日常生活中的具体事件，乐府诗所表现的也多是人们普遍关心的敏感问题，道出了那个时代的苦与乐、爱与恨以及对于生与死的人生态度。

汉乐府多属民间歌辞，语言朴实自然，回旋反复，形象鲜明，音调和谐，文字活泼，保持了口语的真面目，有音无义的字也一并保留。汉乐府诗句长短不一，二至八言都有，以五言句式为主，形式自由变化，参差错落，不拘一格。有句式整齐的齐言诗，也有错综参差的杂言诗。篇幅长短均有，最长的达350余句，短的则仅数句。汉乐府押韵灵活，有句句押韵的，有隔句押韵的，也有隔两句、三句押韵的。

汉乐府的另一特色是叙事诗的逐步发展。汉乐府中的叙事诗描写深刻，叙事详尽，情节较完整，人物形象较具体生动，并出现符合人物性格的对白，并以此推动情节。叙事诗的发展丰富了中国古典诗歌的形式及题材内容，使得诗歌这种艺术体式更加丰满。

（一）描绘底层群像

两汉乐府诗的作者来自不同阶层，诗人的笔触深入到社会生活的各个层面，因此，社会成员之间的贫富悬殊、苦乐不均在诗中得到充分的反映。相和歌辞中的《东门行》《妇病行》《孤儿行》表现的都是平民百姓的疾苦，是来自社会最底层的呻吟呼号。

东门行

出东门，不顾归；来入门，怅欲悲。盎中无斗米储，还视架上无悬衣。拔剑东门去，舍中儿母牵衣啼：“他家但愿富贵，贱妾与君共餔糜。上用仓浪天故，下当用此黄口儿。今非！”“咄！行！吾去为迟！白发时下难久居。”

这首诗描绘了一幅凄惨又悲壮的画面。诗中描写一个下层平民在无衣无食的绝境中，为极端穷困所迫，不得不拔剑而起走上反抗道路的故事，是汉代乐府民歌中思想最激烈、斗争性最强的一篇作品。此诗在句法上变化自如，随内容而定，尤其是夫妇的对话，长短不一，参差不齐。两人对话时的声音和形象跃然而出，妻子的委屈哀怨，丈夫的急迫愤怒，都表现得淋漓尽致。

妇病行

妇病连年累岁，传呼丈人前一言。当言未及得言，不知泪下一何翩翩。“属累君两三孤子，莫我儿饥且寒，有过慎莫笪笞，行当折摇，思复念之！”乱曰：抱时无衣，襦复无里。闭门塞牖，舍孤儿到市。道逢亲交，泣坐不能起。从乞求与孤儿买饵，对交啼泣，泪不可止：“我欲不伤悲不能已。”探怀中钱持授交。入门见孤儿，啼索其母抱。徘徊空舍中，“行复尔耳，弃置勿复道！”

这首诗通过病妇托孤、买饵和孤儿索母等细节，表现了妻死儿幼的惨状，描写了一个穷苦人家的悲惨遭遇。通过一个家庭的悲剧，反映了汉代劳动人民在残酷的剥削压迫下，挣扎于死亡边缘的生活惨象。诗中人物的语言、动作、心态，就是一出情节生动的短剧。作者不着一字说明，而人物个性毕现，悲剧主题自生。全诗沉痛凄婉，真切动人，这正是汉乐府“感于哀乐，缘事而发”的现实主义特色的突出表现：

孤儿行

孤儿生，孤儿遇生，命独当苦。父母在时，乘坚车，驾驷马。父母已去，兄嫂令我行贾。南到九江，东到齐与鲁。腊月来归，不敢自言苦。头多虮虱，

面目多尘。大兄言办饭，大嫂言视马。上高堂，行取殿下堂，孤儿泪下如雨。使我朝行汲，暮得水来归。手为错，足下无菲。怆怆履霜，中多蒺藜，拔断蒺藜肠肉中，怆欲悲。泪下渫渫，清涕累累。冬无复襦，夏无单衣。居生不乐，不如早去，下从地下黄泉。春气动，草萌芽，三月蚕桑，六月收瓜。将是瓜车，来到还家。瓜车反覆，助我者少，啗瓜者多。愿还我蒂，兄与嫂严，独且急归，当兴校计。乱曰：里中一何譊譊！愿欲寄尺书，将与地下父母，兄嫂难与久居。

此诗描述一个孤儿受兄嫂奴役，凄苦求生之状，所写虽然是一个家庭问题，同时也反映了当时社会中弱者的生存状态。作品语言浅俗质朴，句式长短不整，押韵较为自由，具有明显的口语型诗歌的特征。

以上三篇作品用白描的笔法揭示平民百姓经济上的贫穷、劳作的艰难，并且还通过人物的对话、行动、内心独白，表现他们心灵的痛苦和感情上遭受的煎熬。两汉乐府诗在表现平民百姓疾苦时，兼顾到表现对象物质生活的饥寒交迫以及精神、情感世界的严重创伤。尤其可贵的是，诗的作者对于这些在死亡线上挣扎的贫民百姓寄予深切的同情，以恻隐之心申诉下层贫民的不幸遭遇。

古代征役频繁，汉乐府民歌中反映征夫悲苦、思妇怀人的作品很多。这些诗表现了妇女“独守”的悲苦和对远行人的思念，真挚动人。《饮马长城窟行》就是其中的优秀之作。全诗从开始的魂牵梦萦、忧心缠绵，到收信看信，重逢的希望落空，通过多方描写，深入细致地刻画了思妇复杂而微妙的内心世界。其他如《青青河畔草》：

青青河畔草，绵绵思远道。远道不可思，宿昔梦见之。
梦见在我傍，忽觉在他乡。他乡各异县，辗转不相见。
枯桑知天风，海水知天寒。入门各自媚，谁肯相为言。
客从远方来，遗我双鲤鱼。呼儿烹鲤鱼，中有尺素书。
长跪读素书，书中竟何如？上言加餐饭，下言长相忆。

诗以思妇自叙的口吻写出，多处采用比兴的手法，语言清新通俗，语句上递下接，气势连贯。全诗语言简短质朴，尤其是在思妇的相思苦闷发展到顶点时，却只有“上言加餐饭，下言长相忆”，全诗在含蓄得近乎平淡的意象中结束，余味无穷，具有强烈的艺术感染力。

汉乐府中很多反映征夫徭役内容的优秀作品，也真实地再现了底层民众生活的艰辛和无奈，如《十五从军征》和《战城南》这样的诗篇：

十五从军征

十五从军征，八十始得归。道逢乡里人，家中有阿谁？
遥望是君家，松柏冢累累。兔从狗窦入，雉从梁上飞。
中庭生旅谷，井上生旅葵。舂谷持作饭，采葵持作羹。
羹饭一时熟，不知贻阿谁。出门东向望，泪落沾我衣。

战城南

战城南，死郭北，野死不葬乌可食。为我谓乌：“且为客豪！野死谅不葬，腐肉安能去子逃！”水深激激，蒲苇冥冥；枭骑战斗死，驽马徘徊鸣。梁筑室，何以南，何以北？禾黍不获君何食？愿为忠臣安可得？思子良臣，良臣诚可思：朝行出攻，暮不夜归！

作者极力渲染战场变成墓场之后的苍凉、凄惨，呈现了一幅近乎死寂的阴森画面。尤其令人目不忍睹的是“野死不葬乌可食”，阵亡者暴尸城外，无人掩埋，任乌鸦啄食。人生之惨，莫过于此。

（二）敷陈富贵之家

同是收录在相和歌辞中的《鸡鸣》《相逢行》《长安有狭斜行》三诗，与《东门行》等三篇作品迥然有别，它们展示的是与苦难世界完全不同的景象，把读者带进另一个天地。这三首诗基本内容相同，都是以富贵之家为表现对象；三首诗的字句也多有重复，最初当是出自同一母体。

相逢行

相逢狭路间，道隘不容车。不知何年少？夹毂问君家。

君家诚易知，易知复难忘；黄金为君门，白玉为君堂。
堂上置樽酒，作使邯郸倡。中庭生桂树，华灯何煌煌。
兄弟两三人，中子为侍郎；五日一来归，道上自生光；
黄金络马头，观者盈道傍。入门时左顾，但见双鸳鸯；
鸳鸯七十二，罗列自成行。音声何噰噰，鹤鸣东西厢。
大妇织绮罗，中妇织流黄；小妇无所为，挟瑟上高堂：
“丈人且安坐，调丝方未央。”

《相逢行》又名《相逢狭路间行》或《长安有狭斜行》。全诗极写富贵人家之种种享受，乃酒宴上娱乐豪富之辞。作者犹如一位导游，两度把人引入侍郎府。第一次见到的是黄金为门，白玉为堂，堂上置酒，作使名倡，中庭桂树，华灯煌煌。第二次见到的是鸳鸯成行，鹤鸣噰噰，两妇织锦，小妇调瑟。这首诗在渲染主人富有的同时，还点出了他的尊贵身份：“兄弟两三人，中子为侍郎。”这是一个既富且贵的家庭，而且富贵程度非同寻常。黄金为门，白玉为堂，是王侯的标志，是人中巨富。侍郎是皇宫的禁卫官或天子左右侍从，皇帝信任的近臣，其特殊地位非普通官员所能比。这首诗的重点在于对那位主人家的富贵享乐作铺排渲染，写得气氛热烈、生动夸张，笔法犹如汉代大赋，尽管没有佳句妙语，但其气势也足以打动和感染读者。

《鸡鸣》和《长安有狭斜行》把所描写对象的显赫地位渲染得更加充分：

鸡　鸣

鸡鸣高树颠，狗吠深宫中。荡子何所之？天下方太平。
刑法非有贷，柔协正乱名。黄金为君门，璧玉为轩堂。
上有双樽酒，作使邯郸倡。刘王碧青甓，后出郭门王。
舍后有方池，池中双鸳鸯。鸳鸯七十二，罗列自成行。
鸣声何啾啾，闻我殿东厢。兄弟四五人，皆为侍中郎。
五日一时来，观者满路旁。黄金络马头，颎颎何煌煌！

桃生露井上，李树生桃旁。虫来啮桃根，李树代桃僵。

树木身相代，兄弟还相忘。

此诗开篇描摹升平景象并明言“天下方太平”，好像要为盛世大唱赞歌。而通观全篇，就会发现升平背后暗藏杀机，福禄底下潜伏祸患，权豪势要盛衰无常，朝不保夕。太平盛世并不太平，实在是对太平盛世的莫大讽刺。

长安有狭斜行

长安有狭斜，狭斜不容车。适逢两少年，夹毂问君家。

君家新市旁，易知复难忘。大子二千石，中子孝廉郎。

小子无官职，衣冠仕洛阳。三子俱入室，室中自生光。

大妇织绮罗，中妇织流黄。小妇无所为，挟琴上高堂。

“丈人且徐徐，调弦未讵央。”

这首诗与《相逢行》词近意同，句子较为简略，被认为是异名同诗。这也是一首描写豪门生活风貌，颂扬富室门庭荣耀以娱乐贵族的诗歌。歌者以第三人称的口吻，借两个贵族少年路遇相问作引子来述说一个贵族的家庭情况。从“君家”称谓来看，它似乎是歌伎为其主人吟唱的祝颂之歌。车毂相夹，一因道狭，一因车大。道狭停车才能攀谈，坐舆高大方显人贵。两个贵族少年互问家世，势必各自炫耀一番。下文从宅第、官势、家庭生活几个方面颂扬豪门家风。“君家新市旁”二句写住所繁华畅达，宅第宏丽气派，卓然出群，醒目易知，一经观览，便难忘怀。豪富之家的这等非凡外观已足以令主人自豪，再深一层述其权势家风，更令主人引为骄傲。三子成龙，宗祖荣耀，门庭生辉。“大妇”数句重在赞扬富室依礼治家之道，家庭生活尽显上慈下孝、和谐安乐的欢快气氛。总之，这是一个宅第富丽堂皇、儿子前程无量、儿媳贤惠孝顺，奉礼守道、兴旺和乐的美满家庭，是封建贵族理想化了的家庭模式，既体现了他们的治家之道，又满足了他们的虚荣心理。所以，它备受历代贵族文人的赏识，后世有大批拟作。

（三）抒发爱恨情愁

汉代乐府诗还对男女两性之间的爱与恨作了直接的坦露和表白。爱情婚姻题材作品在两汉乐府诗中占有较大比重，这些诗篇多来自民间，或是出自下层文人之手，因此，在表达婚恋方面的爱与恨时，都显得大胆泼辣、毫不掩饰。鼓吹曲辞收录的《上邪》系铙歌十八篇之一，是女子的自誓之词：

上邪！我欲与君相知，长命无绝衰。山无陵，江水为竭，冬雷震震，夏雨雪，天地合，乃敢与君绝！

这首诗用语奇警，别开生面。先是指天为誓，表示要与自己的意中人结为终身伴侣。接着便连举五种千载不遇、极其反常的自然现象，用以表达自己对爱情的矢志不移，极大地增强了抒情的力度，主人公内心的情感如火山爆发，如江河奔腾，没有任何力量能够遏止。两汉乐府诗中的女子对自己的意中人往往爱得真挚、热烈，一旦发现对方移情别恋，中途变心，就会变爱为恨，果断地与他分手，而绝不犹豫徘徊。

另一篇铙歌《有所思》反映的就是一位未婚女子这种由爱到恨的变化及其表现：

有所思，乃在大海南。何用问遗君？双珠玳瑁簪。用玉绍缭之。
闻君有他心，拉杂摧烧之。摧烧之，当风扬其灰。
从今以往，勿复相思！相思与君绝！
鸡鸣狗吠，兄嫂当知之。
妃呼狶！秋风肃肃晨风飔，东方须臾高知之。

女主人公思念的情人远在大海之南，她准备了珍贵的“双珠玳瑁簪”，“用玉绍缭之”，想要送给对方。听到对方有二心，她就毅然决然地毁掉这份礼物，“拉杂摧烧之”，并且“当风扬其灰”，果断地表示“从今以往，勿复相思”。她爱得热烈，恨得痛切，她的选择是痛苦的，同时又斩钉截铁，义无反顾。

《上山采蘼芜》则写一个喜新厌旧的负心汉的“后悔”：从容貌及家务劳

作等方面把“新人”与“故旧”对比，结果新不如旧，悔意连连。通过人物语言刻画形象，生动逼真。

上山采蘼芜，下山逢故夫。长跪问故夫：“新人复何如？”
“新人虽言好，未若故人姝。颜色类相似，手爪不相如。”
“新人从门入，故人从閤去。”
“新人工织缣，故人工织素。织缣日一匹，织素五丈余。
将缣来比素，新人不如故。”

《孔雀东南飞》所写的是另一种类型的爱与恨。诗序曰：“汉末建安中，庐江府小吏焦仲卿妻刘氏，为仲卿母所遣，自誓不嫁。其家逼之，乃投水而死。仲卿闻之，亦自缢于庭树。时人伤之，为诗云尔。”说明故事发生的背景。诗的男、女主人公焦仲卿和刘兰芝本是一对恩爱夫妻，他们的婚姻是被外力拆散的，焦母不喜欢兰芝，她不得不回到娘家。刘兄逼她改嫁，太守家又强迫成婚。刘兰芝和焦仲卿分手之后进一步加深了对彼此的了解，他们之间的爱愈加炽热，最后以双双自杀反抗包办婚姻，同时也表白他们生死不渝的爱恋之情。《孔雀东南飞》的作者在叙述这一婚姻悲剧时，爱男、女主人公之所爱，恨他们之所恨，倾向是非常鲜明的。篇尾构思了刘兰芝和焦仲卿死后双双化为鸳鸯的神话，寄托了普通民众追求恋爱自由和幸福生活的强烈愿望。这是中国文学史上第一部长篇叙事诗，也是乐府诗发展史上的巅峰之作，后人盛称它与北朝的《木兰诗》为“乐府双璧”。

两汉乐府诗中还有像《陌上桑》和《羽林郎》这样以女性反抗男性调戏为主题的诗，诗中所刻画的主人公为集美丽与智慧于一身的年轻女性，而与之相对的则是跛扈、猥琐的男子形象。这类诗颇有喜剧色彩。如《陌上桑》：

日出东南隅，照我秦氏楼。秦氏有好女，自名为罗敷。罗敷喜（善）蚕桑，采桑城南隅。青丝为笼系，桂枝为笼钩。头上倭堕髻，耳中明月珠。缃绮为下裙，紫绮为上襦。行者见罗敷，下担捋髭须。少年见罗敷，脱帽著帩头。

耕者忘其犁，锄者忘其锄。来归相怨怒，但坐观罗敷。

使君从南来，五马立踟蹰。使君遣吏往，问是谁家姝？“秦氏有好女，自名为罗敷。”“罗敷年几何？”“二十尚不足，十五颇有余。”使君谢罗敷：“宁可共载不？”罗敷前置辞：“使君一何愚！使君自有妇，罗敷自有夫！”

“东方千余骑，夫婿居上头。何用识夫婿？白马从骊驹，青丝系马尾，黄金络马头；腰中鹿卢剑，可值千万余。十五府小吏，二十朝大夫，三十侍中郎，四十专城居。为人洁白皙，鬑鬑颇有须。盈盈公府步，冉冉府中趋。坐中数千人，皆言夫婿殊。”

《陌上桑》叙述了采桑女秦罗敷拒绝一个好色的使君（汉代对刺史、太守一类官员的称呼）的故事。女主人公是年轻貌美的秦罗敷，她正在路边采桑，却被轻狂的使君打扰。面对权贵，秦罗敷机智应对，以盛赞自己夫君才貌的方式回绝了对方的无理要求。秦罗敷身上体现了传统女性坚贞、睿智的品质，几千年来，成为人们心中理想化的女性形象。《陌上桑》之所以被看作乐府名篇，还因为它在艺术上有着很高的成就。一是这首诗有着完整的结构，首尾相接，一气呵成；二是这首诗以叙事为主，把抒情、描写、叙述融为一体。三是在人物形象的刻画上，或浓墨重彩，富丽有加；或水墨轻扫，微妙传神。特别是用侧面描写烘托罗敷之美的手法，对后世文学创作影响深远。

羽林郎

昔有霍家奴，姓冯名子都。依倚将军势，调笑酒家胡。

胡姬年十五，春日独当垆。长裾连理带，广袖合欢襦。

头上蓝田玉，耳后大秦珠。两鬟何窈窕，一世良所无。

一鬟五百万，两鬟千万余。不意金吾子，娉婷过我庐。

银鞍何煜爚，翠盖空踟蹰。就我求清酒，丝绳提玉壶。

就我求珍肴，金盘脍鲤鱼。贻我青铜镜，结我红罗裙。

不惜红罗裂，何论轻贱躯？男儿爱后妇，女子重前夫。

人生有新故，贵贱不相逾。多谢金吾子，私爱徒区区。

这首诗描写的是卖酒的胡姬义正词严而又委婉得体地拒绝了权贵家豪奴的调戏。在立意、结构和描写手法上，其与《陌上桑》有异曲同工之妙。写女子之美，同样采用了铺陈夸张手法；写反抗强暴，同样采取了巧妙的斗争艺术；结尾同样是喜剧性的戛然而止。但《陌上桑》更多的是用侧面烘托，虚处着笔；《羽林郎》则侧重于正面描绘和语言铺排。《陌上桑》描写使君的垂涎，主要通过人物语言，用第三者的口吻叙述；《羽林郎》刻画豪奴的调戏，则是采用一连串人物动作。太守用语言调戏，豪奴用动作调戏，符合二人各自的身份。罗敷反抗污辱是以盛赞自己的丈夫来压倒对方；胡姬反抗调戏则是强调新故不易，贵贱不逾，辞婉意严。这两个女性形象也反映了各自的身份及鲜明的个性。这两首诗的作者也是爱憎分明，对秦罗敷和胡姬给予充分的肯定和高度的赞扬，嘲笑、鞭挞了好色无行的使君和贵家豪奴。

（四）表达乐生恶死

两汉乐府诗还表达了强烈的乐生恶死愿望。如何超越个体生命的有限性，是古人苦苦思索的重要课题，两汉乐府诗在这个领域较前代文学作品有更深的开掘，把创作主体乐生恶死的愿望表现得特别充分。《薤露》《蒿里》是汉代流行的丧歌，送葬时所唱，都收录在相和歌辞中。《薤露》云：“薤上露，何易晞。露晞明朝更复落，人死一去何时归！”这首诗认为人的生命短暂，不如草上的露水。露水晒干了，大自然可以再造，而人的生命却只有一次，死亡使生命有去无归，永远消失。《蒿里》则把死亡写得更为凄惨：“蒿里谁家地？聚敛魂魄无贤愚。鬼伯一何相催促，人命不得少踟蹰。”这首诗是用有神论的观念看待人的死亡，写出了人面对死亡时的痛苦心情，以无可奈何的态度看待魂归蒿里这个不可抗拒的事实。正常死亡尚且引起如此巨大的悲哀，夭折横死产生的剧痛更是难以诉说，如前文所引铙歌《战城南》表现对阵亡将士的哀悼。将士战死以后的景象是：“水深激激，蒲苇冥冥。枭骑战斗死，驽马徘徊鸣。”

这些诗在描写死亡的凄惨悲哀时，表现出对生命的珍惜和留恋，以及对死亡的疏远和拒斥，死亡被写成是无法回避而强加于人的残酷事件。

恶死和乐生是联系在一起的，是一个问题的两个侧面，两汉乐府诗坦率地表达了人们对死亡的厌恶之情，同时又以虚幻的形式把乐生愿望寄托在与神灵的沟通上。郊祀歌《日出入》由太阳的升降联想到人的个体寿命。作者想象太阳在另一个世界运行，那里一年四季的时间坐标与人世不同，因此，太阳才成为永恒的存在物。诗人期待能够驾驭六龙在天国遨游，盼望神马自天而降，驮载自己进入太阳运行的世界。

收录在杂曲歌辞中的《艳歌》描绘出一幅进入天国的理想画面。“艳”，是乐府大曲的组成部分，一般在正曲之前，如同引子或过门，也有独立成篇者。诗曰：

今日乐上乐，相从步云衢。天公出美酒，河伯出鲤鱼。
青龙前铺席，白虎持榼壶。南斗工鼓瑟，北斗吹笙竽。
妲娥垂明珰，织女奉瑛琚。苍霞扬东讴，清风流西歈。
垂露成帏幄，奔星扶轮舆。

诗人幻想自己升上云霄，来到神界仙乡，成为那里的贵宾。各种神灵都为他的到来而忙碌，天公河伯、青龙白虎、南斗北极、嫦娥织女都殷勤备至，甚至连流霞清风、垂露奔星也都载歌载舞，张帷扶轮，热情地为诗人服务。这首诗表现的是超越个体有限生命，到达彼岸世界之后的至乐，给许多天体对象注入了生命，使天神、地祇和诗人聚集一堂。

汉乐府中还有一些诗表达因生命短暂，劝人珍惜时光的主题，这类诗风格清新，言辞秀丽，易读易诵，流传甚广。如：

长歌行

青青园中葵，朝露待日晞。阳春布德泽，万物生光辉。
常恐秋节至，焜黄华叶衰。百川东到海，何时复西归？
少壮不努力，老大徒伤悲！

这首诗借物言理。在整个春天的阳光雨露之下，万物都在争相努力地生长。因为它们都恐怕秋天很快到来，深知秋风起百草枯的道理。大自然的生命节奏如此，人生又何尝不是这样？一个人如果不趁着大好时光而努力奋斗，让青春白白地浪费，等到年老时后悔也来不及了。诗人由眼前的春光美景联想到人生易逝，鼓励青年人要珍惜时光，出言警策，催人奋起。

此外，乐府中的很多民歌在创作和传唱时，可能也并没有想要表达太多的深意，只是此情此景，随口吟唱而已。如：

江南可采莲

江南可采莲，莲叶何田田。

鱼戏莲叶间，鱼戏莲叶东，鱼戏莲叶西，鱼戏莲叶南，鱼戏莲叶北。

这首诗描写了采莲时观赏鱼戏莲叶的情景。出自《相和歌辞》之一，算得上是采莲诗的鼻祖。主旨在写良辰美景，行乐得时。诗中大量运用重复的句式和字眼，表现了古代民歌朴素明朗的风格。这种民歌纯属天籁，创作者在创作时未必有意为之，而是自然显现了大自然的一派活泼生机。

（五）五言之冠冕：《古诗十九首》

《古诗十九首》最早见于《文选》，为南朝梁萧统从传世无名氏《古诗》中选录 19 首编入，编者把这些作者已经无法考证的五言诗汇集起来，冠以此名，列在“杂诗”类之首，后世遂作为组诗看待。《古诗十九首》是乐府古诗文人化的显著标志。这些诗歌是在汉代汉族民歌基础上发展起来的五言诗，内容多写离愁别恨和彷徨失意、悲观无奈，情调低沉。其艺术成就却很高，长于抒情，善用事物来烘托，寓情于景，情景交融。刘勰《文心雕龙·明诗》概括了《古诗十九首》的艺术特色：“观其结体散文，直而不野，婉转附物，怊怅切情，实五言之冠冕也。”

《古诗十九首》习惯上以句首为标题，依次为：《行行重行行》《青青河畔草》《青青陵上柏》《今日良宴会》《西北有高楼》《涉江采芙蓉》《明月皎夜光》

《冉冉孤生竹》《庭中有奇树》《迢迢牵牛星》《回车驾言迈》《东城高且长》《驱车上东门》《去者日以疏》《生年不满百》《凛凛岁云暮》《孟冬寒气至》《客从远方来》《明月何皎皎》。（见图 3–2、图 3–3）诗如：

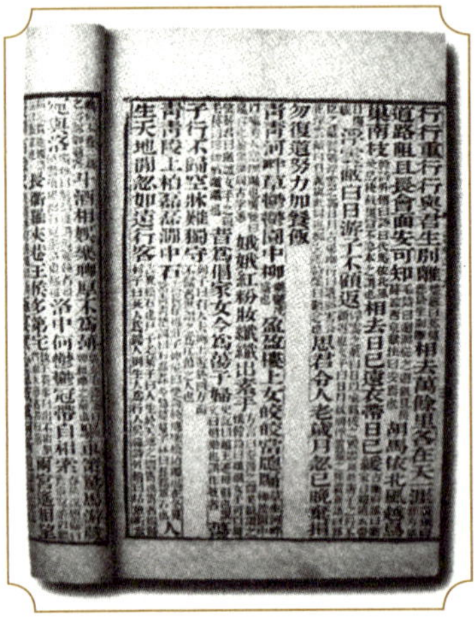
行行重行行與君生別離 相去萬餘里各在天一涯
道路阻且長會面安可知 胡馬依北風越鳥
巢南枝 相去日已遠衣帶日已緩
浮雲蔽白日遊子不顧返 思君令人老歲月忽已晚棄捐
勿復道努力加餐飯
青青河畔草鬱鬱園中柳 盈盈樓上女皎皎當窗牖
娥娥紅粉妝纖纖出素手 昔為倡家女今為蕩子婦
蕩子行不歸空牀難獨守
青青陵上柏磊磊澗中石
人生天地間忽如遠行客
斗酒相娛樂聊厚不為薄
洛中何鬱鬱冠帶自相索
長衢羅夾巷王侯多第宅

图 3–2 《古诗十九首》书影

图 3–3 宋 · 吴炳《出水芙蓉图》

青青河畔草

青青河畔草，郁郁园中柳。盈盈楼上女，皎皎当窗牖。
娥娥红粉妆，纤纤出素手。昔为倡家女，今为荡子妇。
荡子行不归，空床难独守。

涉江采芙蓉

涉江采芙蓉，兰泽多芳草。采之欲遗谁？所思在远道。
还顾望旧乡，长路漫浩浩。同心而离居，忧伤以终老。

迢迢牵牛星

迢迢牵牛星，皎皎河汉女。纤纤擢素手，札札弄机杼。
终日不成章，泣涕零如雨。河汉清且浅，相去复几许？
盈盈一水间，脉脉不得语。

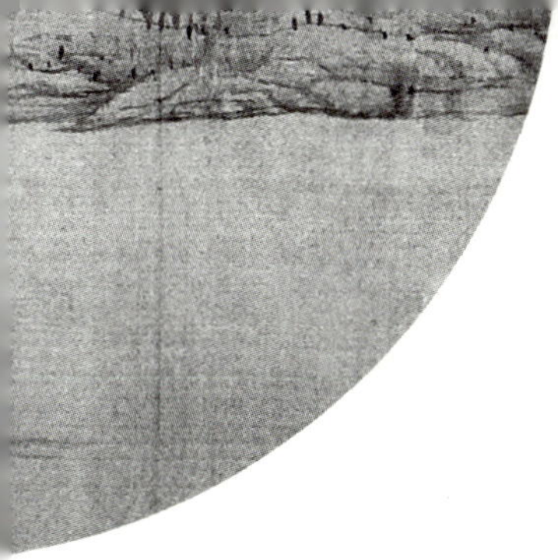

东汉末年，社会动荡，政治混乱。下层文士漂泊蹉跎，游宦无门。《古诗十九首》就产生于这样的时代，表述着同类的境遇和感受。这 19 首诗歌基本是游子思妇之辞。夫妇朋友间的离愁别绪、士人的彷徨失意和人生的无常之感，是《古诗十九首》基本的情感内容。有些作品则表现出追求富贵和及时行乐的思想。

两汉乐府诗对中国古代诗歌样式的嬗变沿革起到了积极的推动作用，实现了由四言诗向杂言诗和五言诗的过渡。在中国古代文学史上，诗歌样式的变革往往和流行乐曲的声调有关。两汉乐府诗最初是配乐演唱的，它之所以在诗体形式上不同于《诗经》的四言句，既是诗歌本身发展的必然结果，也是乐曲的因素发挥作用所致，如楚声、狄曲的加入。

西汉乐府广泛搜集各种歌谣，其中必有相当比重的五言诗。这些五言歌谣在形式上不同于传统的四言诗，引起文人浓厚的兴趣，他们亲自模仿拟作，因此，东汉开始有较多的文人五言诗。从西汉五言歌谣到乐府五言诗，再到文人五言诗，这是早期五言诗发展的基本轨迹。

将《古诗十九首》与汉乐府五言歌辞相比较，除去音乐因素，就实体形式看，并无本质的区别。古诗和乐府在汉代基本是二而一的关系，被采入乐即为乐府，未入乐或入乐后又失其调名则为古诗。

《古诗十九首》的作者，不同于乐府民歌多为劳动者，而是具有相当文化修养的中下层知识分子。他们为了更好地抒发因遭受压抑而产生的愤懑不平，大胆地向民歌学习，将新兴的五言歌诗——被上层文人视作“俳优倡乐多用之”的俗体诗作为主要的创作手段，同时将汉乐府中已有表现的叙事与抒情分流的倾向，加以进一步发展，于是“惊心动魄”“一字千金”① 的一代新诗——五言抒情古诗就应运而生了。这种诗体及其表现手法，在中古以后的古典诗歌诸形式中一直居于主导地位。

---

①（南朝梁）钟嵘著，张朵等注译：《诗品上·古诗》，中州古籍出版社 2010 年版，第 62 页。

二、志深笔长，慷慨多气：建安诗歌

东汉末年，社会动荡不安。曹操挟持汉献帝，统一北方后，社会有了比较安定的环境。曹操父子皆有极高的文学修养，由于他们的提倡，一度衰微的文学有了新的生机。三国时期，曹操打败袁绍后开始营建邺都，并修建了铜雀台。铜雀台与建安文学有着不解之缘，这里聚集了一大批文人，诗、赋、文创作都有了新的突破。

建安是汉献帝的年号，文学史上的建安时期，一般指建安至魏初，即公元196～220年。建安文学以诗歌成就最为显著，此期许多作品从汉乐府民歌中吸取养料，比较真实地反映了当时社会的动乱和人民流离失所的痛苦，以及文人们的思想情操，体现了渴求社会安定的愿望和理想。其情调慷慨悲凉，情词并茂，语言刚健有力，有鲜明的时代特色。正如南朝梁刘勰《文心雕龙·时序》所言："观其时文，雅好慷慨，良由世积乱离，风衰俗怨，并志深而笔长，故慷慨而多气也。"

建安诗歌一方面继承了汉乐府民歌的传统，另一方面又加以发展、改造。从汉乐府民歌中兴起的五言诗形式，被建安诗人普遍使用并加以发展，成为整个魏晋南北朝诗歌最基本的形式。乐府民歌的语言风格对文人诗也产生了明显的影响。采用乐府诗题，沿袭乐府民歌中常见题材的作品，在这一时期的文人诗中占了很大的比例。

汉代乐府民歌是一种社会性的集体创作。它们由某些无名作者最初写成以后，在流传过程中不断地被加以改造，很少能表现出作者的个性特征。而建安时代，作品无主名的现象少了。这些与作者的名字联系在一起的作品，常常也和作者个人的特殊经历、情感和独特的审美旨趣联系在一起，促使诗歌向风格多样化的方向发展。汉乐府民歌中叙事诗较多，因故事性而得以流传；而建安文人诗大多以抒情为主，即使采用乐府诗题，也很少具有故事性。乐府民歌一向朴实无华，而建安诗人中不乏作赋的名家，辞赋最显著的特点是语言华丽，因而他们的诗也明显带有华丽的倾向。

总之，建安文人诗既受了乐府民歌的影响，同时开始向文人化的精致华美转变，这在中国古典诗歌发展史上是一个重大的开端。曹丕所说“诗赋欲丽”，正反映了当时普遍的文学观念。不过，建安诗歌虽有趋向华丽的一面，但并没有过分使用典雅深奥的书面语言，也没有过分的繁缛、铺张，以致文句松弛，妨碍情感的表达。

一般说来，建安诗歌以反映社会现实为体裁，语言明朗、浅显、紧凑而富有力度感，情辞悲凉慷慨。这种杰出成就和特色后来被称为“建安风骨”。风骨，原指人的品格、性格，也是古代文艺理论的一个术语。自建安文学之后，亦称能反映社会现实、慷慨悲凉、刚健遒劲的作品有“风骨”。唐代诗人李白有“蓬莱文章建安骨”之句，可知建安风骨对后世文学的深远影响。

建安诗人的主要代表是曹操及其子曹丕、曹植，以及“建安七子”。此外，还有女作家蔡琰（字文姬），她的《悲情诗》和《胡笳十八拍》均为建安诗歌中的上乘之作。

（一）“三曹”

“三曹”是指曹操及其子曹丕、曹植，三人在建安文学中成就不俗。

曹操 曹操，字孟德，沛国谯（今安徽亳县）人。汉末统治阶级中杰出的政治家、军事家，也是建安文学的领袖。曹操诗歌现存20余首，都为乐府旧题，表现的却是新的内容。代表作品有描写汉末战乱和人民苦难的《薤露行》《蒿里行》《苦寒行》等。

蒿里行

关东有义士，兴兵讨群凶。初期会盟津，乃心在咸阳。
军合力不齐，踌躇而雁行。势利使人争，嗣还自相戕。
淮南弟称号，刻玺于北方。铠甲生虮虱，万姓以死亡。

白骨露于野，千里无鸡鸣。生民百遗一，念之断人肠。

此诗实录当时事实并由诗人直抒胸臆，故采用简洁明了的白描手法，无意于词句的雕凿粉饰，而以明快有力的语言出之。如写白骨蔽野，千里无人，都以直陈其事的方式说出，最后说“生民百遗一，念之断人肠”，无一丝造作之感，可视为诗人心声的自然表露。全诗风格质朴，沉郁悲壮，体现了一个政治家、军事家的豪迈气魄和忧患意识。

苦寒行

北上太行山，艰哉何巍巍！羊肠坂诘屈，车轮为之摧。
树木何萧瑟，北风声正悲。熊罴对我蹲，虎豹夹路啼。
溪谷少人民，雪落何霏霏。延颈长叹息，远行多所怀。
我心何怫郁，思欲一东归。水深桥梁绝，中路正徘徊。
迷惑失故路，薄暮无宿栖。行行日已远，人马同时饥。
担囊行取薪，斧冰持作糜。悲彼《东山》诗，悠悠令我哀。

这是曹操反映汉末动乱中军旅征战生活的诗作，融叙事、写景、抒情为一体，抒发了诗人关怀士卒的体恤之情。语言古朴直率，风格慷慨悲凉。全诗不见华彩藻饰之言，只用朴实常见之语，直言悲凉之事，直抒慷慨之情。

曹操表现统一天下的雄心壮志、充满积极进取精神的诗作，如《短歌行》，内容深厚，庄重典雅，感情充沛，准确而巧妙地运用了比兴手法，达到寓理于情、以情感人的目的，历来被视为其代表作。诗曰：

对酒当歌，人生几何？譬如朝露，去日苦多。
慨当以慷，忧思难忘。何以解忧？唯有杜康。
青青子衿，悠悠我心。但为君故，沉吟至今。
呦呦鹿鸣，食野之苹。我有嘉宾，鼓瑟吹笙。
明明如月，何时可掇？忧从中来，不可断绝。
越陌度阡，枉用相存。契阔谈讌，心念旧恩。

月明星稀，乌鹊南飞。绕树三匝，何枝可依？

山不厌高，海不厌深。周公吐哺，天下归心。

《短歌行》的主题非常明确，即求贤若渴。曹操曾大力强调“唯才是举”，为此而先后发布了“求贤令”“举士令”“求逸才令”等。而《短歌行》实际上就是一曲“求贤歌”，又因为运用了诗歌的形式，含有丰富的抒情成分，所以能起到独特的感染作用，有力地宣传了他所坚持的主张，配合了他所颁发的政令。

曹操的代表诗作另有《步出夏门行》四章，包括《观沧海》《冬十月》《土不同》《龟虽寿》。其中，《观沧海》是建安时代以景托志的名篇：

东临碣石，以观沧海。水何澹澹，山岛竦峙。

树木丛生，百草丰茂。秋风萧瑟，洪波涌起。

日月之行，若出其中。星汉灿烂，若出其里。

幸甚至哉，歌以咏志。

这首诗是曹操在建安十二年（207 年）北征乌桓得胜回师途中，行军到海边，途经碣石山，登山观海，一时兴起所作。诗人用饱蘸浪漫主义激情的笔墨，描绘了山河雄伟，勾勒出大海吞吐日月、包蕴万千的壮丽景象。诗人以景托志，表达了胸怀天下的进取精神。

《龟虽寿》是《步出夏门行》四章中的最后一章：

神龟虽寿，犹有竟时。腾蛇乘雾，终为土灰。

老骥伏枥，志在千里；烈士暮年，壮心不已。

盈缩之期，不但在天；养怡之福，可得永年。

幸甚至哉，歌以咏志。

这是一首哲理诗，充满诗人对生活的真切体验，因而写得兴会淋漓，有着一种真挚而浓烈的感情力量。哲理与诗情通过形象化的手法表现出来，因而述理、明志、抒情在具体的艺术形象中实现了完美的结合。

曹操的诗继承了汉乐府的现实主义传统，但又有自己的创造。汉乐府诗大

多长于叙事，而曹操常用乐府旧题抒写感情和抱负，内容和形式上多有创新，气魄雄伟，情感深沉，于质朴自然中带有慷慨激昂的悲壮情调。鲁迅在《魏晋风度及文章与药及酒之关系》一文中称曹操为“改造文章的祖师”[①]。

图 3–4　曹丕像（唐·阎立本《历代帝王图》局部）

曹丕　曹丕，曹操长子，公元 220 年迫汉献帝禅位，建立魏王朝，谥文，史称魏文帝。（见图 3–4）除军政以外，曹丕自幼好文学，诗、赋、文皆有成就。曹丕之诗形式多样，而以五、七言为长，语言通俗，格调清新，具有民歌风格；手法回环往复，婉转清越，缠绵悱恻，是描写男女爱情和游子思妇题材的个中能手。曹丕的一些为后人称道的作品都是在担任五官中郎将至魏太子期间所作。其《燕歌行》是现存最早、最完整的文人七言诗。诗曰：

秋风萧瑟天气凉，草木摇落露为霜，群燕辞归雁南翔。
念君客游思断肠，慊慊思归恋故乡，君何淹留寄他方？
贱妾茕茕守空房，忧来思君不敢忘，不觉泪下沾衣裳。
援琴鸣弦发清商，短歌微吟不能长。明月皎皎照我床，
星汉西流夜未央。牵牛织女遥相望，尔独何辜限河梁！

《燕歌行》从思妇的角度，反映了东汉末年战乱不断和百姓流离的现状，表达出被迫分离的男女内心的哀怨和惆怅。全诗用词不加雕琢，音韵婉约，情致流转。

曹丕在《典论·论文》中说，文章是“经国之大业，不朽之盛事”，对文学的社会意义给予了高度评价。曹丕是邺下文人集团的实际领袖，对建安文学的精神架构起到了关键作用。

---

① 鲁迅：《朝花夕拾》，天津人民出版社 2015 年版，第 152 页。

曹植 曹植，曹操三子，曹丕同母弟。因才学出众，曹操曾一度欲立其为太子。及曹丕为帝，曹植备受猜忌压迫，郁郁而死。因封地在陈，卒谥思，世称陈思王。作为建安文学的代表人物之一与集大成者，他在两晋南北朝时期被推尊到文章典范的地位，誉为“建安之杰”。钟嵘《诗品》称其“骨气奇高，词采华茂，情兼雅怨，体被文质，粲溢今古，卓尔不群”。

曹植的文学创作以曹丕即位为界，分为前、后两期。前期作品多抒发建功立业的理想抱负，后期作品则主要表现受压抑的悲愤和有志难酬的哀伤情怀。其代表作有《洛神赋》《白马篇》《七哀诗》等。

《白马篇》是曹植前期诗歌中的名作，在写法上受到汉乐府的影响。诗以曲折动人的情节描写边塞游侠儿捐躯赴难、奋不顾身的英勇行为，塑造了边疆地区一位武艺高超、渴望卫国立功甚至不惜牺牲生命的游侠少年形象，表达了诗人建功立业的强烈愿望。诗曰：

白马饰金羁，连翩西北驰。借问谁家子？幽并游侠儿。
少小去乡邑，扬声沙漠垂。宿昔秉良弓，楛矢何参差！
控弦破左的，右发摧月支。仰手接飞猱，俯身散马蹄。
狡捷过猴猿，勇剽若豹螭。边城多警急，胡虏数迁移。
羽檄从北来，厉马登高堤。长驱蹈匈奴，左顾凌鲜卑。
弃身锋刃端，性命安可怀。父母且不顾，何言子与妻！
名编壮士籍，不得中顾私。捐躯赴国难，视死忽如归。

曹植的诗常常表现出一种慷慨激昂的热情，因此其诗歌的思想感情高迈不凡。《白马篇》开头两句以奇警飞动之笔，描绘出驰马奔赴西北战场的英雄身影，显示出军情紧急，扣动读者心弦；接着以“借问”领起，以铺陈的笔墨补叙英雄的来历；“边城”六句，遥接篇首，具体说明“西北驰”的原因和英勇赴敌的气概。末八句展示英雄捐躯为国、视死如归的崇高精神境界。全诗语言精美，风格雄放，气氛热烈，称得上是情调兼胜。诗中的英雄形象，既是诗人的自我写照，又凝

聚和闪耀着时代的光辉。

曹丕即位后，曹植屡受猜忌和排挤，诗风也因之大变，原来的少年意气、激昂慷慨为幽愤悲悯所取代。如：

野田黄雀行

高树多悲风，海水扬其波。利剑不在掌，结友何须多。

不见篱间雀，见鹞自投罗。罗家得雀喜，少年见雀悲。

拔剑捎罗网，黄雀得飞飞。飞飞摩苍天，来下谢少年。

曹丕掌权后杀了曹植的至交丁仪、丁廙兄弟，曹植却无力相救。《野田黄雀行》所抒写的就是这样一种悲愤之情。此诗通过黄雀自投罗网的比喻，抒写朋友遭难而诗人无力援救的愤慨与无奈心情，诗人手无权柄，只能在诗中塑造了一个解救受难者的少年侠士的形象。诗中少年拔剑捎网的形象，寄寓了诗人渴望冲破政治压迫的愿望和反抗情绪。全诗意象高古，语言警策，诗人急于有为的壮烈情怀跃然纸上。

曹植的诗承续《离骚》之风而来，常以“佳人”自喻，借以抒发怀才不遇、壮志难酬之慨。如：

杂　诗

南国有佳人，容华若桃李。朝游江北岸，夕宿潇湘沚。

时俗薄朱颜，谁为发皓齿？俯仰岁将暮，荣耀难久恃。

还有像《君子行》这样的告诫之作，侧面反映了诗人在强权威压下小心翼翼的生活状态：

君子防未然，不处嫌疑间。瓜田不纳履，李下不正冠。

嫂叔不亲授，长幼不比肩。劳谦得其柄，和光甚独难。

周公下白屋，吐哺不及餐。一沐三握发，后世称圣贤。

诗的主旨即告诫人们处事须谨慎，要避开嫌疑。诗人即便是身居权族之列，却也不得不谨小慎微，稍不留意便会惹来杀身之祸，令人唏嘘。

曹植的诗歌既体现了《诗经》“哀而不伤”的庄雅，又蕴含着《楚辞》窈窕深邃的奇谲；既继承了汉乐府反映现实的传统，又保留了《古诗十九首》温丽悲远的情调。曹植的诗有自己鲜明独特的风格，完成了乐府民歌向文人诗的转变。

（二）建安七子

“建安七子”是指孔融、陈琳、王粲、徐干、阮瑀、应玚、刘桢。“七子”之称，始于曹丕所著《典论·论文》：“今之文人，鲁国孔融文举，广陵陈琳孔璋，山阳王粲仲宣，北海徐干伟长，陈留阮瑀元瑜，汝南应玚德琏，东平刘桢公干。斯七子者，于学无所遗，于辞无所假，咸以自骋骥騄于千里，仰齐足而并驰。”“七子”中除了孔融因与曹操政见不合而被处死外，其余六人虽然各自经历不同，但都亲身受过汉末离乱之苦，后来投奔曹操，地位发生了变化，获得了安定、富贵的生活。他们多视曹氏父子为知己，并想依傍之实现自己的人生抱负，故而他们的诗与三曹诗作有许多共同之处。因“建安七子”曾同居魏都邺中，又号“邺中七子”。

“建安七子”以写五言诗为主。“七子”的优秀五言之作写得情采飞扬，变化多致，使五言诗在艺术上臻于精美。与他们的生活道路相对应，“七子”的创作大体上也可以分为前、后两个阶段。前期作品多反映社会动乱的现实，抒发忧国忧民的情怀。主要作品有王粲《七哀诗》《登楼赋》和陈琳《饮马长城窟行》、阮瑀《驾出北郭门行》、刘桢《赠从弟》等，都具有现实意义和一定的思想深度，但有些作品情调过于低沉感伤。后期作品则大多反映他们对曹氏政权的拥护和自己建立功业的抱负，内容多为游宴、赠答等，但兼有对曹氏父子的颂扬，带有清客陪臣口吻，显露出庸俗的态度。

图 3–5　孔融像

孔融　孔融为“建安七子”之首，文才甚丰。（见图 3–5）现存作品只有散文和诗。其《杂诗》第二首，

以白描手法写丧子之痛，哀婉动人。诗曰：

远送新行客，岁暮乃来归。入门望爱子，妻妾向人悲。
闻子不可见，日已潜光辉。孤坟在西北，常念君来迟。
褰裳上墟丘，但见蒿与薇。白骨归黄泉，肌体乘尘飞。
生时不识父，死后知我谁？孤魂游穷暮，飘摇安所依？
人生图嗣息，尔死我念追。俯仰内伤心，不觉泪沾衣。
人生自有命，但恨生日希。

陈琳 陈琳在“建安七子”中比较年长，约与孔融相当，故对汉末动荡苦难的岁月有更加深刻的感悟。其代表作《饮马长城窟行》，假借秦代筑长城故事，揭露当时繁重的徭役给民间带来的苦难，尤为深刻。诗曰：

饮马长城窟，水寒伤马骨。往谓长城吏，慎莫稽留太原卒！官作自有程，举筑谐汝声！男儿宁当格斗死，何能怫郁筑长城。长城何连连，连连三千里。……君独不见长城下，死人骸骨相撑拄。……

此诗用乐府旧题，以秦代统治者驱使百姓修筑长城的史实为背景，通过筑城役卒夫妻的对话，揭露了当时繁重而无休止的徭役给人民带来的深重灾难与痛苦。全诗语言简洁生动，真挚感人。

王粲 王粲在“七子”中成就最高。他的《七哀诗》（三首）和《登楼赋》最能代表建安文学的精神。《七哀诗》其一写他由长安避乱荆州途中所见饥妇弃子场面，揭示了汉末军阀混战造成的惨象及带给人民的深重灾难，读来使人触目惊心。诗曰：

西京乱无象，豺虎方遘患。复弃中国去，委身适荆蛮。
亲戚对我悲，朋友相追攀。出门无所见，白骨蔽平原。
路有饥妇人，抱子弃草间。顾闻号泣声，挥涕独不还。
“未知身死处，何能两相完？”驱马弃之去，不忍听此言。
南登霸陵岸，回首望长安。悟彼《下泉》人，喟然伤心肝。

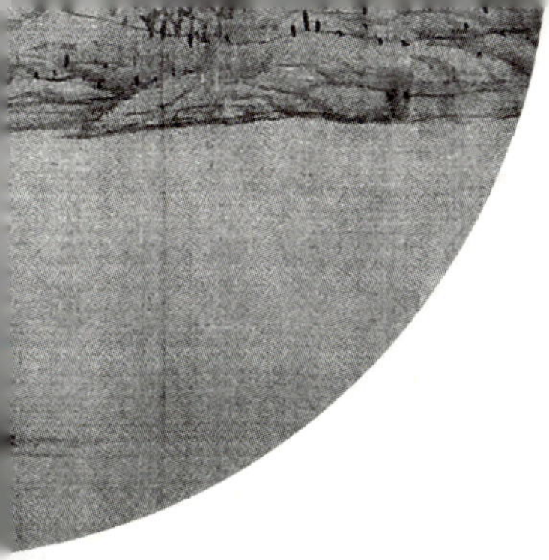

这首诗记录了诗人在汉末初平年间的一段经历，语言质朴，但又处处透出诗人高妙的修辞功夫。诗人抓住一位妇人因饥饿抛弃亲生子这一典型事件，揭露了汉末社会哀鸿遍野、民不聊生的景况及兵祸的惨毒。尤其是饥妇的申诉“未知身死处，何能两相完”，字字血泪，令闻者惨然。诗以叙事为主，在叙述中处处透出惨淡之色，在叙完饥妇弃子后，即“驱马弃之去，不忍听此言”，转入感情的直接抒发，过渡自然。

三、四声新变：永明体

永明是南朝齐武帝的年号，永明体诗亦称“新体诗”。齐、梁、陈三代是新体诗形成和发展的时期。所谓新体诗，是与古体诗相对而言的，其主要特征是讲究声律和对偶，以讲究四声、避免“八病”[①]、强调声韵格律为其主要特征。发现四声，并将它运用到诗歌创作之中而成为一种人为规定的声韵，这就是永明体产生的过程。四声是根据汉字发声的高低、长短而定的。音乐中按宫、商、角、徵、羽的组合变化，可以演奏出各种优美动听的乐曲；而诗歌则可以根据汉字声调的组合变化，使声调按照一定的规则排列起来，以达到铿锵和谐、富有音乐美的效果。

在齐梁声律论产生之前，诗赋创作并非不讲声韵，但那时讲的是自然的声韵，而且又多与音乐有关。从诗歌自身的发展来看，随着文人五言诗创作的不断繁荣，五言古诗已逐步脱离乐府而独立发展成为不入乐的徒歌，那么摆脱对于乐律的依附而符合诗之声律的要求，已经成为必然之势。永明体的出现，对于纠正晋宋以来文人诗语言过于艰涩的弊病，使创作转向清新通畅起了一定的作用，

① 齐梁时的音韵学家周颙发现并创立以“平上去入”制韵的四声说。沈约等人根据四声和双声叠韵来研究诗的声、韵、调的配合，提出了“八病”（平头、上尾、蜂腰、鹤膝、大韵、小韵、正纽、旁纽）必须避免之说。

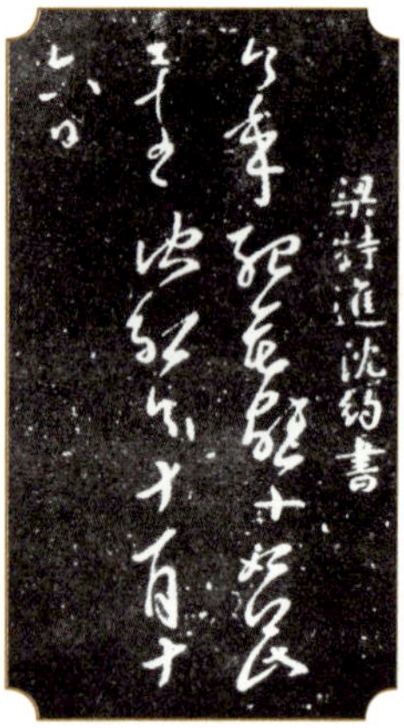

图 3–6　沈约手迹（石刻）

对近体诗的形成也产生了重大影响。

永明体的代表作家首推沈约、谢朓、王融三人。沈约的诗数量最多，他在理论上的阐述代表着永明体的主张。谢朓的诗风上承曹植，善于以警句发端，在写景抒情方面，兼取谢灵运、鲍照两家之长，而避免了艰涩之弊。这些诗都已具有五言律诗的雏形。

沈约　沈约诗歌的风格可概括为“长于清怨”[①]，这种特征主要表现在他的山水诗和离别哀伤诗之中。（见图 3–6）沈约的山水诗具有清新之气，同时又往往透露出一种哀怨感伤的情调。如《登玄畅楼》：

危峰带北阜，高顶出南岑。中有陵风榭，回望川之阴。
岸险每增减，湍平互浅深。水流本三派，台高乃四临。
上有离群客，客有慕归心。落晖映长浦，焕景烛中浔。
云生岭乍黑，日下溪半阴。信美非吾土，何事不抽簪。

此诗写景清新而又自然流畅，尤其是对于景物变化的捕捉与描摹，使得诗歌境界具有一种动态之势。其《秋晨羁怨望海思归》，境界阔大高远，为读者展示出天水一色、烟波浩渺的海天景色。如：“分空临澥雾，披远望沧流。八桂暖如画，三桑眇若浮。烟极希丹水，月远望青丘。”此类诗歌在齐梁山水诗中，不失为上乘之作。此外，像“日映青丘岛，尘起邯郸陆。江移林岸微，岩深烟岫复”（《循役朱方道路》）、“山嶂远重叠，竹树近蒙笼。开襟濯寒水，解带临清风”（《游沈道士馆》）、“长枝荫紫叶，清源泛绿苔。山光浮水至，春色犯寒来”（《泛永康江》）等描写山水的诗句，皆令人耳目一新。

沈约的离别诗也同样有“清怨”的特点，如最为后人所称道的《别范安成》：

---

①（南朝梁）钟嵘著，张朵等注译：《诗品中·梁左光录（禄）沈约诗》，第 197 页。

生平少年日，分手易前期。及尔同衰暮，非复别离时。

勿言一樽酒，明日难重持。梦中不识路，何以慰相思。

将少年时的分别同如今暮年时的分别相对比，已经蕴含了深沉浓郁的感伤之情；末二句又用战国时张敏和高惠的典故①，更加重了黯然离别的色彩。全诗语言浅显平易，情感表达真挚深沉而又委婉，在艺术技巧上具有独创性。此诗在离别的哀愁之中，还含有对人生进行反思的意味，这也是此诗超越一般的离别之作而传诵不衰的原因。

沈约的悼亡怀旧之诗，“清怨”的色彩更加突出。如《悼亡诗》：

去秋三五月，今秋还照梁。今春兰蕙草，来春复吐芳。

悲哉人道异，一谢永销亡。帘屏既毁撤，帷席更施张。

游尘掩虚座，孤帐覆空床。万事无不尽，徒令存者伤。

前半以大自然的永恒来反衬人生易逝、一去不返的悲哀；后半将悲伤的情感同凄凉的环境融为一体，情状交现，悲怆靡加。

除离别哀伤之作外，沈约的抒怀之作如《登高望春》《古意》《伤春》《秋夜》以及乐府诗《临高台》《有所思》《夜夜曲》等，在其文集中皆为上乘之作，而且也都具有“清怨”的风格特征。

谢朓　谢朓，字玄晖，出身高门士族，与史称“大谢”的谢灵运同族，世称“小谢”。今存诗200余首，多描写自然景物，间亦直抒怀抱。诗风清新秀丽，细腻工巧，圆美流转；开拓风景描写的空间，擅长营造平远构图，富于诗情画意；又平仄协调，对偶工整，开启唐代律绝先河。

晚登三山还望京邑

灞涘望长安，河阳视京县。白日丽飞甍，参差皆可见。

余霞散成绮，澄江静如练。喧鸟覆春洲，杂英满芳甸。

---

① 《文选》李善注引《韩非子》：“六国时，张敏与高惠二人为友。每相思不能得见，敏便于梦中往寻，但行至半道，即迷不知路，遂回，如此者三。”

去矣方滞淫，怀哉罢欢宴。佳期怅何许，泪下如流霰。

有情知望乡，谁能鬒不变？

此为谢朓山水诗的代表作，写登山临江见到的春晚之景，抒发遥望京师而引起的故乡之思。该诗写景色调绚烂纷繁、满目彩绘；写情单纯柔和、轻清温婉。诗人将京邑的黄昏写得如此明丽美好，毫无苍凉暗淡之感。全诗结构完整对称，而“余霞散成绮，澄江静如练”成为历来传诵的名句。

在永明体以前，诗坛上流行的是“古体诗”，亦称“古诗”“古风”，每篇句数不拘，有四、五、六、七、杂言诸体，不求对仗，平仄和用韵也比较自由。唐代以后形成了律诗和绝句，称为“近体诗”，亦称“今体诗”。这是同“古体诗”相对而言的，句数、字数和平仄、用韵等都有严格的规定。而“近体诗”的雏形就是“新体诗”，即永明体诗。永明体的出现，标志着古体诗已暂告一段落，预示着近体诗即将登场。因此，即使后人对永明体诗提出这样或那样的批评，其在文学史上的地位还是应该予以肯定及恰当评价的。

四、诗中“奇葩”：南朝宫体诗

所谓南朝宫体诗，是指南朝梁后期和陈后主时期流行的一种诗歌流派。发端于齐梁之际，到萧纲及其周围文人时达到全盛。大多描写女性之美，形式工巧，声律严整，形成了梁陈时期诗歌的一道奇特风景线。

“宫体”之名，始见于《梁书·简文帝纪》对萧纲的评语：“然伤于轻艳，当时号曰宫体。”但这种风格的诗歌，梁武帝及吴均、何逊、刘孝绰已开其端。主要作者有萧纲、萧绎以及聚集于他们周围的一些文人，如徐摛、徐陵父子和庾肩吾等（有“徐庾体”之称），陈后主陈叔宝及其侍从文人也可归入此类。这类诗歌共同的艺术特点是：注重辞藻、对偶、声律，以写宫廷生活、闺阁情怀为主要内容，重声律，词采丽靡轻艳。

宫体诗历来饱受批评，多因其写女子生活及体态，奢艳绮靡，格调不高。其实宫体诗也有一些抒情咏物之作，即使是写女性生活的作品，格调低下的也只占少数。宫体诗吸收了永明体的成果，合律者颇多，如萧纲《折杨柳》中“夜密飞鸟碍，风轻花落迟”已成律句。

齐梁诗所追求的形式和辞藻的华美，是一种靡丽绮弱的美，只流于形式而不注重内在，即使对美人的描绘也只是对其容貌、姿态的感叹，从未写到人的内心，这与建安时吟咏女性的作品有了很大的区别。如曹植《美女篇》：“佳人慕高义，求贤良独难。众人徒嗷嗷，安知彼所观？盛年处居室，中夜起长叹。”诗人能深切地刻画出美女内心未遇良侣的长叹之情，以托喻自己怀才不遇的悲愤。齐梁的美女诗则缺乏这样的深度。齐梁世风比较柔靡，当时的贵族挥霍无度，蓄妓与置女乐很普遍，这也是宫体诗描绘声色的因素之一。

魏晋以后，佛经翻译的进步也从形式上影响了宫体诗。宫体诗作为一种尚未成熟的诗歌体裁，实际上开了后代抒情诗的先声。就艺术形式而言，宫体诗最突出的一点贡献就是它发展了吴歌西曲的艺术形式，并继承了永明体的艺术特色而更趋格律化。至于其语言的风华流丽、对偶的工稳精巧以及用典隶事等方面的艺术探索和积累，也同样为唐代诗人提供了足资借鉴的艺术经验。[①]

五、咏怀田园，寄情山水：田园山水诗

田园诗　中国古代的田园诗指歌咏田园生活的诗歌，多以农村景物和农民、

① 南朝徐陵在梁中叶时所编《玉台新咏》是上继《诗经》《楚辞》，下至南朝梁代的诗歌总集（769篇）。计有五言诗8卷，歌行1卷，五言四句诗1卷，共10卷。该书编纂的宗旨是“选录艳歌”，即主要收男女闺情之作。入选各篇，皆取语言明白，而弃深奥典重者（录汉时童谣歌）；又比较重视民间文学，如长篇叙事诗《孔雀东南飞》就首见此书。其重视南朝时兴起的五言四句的短歌句，对于唐代五言绝句这一诗体的发展有一定推动作用。

图 3-7　明 · 陈洪绶《陶渊明像》

牧人、渔夫等的劳动为题材。自从东晋诗人陶渊明开创了田园诗体后，田园诗便变成了唐宋时期隐居不仕的文人和从官场退居田园的仕宦们的重要创作领域。

陶渊明，字元亮，又名潜，私谥靖节，世称靖节先生。曾任江州祭酒、彭泽县令等职，最后一次出仕为彭泽县令，即任不久便弃职而去，从此归隐田园。他是中国第一位田园诗人，被称为“古今隐逸诗人之宗”。其诗作题材有“饮酒”“咏怀”“田园”等，其中以田园诗数量最多，成就最高。他的田园诗以淳朴自然的语言、高远拔俗的意境，为中国诗坛开辟了新天地，并直接影响到唐代山水田园诗派。（见图 3–7）

图 3–8　清 · 石涛
《陶渊明诗意图册 · 归园田居》

陶渊明长于诗，亦工于文、辞赋，《归去来兮辞》《桃花源记》等即为其中名篇。其诗多描绘自然景色及其在农村生活的情景，其中的优秀作品寄寓着诗人对官场与世俗社会的厌倦，表露出其洁身自好、不愿屈身逢迎的志趣，但有些作品也夹杂着“人生无常”“乐安天命”等消极思想。其诗的艺术特色兼有平淡与爽朗之胜，语言质朴自然，而又极为精练，具有独特风格。如《归园田居》（见图 3–8）：

其　一

少无适俗韵，性本爱丘山。误落尘网中，一去三十年。

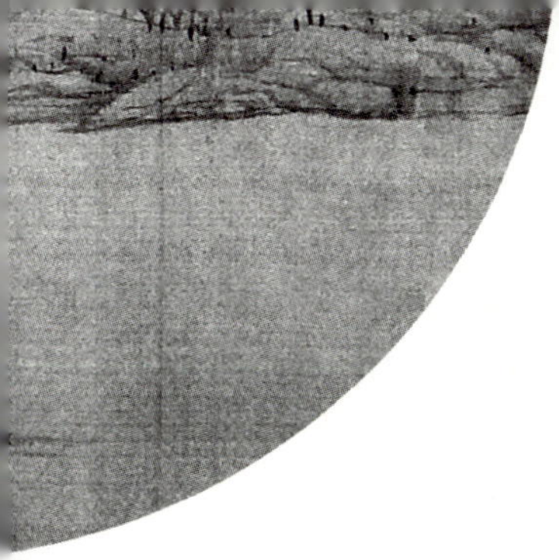

羁鸟恋旧林，池鱼思故渊。开荒南野际，守拙归园田。
方宅十余亩，草屋八九间。榆柳荫后檐，桃李罗堂前。
暧暧远人村，依依墟里烟。狗吠深巷中，鸡鸣桑树颠。
户庭无尘杂，虚室有余闲。久在樊笼里，复得返自然。

其　三

种豆南山下，草盛豆苗稀。晨兴理荒秽，带月荷锄归。
道狭草木长，夕露沾我衣。衣沾不足惜，但使愿无违。

这组诗生动地描写了诗人辞官归隐后的乡居生活，抒发了他追求恬淡闲适的田园生活的逸趣，同时又隐含了对黑暗腐败的官场生活的厌恶之情，表达了诗人不愿同流合污，为保持完整的人格和高尚的情操而甘受田间生活的艰辛。《归园田居》组诗是一个不可分割的有机整体，不仅在于五首诗分别从辞官场、聚亲朋、乐农事、访故旧、欢夜饮几个侧面描绘了诗人丰富充实的隐居生活，更重要的在于，质性自然、乐在其中的情趣始终贯穿其中。诗中虽有感情的动荡、转折，但那种欢愉、达观的明朗色彩是辉映全篇的。组诗集中体现了陶渊明追求自由、安于清贫、隐逸山野、洁身自好、远离官场、超脱世俗的美好情操。

陶渊明的田园诗充分表现了诗人守志不阿的高尚节操、对淳朴的田园生活的热爱以及对劳动的认识和对劳动人民的友好感情，也表现了诗人对理想世界的追求和向往。作为一个文人士大夫，这样的思想感情，这样的内容，出现在文学史上，是前所未有的，尤其是在门阀制度森严的社会里显得尤为可贵。在他的田园诗中，随处可见的是他对污浊现实的厌烦和对恬静的田园生活的热爱。因为有实际劳动经验，所以他的诗中洋溢着劳动者的喜悦，表现出只有劳动者才能感受到的思想感情。陶渊明的诗文充满了田园气息，他的名士风范和对简朴生活的热爱，影响了一代又一代的中国文人乃至整个中国文化。

山水诗　山水诗，是指描写山水风景的诗。由谢灵运开创，脱胎于玄言诗。即把自然界的美景引进诗中，使山水成为独立的审美对象。虽然诗中不一定纯

图 3–9　谢灵运像

写山水，亦可有其他的辅助内容，但是呈现耳目所及的山光水色之美，则须为诗人创作的主要目的。谢灵运的创作不仅把诗歌从“淡乎寡味”的玄理中解放了出来，而且加强了诗歌的艺术技巧和表现力，影响了一代诗风。山水诗的出现不仅为诗歌增加了一种题材，而且开启了南朝一代新的诗歌风貌。继陶渊明的田园诗之后，山水诗标志着人与自然进一步的沟通与和谐，也标志着一种新的自然审美观念和审美趣味的产生。如谢灵运的《登池上楼》（见图 3–9）：

潜虬媚幽姿，飞鸿响远音。薄霄愧云浮，栖川怍渊沈。
进德智所拙，退耕力不任。徇禄反穷海，卧疴对空林。
衾枕昧节候，褰开暂窥临。倾耳聆波澜，举目眺岖嵚。
初景革绪风，新阳改故阴。池塘生春草，园柳变鸣禽。
祁祁伤豳歌，萋萋感楚吟。索居易永久，离群难处心。
持操岂独古，无闷征在今。

此诗抒写诗人久病初起登楼远眺时的所见所感，描写了初春景物的可爱，抒发了自己官场失意的颓丧心情和进退失据的无奈情绪，最终表达了归隐的愿望。诗中写景部分与抒情结合得相当密切，并且成为情绪变化的枢纽。诗中“池塘生春草，园柳变鸣禽”一句，描写了初春时节池水、园柳和春草、鸣禽的变化，将生意盎然的初春景象雕琢得不露痕迹。

谢灵运长期优游名山胜境，写有大量的山水诗。其诗语言富丽精工，喜雕琢，追求形似。他的诗往往是有句无篇，如：“池塘生春草，园柳变鸣禽”之写园林，“野旷沙岸净，天高秋月明”之写秋，“明月照积雪，朔风劲且哀”之写冬，“林壑敛暝色，云霞收夕霏”之写暮色，“春晚绿野秀，岩高白云屯”之写春景。

这些精美的诗句，如一幅幅精致的山水画，展现在读者面前。

谢灵运确立了山水诗的地位。随后，南齐同族诗人“小谢”谢朓也创作了一些清新流丽的山水诗篇，“余霞散成绮，澄江静如练”“大江流日夜，客心悲未央”“天际识归舟，云中辨江树”等成为历代传诵的佳句。南朝梁代诗人何逊也有些写景名句：“露湿寒塘草，月映清淮流”“野岸平沙合，连山远雾浮”“岸花临水发，江燕绕樯飞”“江暗雨欲来，浪白风初起”“夜雨滴空阶，晓灯暗离室”等。

山水诗经过魏晋六朝诗人的努力，到唐代王维和孟浩然达到顶峰。

第四章 近体格律诗

唐代诗歌不仅继承了汉魏民歌、乐府传统，并且发展了歌行体的样式；不仅继承了前代的五言、七言古诗[①]，而且发展为叙事言情的长篇巨制；不仅扩展了五言、七言的形式，还创造了风格优美整齐的近体诗。近体诗在唐代的发展和成熟，把我国古典诗歌音节和谐、文字精练的艺术特色，推升到前所未有的高度，成为后世诗歌创作的楷范。

近体诗，又叫“今体诗”（“近”和“今”都是就唐代而言的），因其讲求严格的格律，所以又称为“格律诗”，包括绝句和律诗两大类。格律诗的句数有限定，即绝句四句（有五绝和七绝）、律诗八句（有五律和七律），每句诗中用字的平仄有一定的规律，韵脚不能转换，律诗还要求中间四句对仗。

一、雄视千古，光焰万丈：唐代律绝

（一）盛朝高蹈——初唐

初唐是唐诗繁荣的准备时期，重要诗人有“初唐四杰”——王勃、杨炯、卢照邻、骆宾王，此外还有陈子昂、沈佺期、宋之问等。初唐诗歌仍沿着南朝诗歌的惯性发展，柔靡纤弱，缺乏生气。“四杰”的出现开始转变这种风气。这些诗人年少而才高，他们把诗歌从宫廷移到了市井，从台阁移到了江山和塞漠，题材扩大，思想严肃，五言律诗的形式由他们初步定型。他们怀着变革文风的自觉意识，有一种十分明确的审美追求：反对纤巧绮靡，提倡刚健骨气。他们

① 古体诗，又称“古诗”或“古风”。这个概念和我们通常说的“古代诗歌”不同，是专用名词，专指唐代以前流行并在唐代继续流行的一种诗体，和唐代形成的近体诗相对存在。古体诗分五言古诗和七言古诗（或简称“五古”和“七古”）两大类，此外还有句式长短不齐的古诗，一般归入七古。古体诗对音韵格律的要求比较宽，一首诗的句数可多可少，篇章可长可短，韵脚可以转换，句与句间没有平仄对应和用词对仗的要求。有的古体诗句数、字数和律诗相同，但用韵、平仄和对仗都不同于律诗的要求，所以仍是古诗，如《古诗十九首》及陶渊明等人的诗。

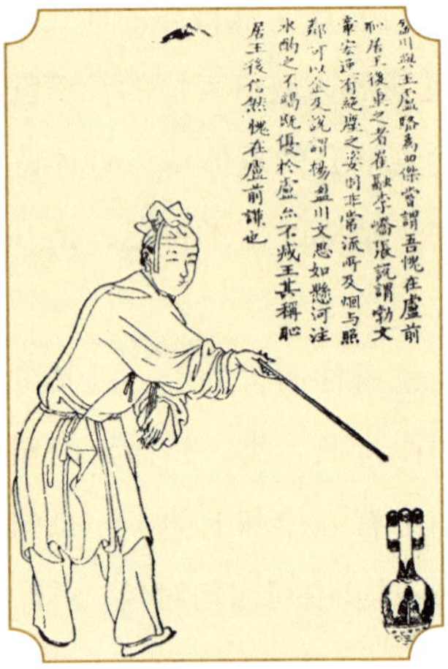

图 4–1　杨炯像

的诗尽管未能摆脱南朝风气，但其诗风的转变和题材的扩大，预示了唐诗未来的发展方向。

初唐四杰　“四杰”的诗上承梁、陈，下启沈、宋，其中卢、骆长于歌行，王、杨长于五律。他们才气横溢，不满现状，通过自己的诗作抒发愤激不平之情和壮烈的怀抱。如杨炯（见图 4–1）的诗：

从军行

烽火照西京，心中自不平。牙璋辞凤阙，铁骑绕龙城。
雪暗凋旗画，风多杂鼓声。宁为百夫长，胜作一书生。

战城南

塞北途辽远，城南战苦辛。幡旗如鸟翼，甲胄似鱼鳞。
冻水寒伤马，悲风愁杀人。寸心明白日，千里暗黄尘。

这些诗作气势轩昂，风格豪放。诗人宁可做个低级军官（百夫长），也不想做书生老死窗下，表现了他不甘寂寞，想投笔从戎，到边疆建功立业的热切愿望。描绘战士沙场作战的艰辛，也是感同身受，表达了有志青年的胸襟和情怀。这种激扬豪迈的格调，为唐初诗坛吹进一股新风。

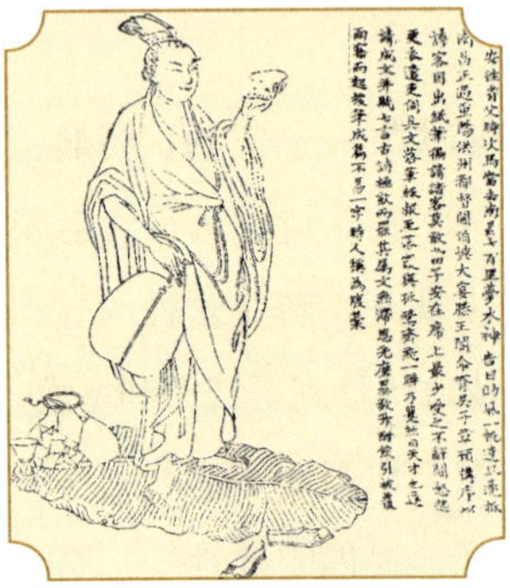

图 4–2　王勃像

王勃（见图 4–2）的诗偏于描写个人生活，也有少数抒发政治感慨、隐寓对豪门世族不满之作，风格较为清新。如：

滕王阁

滕王高阁临江渚，佩玉鸣鸾罢歌舞。画栋朝飞南浦云，珠帘暮卷西山雨。
闲云潭影日悠悠，物换星移几度秋。阁中帝子今何在？槛外长江空自流。

这首诗附在王勃的名篇《滕王阁序》后，概括了序的内容，气度高远，境界宏大，与《滕王阁序》可谓双璧同辉，相得益彰。首联点出滕王阁的形势并遥想当年兴建此阁时举办豪华盛宴的情景；颔联紧承第二句写画栋飞上了南浦的云，珠帘卷入了西山的雨，表现了阁的高峻；颈联由空间转入时间，点出了时日的漫长，很自然地生出了风物更换季节，星座转移方位的感慨，引出尾联；尾联感慨人去阁在，江水永流，收束全篇。全诗在空间、时间双重维度中展开对滕王阁的吟咏，笔意纵横，穷形尽相，语言凝练，感慨遥深。

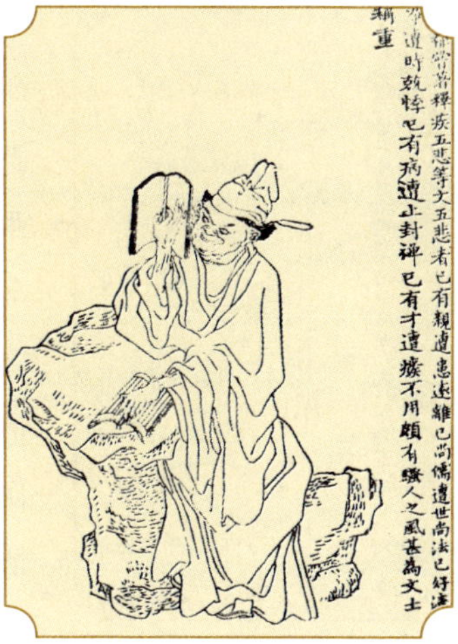

图 4–3　卢照邻像

卢照邻（见图 4–3）的代表作《长安古意》，诗笔纵横奔放，富丽而不浮艳，为初唐脍炙人口的名篇。文曰：

长安大道连狭斜，青牛白马七香车。玉辇纵横过主第，金鞭络绎向侯家。
龙衔宝盖承朝日，凤吐流苏带晚霞。百丈游丝争绕树，一群娇鸟共啼花。
游蜂戏蝶千门侧，碧树银台万种色。
……
别有豪华称将相，转日回天不相让。意气由来排灌夫，专权判不容萧相。
专权意气本豪雄，青虬紫燕坐春风。自言歌舞长千载，自谓骄奢凌五公。
节物风光不相待，桑田碧海须臾改。昔时金阶白玉堂，即今唯见青松在。
寂寂寥寥扬子居，年年岁岁一床书。独有南山桂花发，飞来飞去袭人裾。

此诗托古意而写今情，展现了当时长安社会生活的广阔画卷。在这首长篇七言诗中，诗人用传统题材写自身的感受，以铺陈的笔法，描绘当时京都长安的现实生活场景，流露出对美好生活的热爱和向往之情；写权贵阶层骄奢淫逸的生活及内部倾轧的情况，深寓讽喻之旨；同时抒发了诗人怀才不遇的寂寥之感和牢骚不平之气，也揭示了世事无常、荣华难久的生活哲理。

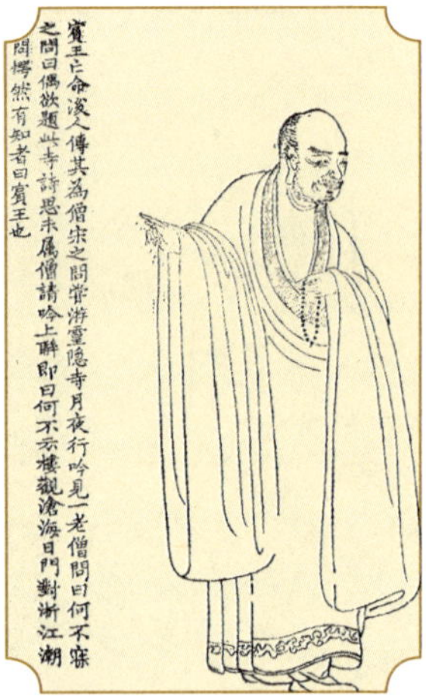

图 4–4　骆宾王像

骆宾王（见图 4–4）的诗除了我们耳熟能详的《咏鹅》，还有《在狱咏蝉》，是他表达高远志向的代表诗作。诗曰：

西陆蝉声唱，南冠客思侵。那堪玄鬓影，来对白头吟。
露重飞难进，风多响易沉。无人信高洁，谁为表予心。

诗人歌咏蝉的高洁品行，以蝉比兴，以蝉喻己，寓情于物，抒发了自己品行高洁却不得受任的哀怨悲伤之情，表达了辨明无辜、昭雪沉冤的愿望。全诗情感充沛，取譬明切，用典自然，语意双关，达到了物我一体的境界，是咏物诗中的名作。他另有描写边塞战争情境的诗作《从军行》，其中名句“弓弦抱汉月，马足践胡尘。不求生入塞，唯当死报君”，豪气干云，表达了诗人意欲建功立业、报国成仁的志向。

陈子昂　继“四杰”而起的是初唐诗人陈子昂，他从理论上对南朝以来衰弱的诗风提出批评，认为这类诗专门玩弄华丽的辞藻，内容空虚，抛弃了《诗经》重视思想性的传统。对此他耿耿于怀，提倡学习“汉魏风骨”，恢复建安时代的诗风。他的 38 首《感遇》诗实践了自己的主张，影响很大。如下面两首：

其十五

贵人难得意，赏爱在须臾。莫以心如玉，探他明月珠。
昔称夭桃子，今为春市徒。鸱鸮悲东国，麋鹿泣姑苏。
谁见鸱夷子，扁舟去五湖。

其二十二

微霜知岁晏，斧柯始青青。况乃金天夕，浩露沾群英。
登山望宇宙，白日已西暝。云海方荡潏，孤鳞安得宁。

陈子昂的《登幽州台歌》被认为是怀古诗的绝唱：

前不见古人，后不见来者；

念天地之悠悠，独怆然而涕下。

这是一首吊古伤今的生命悲歌，从中可以看出诗人孤独遗世、独立苍茫的落寞情怀。诗句简短，语义深古，苍凉辽阔，哀而不伤。通过描写登楼远眺，凭今吊古所引起的无限感慨，抒发了诗人抑郁已久的悲愤之情，深刻地揭示了怀才不遇的知识分子遭受压抑的境遇，表达了他们在理想破灭时孤寂郁闷的心情，具有深刻而典型的社会意义。全诗语言苍劲奔放，富有感染力，结构紧凑连贯，又留有充分的空间，读来酣畅淋漓又余音缭绕。韩愈曾说“国朝盛文章，子昂始高蹈”，肯定了陈子昂在唐诗发展中的重要作用。

沈佺期、宋之问因文才受到赏识而被选入朝中做官，置身宫禁而优游卒岁的馆阁生活，使他们的诗歌创作多限于应制酬唱和咏物、赠别，点缀升平，标榜风雅，境界少格。但这样的生活却使他们有较为充裕的时间琢磨诗艺，在诗律方面精益求精，回忌声病，约句准篇，以创作实践为格律诗的发展奠定了基础。

初唐诗人的作品风格气象万千，雄浑博大，已经从南北朝时期争相纤构狭小的宫体诗中逐渐走了出来，开辟了诗歌的新境界。

（二）剑气如虹——盛唐

唐代诗歌的样式在初唐时期已经齐备。时至盛唐，国力强盛，逢“开元盛世”，经济、文化发展到鼎盛，唐诗也发展至顶峰时期，题材广阔，流派众多，出现了“边塞诗派”与“田园诗派”等。浪漫主义诗人李白和现实主义诗人杜甫，即是这一时期最杰出的代表。他们的诗雄视千古，为一代之冠。在他们的笔下，无论五律、七律和五绝、七绝，还是古风、歌行，皆有高超的艺术成就。正如韩愈所说：“李杜文章在，光焰万丈长。”

1. 山水田园诗派

此诗派以反映田园生活、描绘山水景物为主要内容，由陶渊明的田园诗和谢灵运、谢朓等人的山水诗发展而来。代表人物有盛唐的王维、孟浩然、储光羲、

常建等，以及中唐的韦应物、柳宗元等。

这一派作品较多地反映了闲适淡泊的思想情绪，色彩雅淡，意境幽深，多采用五言古体和五言律绝的形式。在发掘自然美方面，诗人既能概括地描写雄奇壮阔的景物，又能细致入微地刻画自然事物的动态；在自然景物的观察上别有会心，能够巧妙地捕捉适于表现其生活情趣的种种形象，构成独到的意境，把六朝以后的山水诗向前推进了一步。其中以王维成就为高，于李杜之外，别立一宗，对后世影响很大。

王维　王维，字摩诘，官至尚书右丞，世称王右丞。（见图 4–5）他受佛教思想影响，厌倦官僚生活，长期隐居于辋川别业，热爱自然，熟悉农村。王维具有多方面的文学、艺术才能，精通绘画、书法、音乐。王维早年立志于功名进取，写了许多风格雄浑、境界开阔，充满豪情逸气的诗作，其中以边塞和游侠题材的诗歌居多，如《少年行》《从军行》《老将行》《陇头吟》《使至塞上》等。但在唐代诗歌史上奠定其地位和最能标志其诗歌艺术成就的，还是他反映田园隐逸生活的山水田园诗。如《渭川田家》《山居秋暝》《终南山》《鸟鸣涧》《鹿柴》《竹里馆》《辛夷坞》等，或写田园生活的恬静闲逸，或写自然景物的清幽秀美。

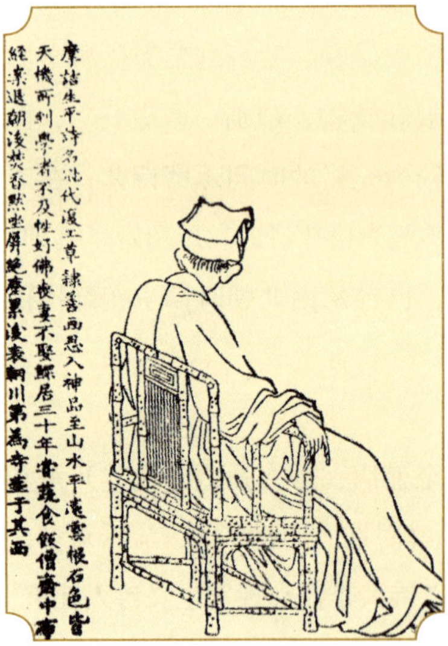

图 4–5　王维像

渭川田家

斜光照墟落，穷巷牛羊归。野老念牧童，倚杖候荆扉。

雉雊麦苗秀，蚕眠桑叶稀。田夫荷锄至，相见语依依。

即此羡闲逸，怅然吟《式微》。

此诗用白描手法，描写渭河流域初夏黄昏的乡村景色，夕阳西下，牛羊回归，老人倚杖，麦苗吐秀，桑叶稀疏，田夫荷锄，一派宁静和谐，表现了农村平静闲适、悠闲宜人的生活。诗人的笔下是一幅恬然自乐的田家暮归图，所写虽然都是平常事物，却表现出高超的写景技巧。

山居秋暝

空山新雨后，天气晚来秋。明月松间照，清泉石上流。

竹喧归浣女，莲动下渔舟。随意春芳歇，王孙自可留。

此诗描绘了秋雨初晴后傍晚时分山村的旖旎风光和山居村民的淳朴风尚。空山雨后的秋凉、松间明月的光照、石上清泉的声音以及浣女归来竹林中的喧笑声、渔船穿过荷花的动态，和谐完美地融合在一起，像一幅清新秀丽的山水画，又像一支恬静优美的抒情乐曲，给人一种丰富新鲜的感受，体现了王维“诗中有画”的创作特点。

鸟鸣涧

人闲桂花落，夜静春山空。

月出惊山鸟，时鸣春涧中。

这首小诗描绘山间春夜中幽静而美丽的景色，侧重于表现夜间春山的宁静幽美。全诗紧扣一“静”字着笔，极似一幅风景写生画。诗人用花落、月出、鸟鸣等动态景物，突出地显示了月夜春山的幽静，取得了以动衬静的艺术效果，生动地勾勒出一幅“鸟鸣山更幽”的诗情画意图。全诗旨在写静，却以动景处理，这种反衬的手法极见诗人的禅心与禅趣。

鹿　柴

空山不见人，但闻人语响。

返景入深林，复照青苔上。

此诗描绘鹿柴附近的空山深林在傍晚时分的幽静景色。诗人眼中是一座人迹罕至的空山，一片古木参天的树林，意在创造一个空寂幽深的境界。诗的绝妙处

在于以动衬静，以局部衬全局，清新自然，毫不做作。落笔先写空山寂绝人迹，接着以“但闻”一转，引出“人语响”来。空谷传音，愈见其空；人语过后，愈添空寂。最后又写夕阳余晖的映照，愈加凸显幽暗的感觉。诗中虽有禅意，却不诉诸议论说理，而全部渗透于自然景色的生动描绘之中。

竹里馆

独坐幽篁里，弹琴复长啸。

深林人不知，明月来相照。

此诗描绘了诗人月下独坐、弹琴长啸的悠闲生活。诗人在写月夜幽林的同时又写了弹琴、长啸，则是以声响托出静境。末句写到月来映照，不仅与上句的“人不知”有对照之妙，也起了点破暗夜的作用。这些音响与寂静以及光影明暗的衬映，在安排上既妙手天成，又匠心独运，传达出诗人宁静淡泊的心情和高雅绝俗的境界。（见图 4–6）

图 4–6　明 · 陈祼《王维诗意图》

辛夷坞

木末芙蓉花，山中发红萼。

涧户寂无人，纷纷开且落。

此诗白描几笔，无意描写辛夷花的美好形象，而是意在写出其自开自落的境界。明代胡应麟评价此诗：“读之身世两忘，万念皆寂。”

王维的山水田园诗，既有陶渊明诗浑然天成的艺术境界，也有谢灵运诗细致精工的刻写，是诗情与画意的高度统一。苏轼在《东坡志林》中曾评论说：“味摩诘之诗，诗中有画；观摩诘之画，画中有诗。”他善于发现和捕捉自然景物的形象特征和状态，以画家的绘画技巧去

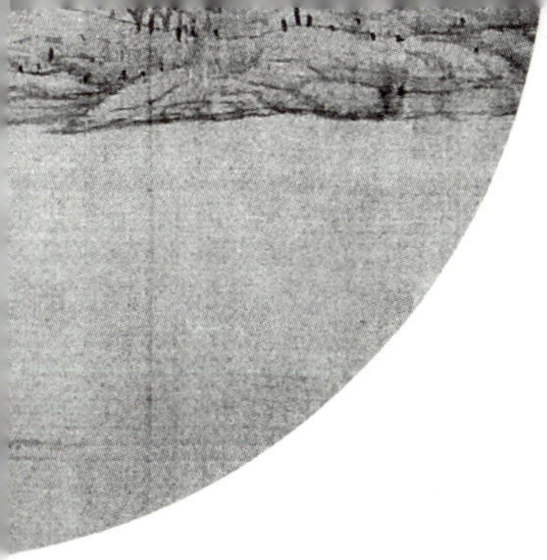

构图和选择色彩，并将对自然的独特情感体验、审美感受及精神境界融入到景物之中，创造出优雅秀美的艺术境界。其中有些诗在幽邃、寂静、空灵的艺术境界中，直接渗入了禅宗佛理的观照，是禅意、禅趣在诗境中的艺术体现。

孟浩然　孟浩然与王维齐名，是唐代第一个大量写作山水田园诗的诗人。（见图 4–7）他的诗歌以山水诗居多，或写游历所见各地山水景色，或写家乡自然风光。其中往往在抒写孤高的情怀中夹杂着失意的情绪，在以景自娱中融入了旅愁乡思的情怀，如《宿建德江》《江上思归》等。

图 4–7　孟浩然像

宿建德江

移舟泊烟渚，日暮客愁新。
野旷天低树，江清月近人。

这首诗刻画秋江暮色，是唐人五绝中的写景名篇，以舟泊暮宿作为抒发感情的归宿，写出了作者的羁旅之思。“日暮”是“客愁新”的原因。因为“野旷”，所以天低于树；因为“江清”，所以月能近人。天和树、人和月的关系，写得恰切逼真。全诗淡而有味，自然流出，风韵天成，颇有特色。

孟浩然的田园诗主要是写隐居生活的高雅情怀和闲情逸致，如《过故人庄》《游精思观回王白云在后》等。

过故人庄

故人具鸡黍，邀我至田家。绿树村边合，青山郭外斜。
开轩面场圃，把酒话桑麻。待到重阳日，还来就菊花。

这首诗写诗人应邀到一位农村老朋友家做客的经过。在淳朴自然的田园风光之中，主客举杯饮酒，闲谈家常，其乐融融。酒后仍恋恋不舍，约定九九重阳节

再来欢聚，痛饮美酒，醉赏菊花。将景、事、情完美地结合在一起，具有强烈的艺术感染力。农家的淳朴生活和乡村的自然景色，在淡淡的笔墨中都表现得十分自然而亲切，深受陶渊明诗风的影响。

游精思观回王白云在后

出谷未亭午，至家已夕曛。回瞻下山路，但见牛羊群。

樵子暗相失，草虫寒不闻。衡门犹未掩，伫立待夫君。

这首精思观纪游之作，历来被推为“冲淡”的标本。孟浩然山水田园诗的风格大多是平和冲淡，清新自然，不尚雕饰，而又能超凡拔俗。沈德潜《唐诗别裁》评论说：“孟诗胜人处，每无意求工，而清超越俗，正复出人意表。”闻一多《唐诗杂论》说：“淡得看不见诗了，才是真正孟浩然的诗。”

孟浩然的山水诗也有写得气象雄浑、境界阔大的。如《临洞庭湖赠张丞相》：

八月湖水平，涵虚混太清。气蒸云梦泽，波撼岳阳城。

欲济无舟楫，端居耻圣明。坐观垂钓者，徒有羡鱼情。

图 4–8　明·安正文《岳阳楼图》

此诗是一首投赠之作，诗人临湖起兴，抒发了欲渡无舟的感叹及临渊羡鱼的情怀，委婉地表达了自己渴望得到丞相张九龄援引的急切心情。（见图 4–8）诗中前四句，以泼墨山水般的大笔，呈现出八百里洞庭的阔大境象与壮伟景观，取得了撼人心魄的艺术效果，是山水诗作中的佳句。

储光羲　储光羲是一位失意的隐士，其诗以描写田园山水著称。《牧童词》《钓鱼湾》《田家即事》《田家杂兴》等，风格朴实，能够寓细致缜密的观察于浑厚的气韵之中，在表现闲适情趣的同时，多少接触到一些农村的现实，生活气息比较浓厚，给人以真切之感。其《杂咏五首》

之四《钓鱼湾》写了隐居的情趣：

垂钓绿湾春，春深杏花乱。潭清疑水浅，荷动知鱼散。
日暮待情人，维舟绿杨岸。

这首小诗由杏花春水和潭荷游鱼构成明秀小景，融入诗人的敏锐感受和怡静心情，完美地把春天、春水、春花、春树和青春融为一体。明秀的意象，清逸的兴致，构成了透彻玲珑的意境，格调清新，既富天趣，又构思巧妙，历来受人称道。

常建　常建的诗以田园、山水为主要题材，风格接近王、孟一派。他善于运用凝练简洁的笔触，表达出清寂幽邃的意境，往往流露出淡泊的襟怀。如：

题破山寺后禅院

清晨入古寺，初日照高林。曲径通幽处，禅房花木深。
山光悦鸟性，潭影空人心。万籁此俱寂，但余钟磬音。

此诗抒写清晨游寺后禅院的观感，以凝练简洁的笔触创设了景物独特、幽深寂静的境界，抒发的是诗人忘却世俗、寄情山水的隐逸情怀。全诗笔调古朴，简洁明净，兴象深微，意境浑融，感染力强。其中“曲径通幽处，禅房花木深”为脍炙人口的名句。

盛唐山水诗大多歌咏隐逸情趣，虽然都有一种悠闲适意的情调，但各有独特风格和成就。常建这首诗是在优游中写会悟，具有盛唐山水诗的共通情调，风格闲雅清警，艺术上与王维的高妙、孟浩然的平淡都不同，确属独具一格。

2. 边塞战争诗

在唐代的对外战争中，许多文人参与进去，他们对边塞和军旅生活有亲身体验，从戎而不投笔，写诗描绘苍凉的边塞风光，赞颂将士们的勇武精神，或诅咒战争带来的灾难，于是有了边塞诗派。代表诗人有高适、李颀、王昌龄、岑参等。岑参的《走马川行奉送封大夫出师西征》较有代表性：

君不见走马川行雪海边，平沙莽莽黄入天。
轮台九月风夜吼，一川碎石大如斗，随风满地石乱走。

匈奴草黄马正肥，金山西见烟尘飞，汉家大将西出师。
将军金甲夜不脱，半夜军行戈相拨，风头如刀面如割。
马毛带雪汗气蒸，五花连钱旋作冰，幕中草檄砚水凝。
虏骑闻之应胆慑，料知短兵不敢接，车师西门伫献捷。

此诗抓住有边地特征的景物来状写环境的艰险，从而衬托士卒们大无畏的英雄气概。开头两句写风沙遮天蔽日，极力渲染环境恶劣；接着写匈奴借草黄马壮之机入侵，而封将军不畏天寒地冻，严阵以待；最后写敌军闻风丧胆，预祝唐军凯旋。诗虽叙征战，却以叙寒冷为主，暗示冒雪征战之伟功。语句豪爽，如风发泉涌，真实动人。全诗句句用韵，三句一转，节奏急切有力，激越豪壮，别具一格。诗中表现的乐观豪迈的气概，正是盛唐时期时代精神的体现。又如李颀的《古从军行》：

白日登山望烽火，黄昏饮马傍交河。
行人刁斗风沙暗，公主琵琶幽怨多。
野营万里无城郭，雨雪纷纷连大漠。
胡雁哀鸣夜夜飞，胡儿眼泪双双落。
闻道玉门犹被遮，应将性命逐轻车。
年年战骨埋荒外，空见蒲桃入汉家。

此诗以汉喻唐，借汉武帝开边拓土，讽刺唐玄宗开边，充满反战思想。首先写紧张的从军生活：白日黄昏繁忙，夜里刁斗悲怆，琵琶幽怨，景象肃穆凄凉。接着渲染边陲的环境：军营所在，四顾荒野，大雪荒漠，夜雁悲鸣，一片凄冷酷寒景象。最后写如此恶劣的环境，本应班师回朝，然而皇上不准；而千军万马拼死作战的结果，却只换得葡萄种子归国，足见君王之草菅人命。全诗句句蓄意，步步逼紧，最后才画龙点睛，着落主题，显出其讽刺笔力。诗中虽流露出哀怨的情绪，但基调还是高昂进取的。

王昌龄的《塞下曲》写尽战争的残酷：

饮马渡秋水，水寒风似刀。平沙日未没，黯黯见临洮。
昔日长城战，咸言意气高。黄尘足今古，白骨乱蓬蒿。

从凄凉的环境着手，着重表现军旅生活的艰辛及战争的残酷，蕴含了诗人的反战之意。战争过后多年，战场依然暗淡凄凉，漫漫的黄尘，杂乱的蒿草，白骨散弃其中，永远被人遗忘。无论死者是哪一方的，对其本人和家庭来说，都是凄惨的悲剧。又如王昌龄的边塞诗代表作《出塞》：

秦时明月汉时关，万里长征人未还。
但使龙城飞将在，不教胡马度阴山。

这首诗慨叹边战不断，国无良将。诗人以雄劲的笔触，对当时的边塞战争生活作了高度的艺术概括，把写景、叙事、抒情与议论紧密结合，在诗里熔铸了丰富复杂的思想感情，使诗的意境雄浑深远，既激动人心，又耐人寻味。

3. “诗仙”李白

李白，字太白，号青莲居士。（见图 4–9）李白是盛唐最杰出的诗人，也是我国古典文学史上继屈原之后又一伟大的浪漫主义诗人。他经历坎坷，思想复杂，既是一个天才的诗人，又兼有游侠、刺客、隐士、道人、策士的气质。李白少年时即饱读百家书，表现出卓尔不凡的文学才能；同时又好交游，受朋友和社会影响，喜谈修道成仙，向往行侠仗义，慷慨有大志，性格豪放不羁。25 岁时他离开家乡，漫游长江、黄河南北各地，结交社会名流，以诗文获得很高的社会声望。天宝元年（742 年），李白经友人荐举，受到唐玄宗召见，任翰林待诏。居长安近三年，他对宫廷和贵族社会有了直接了解。由于权臣排挤，李白于天宝三载（745 年）离开长安，再度开始漫游生活，在洛阳与比他小

图 4–9　李白像

十多岁的杜甫相识，结下终生友谊。

李白留给后世900多首诗篇。这些熠熠生辉的诗作，表现了他一生的心路历程，是盛唐社会现实和精神风貌的艺术写照。李白一生都怀有远大的抱负，他毫不掩饰地表达对功名事业的向往。《梁甫吟》《读诸葛武侯传书怀》《书情赠蔡舍人雄》等诗篇对此都有生动的展露。

梁甫吟

长啸梁甫吟，何时见阳春？君不见朝歌屠叟辞棘津，八十西来钓渭滨。宁羞白发照清水，逢时壮气思经纶。广张三千六百钓，风期暗与文王亲。大贤虎变愚不测，当年颇似寻常人。君不见高阳酒徒起草中，长揖山东隆准公。入门不拜逞雄辩，两女辍洗来趋风。东下齐城七十二，指挥楚汉如旋蓬。狂客落魄尚如此，何况壮士当群雄！我欲攀龙见明主，雷公砰訇震天鼓。……梁甫吟，声正悲。张公两龙剑，神物合有时。风云感会起屠钓，大人峴屼当安之。

这是李白离开长安后的作品。此诗借用乐府古题，袭用诸葛亮《梁父吟》的立意，巧夺妙换，翻出新意，通过姜子牙、郦食其等人的故事和一些神话传说，表达遭受挫折的愤懑以及期盼明君知己的愿望。全诗意境奇妙，气势磅礴，纵横跌宕，淋漓悲壮，堪称乐府诗的名篇。

李白终生渴望施展抱负，干一番惊天动地的伟业，这在他的诗中随处可见。如《上李邕》一诗就展示了青年人的凌云壮志：

大鹏一日同风起，扶摇直上九万里。
假令风歇时下来，犹能簸却沧溟水。
世人见我恒殊调，见余大言皆冷笑。
宣父犹能畏后生，丈夫未可轻年少。

他以《庄子》里讲的那个搅动天海的大鹏自比，对自己的政治才能充满自信，

受到世人嘲笑，还以孔子（宣父）“后生可畏”的话为自己辩解。

李白自少年时代喜好任侠，写下了不少游侠诗，《侠客行》是此类诗的代表作。

侠客行

赵客缦胡缨，吴钩霜雪明。银鞍照白马，飒沓如流星。
十步杀一人，千里不留行。事了拂衣去，深藏身与名。
闲过信陵饮，脱剑膝前横。将炙啖朱亥，持觞劝侯嬴。
三杯吐然诺，五岳倒为轻。眼花耳热后，意气素霓生。
救赵挥金槌，邯郸先震惊。千秋二壮士，烜赫大梁城。
纵死侠骨香，不惭世上英。谁能书阁下，白首太玄经。

在长安经历的政治生活对李白的创作产生了深刻的影响。他的政治理想和黑暗的现实产生了尖锐的矛盾，胸中郁积了难以言状的痛苦和愤懑，由此他写下了《行路难》（三首）、《古风》《答王十二寒夜独酌有怀》等一系列仰怀古人、自悲身世、壮思欲飞、愁怀难遣的诗篇。如：

行路难（其一）

金樽清酒斗十千，玉盘珍羞直万钱。
停杯投箸不能食，拔剑四顾心茫然。
欲渡黄河冰塞川，将登太行雪满山。
闲来垂钓碧溪上，忽复乘舟梦日边。
行路难！行路难！多歧路，今安在？
长风破浪会有时，直挂云帆济沧海。

“行路难”是乐府古题，多咏叹世路艰难及贫困孤苦的处境。李白的三首《行路难》抒写了诗人在仕宦道路上遭遇艰难险阻之后的感慨。全诗蕴意波澜起伏，跌宕多姿，跳跃式的思维既显示出高昂的气势，又表达了诗人在理想与现实的矛盾中挣扎的苦闷。其中第一首流传最广，第二首首句“大道如青天，我独不得出”也直接表达了这种心境。诗人无力改变现实，于是把冲天的激愤之情化作豪放的行乐之举，发泄不满，排遣忧愁，反抗现实。如其名篇《将进酒》既表达了怀才不遇的感叹，又有乐观、通达的情怀，也流露了人生几何、当及时行乐的消极情绪。（见图 4–10）

将进酒

君不见黄河之水天上来，奔流到海不复回。君不见高堂明镜悲白发，朝如青丝暮成雪。人生得意须尽欢，莫使金樽空对月。天生我材必有用，千金散尽还复来。烹羊宰牛且为乐，会须一饮三百杯。岑夫子，丹丘生，将进酒，杯莫停。与君歌一曲，请君为我倾耳听。钟鼓馔玉不足贵，但愿长醉不复醒。古来圣贤皆寂寞，惟有饮者留其名。陈王昔时宴平乐，斗酒十千恣欢谑。主人何为言少钱，径须沽取对君酌。五花马，千金裘，呼儿将出换美酒，与尔同销万古愁。

图 4–10　清 · 改琦《太白醉酒图》

此诗为李白长安放还以后所作。诗由黄河起兴，诗人的感情发展也像黄河之水那样奔腾激荡，不易把握。人生快事莫若置酒会友，作者又正值“抱用世之才而不遇合”之际，于是借酒作诗以抒发满腔不平之气。诗人笔酣墨饱，情极悲愤而作狂放，语极豪纵而又沉着。诗篇具有震动古今的气势与力量，诗情忽翕忽张，在悲、乐、狂放、愤激之间百转千回，最后以“万古愁”回应篇首，如大河奔流，气势磅礴，虽有曲折阻碍，却激起更壮阔的波澜。

李白虽以浪漫主义诗人著称，但他也是不忘现实的诗人，十分关心“战争”这一重要社会问题。他对保卫边疆的将士予以热情的歌颂（如《塞下曲》），对统治者的穷兵黩武则给予无情的鞭挞（如《战城南》《丁都护歌》等）。李

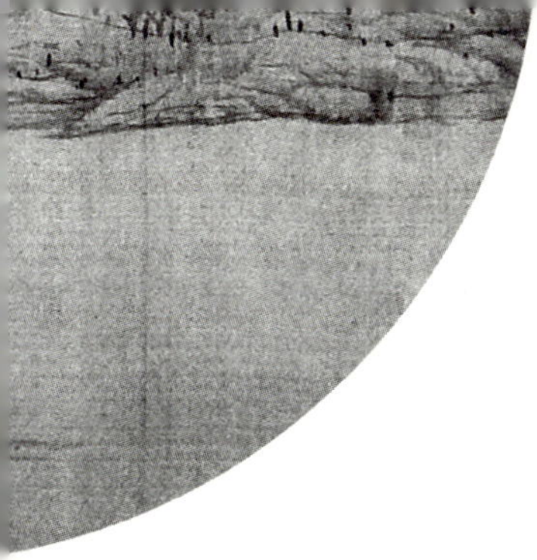

白还写了不少乐府诗，描写劳动者的艰辛生活，表达了对他们的关心与同情（如《长干行》《子夜吴歌》等）。

战城南

去年战，桑干源，今年战，葱河道。洗兵条支海上波，放马天山雪中草。万里长征战，三军尽衰老。匈奴以杀戮为耕作，古来唯见白骨黄沙田。秦家筑城避胡处，汉家还有烽火燃。烽火燃不息，征战无已时。野战格斗死，败马号鸣向天悲。乌鸢啄人肠，衔飞上挂枯树枝。士卒涂草莽，将军空尔为。乃知兵者是凶器，圣人不得已而用之。

这首诗用的是汉乐府诗的题目，有意学习乐府诗的传统，但比汉乐府《战城南》更形象、更深刻。唐代兵士远离故土到边疆征战，往往有去无回。此诗不拘泥于古辞，从思想内容到艺术形式都表现出很大的创造性：内容上更丰富，使战争性质一目了然；艺术上则由质朴无华变为逸宕流美，富有歌行奔放的气势，更加凝练精工，显示出李白诗歌的独特风格。

李白有相当数量的诗表达了对社会不平的揭露和抨击。如《古风五十九首》其二十四：

大车扬飞尘，亭午暗阡陌。中贵多黄金，连云开甲宅。
路逢斗鸡者，冠盖何辉赫。鼻息干虹蜺，行人皆怵惕。
世无洗耳翁，谁知尧与跖？

这是讽刺皇帝身边得势的佞幸人物。他们坐着华贵的大车招摇过市，荡起漫天灰尘。一些宦官（中贵）有钱修起宏丽的住宅。哄皇帝开心的斗鸡人，也坐着带华盖的车耀武扬威。他们骄横无道，鼻孔朝天，喷出的气息仿佛吹动了天空的云霞，路上行人被吓得不敢靠近。最后诗人慨叹，社会上再也没有“洗耳翁”（许由）那样的贤人了，谁还能分出好人（尧）和坏人（跖）呢？

李白描绘河山好景的诗多为杰作。他的这类诗同王维、孟浩然的诗格调不同，如果说王维、孟浩然的风景诗是细致入微的工笔画，那么李白的风景诗便是飞

动椽笔的大写意。他常常不作一草一木的刻画，而是从宏观摄取大自然的神韵。长江大河，巉岩峭壁，万里风云，幽石古木，一到他笔下就立刻飞动起来，为他所驱遣，创造出一个与造化同在的神话般的世界。如《庐山谣寄卢侍御虚舟》中写庐山景色的诗句：

金阙前开二峰长，银河倒挂三石梁。
香炉瀑布遥相望，回崖沓嶂凌苍苍。
翠影红霞映朝日，鸟飞不到吴天长。
登高壮观天地间，大江茫茫去不还。
黄云万里动风色，白波九道流雪山。

如此宏大的气势也只有李白的胸怀才能装下，也只有李白的神笔才能写出。又如著名的《蜀道难》：

……尔来四万八千岁，不与秦塞通人烟。西当太白有鸟道，可以横绝峨眉巅。地崩山摧壮士死，然后天梯石栈相钩连。上有六龙回日之高标，下有冲波逆折之回川。黄鹤之飞尚不得过，猿猱欲度愁攀援。青泥何盘盘，百步九折萦岩峦。扪参历井仰胁息，以手抚膺坐长叹。问君西游何时还？畏途巉岩不可攀。但见悲鸟号古木，雄飞雌从绕林间。又闻子规啼夜月，愁空山。蜀道之难，难于上青天，使人听此凋朱颜。连峰去天不盈尺，枯松倒挂倚绝壁。飞湍瀑流争喧豗，砯崖转石万壑雷。其险也如此，嗟尔远道之人胡为乎来哉！……

诗人用极度夸张的语言描写了蜀道的艰难险峻：太阳神驾着六龙的车子到这里也要折回来，奔腾的江水到这里也要撞回来；黄鹤飞不过去，猿猴也愁于攀援。著名的青泥岭道路弯曲险怪，行人伸手可摸到天上的参星和井星，累得喘不过气来，无不拍着胸膛长声悲叹。山中幽深的古木之上，各种鸟类的鸣叫更增加了神秘恐怖的气氛。这难于上青天的蜀道，不要说通过，就连听人说一说，脸色都吓得惨白。诗人笔下蜀道上的奇姿壮彩，真可开拓读者的心胸神臆，令人

魂悸魄动，惊起长嗟。这些诗句的奇思异想和豪壮奔放的风格，正是李白诗独具的特色。（见图4–11）

李白大半生过着流浪生活，游历了全国许多名山大川，写下了大量赞美大好河山的优美诗篇，借以表达他那种酷爱自由、渴望解放的情怀。在这一类诗作中，奇险的山川与他那叛逆不羁的性格得到了完美的契合。这类诗在李白的作品中占有不小的数量，被世世代代传诵，其中《梦游天姥吟留别》是最杰出的代表作：

图 4–11　明 · 仇英《剑阁图》

海客谈瀛洲，烟涛微茫信难求。越人语天姥，云霞明灭或可睹。天姥连天向天横，势拔五岳掩赤城。天台四万八千丈，对此欲倒东南倾。我欲因之梦吴越，一夜飞度镜湖月。湖月照我影，送我至剡溪。谢公宿处今尚在，渌水荡漾清猿啼。脚著谢公屐，身登青云梯。半壁见海日，空中闻天鸡。千岩万转路不定，迷花倚石忽已暝。熊咆龙吟殷岩泉，栗深林兮惊层巅。云青青兮欲雨，水澹澹兮生烟。列缺霹雳，丘峦崩摧。洞天石扉，訇然中开。青冥浩荡不见底，日月照耀金银台。霓为衣兮风为马，云之君兮纷纷而来下。虎鼓瑟兮鸾回车，仙之人兮列如麻。忽魂悸以魄动，恍惊起而长嗟。惟觉时之枕席，失向来之烟霞。世间行乐亦如此，古来万事东流水。别君去兮何时还？且放白鹿青崖间，须行即骑访名山。安能摧眉折腰事权贵，使我不得开心颜！

诗写梦游仙府名山，着意奇特，构思精密，意境雄伟。诗人以淋漓挥洒、心花怒放的诗笔，无拘无束地舒展想象的翅膀，写出了精神上的种种历险和追求，让苦闷、郁悒的心灵在梦中得到了真正的解放。结语“安能摧眉折腰事权贵，使我不得开心颜”，掷地有声，把诗人的一身傲骨展露无遗，成为后人考察李白伟大人格的重要依据。此诗形式上杂言相间，兼用骚体，不受律束，笔随兴至，堪称绝世名作。

李白的诗正如杜甫赞语，有“笔落惊风雨，诗成泣鬼神”的艺术魅力，这也是他的诗歌最鲜明的艺术特色。李白调动了一切浪漫主义手法，使诗歌的内容和形式达到了完美的统一。李白的诗富于浓烈的自我表现的主观抒情色彩，歌哭笑骂，无所避忌。其感情的表达往往具有排山倒海、一泻千里的气势。比如，他入京求官时，“仰天大笑出门去，我辈岂是蓬蒿人”；想念长安时，“狂风吹我心，西挂咸阳树”；悲愤时，便要“捶碎黄鹤楼”“倒却鹦鹉洲”。这些诗句都极富感染力，通过极度的夸张、贴切的比喻和惊人的幻想，让人感受到高度的真实。在读到“抽刀断水水更流，举杯销愁愁更愁”“白发三千丈，缘愁似个长”这些诗句时，读者不能不被诗人绵长的忧思和不绝的愁绪所感染。

将想象、夸张、比喻、拟人等手法综合运用，从而创造神奇异彩、瑰丽动人的意境，这就是李白的浪漫主义诗作给人以豪迈奔放、飘逸若仙的韵致的原因所在。他的语言正如他的两句诗所说，“清水出芙蓉，天然去雕饰”，明朗、活泼、隽永。李白的诗歌对后代产生了极为深远的影响。中唐的韩愈、孟郊、李贺，宋代的苏轼、陆游、辛弃疾，明清的高启、杨慎、龚自珍等著名诗人，都受到李白诗歌的巨大影响。

4.“诗圣”杜甫

杜甫，字子美，生于河南巩县，出身于富有文化教养的家庭，祖父杜审言是著名诗人。（见图 4–12）他青年时期正值“开元盛世”，游历过南起吴、越，北至齐、赵等地。35 岁到长安求官，过了 10 年穷困落拓的生活，最后才得到一个八品小官。安史之乱爆发，杜甫曾陷城中，后逃出投奔肃宗李亨，任左拾遗。后弃官携家入川，在成都郊外建草堂定居，由好友严武保荐任过一段检校工部员外郎，因此史称“杜工部”。

图 4–12　杜甫像

李、杜齐名，但他们的性格和诗风却很不同。杜甫诗风老成稳健，倾向现实主义。他的诗作一方面反映了一个诚实的知识分子一生的遭际，同时也是唐帝国由盛转衰那段历史的真实写照。杜诗被后人称为“诗史”，即本于此。

安史之乱是杜甫一生最痛苦的一段经历，也是他写进诗歌的重要内容。他在这期间创作的诗更多着眼于百姓的艰难离乱。其中“三吏”（《石壕吏》《新安吏》《潼关吏》）、“三别”（《新婚别》《无家别》《垂老别》）就全面反映了安史之乱给百姓带来的深重苦难。

安史之乱的消息还未传到长安时，杜甫写过一首长诗《自京赴奉先县咏怀五百字》，诗人忧国忧民、忠君、念家、怀才不遇等思想情感，错综复杂地交织在一起，构成了这一博大浩瀚、沉郁顿挫的鸿篇巨制。“朱门酒肉臭，路有冻死骨”这一千古名句，形象地揭示出唐代贫富悬殊的社会现实。从艺术上来说，此诗琢句之工，用字之妙，无一不是规矩，而音韵尤古淡雅正，自然天籁，为学杜诗者楷范之篇。

另有名篇《茅屋为秋风所破歌》体现诗人忧国忧民的崇高思想境界，是杜诗中的典范之作。字面上写的是诗人自己的数间茅屋，表现的却是忧国忧民的情感。在狂风骤雨无情侵袭茅屋的秋夜，诗人所念不仅是“吾庐独破”的困窘，而且是“天下寒士”茅屋俱破的遭际。“安得广厦千万间，大庇天下寒士俱欢颜，风雨不动安如山”，这种炽热的忧国忧民的情感和迫切要求变革黑暗现实的崇高理想，千百年来一直激荡着读者的心灵。

杜甫的律诗成就最高，历来被认为是律诗的楷模。如《秋兴八首》之一：

玉露凋伤枫树林，巫山巫峡气萧森。
江间波浪兼天涌，塞上风云接地阴。
丛菊两开他日泪，孤舟一系故园心。
寒衣处处催刀尺，白帝城高急暮砧。

这首诗是杜甫晚年滞留夔州时写的。时值秋天，霜露过后的枫树林枯叶纷纷凋落，隐天蔽日的巫山巫峡气冷天清，愈加萧索森幽。长江中涌起连天的波浪，想望中的塞北天地间仍布满争战的风云。诗人到此地已见菊丛两次开花，此刻又想起对花流泪的情景；被牢牢系在岸边的孤舟，使诗人想到自己欲归故园而又不得离开的境况，兴起无限伤感。这里的妇女们正忙着裁制过冬的棉衣，白帝城里传来阵阵捣衣的砧声，这一切都搅动起诗人刻骨镂心的乡愁而无法开释。人们常用“沉郁顿挫”四个字来评价杜甫七律的风格，这首诗就是一个典型。《登高》亦如是：

风急天高猿啸哀，渚清沙白鸟飞回。
无边落木萧萧下，不尽长江滚滚来。
万里悲秋常作客，百年多病独登台。
艰难苦恨繁霜鬓，潦倒新停浊酒杯。

全诗通过登高所见秋江景色，倾诉了诗人长年漂泊、老病孤愁的复杂感情，慷慨激越，动人心弦。首联着重刻画眼前具体景物，好比画家的工笔，形、声、色、态，一一得到表现。次联着重渲染整个秋天的气氛，好比画家的写意，只可传神会意，让读者用想象补充。三联表现感情，从纵（时间）、横（空间）两方面着笔，由异乡漂泊写到多病残生。四联又从白发日多，护病断饮，归结到时世艰难是潦倒不堪的根源。形式上，此诗首尾好像“未尝有对”，胸腹好像“无意于对”，仔细玩味，“一篇之中，句句皆律；一句之中，字字皆律”。此诗笔势雄健奔放，若天马之不可羁，为他人所不可企及。

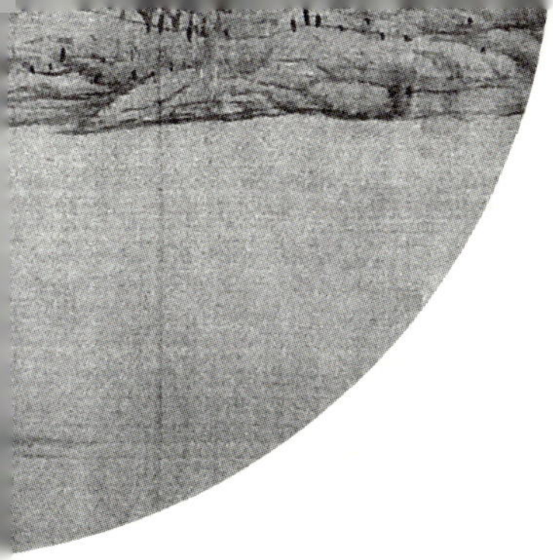

杜甫诗作中还有很多描写景色、表达羁旅情思的绝句和律诗，格调清新淡雅，工于格律。如五绝《绝句二首》：

其　一

迟日江山丽，春风花草香。
泥融飞燕子，沙暖睡鸳鸯。

其　二

江碧鸟逾白，山青花欲燃。
今春看又过，何日是归年？

七绝《绝句四首》其三：

两个黄鹂鸣翠柳，一行白鹭上青天。
窗含西岭千秋雪，门泊东吴万里船。

五律《春夜喜雨》：

好雨知时节，当春乃发生。随风潜入夜，润物细无声。
野径云俱黑，江船火独明。晓看红湿处，花重锦官城。

此外，杜甫创作有自己的诗论纲领，他的《戏为六绝句》即其创作实践经验的总结。如：

其　一

庾信文章老更成，凌云健笔意纵横。
今人嗤点流传赋，不觉前贤畏后生。

其　二

王杨卢骆当时体，轻薄为文哂未休。
尔曹身与名俱灭，不废江河万古流。

诗人通过各种事例将严正的笔意寄寓在轻松幽默的笔调中，娓娓道来，庄谐杂出，所以题为“戏”，可见端由。

杜甫善于运用古典诗歌的许多体制，并加以创造性的发展。杜甫关心民生

疾苦的思想和在律诗方面所取得的成就直接影响了中唐时期元稹、白居易等人的新乐府创作。他是新乐府诗体的开路人，他的乐府诗促成了中唐时期新乐府运动的发展。他的五、七古长篇，亦诗亦史，展开铺叙，而又着力于全篇的回旋往复，标志着中国诗歌艺术的高度成就。

（三）咏史怀古——中晚唐

唐代中后期，王朝的鼎盛期已过，但诗歌创作仍未衰歇，先后出现了韩愈、柳宗元、张籍、李贺、白居易、元稹、刘禹锡、杜牧、李商隐、温庭筠、杜荀鹤等风格不一的杰出诗人。他们的诗从不同角度反映了唐帝国走向衰落过程中的危机和民间苦难，艺术成就很高，对后世影响也很大。

图 4-13　白居易像

白居易　白居易是中唐时期影响最大的诗人（见图4-13），他的诗歌主张和诗歌创作以对通俗性、写实性的突出强调和全力表现，在中国诗史上占有重要地位。他提出“文章合为时而著，歌诗合为事而作”的理论主张，并亲自参加领导“新乐府运动”。白居易的诗明白晓畅，通俗易懂，受众最广。白居易把自己的诗分为讽喻、闲适、感伤、杂律四类。

题材集中是白居易讽喻诗的艺术特色之一。他一般只选择最典型的一件事，突出一个主题，“一吟悲一事”，主题非常明确。《琵琶行》《长恨歌》是白居易的代表作品，其艺术表现上的突出特点是抒情因素的强化。与此前的叙事诗相比，这两篇作品虽也用叙述、描写来表现事件，但都把事件简到不能再简，只用一个中心事件和两三个主要人物来结构全篇。诸如颇具戏剧性的马嵬事变，作者寥寥数笔即将之带过，而在最便于抒情的人物心理描写和环境气氛渲染上，则泼墨如雨，务求尽情。即使《琵琶行》这种在乐声摹写和人物遭遇叙述上着墨较多的作品，也是用情把“声”和“事”

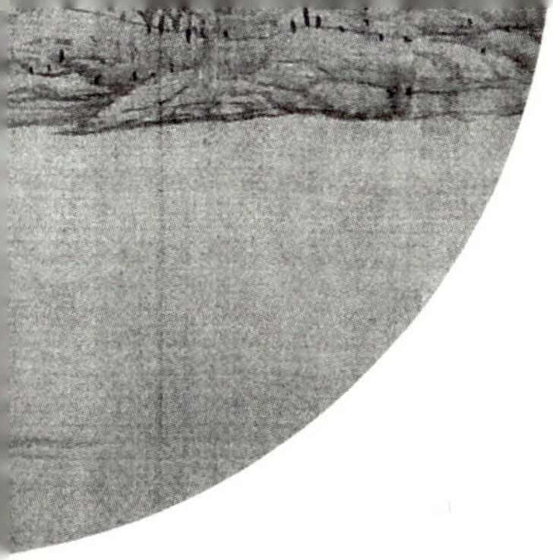

紧紧联结在一起，声随情起，情随事迁，使诗的进程始终伴随着动人的情感力量。除此之外，这两篇作品的抒情性还表现在以精选的意象来营造恰当的氛围、烘托诗歌的意境上。如《长恨歌》中“行宫见月伤心色，夜雨闻铃肠断声”，《琵琶行》中“枫叶荻花秋瑟瑟”“别时茫茫江浸月”等诗句，或将凄冷的月色、淅沥的夜雨、断肠的铃声组合成令人销魂的场景，或以瑟瑟作响的枫叶、荻花和茫茫江月构成哀凉孤寂的画面，其中透露的凄楚、感伤、怅惘意绪为诗中人物、事件统统染色，也使读者面对如此意境、氛围而心灵摇荡，不能自已。

白居易的写景诗多有可称道之篇。如：

钱塘湖春行

孤山寺北贾亭西，水面初平云脚低。

几处早莺争暖树，谁家新燕啄春泥。

乱花渐欲迷人眼，浅草才能没马蹄。

最爱湖东行不足，绿杨阴里白沙堤。

此诗通过对西湖早春明媚风光的描绘，抒发了作者早春游湖的喜悦和对西湖风景的喜爱，表达了对自然美的热爱之情。全诗结构谨严，衔接自然，对仗精工，语言清新，堪称吟咏西湖的名篇佳作。

赋得古原草送别

离离原上草，一岁一枯荣。野火烧不尽，春风吹又生。

远芳侵古道，晴翠接荒城。又送王孙去，萋萋满别情。

这是白居易的成名作。此诗通过对古原上野草的描绘，抒发诗人送别友人时的依依惜别之情。诗的前四句侧重表现野草生命的历时之美，后四句侧重表现其共时之美。全诗章法谨严，用语自然流畅，对仗工整，写景抒情水乳交融，意境浑成，是“赋得体”中的绝唱。

图 4-14　明·周臣《香山九老图》

大林寺桃花

人间四月芳菲尽，山寺桃花始盛开。
长恨春归无觅处，不知转入此中来。

诗中写出了作者触目所见的感受，突出地展示了发现深山春色的惊讶与意外的欣喜。全诗把春光描写得生动具体，天真可爱，活灵活现；立意新颖，构思巧妙，趣味横生，是唐人绝句佳品。

问刘十九

绿蚁新醅酒，红泥小火炉。
晚来天欲雪，能饮一杯无。

此诗有“小清新”风格，描写诗人家酿初成，在一个风雪飘飞的傍晚想邀请朋友前来围炉把酒话家常的情景。全诗简练含蓄，语言朴素亲切，情致轻松洒脱，而诗句之间意脉相通，一气贯之。（见图 4-14）

白居易的闲适诗在后代有很大影响，其浅切平易的语言风格、淡泊悠闲的意绪情调，都屡屡为人称道。这些诗中所表现的效法陶渊明的生活态度，因与后世文人的心理较为吻合，所以影响更为深远。

韩愈　韩愈是散文大家，同时也是著名诗人。他最崇拜李、杜，但并未亦步亦趋地去模仿他们，而是通过自己的探索创造出独特的风格。（见图 4-15）韩诗的特点是求奇避俗，朝愈与好友孟郊一道被称为“韩孟诗派”。他的《山石》是其诗歌代表作之一：

图 4–15　韩愈赏《桃花源图》（明·杜堇《古贤诗意图·桃花源》）

山石荦确行径微，黄昏到寺蝙蝠飞。
升堂坐阶新雨足，芭蕉叶大栀子肥。
僧言古壁佛画好，以火来照所见稀。
铺床拂席置羹饭，疏粝亦足饱我饥。
夜深静卧百虫绝，清月出岭光入扉。
天明独去无道路，出入高下穷烟霏。
山红涧碧纷烂漫，时见松枥皆十围。
当流赤足踏涧石，水声激激风吹衣。
人生如此自可乐，岂必局束为人鞿？
嗟哉吾党二三子，安得至老不更归。

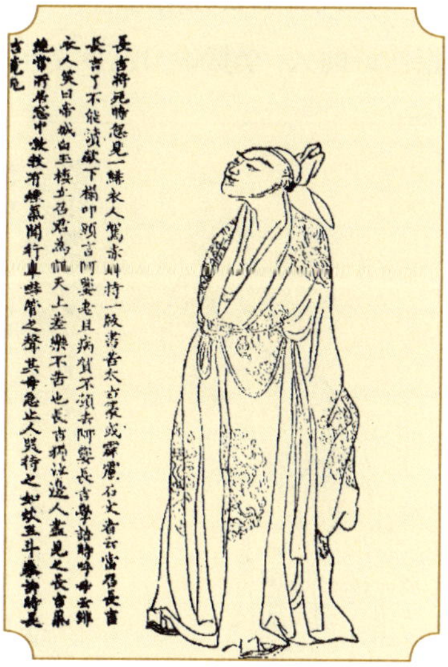

图 4–16　李贺像

这首诗写了诗人从黄昏到入夜再到黎明的游览见闻，因此很像一篇完整的游记。最后四句抒发感慨：这就是快乐人生，何必去当官而被人管束呢？表达了欲摆脱宦海羁绊的愿望。这首诗写的全是眼前景物，选择、叙述恰到好处，而又不尚雕饰，语句峭拔，意境清新。

李贺　李贺诗受韩愈影响，但风格又不同于韩愈。（见图 4–16）其诗想象丰富，

经常用神话传说来托古寓今；形象怪特，辞语瑰丽，常把鬼魅题材写得阴森可怖，如“秋坟鬼唱鲍家诗，恨血千年土中碧”（《秋来》）“油壁车，夕相待。冷翠烛，劳光彩。西陵下，风吹雨”（《苏小小墓》）等，因之被称为“诗鬼”。李贺的诗大多是慨叹生不逢时，抒发内心苦闷，表达对理想、抱负的追求，对当时的社会现实都有所反映，留下了“黑云压城城欲摧”（《雁门太守行》）、“雄鸡一声天下白”（《致酒行》）、“天若有情天亦老”（《金铜仙人辞汉歌》）等千古佳句。他的《南园》诗之一，抒发了他作为诗人的幽愤：

寻章摘句老雕虫，晓月当帘挂玉弓。

不见年年辽海上，文章何处哭秋风！

汉代扬雄曾把吟诗作赋比作“雕虫篆刻”小技，微不足道。此处“雕虫”指作诗的人。李贺说自己就是个为“寻章摘句”拼尽心力的人，作诗经常通宵达旦，只有帘外弯弯如弓的晓月陪伴自己。长期抑郁感伤、焦思苦吟的生活方式，使李贺寿命不永，27 岁便辞世。李贺写音乐的《李凭箜篌引》《听颖师弹琴》两首诗成就极高。

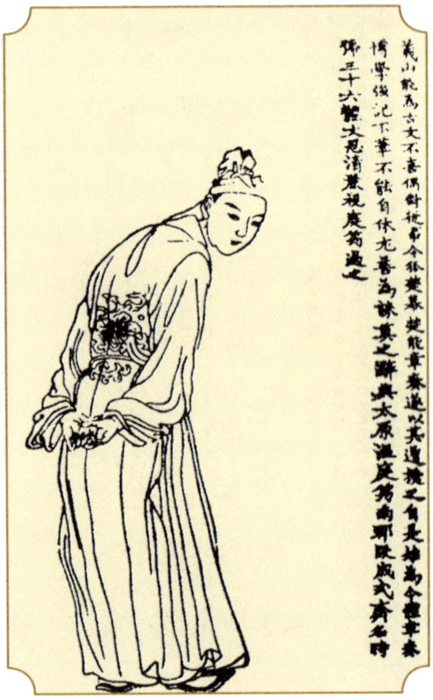

图 4–17　李商隐像

晚唐诗人较著名的有温庭筠、李商隐、杜牧、韦庄等。其中，李商隐和杜牧是晚唐诗人中的佼佼者，被人称为“小李杜”。

李商隐　李商隐是晚唐乃至整个唐代为数不多的刻意追求诗美的诗人。（见图 4–17）李商隐诗歌成就最高的是七言律绝，是继杜甫之后，唐代七律发展史上的第二座里程碑。其诗构思新奇，风格秾丽，尤其是一些爱情诗和无题诗写得缠绵悱恻，优美动人，广为传诵。如《夜雨寄北》：

君问归期未有期，巴山夜雨涨秋池。

何当共剪西窗烛，却话巴山夜雨时。

这首诗即兴写来，写出了诗人刹那间情感的曲折变化。与李商隐的大部分诗词所表现出来的辞藻华美，用典精巧，长于象征、暗示的风格不同，这首诗质朴、自然，同样也具有“寄托深而措辞婉”的艺术特色。其他如：

常 娥

云母屏风烛影深，长河渐落晓星沉。

常娥应悔偷灵药，碧海青天夜夜心。

诗题原作“姮娥”，也写作“常娥”，今作“嫦娥”。此诗咏叹嫦娥在月中的孤寂，实则抒发的是诗人的自伤之情，情调感伤，意蕴丰富。

无 题

相见时难别亦难，东风无力百花残。

春蚕到死丝方尽，蜡炬成灰泪始干。

晓镜但愁云鬓改，夜吟应觉月光寒。

蓬山此去无多路，青鸟殷勤为探看。

整首诗围绕开篇两个“难”字展开。颔联是对爱情忠贞不渝、海誓山盟的写照。颈联则分别描述两人因不能相见而惆怅、怨虑，倍感清冷，以至衰颜的情状。唯一可以盼望的是尾联中的设想：但愿青鸟频频传递相思情。诗中极写哀婉之痛，借神话传说表达了对心中恋人的无比挚爱与深切思念。字里行间弥漫着浓郁的伤感色彩和纯净的爱情感悟，是古代爱情诗的典范。

锦 瑟

锦瑟无端五十弦，一弦一柱思华年。

庄生晓梦迷蝴蝶，望帝春心托杜鹃。

沧海月明珠有泪，蓝田日暖玉生烟。

此情可待成追忆，只是当时已惘然。

诗题为“锦瑟”，但主旨并非咏物，不过是按照古诗的惯例以篇首二字为题，实则是借“锦瑟”以隐题的一首无题诗。此诗是李商隐最难索解的作品之一，诗家素有“一篇《锦瑟》解人难”的慨叹。作者借用庄生梦蝶、杜鹃啼血、沧海珠泪、良田生烟等典故，采用比兴手法，运用联想与想象，把听觉感受转化为视觉形象，以片段意象的组合创造朦胧的境界，从而借助可视可感的诗歌形象来传达其真挚浓烈而又幽约深曲的情思。全诗辞藻华美，含蓄深沉，情真意长，感人至深。

李商隐的诗也常以歌咏历史题材来讽喻现实。如：

隋　宫

紫泉宫殿锁烟霞，欲取芜城作帝家。
玉玺不缘归日角，锦帆应是到天涯。
于今腐草无萤火，终古垂杨有暮鸦。
地下若逢陈后主，岂宜重问后庭花？

此诗取材于前朝亡国史实，以“诗”批判亡国之君，晓谕晚唐皇帝，立意高远。篇中以实词撑住全诗，以虚词斡旋其间，取得了既整饬工严又流动活泼的艺术效果。

图 4–18　杜牧像

杜牧　杜牧人称“小杜”，以别于“老杜”杜甫，与李商隐并称“小李杜”。（见图 4–18）杜牧的诗歌以七言绝句著称，其诗英发俊爽，多切经世之物，在晚唐成就颇高。其咏史绝句立意出奇，史识高绝。其写景抒情绝句意境幽美，韵味隽永，于盛唐七绝之外，别开妙境。杜牧善于捕捉自然景物中美的形象，用绝句体小诗加以描写，含蓄精练，情景交融，在短短的四句中，写出一个完整而幽美的景象，宛如一幅图画。如：

江南春绝句

千里莺啼绿映红，水村山郭酒旗风。

南朝四百八十寺，多少楼台烟雨中。

四句均为景语，有众多意象和景物，有声有色，有远有近，动静结合，各具特色，呈现出一种深邃幽美的意境。诗人用概括性的语言描绘了一幅丰富多彩而又有气魄的江南春画卷，在烟雨迷蒙的春色之中，渗透着诗人对历史兴亡盛衰的感慨。

泊秦淮

烟笼寒水月笼沙，夜泊秦淮近酒家。

商女不知亡国恨，隔江犹唱后庭花。

此诗是诗人夜泊秦淮时触景感怀之作。借陈后主（陈叔宝）因追求荒淫享乐终至亡国的历史，讽刺那些无视前车之鉴而醉生梦死的晚唐统治者，表现了作者对国家命运的关怀和忧虑。全诗寓情于景，意境悲凉，感情深沉含蓄，语言锤炼精当，艺术构思颇具匠心。

山　行

远上寒山石径斜，白云生处有人家。

停车坐爱枫林晚，霜叶红于二月花。

这首诗展现了一幅动人的山林秋色图，山路、人家、白云、红叶，构成和谐统一的画面。诗人以情驭景，敏捷、准确地捕捉足以体现自然美的形象，并把自己的情感融会其中，使情感美与自然美水乳交融，融为一体。

遣　怀

落魄江湖载酒行，楚腰纤细掌中轻。

十年一觉扬州梦，赢得青楼薄幸名。

这是杜牧感慨人生、自伤怀才不遇之作。表面上是抒写自己对往昔扬州幕僚生活的追忆与感慨，实际上是发泄对现实及自己处境的不满。此诗流传很广，在后世尤其得到文人的激赏。杜牧还有一首宫怨诗《秋夕》，断句极佳，意在言外：

银烛秋光冷画屏，轻罗小扇扑流萤。

天阶夜色凉如水，坐看牵牛织女星。

杜牧的古体诗受杜甫、韩愈的影响，题材广阔，笔力峭健，并能吸收、融合前人的长处，形成自己特殊的风貌。杜牧的近体诗则以文词清丽、情韵跌宕见长。

唐代诗歌，无论就其作者之众多、题材之广泛，还是就其艺术之高超、影响之深远来说，都是空前的。鲁迅曾说：“我以为一切好诗，到唐已被做完，此后倘非能翻出如来掌心之‘齐天大圣’，大可不必动手。”[①] 当然，这并不是说唐朝后就没有好诗了，而是后来人写古诗，必要先读唐诗是对路的。鲁迅所言概括说明唐诗代表了中国古典诗歌的最高成就，是文学艺术的一座高峰。

二、言志尚议，理趣精深：宋诗

宋诗是在唐诗的基础上发展起来的，而又自具特色。文学史上提到宋诗，有时是作为宋代诗歌的简称，有时则指某种与唐诗相对的诗歌风格。

（一）北宋别开生面

从北宋开国到宋真宗赵恒掌朝七八十年的时间里，宋诗基本上沿袭唐风。主要流派有：以王禹偁为代表的“白居易体”（简称“白体”），以魏野、林逋为代表的“晚唐体”，以杨亿、刘筠、钱惟演为代表的“西昆体”。诗人的个人成就以王禹偁最大。他是宋代提倡向李白、杜甫、白居易学习的第一个诗人，写下了不少关心民间疾苦的诗篇。就流派而言，以雕章丽句，多用典故的西昆体（多为唱和消遣之作，咏物较多）影响最大。

林逋　林逋，字君复，又称和靖先生（赐谥），杭州钱塘人。书载其性孤高自好，

① 《鲁迅全集》（编年版）第8卷，人民文学出版社2014年版，第681页。

喜恬淡，勿趋荣利。终生不仕不娶，惟喜植梅养鹤，自谓“以梅为妻，以鹤为子”，人称“梅妻鹤子”。他常驾小舟遍游西湖诸寺庙，与高僧诗友相往还。每逢客至，叫门童子纵鹤放飞，林逋见鹤必棹舟归来。作诗随就随弃，几不留存。今存词3首，诗300余首。代表作《山园小梅》脍炙人口：

众芳摇落独暄妍，占尽风情向小园。
疏影横斜水清浅，暗香浮动月黄昏。
霜禽欲下先偷眼，粉蝶如知合断魂。
幸有微吟可相狎，不须檀板共金樽。

诗人赋予梅花以人的品格，以梅的品性比喻自己孤高幽逸的生活情趣，诗人与梅花达到了精神上的无间契合。这首诗的颔联把梅花的气质、风姿写绝了，最为世人称道。上句轻笔勾勒出梅之骨，下句浓墨描摹出梅之韵，“疏影”“暗香”二词既写出了梅花不同于牡丹、芍药的独特姿态，又写出了它异于浓郁桃李的幽淡香气。“横斜”传其妩媚，迎风而歌；“浮动”言其款款而来，飘然而逝，颇有仙风道骨；“水清浅”显其澄澈，灵动温润；“月黄昏”采其美妙背景，点染时空。梅影疏淡，清香缕缕，使人无法不陶醉于这静谧的意境。

宋仁宗时，欧阳修、梅尧臣、苏舜钦等人在反对骈文，提倡古文的同时，连带反对西昆体片面追求偶切，不重内容的近体唱和诗风。这一时期，梅尧臣同情民间疾苦的名篇《田家语》《汝坟贫女》，苏舜钦反映宋廷积贫积弱社会问题的《城南感怀呈永叔》《庆州败》，欧阳修揭露官府腐败的《食糟民》等古体之作陆续问世，名重一时，朝野诗风为之一变。宋诗议论化、散文化的独特面貌也在此时初步形成。

王安石　王安石、苏轼相继主盟诗坛后，宋诗创作形成第一个高峰期。王、苏两人政治见解和诗歌主张多有不同，但锐意创新，力图建立个人风格的不倦追求则是一致的。王安石《明妃曲》就传统题材翻出新意，充分发挥了宋诗长于议论的特点，读后耐人回味，被公认超出唐人的同类作品。如：

其　一

明妃初出汉宫时，泪湿春风鬓脚垂；低徊顾影无颜色，尚得君王不自持。归来却怪丹青手，入眼平生几曾有？意态由来画不成，当时枉杀毛延寿。一去心知更不归，可怜着尽汉宫衣；寄声欲问塞南事，只有年年鸿雁飞。家人万里传消息，好在毡城莫相忆；君不见咫尺长门闭阿娇，人生失意无南北。

王安石的两首《明妃曲》被称为是咏王昭君最好的诗，别出新意。该诗前半部分描绘王昭君的美貌，一改其他诗人从外在容貌着手的传统，而是着重写昭君的风度、情态之美以及这种美的感染力；中间几句流露出她对故国、亲人的挚爱之情。绝代佳人，离乡去国，描写她的容貌愈美，愈能引起人们的同情。结尾两句立意深警，进一步加深了女主人公的失意及全诗的悲剧气氛。这首诗体现出王安石注意刻画人物的特点，从描绘人物“意态”，到解剖人物心理，有渲染，有烘托，有细节描写，类似写小说的手法，多样化的艺术手法，使诗歌的表现力更强。虽以文为诗，而形象性并未因之减弱。

苏轼　苏轼，字子瞻，号东坡居士，世称苏东坡，眉州（今四川眉山）人。苏轼在诗、词、散文、书、画等方面皆有伟绩，是宋代文学最高成就的代表。其诗题材广阔，清新豪健，善用夸张、比喻，独具风格。苏轼在“以诗为词”的同时，将欧阳修、梅尧臣等人开端的“以文为诗”推进到“别开生面，成一代之大观”的地步。苏诗超迈豪纵，触处生春，富于创新精神，其名作《百步洪》其一诗中，一气呵成的七个联喻是最好的自然写照：

长洪斗落生跳波，轻舟南下如投梭。
水师绝叫凫雁起，乱石一线争磋磨。
有如兔走鹰隼落，骏马下注千丈坡。
断弦离柱箭脱手，飞电过隙珠翻荷。
四山眩转风掠耳，但见流沫生千涡。

运用大量丰富、新鲜、贴切的比喻描绘洪水，笔墨淋漓恣肆，行气如虹，充分体现了苏诗的特色。

王、苏两人刻意求新而创作的一些小诗，如王安石《泊船瓜洲》、苏轼《题西林壁》，或以新鲜的意象示人以奇想，或以丰富的哲理发人以深思，历久而传诵不衰，为宋诗增添了不少光彩。诗如：

泊船瓜洲

京口瓜洲一水间，钟山只隔数重山。
春风又绿江南岸，明月何时照我还？

题西林壁

横看成岭侧成峰，远近高低各不同。
不识庐山真面目，只缘身在此山中。

黄庭坚　这一时期的重要诗人还有黄庭坚、陈师道等。黄庭坚出自苏轼门下，但诗风与苏轼不同。黄庭坚作诗，往往“点铁成金”“脱胎换骨”，目的是“以故为新”，尚不失宋诗革新期的首创精神。“点铁成金”是指黄庭坚对杜甫的继承，常袭用前人诗意而略改其词，崇尚瘦硬风格，惯用冷僻典故、稀见字面，务求争新出奇。如：

登快阁

痴儿了却公家事，快阁东西倚晚晴。
落木千山天远大，澄江一道月分明。
朱弦已为佳人绝，青眼聊因美酒横。
万里归船弄长笛，此心吾与白鸥盟。

此诗写在开朗空阔的背景下忘怀得失的快意，终因知音难觅、怀才不遇而产生归欤之思。全诗先叙事，再写景，一气贯注，波荡生姿，结以弄笛盟鸥，余韵无穷，集中体现了诗人的审美趣味和艺术主张，被评论家们认定为黄庭坚的代表作。再如：

寄黄几复

我居北海君南海，寄雁传书谢不能。

桃李春风一杯酒，江湖夜雨十年灯。

持家但有四立壁，治病不蕲三折肱。

想得读书头已白，隔溪猿哭瘴溪藤。

此诗称赞诗人的好友黄几复廉正、干练、好学，而对其垂老沉沦的处境深表惋惜，抒发了思念友人的殷殷之情，寄寓了对友人怀才不遇的不平与愤慨。而在好用书卷、以故为新等方面，又都表现出黄庭坚诗的特色。

黄庭坚、陈师道和陈与义与杜甫素有“一祖三宗”（杜甫为“祖”，黄、二陈各为一宗）之称，后来起而效法者，以此为定式，形成在两宋之际影响巨大的“江西诗派”。他们反对西昆派讲究声律和辞藻，努力在艺术技巧上进行新的探索，使宋诗重新走上了模仿前人，只在文字技巧、声韵格律方面求新出奇的形式主义道路。

（二）南宋中兴

南渡之际，陈与义等人由早期江西派诗人对杜诗声律的偏爱，转向学习杜甫忧国忧民的精神和苍凉沉郁的风格，在诗歌中反映出民族灾难降临之初知识分子的爱国感情，宋诗停滞不前的现象有所改变。

南宋前期，抗敌、北伐成为诗人表现的重大主题，爱国诗大量涌现，使宋诗在这方面成为超越前代并给后世以莫大影响的典范。以陆游为代表的中兴诗人，纷纷从江西诗派的束缚下解脱出来，建立起自己的风格。陆游、杨万里、尤袤、范成大并称“南宋四大家”“中兴四大诗人”。陆游的“从军乐”、杨万里的“诚斋体”、范成大的田园诗，均能独开生面，在文学史上占有一席之地。除爱国、抗战之外，农村下层民众的生活，也是他们的共同题材。诗歌语言也开始趋于通俗、自然和口语化。杨万里的活脱、陆游的平易、范成大的明白如话，包括以朱熹为代表的理学家诗歌的平直质朴，均使这一时期的诗歌呈现出新的面貌。

陆游 陆游，字务观，号放翁，越州山阴（今浙江绍兴）人。（见图 4–19）陆游生逢北宋覆国之际，成长在偏安的南宋，民族矛盾，家国不幸，少年时即有深刻的体会。因坚持抗金，他屡遭主和派排斥。陆游一生笔耕不辍，诗、词、文俱有很高成就。其诗语言平易晓畅，章法整饬谨严，兼具李白的雄奇奔放与杜甫的沉郁悲凉，尤以饱含爱国热情的突出特质对后世影响深远。如：

图 4–19 陆游像

书　愤

早岁那知世事艰，中原北望气如山。
楼船夜雪瓜洲渡，铁马秋风大散关。
塞上长城空自许，镜中衰鬓已先斑。
出师一表真名世，千载谁堪伯仲间。

全诗紧紧扣住一“愤”字，可分为两部分。前四句概括了自己青壮年时期的豪情壮志和战斗生活情景，其中颔联撷取了两个最能体现“气如山”的画面来表现，不用一个动词，却境界全出，饱含着浓厚的边地气氛和高昂的战斗情绪。后四句抒发时光虚掷、壮心未遂、功业难成的悲愤之气，但并不感伤颓废。尾联以诸葛亮自比，不满和悲叹之情交织在一起，展现了诗人复杂的内心世界。整首诗意境开阔，感情沉郁，气韵浑厚。再如：

十一月四日风雨大作（其二）

僵卧孤村不自哀，尚思为国戍轮台。
夜阑卧听风吹雨，铁马冰河入梦来。

写这首诗时陆游已经 68 岁，他虽然步入迟暮之年，但收复国土的强烈愿望丝毫未减。“为国戍轮台”在现实中已不可能实现，于是在一个“风雨大作”的夜里，触景生情，由情生思，在梦中实现了自己金戈铁马驰骋中原的愿望，感情深沉

悲壮。又如：

示　儿

死去元知万事空，但悲不见九州同。
王师北定中原日，家祭无忘告乃翁。

此诗为诗人临终前对儿子的遗嘱，表达的是诗人一生的心愿，倾注的是诗人满腔的悲慨。诗中所蕴涵和积蓄的情感是极其深厚、强烈的，但却出之以极其朴素、平淡的语言，从而自然达到真切动人的艺术效果。

陆游也创作了一些格调清新、用语恬淡、韵致丰厚的诗篇。如：

临安春雨初霁

世味年来薄似纱，谁令骑马客京华？
小楼一夜听春雨，深巷明朝卖杏花。
矮纸斜行闲作草，晴窗细乳戏分茶。
素衣莫起风尘叹，犹及清明可到家。

诗人少年时的意气风发与壮年时的裘马轻狂，都随着岁月的流逝一去不复返了。首联开口就言“世味”之“薄”，并惊问“谁令骑马客京华”，用了一个奇巧的比喻，感叹世态人情薄得就像半透明的纱。可见虽然陆游光复中原的壮志未衰，但对偏安一隅的南宋小朝廷也不再抱希望了。颔联“小楼一夜听春雨，深巷明朝卖杏花”为“诗眼”，也是陆游的名句，清新隽永，形象而又极有韵致。

游山西村

莫笑农家腊酒浑，丰年留客足鸡豚。
山重水复疑无路，柳暗花明又一村。
箫鼓追随春社近，衣冠简朴古风存。
从今若许闲乘月，拄杖无时夜叩门。

诗人出游到农家，依次写村外之景物、村中之情事、频来夜游等。所写虽各有侧重，但以游村贯穿，并把秀丽的山村自然风光与淳朴的村民习俗和谐地统一在画面上，恬淡、隽永的格调构成了优美的意境。

梅　花

闻道梅花坼晓风，雪堆遍满四山中。

何方可化身千亿？一树梅花一放翁。

诗人极爱梅，一生咏梅诗有上百首。该诗以奇思妙想与形象的语言表达了诗人对梅花的挚爱。前两句写梅花在清晨凛冽的寒风中傲然绽放，极为壮观，显示出梅花不畏严寒、果敢独立的气势，语句干净利落，耐人寻味。前两句写梅是为后两句写人作陪衬，借咏梅来宣泄自己落寞的情愫，凸现了作者高标绝俗的人格。

陆游的七言古诗《长歌行》抒写了平生的理想和抱负，“人生不作安期生，醉入东海骑长鲸”，以及理想无由实现的悲愤，“金印辉煌未入手，白发种种来无情”，“国仇未报壮士老，匣中宝剑夜有声”，还对驱逐金人、尽复失地的情景作了热切的憧憬，“何当凯旋宴将士，三更雪压飞狐城”。全诗感情热烈充沛，气势豪迈奔放，一如长江出峡、骏马奔驰；笔力清壮顿挫，结构波澜迭起，寓恢宏雄放的气势于明朗晓畅的语言和整饬的句式之中，典型地体现出陆诗的个性风格。此乃陆诗中独具风格的抒情佳作，被后人推为陆诗的压卷之作。

陆游在南宋诗坛上占有非常重要的地位。南宋初年，虽然局势危急，但士气尚盛，诗坛风气也颇为振作。随着南宋偏安局面的形成，士大夫渐趋消极，诗坛风气也变得萎靡不振，吟风弄月的题材走向和琐细卑弱的风格日益明显。陆游以高扬爱国主题的黄钟大吕振作诗风，对南宋后期诗歌产生了积极的影响，江湖诗派中的戴复古和刘克庄都师承陆游。到了宋末，国破家亡的时代背景更使陆游的爱国精神深入人心。

范成大　范成大素有文名，尤工于诗。他从江西诗派入手，后学习中晚唐诗，继承白居易等诗人新乐府的现实主义精神，自成一家。诗风平易浅显，清新妩媚。其诗题材广泛，价值最高的是使金纪行诗和田园诗，尤以反映农村社会生活内

容的作品成就最高。其作品在南宋末年即产生了显著的影响，到清初影响更大。

州　桥

（南望朱雀门，北望宣德楼，皆旧御路也。）

州桥南北是天街，父老年年等驾回。

忍泪失声询使者，几时真有六军来？

此诗为诗人过汴京时所作。作者以白描手法，撷取了父老忍泪失声询问使者的特写镜头，表现了几十年来沦陷区人民盼望光复的殷切心情，隐晦地流露了作者对议和不战政策的不满。全诗在朴素的语言中把遗民盼望王师北返急切而又失望的心情刻画得极为真实感人。

范成大前期诗歌多反映社会现实，关注民生疾苦，后期隐居期间创作了一些田园诗。《四时田园杂兴》就是他退居家乡后写的一组大型田园诗。诗分春日、晚春、夏日、秋日、冬日五部分，每部分各12首诗，共60首。诗歌描写了农村春、夏、秋、冬四个季节的景色和农民的生活，描写了四个季节田园中的不同景象，极其生动地绘制了一幅幅田园农作动态图。如：

春　日（其一）

柳花深巷午鸡声，桑叶尖新绿未成。

坐睡觉来无一事，满窗晴日看蚕生。

夏　日（其一）

昼出耘田夜绩麻，村庄儿女各当家。

童孙未解供耕织，也傍桑阴学种瓜。

秋　日（其一）

新霜彻晓报秋深，染尽青林作缬林。

惟有橘园风景异，碧丛丛里万黄金。

冬　日（其一）

探梅公子款柴门，枝北枝南总未春。

忽见小桃红似锦，却疑侬是武陵人。

范成大的田园诗语言通俗浅显，没有刻意雕琢的痕迹，文笔清新轻巧，流畅自然。诗人笔下的景物、儿童，有动有静，相映成趣，犹如一幅幅生动的农村风俗长卷，充溢着浓郁的江南乡土气息。

杨万里　杨万里，号诚斋。杨万里始学江西诗派，最后摆脱前人的束缚而自成一家。其诗歌大多描写自然景物，且以此见长，多为七言绝句；也有不少反映民间疾苦、抒发爱国情感的作品，创造了语言浅近明白、清新自然、富有幽默情趣的“诚斋体”。诗如：

晓出净慈寺送林子方

毕竟西湖六月中，风光不与四时同。

接天莲叶无穷碧，映日荷花别样红。

小　池

泉眼无声惜细流，树阴照水爱晴柔。

小荷才露尖尖角，早有蜻蜓立上头。

宿新市徐公店（其二）

篱落疏疏一径深，树头花落未成阴。

儿童急走追黄蝶，飞入菜花无处寻。

诚斋体的风格特征是活泼自然，饶有谐趣，诗人把自己的主观情感最大限度地投射在客观事物上，并且想象奇特，但是不用奇奥生僻的字句，近于口语。

南宋后期，没有出现比较重要的诗人。先后活跃在诗坛上的“永嘉四灵”（徐照、徐玑、翁卷、赵师秀）和“江湖诗派”（戴复古、刘克庄）作诗以贾岛、姚合为宗，重新走上宋初沿袭晚唐诗风的老路，虽也写出一些清新可读的作品，但总的来说，宋诗如当时的政局，已是风雨飘摇，每况愈下。直至宋末文天祥等爱国志士以血泪凝成的《正气歌》留名汗青，宋诗才最后迸出了一道引人注目的亮光。

唐诗和宋诗，不仅是两个朝代诗歌的总名，而且代表了我国诗歌史上两种诗法和诗格。唐诗总用感性形象来把握现实，宋诗则多借助理性思维来解剖现实。唐诗诗味较浓，宋诗诗味较淡，但以思想的细致深刻、技巧语言的精益求精弥补之。唐诗靠灵感，宋诗靠才学，才学可以通过努力获得，而灵感却不能勉强。唐诗靠感性，宋诗靠理性，理性可以深思熟虑获得，而感性却较难以捕捉。唐诗在我国诗歌发展史上占据了最光彩的一页；宋诗在唐代诗歌格律完备、意象纯熟、臻于顶峰的情况下另辟蹊径，在思想内容和艺术表现方面都形成了自己鲜明的特色，为近世诗歌的发展提供了富有时代意义的榜样。

元、明、清时代，中国封建社会发展到新的阶段，发生了一系列重大的历史性社会变革，不少生活内容、文化思想给诗人提供了丰富的创作源泉；同时，五、七言，古、近体作为成熟的诗歌体裁，仍然具有强大的生命力，诗人们运用这些体裁反映自然、社会以及人性真伪、善恶、美丑，佳作累累。尤其是清诗，流派迭出，风格多样，上承唐宋，下启近代中国。

第五章 曲子词

词是唐五代兴起的一种配乐歌唱的新体诗。它在隋唐之际已经产生，中唐以后文人创作渐多，晚唐五代趋于繁荣，宋代达到极盛。唐五代一般称之为“曲”“曲子”“曲子词”，后来才称为“词”，又称“诗余”[①]、“长短句”等。

古人多认为词源于乐府诗和唐代近体诗。这是因为二者均是较整齐的五、七言句，配乐时需依曲调的长短曲折增减诗句的字数而成长短句。但古乐府及近体诗之可歌者大都是先作诗，后配乐；词则是先有曲调，再按调谱填词，其长短有固定格律。而且，按乐填词现象在隋唐以前就出现了。词与乐府的区别还在于词所配合的是新兴音乐。隋唐时代，少数民族和域外音乐大量传入中原地区，不仅流行于民间，也进入上层社会和宫廷，而原有的音乐则逐渐衰败。这些音乐演奏时音调繁复，变化多端，自然需要有长短错落、抑扬婉转的歌词与之相配合。这样，就有了严格意义上的词。

曲子词源自汉族民间，其天然倾向必不免俚俗粗鄙。隋唐之际产生、形成的曲子词，原是配合一种全新的音乐——“燕乐”歌唱的。“燕”通“宴”，“燕乐”即酒宴间流行的助兴音乐。而燕乐曲调之来源主要有二：一是边地或外域的少数民族。唐时西域音乐大量流入，被称为“胡部”，其中部分乐曲后被改为汉名。二是汉族民间的土风歌谣。燕乐曲调的两种主要来源奠定了燕乐及配合其演唱的歌辞的俚俗浅易的文学特征。歌辞在演唱、流传过程中，以及发挥其娱乐性功能时，更加稳固了这一文学创作特征。

然而歌词所具有的先天性的俚俗特征，与正统的以雅正为依归的审美传统大相径庭。尤其是文人所接受的传统教育，加之历史和社会潜移默化赋予他们的审美观念，皆在他们欣赏、创作歌词时自觉或不自觉地发挥着作用。努力摆脱俚俗粗鄙，复归风雅之正途，便成了词人一直以来急迫而不懈的追求。

---

① 因词被认为是由诗发展而来并是诗的降一格的文学式样，故称“诗余”。元代以后，作词要求运用诗的清空雅正语言及风格，避用艳丽的辞藻、婉约的内容、粗俗的格调，故也称词为“诗余”。又有人认为，“诗余”是指“诗人之余事”。

一、长短兼宜，富艳精工：唐五代词

敦煌曲子词的发现，证明唐代曲子词最早流行于民间。文人填词之风始于唐中叶。传李白曾作词10余首，其《忆秦娥》《菩萨蛮》被誉为“百代词曲之祖”。如：

忆秦娥

箫声咽，秦娥梦断秦楼月。秦楼月，年年柳色，灞陵伤别。　　乐游原上清秋节，咸阳古道音尘绝。音尘绝，西风残照，汉家陵阙。

这首词描绘了一个女子思念爱人的痛苦心情，伤今怀古，托兴深远，读来凄婉动人。上片以月下箫声凄咽为引，已见当年繁华梦断不堪回首。次三句，更自月色外，添出柳色，添出别情，将情景融为一体，想见惨淡迷离之概。词的上片始终纠结于个人的悲欢离合之中，下片则出现了较大的跌宕，个人的忧愁融入历史的忧愁之中。“咸阳古道”一句，骤落千丈；再续“音尘绝”一句，悲感愈深。“西风”八字，只写境界，兴衰之感都寓于其中。古道悠悠，音尘杳然，繁华、奢侈、纵欲，一切都被埋葬了，只剩下陵墓伴西风萧瑟，残阳如血。盛与衰、古与今、悲与欢的反思交杂其中，况味无限。其气魄之雄伟，实冠今古。

菩萨蛮

平林漠漠烟如织，寒山一带伤心碧。暝色入高楼，有人楼上愁。
玉阶空伫立，宿鸟归飞急。何处是归程，长亭更短亭。

此首望远怀人之词，寓情于境界之中。深秋暮色浸染愁情离绪。写平林寒山境界，苍茫悲壮。写日暮景色，更觉凄黯。“烟如织”“伤心碧”，逼出“愁”字，唤醒全篇。所以觉寒山伤心者，以愁之故；“玉阶空伫立”“何处”句，但见归程，不见归人，语意含蓄不尽。

唐肃宗以后，文人填词者渐多，较早的有张志和《渔歌子》（又称《渔父词》）五首，一时唱和者甚多。大历年间，戴叔伦、韦应物名作有《调笑令》，稍后

王建有宫词《调笑令》和《宫中三台》《江南三台》。刘禹锡、白居易更是词作的推动者。晚唐填词之风更盛，所用词调有所增加，艺术上也更成熟，代表词人是温庭筠。此外，杜牧、段成式、皇甫松、司空图、韩偓等均为词作名家。

（一）花间词派

五代十国时期，词作适应女乐声伎，畸形发展。作家、作品大量出现，成就超过同时的诗文。五代词坛的中心是西蜀和南唐，两地社会局势相对稳定，经济、文化较发达。前蜀后主王衍和后蜀后主孟昶均好词艺，因此蜀地聚集了许多文人词客。后蜀赵崇祚收晚唐至当时词人 18 家的作品编成《花间集》，共 500 首。18 位词人中，温庭筠、皇甫松为晚唐词人，列于词集卷首，以示西蜀词派源流；和凝为后晋词人。此三位与蜀无涉。其余 15 位皆活跃于五代十国的后蜀，或生于蜀中，或宦旅蜀中。这批后蜀词人刻意模仿温庭筠艳丽香软的词风，以描绘闺中妇女的日常生活情态为特点，互相唱和，形成了“花间词派”。温庭筠被尊为花间派的“鼻祖”，韦庄则是花间派的代表。温词秾艳华美，韦词疏淡明秀，代表了两种不同的词作风格。

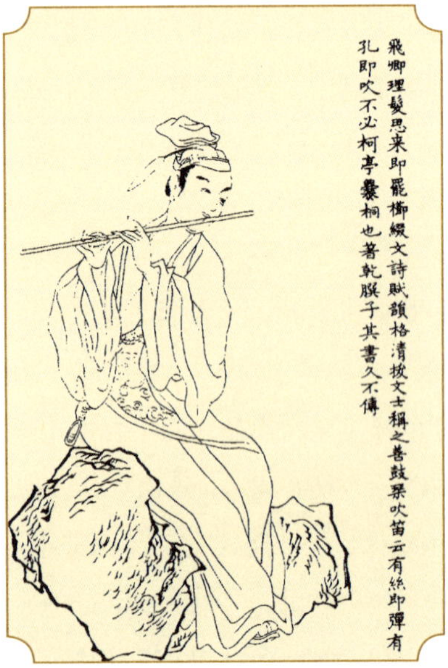

图 5–1　温庭筠像

温庭筠　温庭筠出生于没落的贵族家庭，本名岐，艺名庭筠，字飞卿。（见图 5–1）富有天才，文思敏捷，每入试，押官韵，八叉手而成八韵，所以有“温八叉”之称。然其恃才不羁，又好讥刺权贵，多犯忌讳，取憎于时，故屡举进士不第，长被贬抑，终生不得志。他精通音律，工诗，与李商隐齐名，时称“温李”；在词史上，与韦庄齐名，并称“温韦”。其诗辞藻华丽，秾艳精致，内容多写闺情，少数作品对时政有所反映；其词也多写女子闺情，秾艳精巧，清新明快，注重词的文采和声情。《菩萨蛮》是温庭筠的代表词作：

小山重叠金明灭，鬓云欲度香腮雪。懒起画蛾眉，弄妆梳洗迟。照花前后镜，花面交相映。新帖绣罗襦，双双金鹧鸪。

该词写女子起床梳洗时的娇慵姿态，以及妆成后的情态，暗示了其孤独寂寞的心境。鹧鸪双双，反衬女子的孤独；对容貌、服饰的描写，反衬女子内心的寂寞空虚。全词把妇女的容貌写得很美丽，服饰写得很华贵，体态也写得十分娇柔，仿佛描绘了一幅唐代仕女图。又如《诉衷情》：

莺语，花舞，春昼午。雨霏微。金带枕，宫锦，凤凰帷。柳弱蝶交飞，依依。辽阳音信稀，梦中归。

该词描摹女子春日午睡的香艳环境、娇慵之态，以及梦中才得情人归的无奈思绪，字句精工，秾艳纤腻。

和凝 后晋的和凝，少年成名，仕途畅通无阻，官拜宰相。他专门著有艳词一本，名曰《香奁集》。后来他的曲子流入契丹，赢得无数追捧者，更被人称作“曲子相公”。和凝的文采介于韦庄、温庭筠之间，亦属花间词派中的佼佼者。其余花间词人多蹈温、韦余风，词作富艳精工而格调不高。

韦庄 西蜀词人代表当属韦庄，其字端己，是唐代诗人、苏州刺史韦应物的四世孙。韦庄工诗，其诗多以伤时、感旧、离情、怀古为主题。其词则注重情感的抒发，多写自身的生活体验和上层社会之冶游享乐生活及离情别绪。（见图 5–2）

图 5–2　明 · 唐寅《孟蜀宫妓图》

如《菩萨蛮》二首：

其　一

人人尽说江南好，游人只合江南老。春水碧于天，画船听雨眠。垆边人似月，皓腕凝霜雪。未老莫还乡，还乡须断肠。

其　二

如今却忆江南乐，当时年少春衫薄。骑马倚斜桥，满楼红袖招。翠屏金屈曲，醉入花丛宿。此度见花枝，白头誓不归。

韦庄学习白居易、刘禹锡《忆江南》的写法，追忆往昔在江南、洛阳的游历，把平生的漂泊之感、饱经离乱之痛和思乡怀旧之情融注在一起，在虚实转换中，完成了情感的螺旋状流动，情深蕴至。

风格上，韦词不像温词那样秾艳华美，而善于用清新流畅的白描笔调，词风清丽，情感真挚深沉。如《浣溪沙》：

夜夜相思更漏残，伤心明月凭阑干，想君思我锦衾寒。　咫尺画堂深似海，忆来惟把旧书看，几时携手入长安？

此词写伤离惜别之情。抒情主人公自从与心上人分离之后，朝思暮想，彻夜无眠。月下凭栏，益增相思。叙离别相思之情，含欲言不尽之意。缠绵凄恻，幽怨感人。

韦庄有些词还接受了民间词的影响，用直截决绝之语，或写一往情深，或写一腔愁绪。如《思帝乡》：

春日游，杏花吹满头。陌上谁家年少，足风流。妾拟将身嫁与，一生休。纵被无情弃，不能羞。

该词以白描的手法和明朗的笔触，勾勒出一位天真烂漫、热烈追求爱情的少女形象。“妾拟将身嫁与，一生休。纵被无情弃，不能羞”，于率直中见郁结。语言质朴多情韵，无辞藻堆砌现象，有浓郁的民歌风味。韦词在花间词中独具一格。

《花间集》是我国第一部词集，花间派是我国第一个词派。《花间集》在内容上虽不无缺点，然而在词史上却是一块里程碑。花间词规范了词的文学体裁和美学特征，最终确立了词的文学地位，标志着词体正式登上文坛。《花间集》体现了早期词由民间状态向文人创作转变发展的过程，集中反映了早期文人词创作的主体取向、审美情趣、体貌风格和艺术成就，并对宋元明清词人的创作产生了深远影响。

（二）南唐词

南唐词的成就高于花间词，代表词人是李璟、李煜父子和冯延巳。西蜀、南唐词，尤其是后者，对北宋词坛影响深远，在词史上有重要的地位。

李璟　李璟，初名李景通，字伯玉，五代十国时期南唐的第二位皇帝。后因受到后周威胁，被削去帝号，改称国主，史称“南唐中主”。李璟秉性庸懦，爱好文学，具有较高的文学艺术修养，“时时作为歌诗，皆出入风骚”，经常与其宠臣如韩熙载、冯延巳等饮宴赋诗，于是适用于歌筵舞榭的词便在南唐获得了发展的机会。李璟存词不多，《摊破浣溪沙》为其代表词作：

菡萏香销翠叶残，西风愁起绿波间。还与韶光共憔悴，不堪看！

细雨梦回鸡塞远，小楼吹彻玉笙寒。多少泪珠无限恨，倚栏干。

此词写一个女子的悲秋念远之情，充满了感伤和哀怨。全词借景抒情，情景交融，前写悲秋，后写念远，体现了南唐词坛清新自然、不事雕琢的特色。

图 5-3　李煜像

李煜　李煜，初名从嘉，字重光，号钟隐，南唐中主第六子。（见图 5-3）宋建隆二年（961 年）在金陵即位，在位 15 年，世称李后主。李煜多才多艺，工书善画，通音晓律，能诗擅词，尤以词的成就最高。其词作前期风格绮丽柔靡，不脱花间习气。亡国成囚后，在“日

夕只以眼泪洗面”的软禁生涯中，以一首首泣血绝唱，使亡国之君成为千古词坛的“南面王”，正是“国家不幸诗家幸，话到沧桑语始工”。其代表作有：

虞美人（其二）

春花秋月何时了，往事知多少。小楼昨夜又东风，故国不堪回首月明中。

雕栏玉砌应犹在，只是朱颜改。问君能有几多愁？恰似一江春水向东流。

乌夜啼

林花谢了春红，太匆匆，无奈朝来寒雨晚来风。胭脂泪，留人醉，几时重。自是人生长恨水长东。

相见欢

无言独上西楼，月如钩。寂寞梧桐深院锁清秋。剪不断，理还乱，是离愁。别是一般滋味在心头。

浪淘沙令

帘外雨潺潺，春意阑珊。罗衾不耐五更寒。梦里不知身是客，一晌贪欢。

独自莫凭栏，无限江山，别时容易见时难。流水落花春去也，天上人间。

李煜的这些后期词作，几乎不离“愁”“恨”二字，凄凉悲壮，意境深远，为后来的苏辛豪放派埋下了伏笔，他也成为词史上承前启后的宗师。正如王国维《人间词话》所言：“词至李后主而眼界始大，感慨遂深。”至于其语句的清丽、音韵的和谐，更是空前绝后。

冯延巳　冯延巳，名延嗣，字正中。在南唐做过宰相，生活优裕舒适。其词多写闲情逸致，文人气息很浓，题材内容上没有超越花间词相思恨别、男欢女爱、伤春悲秋等范围，但在继承花间词传统的基础上，又有突破和创新，对北宋初期的词人有较大影响。其代表作有《谒金门》《鹊踏枝》等。词如：

谒金门

风乍起，吹皱一池春水。闲引鸳鸯香径里，手挼红杏蕊。　斗鸭阑干独倚，碧玉搔头斜坠。终日望君君不至，举头闻鹊喜。

冯延巳擅长用以景托情、因物起兴的手法，深蕴个人的哀怨情思。虽是写女子的闺怨，并且展开一些具体情节，但词中集中表现的女子为怀人所苦而不胜怨怅的心理，却不为闺情或具体人事所限。冯延巳有些词作甚至不涉及具体情事，只是表达一种心境。如：

鹊踏枝（其一）

谁道闲情抛弃久？每到春来，惆怅还依旧。日日花前常病酒，不辞镜里朱颜瘦。　河畔青芜堤上柳，为问新愁，何事年年有？独立小桥风满袖，平林新月人归后。

鹊踏枝（其三）

六曲阑干偎碧树，杨柳风轻，展尽黄金缕。谁把钿筝移玉柱？穿帘海燕又飞去。　满眼游丝兼落絮，红杏开时，一霎清明雨。浓睡觉来莺乱语，惊残好梦无寻处。

下笔虚括，写出一种怅然自失、无由解脱的愁苦之情，郁抑怅惘，若隐若现，而怅惘的具体内容与缘由，留与读者想象。

冯词清丽、细密、委婉、含蓄，像“风乍起，吹皱一池春水”“独立小桥风满袖，平林新月人归后”“红杏开时，一霎清明雨”等皆是传诵古今的名句。

二、工开艳科，去俗复雅：宋词

经过五代到两宋，词得到很大发展，成为宋代主要的文学形式。宋词的题材集中在伤春悲秋、离愁别绪、风花雪月、男欢女爱等方面，与“艳情”有着直接或间接的联系，“诗言志”“词言情”“词为艳科”都是对宋词这种创作主流倾向的归纳。文人宴享玩乐，兴发情动，形诸歌咏，事后又觉得不合雅趣，有失颜面，这种矛盾普遍存在于宋词的创作之中。如能将艳情的表述含蓄化、朦胧化，似有兴寄，让接受者产生无限的言外托喻之想，且将字面、句子、声韵加以锻炼，使其具有典丽高雅之风貌，或可化解矛盾。因此，“去俗复雅”作为宋代词人创作的主要努力方向，从不自觉到自觉，从零星的努力到形成创作流派，从创作的实践到出现较完整的理论总结，终将“词”这种文体在有宋一代推向巅峰。

（一）谐婉绮丽：婉约派

婉约派词作内容侧重儿女风情，结构深细缜密，重视音律谐婉，语言圆润，清新绮丽，具有一种柔婉之美。由于长期以来词多趋于婉转柔美，人们便形成了以婉约为正宗的观念。婉约派的代表词人有柳永、晏殊、晏几道、周邦彦、李清照、秦观、姜夔、吴文英、欧阳修等。

柳永　柳永，字耆卿，原名三变，后改名永，因排行第七，故又名柳七，宗安（今福建）人。柳永出身官宦世家，少时学习诗词，有功名用世之志。后离开家乡，流寓杭州、苏州，沉醉于听歌买笑的浪漫生活之中。柳永曾进京参加科举，屡试不第，遂一心填词。至暮年终及第，以屯田员外郎致仕，故世称“柳屯田”。有《乐章集》传世。

柳永为人放荡不羁，终身潦倒。据传，柳永辞世时一贫如洗，无亲人祭奠。歌伎感念他的才学和痴情，凑钱安葬了他。每年清明节，一众歌伎又相约祭扫，并相沿成习，称之“吊柳七”或“吊柳会”，这种风俗一直持续到宋室南渡。柳永词多描绘城市风光和歌伎生活，尤长于抒写羁旅行役之苦和相思之情。其词作流传极广，世传“凡有井水饮处，皆能歌柳词”。

柳永是第一个大量创制慢词的人，从根本上改变了唐五代以来词坛上小令一统天下的格局，使慢词与小令两种体式平分秋色，齐头并进。柳永还是两宋词坛创用词调最多的词人。可以说，词至柳永，体制始备，令、引、近、慢、单调、双调、三叠、四叠等长调短令，日益丰富。

词本来自民间，但到了文人手中后，渐渐被用来表现文人士大夫的生活、情感。柳永生活在市民阶层已渐壮大的北宋中前期，混迹青楼酒馆，对市民的

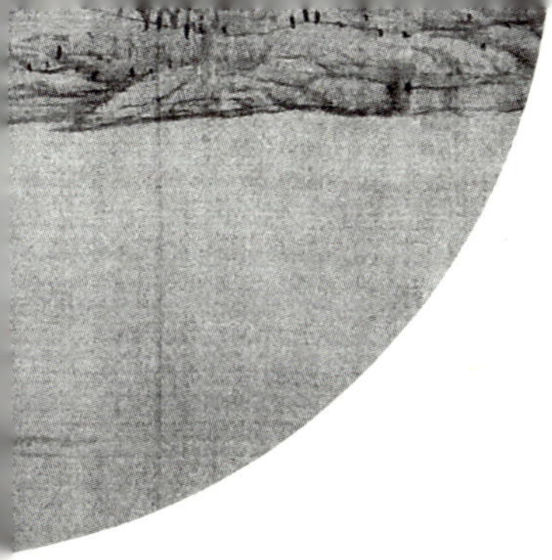

生活相当了解，其表现女性生活、感情的词作，不仅从音乐体制上改变和发展了词的声腔体式，而且从创作方向上改变了词的审美内涵和趣味，变雅为俗，使词从贵族的“文艺沙龙”重新走向市井。

图 5–4　清 · 郑文焯《雨霖铃》词意图

羁旅行役词是柳永的代表作。这类词多和怀才不遇、天涯沦落有关，抒发的是士不遇的感情，本身仍属于“雅”的范畴。如《雨霖铃》（见图 5–4）：

寒蝉凄切，对长亭晚，骤雨初歇。都门帐饮无绪，留恋处，兰舟催发。执手相看泪眼，竟无语凝噎。念去去、千里烟波，暮霭沉沉楚天阔。

多情自古伤离别，更那堪，冷落清秋节。今宵酒醒何处？杨柳岸、晓风残月。此去经年，应是良辰好景虚设。便纵有千种风情，更与何人说？

在创作手法上，柳永还兼容了诗的表现手法，意境的创造，气氛的渲染，用典使事，遣词造句，无不体现了“雅”的特色，使其词呈现出雅俗并陈的特点。

晚唐五代词，除韦庄、李煜的后期词作以外，大多表现离愁别恨、痴男怨女等类型化情感，采用的主要是“代言”的抒情模式；柳词则注意表现自我独特的人生体验和心态，注重自我情感的抒发。其《鹤冲天 · 黄金榜上》一词正是这类作品的典型代表。词作尽情抒发了名落孙山后的愤懑不平，展现了他的叛逆反抗精神和狂放不羁的个性。词曰：

黄金榜上，偶失龙头望。明代暂遗贤，如何向？未遂风云便，争不恣游狂荡。何须论得丧？才子词人，自是白衣卿相。　　烟花巷陌，依约丹青屏障。幸有意中人，堪寻访。且恁偎红倚翠，风流事，平生畅。青春都一饷。

忍把浮名，换了浅斟低唱！

这首词是柳永进士科考落第之后的一纸牢骚，全词直抒胸臆，语言自然流畅，平白如话，既表达了作者的身世飘零之感，又反映出其对社会底层歌伎的同情，以及蔑视功名、鄙薄卿相的思想倾向，带有消极反抗的情绪。这首词不仅在当时引起了很大的反响，士子、歌伎传之，连君王亦有所闻，并且可能影响了柳永的生活道路。据南宋人吴曾的《能改斋漫录》卷十六记载，宋仁宗留意儒雅。而柳永好为淫冶讴歌之曲，传播四方，尝有《鹤冲天》词云：“忍把浮名，换了浅斟低唱。”及皇帝临轩放榜，特落之，并曰：“且去浅斟低唱，何要浮名！”于是柳永落榜，后来便自称“奉旨填词柳三变”，长期流连于坊曲之间，在花柳丛中寻找精神寄托。如其《蝶恋花》所抒胸臆：

伫倚危楼风细细，望极春愁，黯黯生天际。草色烟光残照里，无言谁会凭阑意。　　拟把疏狂图一醉，对酒当歌，强乐还无味，衣带渐宽终不悔，为伊消得人憔悴。

词上片写登高望远所引起的无尽离愁，以迷离的景物描写渲染出凄楚悲凉的气氛；下片写主人公为消释离愁决意痛饮狂歌，但强颜为欢终觉无味，最后以健笔写柔情，自誓甘愿为思念伊人而日渐消瘦憔悴。在相思感情达到高潮的时候，戛然而止，激情回荡，富有无穷的感染力。

流行于唐五代的小令由于篇幅短小，只适宜于用传统的比兴手法，通过象征性的意象群来烘托、传达抒情主人公的情思意绪。而慢词则可以尽情地铺叙衍展，故柳永以“敷陈其事而直言之”的赋法入词，或直接刻画抒情主人公丰富复杂的内心世界，或铺陈描绘事件发生、发展的场面和过程，以展现不同时空场景中人物情感、心态的变化。如《望海潮》：

东南形胜，三吴都会，钱塘自古繁华。烟柳画桥，风帘翠幕，参差十万人家。云树绕堤沙，怒涛卷霜雪，天堑无涯。市列珠玑，户盈罗绮，竞豪奢。　　重湖叠巘清嘉。有三秋桂子，十里荷花。羌管弄晴，菱歌泛夜，嬉嬉钓叟莲娃。千骑拥高牙。乘醉听箫鼓，吟赏烟霞。异日图将好景，归去凤池夸。

此词用慢声长调和所抒之情起伏相应，音律协调，情致婉转。上片描写“东南形胜，三吴都会”——杭州的自然风光，烟柳、画桥、风帘、翠幕、云树等意象肆意排列，铺陈美景；写都市的繁华，就用“十万人家”“珠玑”“罗绮”“豪奢”等词夸张赞叹。下片写西湖，“三秋桂子，十里荷花”，高度凝练，把西湖以至整个杭州最美的特征概括出来，具有撼动人心的艺术力量。全词以点带面，明暗交叉，铺叙晓畅，一反柳永惯常的婉约风格，以大开大阖、波澜起伏的笔法，浓墨重彩地展现了杭州的繁华、美丽、富饶，颇骋豪放之气格。

与铺叙相配合，柳永还大量使用白描手法，写景状物，不用假借替代；言情叙事，不需烘托渲染，而直抒胸臆。如《定风波·自春来》：

自春来、惨绿愁红，芳心是事可可。日上花梢，莺穿柳带，犹压香衾卧。暖酥消、腻云亸，终日厌厌倦梳裹。无那。恨薄情一去，音书无个。

早知恁么，悔当初、不把雕鞍锁。向鸡窗，只与蛮笺象管，拘束教吟课。镇相随、莫抛躲，针线闲拈伴伊坐。和我，免使年少，光阴虚过。

这首词写伤春怨别，是柳永俚词中具有代表性的作品。上阕叙述痴情女子与情人分别后百无聊赖的情形，因为人“怨”，所以眼前春色皆着“惨愁”之色调。人憔悴，懒梳妆，都只缘“薄情一去，音书无个”，直接写怨别伤春思妇的愁苦情状及原因。下阕是女子的内心独白，心理活动十分丰富，一片痴心尽坦露，有恼有恨，有怨有嗔，对爱情的渴望单纯而热烈。全词具有浓厚的民歌风味，以“无那”“恁么”“伊”等日常生活口语入词，画面感强，富有人情味和朴素美。

柳永还善于巧妙利用时空的转换来叙事、布景、言情，在很多怀人念远的词中，他常先写自己思念对方，又设想对方思念自己，架设多重空间结构，体现回环往复的多重时间概念。如《八声甘州》：

对潇潇暮雨洒江天，一番洗清秋。渐霜风凄紧，关河冷落，残照当楼。

是处红衰翠减，苒苒物华休。惟有长江水，无语东流。　　不忍登高临远，望故乡渺邈，归思难收。叹年来踪迹，何事苦淹留。想佳人妆楼颙望，误几回、天际识归舟。争知我，倚阑杆处，正恁凝愁。

词中表达了词人常年宦游在外，于清秋薄暮时分感叹漂泊的生涯和思念情人的心情。这种他乡做客叹老悲秋的主题，在古代文人中带有普遍意义。上片写词人登高临远，雨后清秋的傍晚，关河冷落，夕阳斜照，皆是凄凉之景，尽极悲凉之感。下片抒写词人久客他乡的思归之情。一个“叹”字所传达出的是千思百回的思绪和回顾茫然的神态，准确而又传神。接着转换时空，又从对方写来，想佳人与自己倚楼凝望对照，进一步写出两地相思之苦，并与上片寂寞凄清的景象照应。“倚阑”“凝愁”本是实情，而词人从对方设想，用“争知我”化实为虚。情感顿挫曲折，文笔变化多端，时空纵横交错，语浅而情深，生动地表现了思乡之苦和怀人之情。

柳永是第一位对宋词进行全面革新的词人，也是两宋词坛上创用词调最多的词人。柳永大力创作慢词，将“敷陈其事”的赋法移植于词，同时充分运用俚词俗语，以适俗的意象、淋漓尽致的铺叙、平淡无华的白描等独特的艺术个性，对宋词的发展产生了深远影响。

张先　张先，字子野，乌程（今浙江湖州）人。宋仁宗朝进士，官至都官郎中。晚年往来于湖杭之间，过着优游的生活。善作慢词，造语工巧，与柳永齐名。今传《张子野词》。其词意韵恬淡，意象繁富，内在凝练，于两宋婉约词史上影响甚大。如：

行香子

舞雪歌云，闲淡妆匀。蓝溪水，深染轻裙。酒香醺脸，粉色生香，更巧谈话，美情性，好精神。　　江空无畔，凌波何处。月桥边，青柳朱门。断钟残角，又送黄昏。奈心中事，眼中泪，意中人。

张先词在艺术上的一个重要特征，是善于以工巧之笔表现一种朦胧的美。据传有访客对张先说："人皆谓公'张三中'，即心中事、眼中泪、意中人也。"可见这首词传播之广，特别是"心中事、眼中泪、意中人"之造境已得到人们的高度认可。张先则答曰："何不曰之为'张三影'？"客人不明就里。张先颇得意地答曰："'云破月来花弄影''娇柔懒起，帘幕卷花影''柳径无人，堕飞絮无影'，此余生平所得意也。"于是自谓"张三影"，世人亦遂称之。如：

天仙子

水调数声持酒听，午醉醒来愁未醒。送春春去几时回？临晚镜，伤流景，往事后期空记省。
沙上并禽池上暝，云破月来花弄影。重重帘幕密遮灯。风不定，人初静，明日落红应满径。

这首词为张先词中的名作，工于锻字炼句，体现了张词的主要艺术特色。全词主调为伤春叹老，情致比较低回，将词人慨叹年老位卑、前途渺茫之情与暮春之景有机地交融在一起。词人惆怅春光霎短，流年易逝，旧欢难拾，而并无激烈之语表达此情此景，措语谐婉，蕴藉深沉。"云破月来花弄影"韵致高绝，尤其"弄"字颇有传神之感，尽显张先词造语工巧之美。

其实张先善用"影"字，不止他自得自谓的三处，还有一些"影"字妙词，如"隔墙送过秋千影""杨花过无影""草树争春红影乱"等，也颇可玩味。

图 5-5　清·姜壎《李清照像》（故宫博物院藏）

李清照　李清照，号易安居士，齐州章丘（今属山东济南）人。（见图 5-5）父李格非为当时著名学者，夫赵明诚为金石考据家。早期生活优裕，与赵明诚共同致力于书画金石的搜集与整理。金兵入据中原后，夫妇流寓南方，赵明诚不幸病死；李清照境遇孤苦，再嫁匪人，离异

系狱。李清照工诗善文，更擅长词。词集《易安集》《漱玉集》，宋人早有著录。李清照不但有高深的文学修养，而且有大胆的创新精神。其词强调协律，崇尚典雅、情致，提出词“别是一家”之说，反对以诗文之法作词。风格以婉约为主，屹然为一大宗，人称其为“婉约词宗”。

因在北宋和南宋时期生活的变化，李清照的词作内容呈现出前、后期不同的风格。前期多反映其悠闲生活，多写自然风光和离别相思；后期则抒发伤时念旧和怀乡悼亡的情感，多悲叹身世，亦关注家国，情调感伤。前期词作如：

点绛唇

蹴罢秋千，起来慵整纤纤手。露浓花瘦，薄汗轻衣透。　　见客入来，袜刬金钗溜，和羞走。倚门回首，却把青梅嗅。

此词为李清照的早年作品，风格明快，节奏轻松，寥寥数笔，就刻画了一个天真纯洁、感情丰富却又矜持的少女形象，可谓妙笔生花。

如梦令（一）

常记溪亭日暮，沉醉不知归路。兴尽晚回舟，误入藕花深处。争渡，争渡，惊起一滩鸥鹭。

词作以李清照特有的方式表达了她早期生活的情趣和心境，境界优美怡人，尺幅虽短，却给人以美的享受。

如梦令（二）

昨夜雨疏风骤，浓睡不消残酒。试问卷帘人，却道海棠依旧。知否？知否？应是绿肥红瘦。

这首小令，有人物，有场景，还有对白，词句绝妙工巧，不着痕迹。词人为花而喜、为花而悲、为花而醉、为花而嗔，实则是伤春惜春，以花自喻，慨叹自己青春易逝。

其他如《武陵春》（风住尘香花已尽）、《醉花阴》（薄雾浓云愁永昼）、一剪梅（红藕香残玉簟秋），这几首写“愁”的词，主要抒写词人与丈夫分别后的孤独、无聊、思念之感。词人并未直接抒写独居的孤苦与相思之情，只是

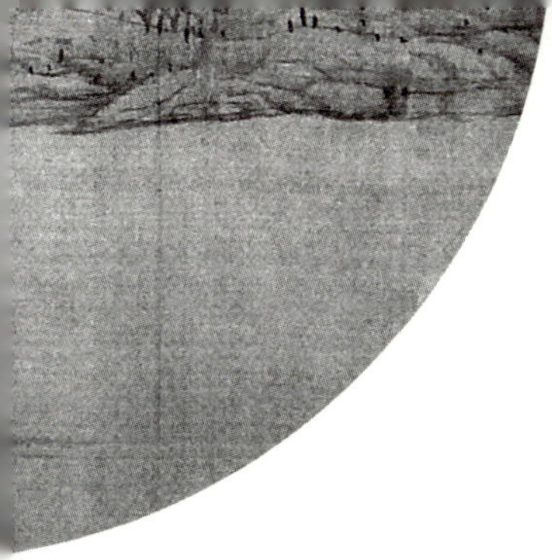

慨叹物是人非。面对单调的生活，自己的离愁别恨无处安放，便借惜春悲秋来言表，“只恐双溪舴艋舟，载不动许多愁”“莫道不消魂，帘卷西风，人比黄花瘦”，无论春秋，怨深愁多，一片凄清寂寥。

宋室南渡之后，李清照的词作在内容和风格上都有所变化，虽然还是不脱离愁别恨，但夫死家破、背井离乡的“愁恨”与少女、少妇时的“愁怨”已是不同意味。如《菩萨蛮》：

> 归鸿声断残云碧，背窗雪落炉烟直。烛底凤钗明，钗头人胜轻。　角声催晓漏，曙色回牛斗。春意看花难，西风留旧寒。

这首词抒写乡愁，作于词人南渡后的最初几年，以寻常词语抒发曲折多致的心绪变换。归鸿、冷雪、西风、旧寒等意象尽写凄凉，词人身在异乡，即便是春早景鲜，因畏于“西风”，也觉“看花难”。词用曲笔，以浅淡之语写深挚之情，意味隽永。又如《添字采桑子》：

> 窗前谁种芭蕉树？阴满中庭；阴满中庭，叶叶心心、舒卷有余情。
> 伤心枕上三更雨，点滴霖霪；点滴霖霪，愁损北人、不惯起来听！

词写作为北方人身在阴雨连绵的南方异乡，总觉处处不顺，时时烦心，尤其这种雨打芭蕉、霖霪不止的三更天，更是“愁损”，令人无处躲避。用语直白，毫无避忌，词人内心的愁闷一览无余。《声声慢》和《永遇乐》可谓这类词的代表作：

声声慢

> 寻寻觅觅，冷冷清清，凄凄惨惨戚戚。乍暖还寒时候，最难将息。三杯两盏淡酒，怎敌他、晚来风急？雁过也，正伤心，却是旧时相识。
> 满地黄花堆积。憔悴损，如今有谁堪摘？守着窗儿，独自怎生得黑？梧桐更兼细雨，到黄昏、点点滴滴。这次第，怎一个愁字了得！

永遇乐

> 落日熔金，暮云合璧，人在何处？染柳烟浓，吹梅笛怨，春意知几许？

元宵佳节，融和天气，次第岂无风雨？来相召、香车宝马，谢他酒朋诗侣。 中州盛日，闺门多暇，记得偏重三五。铺翠冠儿，捻金雪柳，簇带争济楚。如今憔悴，风鬟霜鬓，怕见夜间出去。不如向、帘儿底下，听人笑语。

易安词在群花争艳的宋代词苑中，独树一帜，自名一家，人称“易安体”。“易安体”之称始于宋人，后人多有效仿，并以此标为个性。

周邦彦 周邦彦，字美成，号清真居士，钱塘（今浙江杭州）人。他精通音律，曾创作不少新词调。清真词格律谨严，语言曲丽精雅，长调尤善铺叙，为后来格律派词人所宗。有《清真居士集》，后人改名为《片玉集》。

周邦彦的词作内容不外乎男女恋情、别愁离恨、人生哀怨等传统题材，成就主要在于兼收并蓄，博采诸家之所长，又摒弃他们的弊端，引导词的创作逐步走上富艳精工的道路。如《兰陵王》：

柳阴直，烟里丝丝弄碧。隋堤上，曾见几番、拂水飘绵送行色。登临望故国。谁识，京华倦客？ 长亭路，年去岁来，应折柔条过千尺。闲寻旧踪迹。又酒趁哀弦，灯照离席。梨花榆火催寒食。愁一箭风快，半篙波暖，回头迢递便数驿，望人在天北。 凄恻，恨堆积。渐别浦萦回，津堠岑寂。斜阳冉冉春无极。念月榭携手，露桥闻笛。沉思前事，似梦里，泪暗滴。

这首词写客中送别，抒发倦游之情和惜别之情，而层次安排极富匠心。三叠三换头，声韵格律极复杂，反复回环、层层渲染的章法，极尽曲折变化。而周邦彦写来十分工稳妥切，尤为乐师所爱。再如《蝶恋花·早行》：

月皎惊乌栖不定，更漏将残，辘轳牵金井。唤起两眸清炯炯，泪花落枕红绵冷。 执手霜风吹鬓影，去意徊徨，别语愁难听。楼上阑干横斗柄，露寒人远鸡相应。

此词写离情别绪，但并没有直抒感情，所叙离情主要是靠各句所描绘的不同画面，及人物的表情、动作并配以不同的声响来完成的。正是这一连串画面与音响的完美组合，才充分表现出难舍难分的离情别绪，形象地体现出时间的推移、场

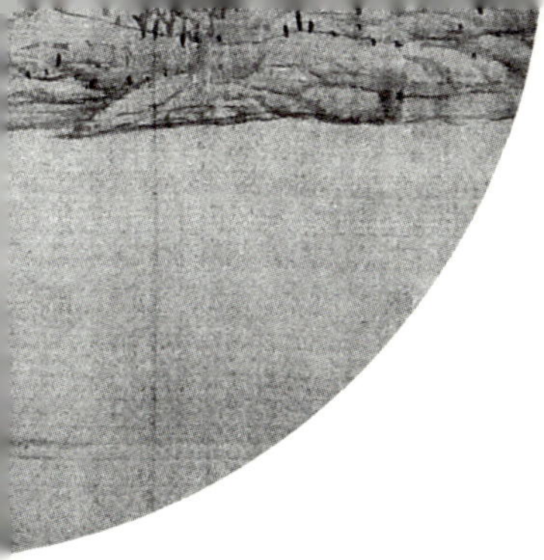

景的变换。词中还特别注意撷取某些具有特征性的事物来精心刻画，如“惊乌”“更漏”“辘轳”“霜风”“鬓影”“斗柄”等等，画面清晰，情景皆真。又如《苏幕遮》：

燎沈香，消溽暑。鸟雀呼晴，侵晓窥檐语。叶上初阳干宿雨，水面清圆，一一风荷举。　　故乡遥，何日去？家住吴门，久作长安旅。五月渔郎相忆否？小楫轻舟，梦入芙蓉浦。

此词主要表达作者的思乡之情。周邦彦的词以富艳精工著称，而这首《苏幕遮》却清新自然。作者由眼前的荷花想到故乡的荷花，游子浓浓的思乡之情向荷花娓娓道来，构思尤为巧妙别致。全词写景、写人、写情、写梦皆语出天然，不加雕饰而风情万种，通过对清圆的荷叶、五月的江南、渔郎的轻舟这些情景进行虚实变幻的描写，思乡之苦表达得淋漓尽致，境界淡远高超。

晏殊　晏殊，字同叔，抚州临川（今属江西）人，官至仁宗朝宰相。能诗，善词，尤擅小令。多表现诗酒生活和闲情逸致，文章典丽，而以词最为突出，有“宰相词人”之称。晏殊的词吸收了南唐花间派和冯延巳典雅流丽的词风，语言清丽，声调和谐。如《蝶恋花》：

槛菊愁烟兰泣露，罗幕轻寒，燕子双飞去。明月不谙离恨苦，斜光到晓穿朱户。　　昨夜西风凋碧树，独上高楼，望尽天涯路。欲寄彩笺兼尺素，山长水阔知何处？

此词写深秋怀人，是晏殊的代表作之一。上片描写苑中景物，运用移情于景的手法，注入主人公的感情，点出离恨；下片承离恨而来，通过高楼独望生动地表现出主人公望眼欲穿的神态，蕴含着愁苦之情。全词情致深婉而又寥廓高远，深婉中见含蓄，广远中有蕴涵。又如《浣溪沙》：

一曲新词酒一杯，去年天气旧亭台。夕阳西下几时回？无可奈何花落去，似曾相识燕归来。小园香径独徘徊。

此词悼惜残春，感伤年华的飞逝，又暗寓怀人之意。词之上片绾合今昔，叠印时空，

重在思昔；下片则巧借眼前景物，重在伤今。全词语言圆转流利，通俗晓畅，清丽自然，意蕴深沉。其中“无可奈何花落去，似曾相识燕归来”两句历来为人称道。清新活泼者如《破阵子》：

燕子来时新社，梨花落后清明。池上碧苔三四点，叶底黄鹂一两声。日长飞絮轻。　巧笑东邻女伴，采桑径里逢迎。疑怪昨宵春梦好，元是今朝斗草赢。笑从双脸生。

此词通过清明时节的一个生活片断，反映出少女的青春活力，营造了一种欢乐的气氛。全词纯用白描，笔调活泼，风格朴实，生动地再现了少女的形象。

晏殊词写富贵而不鄙俗，写艳情而不纤佻；写景重其精神，赋予自然物以生命，能将理性思致融入抒情叙写；在伤春怨别的情绪内，表现出一种理性反省；在柔情锐感中，透露出圆融旷达的理性观照，形成了自己的特色。

晏几道　晏几道，字叔原，号小山，晏殊第七子。词风似父而造诣过之，父子二人合称“二晏”。工于言情，其小令语言清丽，感情深挚，尤负盛名。表达情感直率，多写爱情生活。词风哀感缠绵、清壮顿挫，是婉约派的重要词人，有《小山词》传世。代表作如《临江仙》：

梦后楼台高锁，酒醒帘幕低垂。去年春恨却来时。落花人独立，微雨燕双飞。　记得小蘋初见，两重心字罗衣。琵琶弦上说相思。当时明月在，曾照彩云归。

《小山词》中多次提到歌女小蘋。此词正为怀念小蘋而作。词人与恋人别后故地重游，引起对恋人的无限怀念，抒发对小蘋的挚爱之情。上片描写人去楼空的寂寞景象，以及年年伤春伤别的凄凉怀抱。下片追忆初见小蘋时温馨动人的一幕，末二句化用李白诗句“只愁歌舞散，化作彩云飞”而另造新境，表现出作者对往日情事的回忆及明月依旧、人事全非的怅惘之情。再如《鹧鸪天》：

彩袖殷勤捧玉钟，当年拼却醉颜红。舞低杨柳楼心月，歌尽桃花扇底风。

从别后，忆相逢，几回魂梦与君同。今宵剩把银釭照，犹恐相逢是梦中。

上片写词人与一个女子久别重逢的情景，以相逢抒别恨。上片中“彩袖”“玉钟”“醉颜”“杨柳”“桃花”等意象都透露着当年的欢聚盛况，然而却是别后梦中景，似实却虚。下片抒写久别相思而又不期而遇的惊喜之情，似梦却真。整首词声韵谐调，色彩缤纷，使人之视觉、听觉都有所感，又能以精练简字造虚实奇境，实为脍炙人口的佳作。清人陈廷焯称道此词乃“艳体中极致”。

欧阳修 欧阳修，字永叔，号醉翁、六一居士，吉州吉水（今属江西）人。因吉州原属庐陵郡，故自谓“庐陵欧阳修”。谥号文忠，世称欧阳文忠公。其词深婉清丽。词集有《六一词》《近体乐府》及《醉翁琴趣外编》。代表作如《踏莎行》：

> 候馆梅残，溪桥柳细，草薰风暖摇征辔。离愁渐远渐无穷，迢迢不断如春水。　寸寸柔肠，盈盈粉泪，楼高莫近危阑倚。平芜尽处是春山，行人更在春山外。

此词主要抒写早春南方行旅的离愁。上阕以时空的转换，写人在旅途，漂泊无期，展示了游子剪不断的离愁。下阕写闺中女子对游子的相思之情。春山本无内外之别，词人将其界定，写出阁楼中人怀念远方游子的迷茫心境，颇令人玩味。全词笔调细腻委婉，寓情于景，含蓄深沉。由陌上游子而及楼头思妇，由实景而及想象，逐层深化，委曲尽情，以发散式的结构表达离愁别恨，意味深长。再如《蝶恋花》：

> 庭院深深深几许，杨柳堆烟，帘幕无重数。玉勒雕鞍游冶处，楼高不见章台路。　雨横风狂三月暮，门掩黄昏，无计留春住。泪眼问花花不语，乱红飞过秋千去。

此词写闺怨伤春之情。首句“深深深”三字，前人尝叹其用叠字之工，且多有化用。李清照《临江仙》词序云：“欧阳公作《蝶恋花》，有‘深深深几许’之句，予酷爱之，用其语作‘庭院深深’数阕’。”上片写少妇深闺寂寞，阻隔重重，想见意中人而不得；下片写美人迟暮，盼意中人回归而不得，幽恨怨愤之情自现。全词写景状物虚实相融，由外景到内景，以深邃的居室烘托深邃的感情，以灰暗凄惨的色彩渲染孤独伤感的心情；从浓雾弥漫的早晨到风狂雨暴的黄昏，由早及晚，逐次打开人物的心扉。尤其对少妇的心理刻画写意传神，用语自然，辞意深婉，堪称欧词之典范。

《生查子·元夕》是欧词中脍炙人口的一首词作：

> 去年元夜时，花市灯如昼。月上柳梢头，人约黄昏后。　今年元夜时，月与灯依旧。不见去年人，泪湿春衫袖。

此词写元夜约会情事。上片写去年元夜相会情景：头两句写元夜的繁华热闹，为下文情人的出场渲染了一种柔情的氛围；后两句情景交融，写出了恋人在月光柳影下两情依依、情话绵绵的景象，制造出朦胧清幽、婉约柔美的意境。下片写今年元夜的相思之苦，抒发了旧情难续的沉重哀伤。词作上、下片一昔一今、一闹一静、一欢一哀，构思巧妙，字句上讲求匀称一致，有意错综穿插，重叠对应，回旋咏叹，具有明快自然的民歌风味。语短情长，形象生动，又适于记诵，因此流传很广。

在宋代词史上，欧阳修是主动向民歌学习的第一人，由此也造就了其词清新明畅的艺术风格，歌咏颍州西湖的十首《采桑子》就集中体现出这种风格特征。如其四：

> 群芳过后西湖好，狼藉残红。飞絮蒙蒙，垂柳阑干尽日风。　笙歌散尽游人去，始觉春空。垂下帘栊，双燕归来细雨中。

西湖花时过后，群芳凋零，残红狼藉。词人上片虽写残春景色，却无伤春之感，接着笔锋转入下片，以疏淡轻快的笔墨描绘了游人散后西湖的“春空”景象，创造出一种清幽静谧的艺术境界和空寂闲淡的审美感受，这正是此词有异于一般咏春词的独到之处。结句“双燕归来细雨中”，颇耐寻味。

秦观　秦观，字少游，号淮海居士。（见图 5-6）生性豪爽，洒脱不拘，长于文词，为苏轼所赏识，与黄庭坚、晁补之、张耒为“苏门四学士”。其词多男女情爱、伤感身世之作。词风高古沉重，是婉约词人中的一大家，有《淮海词》。代表作有《踏莎行》：

雾失楼台，月迷津渡。桃源望断无寻处。可堪孤馆闭春寒，杜鹃声里斜阳暮。

驿寄梅花，鱼传尺素。砌成此恨无重数。郴江幸自绕郴山，为谁流下潇湘去？

图 5-6　秦观像

这首词是秦观贬谪郴州期间所写。词作描摹清幽冷寂的自然风光，抒发词人的愤懑和无奈，营造出萧瑟凄厉的意境。词人遭受流放，前途渺茫，孤独寂寞，思念家乡，全词不着一“愁”字，而铺满愁绪。特别是最后两句，因景设问，含蓄而沉痛地表达出自己远离朝廷、谪放天涯的无奈和悲愤。其他如：

鹊桥仙

纤云弄巧，飞星传恨，银汉迢迢暗度。金风玉露一相逢，便胜却人间无数。

柔情似水，佳期如梦，忍顾鹊桥归路。两情若是久长时，又岂在朝朝暮暮。

这是一曲纯真的爱情颂歌。上片写牛郎、织女相会，下片写他们离别。借牛郎织女的故事，表现人间的悲欢离合，古已有之，如《古诗十九首·迢迢牵牛星》、曹丕的《燕歌行》、李商隐的《辛未七夕》等。欧阳修、张先、柳永、苏轼等人也曾吟咏这一题材，相形之下，秦观此词堪称独出机杼，婉约蕴藉，立意高远。尤其末二句“两情若是久长时，又岂在朝朝暮暮”，使词的思想境界升华到一个崭新的高度，成为词中警句。

浣溪沙

漠漠轻寒上小楼，晓阴无赖似穷秋，淡烟流水画屏幽。　自在飞花轻似梦，无边丝雨细如愁，宝帘闲挂小银钩。

这首词意境怅静悠闲，色调轻浅幽渺。上片写阴冷的春天早晨，词人独上小楼，

空房内画屏竖立，显得格外清幽。下片写眼前景物，待词人慢慢挂起窗帘，观落花轻飘，细雨蒙蒙，触目伤情。作者融情入景，明写景，实写人的愁怨，看似轻描淡写，实则蕴藉无穷。这首词曾被誉为《淮海词》中小令的压卷之作。

贺铸　贺铸，字方回，又名贺三愁，自号庆湖遗老。其词内容、风格较为丰富多样，兼有豪放、婉约二派之长，长于锤炼语言并擅长融化前人成句。守格律，重用韵，富有节奏感和音乐美。代表作有《鹧鸪天》：

重过阊门万事非，同来何事不同归。梧桐半死清霜后，头白鸳鸯失伴飞。

原上草，露初晞，旧栖新垅两依依。空床卧听南窗雨，谁复挑灯夜补衣。

这首词为词人怀念妻赵氏之作，与苏轼的《江城子》并称“悼词双璧”。贺铸是英雄豪气与儿女柔情并存的词人。其夫人赵氏勤劳贤惠，贺铸曾有《问内》一诗写赵氏冒酷暑为他缝补冬衣的情景（见《庆湖遗老诗集》）。词中“谁复挑灯夜补衣”的细节描写，表达了对亡妻的深切怀念。全词读来字字悲戚，句句哀婉，令人哽咽。

他的《清玉案》历来备受称道。词曰：

凌波不过横塘路，但目送、芳尘去。锦瑟华年谁与度？月桥花院，琐窗朱户，只有春知处。　飞云冉冉蘅皋暮，彩笔新题断肠句。试问闲愁都几许？一川烟草，满城风絮，梅子黄时雨。

该词通过对暮春景色的描写，抒发作者所感到的“闲愁”。上片写路遇佳人而不知所往的怅惘情景，下片写由思慕而引起的无限愁思。全词虚写相思之情，实抒悒悒不得志的“闲愁”。“一川烟草，满城风絮，梅子黄时雨”，连用三种意象表现出愁思的广度、密度和长度，化抽象无形的情思为具体可见的形象，构思奇妙，堪称绝唱。贺铸因此词而得“贺梅子”之雅号。

姜夔　姜夔，字尧章，号白石道人，鄱阳（今江西鄱阳）人。一生布衣，靠卖字和朋友接济为生。他多才多艺，精通音律，能自度曲，善慢词。词作素以空灵含蓄著称，语言华美，格律严密，风格清幽冷隽。姜夔上承周邦彦，下

开吴文英、张炎一派，是格律派的代表作家，对后世影响较大。有《白石道人歌曲》等传世。代表作有《扬州慢》：

淮左名都，竹西佳处，解鞍少驻初程。过春风十里，尽荠麦青青。自胡马窥江去后，废池乔木，犹厌言兵。渐黄昏，清角吹寒，都在空城。

杜郎俊赏，算而今、重到须惊。纵豆蔻词工，青楼梦好，难赋深情。二十四桥仍在，波心荡、冷月无声。念桥边红药，年年知为谁生？

“扬州慢”是姜夔的自度曲。金兵铁蹄践踏后的扬州满目疮痍，词人抚今追昔，那种因山河破落而生的悲切情怀愈加鲜明。

淳熙二年（1191 年）冬，姜夔载雪访范成大于石湖。在范的邀清下，姜夔新谱曲调，新填曲词，遂成《暗香》《疏影》二曲咏梅，使人耳目一新，又深蕴忧国之思，寄托个人生活的不幸。

暗　香

旧时月色，算几番照我，梅边吹笛？唤起玉人，不管清寒与攀摘。何逊而今渐老，都忘却、春风词笔。但怪得、竹外疏花，香冷入瑶席。　江国。正寂寂，叹寄与路遥，夜雪初积。翠尊易泣，红萼无言耿相忆。长记曾携手处，千树压、西湖寒碧。又片片、吹尽也，几时见得？

该词借梅喻人。起句写旧时豪情，以月色、梅花勾连过去和现在，唤起与玉人月下摘梅的回忆，而这种回忆从根本上缘于内心生发的怀旧的情绪。随即以“而今”转到当前，以何逊自比，着意于“渐老”的怅惘，与开篇“旧时”相对，扩大了时间的厚重感。这里不仅有对往日恋人的怀念，还含有对逝去的美好岁月、青春风华的怀念和惋惜，虽说“忘却春风词笔”，却隐约含有往事不胜悲的意味。“长记”赏梅雅事在眼前，当下却见花落梅残，暗含故人不知何日重逢之意。全词不断在过去和现在之间往复摇曳，结构空灵精致，造得清虚骚雅之意境。

史达祖　史达祖，字邦卿，号梅溪，汴（今河南开封）人。其词工于咏物，今传有《梅溪词》。代表作有《双双燕・咏燕》：

过春社了，度帘幕中间，去年尘冷。差池欲住，试入旧巢相并。还相雕梁藻井。又软语、商量不定。飘然快拂花梢，翠尾分开红影。　芳径。芹泥雨润。爱贴地争飞，竞夸轻俊。红楼归晚，看足柳昏花暝。应自栖香正稳。便忘了、天涯芳信。愁损翠黛双蛾，日日画阑独凭。

燕子是古诗词中常见的意象，然古典诗词中全篇咏燕的妙词，则要首推这首《双双燕》。此词上片写燕子飞来重回旧巢的愉快场景；下片写燕子在春光中嬉戏，夜幕降临时回巢栖息的情景。燕子徘徊旧巢，欲住还休，是有感于“去年尘冷”的新变化，实际上暗示人去境清，深闺寂寥的人事变化，结尾写红楼思妇的愁苦，只是为了反衬双燕的美满生活。全词用拟人、白描手法，结构安排匠心独运，用春燕双宿双飞衬出思妇盼归之情，完整而自然，给人以耳目一新之感。

吴文英　吴文英，字君特，号梦窗，晚年又号觉翁，四明（今浙江宁波）人。一生未仕，但平生所交皆一时显贵。在词的创作上，吴文英主要师承周邦彦，典丽而工，多雕琢，音律和谐。今传有《梦窗词》。代表作有《风入松》：

听风听雨过清明，愁草瘗花铭。楼前绿暗分携路，一丝柳，一寸柔情。料峭春寒中酒，交加晓梦啼莺。　西园日日扫林亭，依旧赏新晴。黄蜂频扑秋千索，有当时、纤手香凝。惆怅双鸳不到，幽阶一夜苔生。

此词表现暮春怀人之情。上片写伤春怀人的愁思，起句“听风听雨过清明”，貌似简单，不像梦窗绵丽的风格，但用意颇深，不仅点出时间，而且勾勒出内心细腻的情愫。下片写伤春怀人的痴想。由园中秋千而思伊人纤手，由黄蜂频扑而思伊人香凝，可谓情深语痴。结句“双鸳不到”，“幽阶一夜苔生”，语意夸张。不怨伊人不来，而只说“苔生”。全词风格质朴淡雅，不事雕琢，不用典故，不论写景、写情，还是写现实、写回忆，都委婉细腻，情真意切。

吴文英的另一代表作为《莺啼序》。词曰：

残寒正欺病酒，掩沈香绣户。燕来晚、飞入西城，似说春事迟暮。画船载、清明过却，晴烟冉冉吴宫树。念羁情、游荡随风，化为轻絮。　十载西湖，傍柳系马，趁娇尘软雾。溯红渐、招入仙溪，锦儿偷寄幽素。倚银屏、春宽梦窄，断红湿、歌纨金缕。暝堤空，轻把斜阳，总还鸥鹭。　　幽兰旋老，杜若还生，水乡尚寄旅。别后访、六桥无信，事往花委，瘗玉埋香，几番风雨。长波妒盼，遥山羞黛，渔灯分影春江宿，记当时、短楫桃根渡。青楼仿佛，临分败壁题诗，泪墨惨淡尘土。　　危亭望极，草色天涯，叹鬓侵半苎。暗点检：离痕欢唾，尚染鲛绡，亸凤迷归，破鸾慵舞。殷勤待写，书中长恨，蓝霞辽海沈过雁，漫相思、弹入哀筝柱。伤心千里江南，怨曲重招，断魂在否？

“莺啼序”词牌，又名“丰乐楼”，此调始见于吴文英词。四叠，240字，为词牌中字数最多的一个。此词是春暮感怀伤离悼亡之作。词借暮春景色引出羁旅之感和忆旧友之情，通过叙述当年和情人游西湖的艳遇欢情，重游湖上而物是人非，抒发对死者的无限哀悼。作者将伤春伤别的情感娓娓道来，反复咏叹，层层深入。陈廷焯《白雨斋词话》赞其“全章精粹，空绝千古”，亦不为过。

（二）宏博高亢：豪放派

豪放派的特点，大体是创作视野较为开阔，气象恢弘雄放，喜用诗文的手法、句法和字法写词，语词宏博，用事较多，不拘守音律。北宋多有词人显此风格，而以苏轼最为大家。宋室南渡，时代巨变，悲壮慷慨之调应运而生，蔚然成风，辛弃疾更成为创作豪放词的一代巨擘。豪放词派不但屹然别立一宗，震烁宋代词坛，而且广泛地沾溉词林后学，从宋、金直到清代，历来都有标举豪放旗帜、大力学习苏辛的词人。

图 5-7　明・孙可弘《东坡小像》

苏轼　继柳永之后，苏轼（见图 5-7）对词体进行了全面的改革，最终突破了词为“艳科”的传统格局，提高了词的文学地位，使词从音乐的附属品转变为一种独立的抒情诗体，从根本上改变了词史的发展方向。苏轼对词的变革，基于其诗词一体的词学观念和“自成一家”的创作主张，在理论上破除了诗尊词卑的观念，并提升了词的品格。胡寅《酒边词序》盛赞苏词“一洗绮罗香泽之态，摆脱绸缪宛转之度，使人登高望远，举首高歌，而逸怀豪气超乎尘埃之外”。

首先，苏词开拓了词境。晚唐五代文人词所表现的生活场景很狭小，主要局限于封闭性的画楼绣户、亭台院落之中。入宋以后，柳永开始将词境延伸到都邑市井和千里关河、村山林驿等自然空间。而苏轼不仅在词中大力描绘了个人日常交际、闲居读书及躬耕、射猎、游览等生活场景，而且进一步展现了大自然的壮丽景色。苏轼之性情、襟怀、学问悉见之于诗，也同样融之于词。苏词中也常常表现对人生的思考，而这种对人生命运的理性思考增强了词境的哲理意蕴。“会挽雕弓如满月，西北望，射天狼”（《江城子·密州出猎》）的豪情满怀，“人有悲欢离合，月有阴晴圆缺；此事古难全”（《水调歌头·明月几时有》）的哲理思考，“大江东去，浪淘尽、千古风流人物”（《念奴娇·赤壁怀古》）的历史意识，无不精彩纷呈，令人目不暇接。清代刘熙载《艺概》卷四概括道：“东坡词颇似老杜诗，以其无意不可入，无事不可言也。”（见图 5–8）

其次，苏轼改造了词风。清代刘熙载《艺概》卷四评价说：“太白《忆秦娥》，声情悲壮，晚唐、五代，惟趋婉丽，至东坡始能复古。”东坡的复古，正是词向诗的靠拢，突出“志之所之”，也是向唐诗的高远古雅复归。至此，词之“雅化”也取得了本质性的突破。

图 5–8　金·武元直《赤壁图》

“以诗为词”的手法是苏轼变革词风的主要武器，成功表现在用题序和用典故两个方面。从本质上说，苏轼“以诗为词”是要突破音乐对词体的制约和束缚，其遵守词

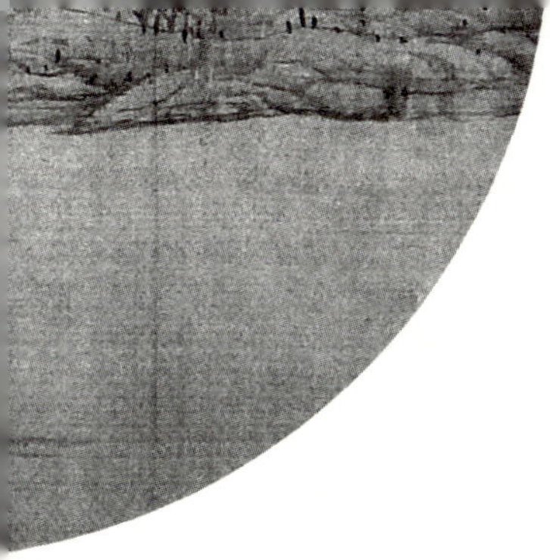

的音律规范而又不为音律所拘。也正是如此，苏词表现出丰沛的激情、丰富的想象力和变化自如、多姿多彩的语言风格。如其名作《水调歌头》：

丙辰中秋，欢饮达旦，大醉，作此篇，兼怀子由。

明月几时有？把酒问青天。不知天上宫阙，今夕是何年。我欲乘风归去，又恐琼楼玉宇，高处不胜寒。起舞弄清影，何似在人间？　转朱阁，低绮户，照无眠。不应有恨，何事长向别时圆？人有悲欢离合，月有阴晴圆缺，此事古难全。但愿人长久，千里共婵娟。

此词是中秋望月怀人之作，表达了苏轼对胞弟苏辙的无限怀念之情。词序交代词的写作时地和创作缘起，丰富和深化了词的审美内涵。词人运用形象描绘手法勾勒出一种皓月当空、亲人千里、孤高旷远的境界，反衬自己遗世独立的意绪，又和往昔的神话传说融合一处，在月的阴晴圆缺当中，渗入浓厚的哲学意味。同为怀人念远词，苏轼词与花间词、柳永词等格调有异，苏词的境界更加高远壮美，一洗绮罗香泽之色，极富浪漫主义色彩，历来是公认的中秋词中之绝唱。又如《定风波》：

三月七日，沙湖道中遇雨。雨具先去，同行皆狼狈，余独不觉，已而遂晴，故作此词。

莫听穿林打叶声，何妨吟啸且徐行。竹杖芒鞋轻胜马，谁怕？一蓑烟雨任平生。　料峭春风吹酒醒，微冷，山头斜照却相迎。回首向来萧瑟处，归去，也无风雨也无晴。

当时是苏轼因“乌台诗案”被贬为黄州团练副使的第三个春天。由词序可知，词人与朋友春日出游，风雨忽至，朋友深感狼狈，词人却毫不在乎，泰然处之，吟咏自若，缓步而行。词人通过野外途中偶遇风雨这一生活中的小事，于简朴中见深意，于寻常处生奇景，表现出旷达超脱的胸襟，寄寓着超凡脱俗的人生理想。语言通俗谐趣，全无造作之态。

苏词中也有大量清新自然之作，乡村景，景中人，人之情，无不洋溢着浑

朴天成的意趣，令人读来心旷神怡。如《浣溪沙》：

徐门石潭谢雨，道上作五首。潭在城东二十里，常与泗水增减清浊相应。

簌簌衣巾落枣花，村南村北响缫车，牛衣古柳卖黄瓜。　　酒困路长惟欲睡，日高人渴漫思茶，敲门试问野人家。

此词写作者在乡间的所遇所感，意趣盎然地表现了淳厚的乡村风味。上片写初夏的田园风光，下片写主人公的感受和行踪。语言明白如话，清新朴实，生动真切，栩栩传神。全词有景有人，有形有声有色，乡土气息浓郁。再来看另一首《浣溪沙》：

元丰七年十二月二十四日，从泗州刘倩叔游南山。

细雨斜风作晓寒，淡烟疏柳媚晴滩。入淮清洛渐漫漫。　　雪沫乳花浮午盏，蓼茸蒿笋试春盘。人间有味是清欢。

词的上片写早春景象，下片写作者与刘倩叔游南山时清茶野餐之乐。这种将生活形象铸成艺术形象的手法，显示出词人高雅的审美意趣和旷达的人生态度。末句提出一个颇具哲理性的命题“人间有味是清欢”，自然浑成，有照彻全篇之妙趣，为全篇增添了欢乐的情调和诗味、理趣。

苏词虽标豪放为调，但并非“无情”，其言情之作亦有高格。如《江城子》：

乙卯正月二十日记梦。

十年生死两茫茫，不思量，自难忘。千里孤坟，无处话凄凉。纵使相逢应不识，尘满面，鬓如霜。　　夜来幽梦忽还乡，小轩窗，正梳妆。相顾无言，惟有泪千行。料得年年肠断处，明月夜，短松冈。

这是苏轼为悼念结发妻子王弗而写的一首悼亡词，表现了词人绵绵不尽的哀伤和思念。悼亡诗古已有之，且不乏名篇，而用词写悼亡则是苏轼的首创。与前人相比，苏轼的悼亡之作特色在于“记梦”，而且明确写了做梦的日子。上阕写词人对亡妻的深沉思念，写实；下阕记述梦境，抒写词人对亡妻执着不舍的深情，写虚。虚实结合，衬托出对亡妻的思念，加深了全词的悲伤基调。词中采用白描手法，出语虽如话家常，却字字从肺腑中镂出，自然而又深刻，平淡中寄寓着真淳。全词思致委婉，境界层出，情调凄凉哀婉，令人读后无不为之动情而感叹。

《贺新郎》为苏轼婉约词的代表作：

> 乳燕飞华屋，悄无人、桐阴转午，晚凉新浴。手弄生绡白团扇，扇手一时似玉。渐困倚、孤眠清熟。帘外谁来推绣户？枉教人梦断瑶台曲。又却是、风敲竹。　石榴半吐红巾蹙，待浮花浪蕊都尽，伴君幽独。秾艳一枝细看取，芳心千重似束。又恐被、西风惊绿。若待得君来向此，花前对酒不忍触。共粉泪、两簌簌。

此词抒写闺情，表现女子孤独、抑郁的情怀。上阕写静谧的夏日午后，如花似玉的美人沐浴后趁凉入睡，又被风吹竹声惊醒。写佳人，并不正面描写她的姿容，而是先写佳人的扇和执扇的手。下阕别开异境，前五句写石榴，后五句写佳人观赏石榴花，惜花怜人，情丝缱绻，对花落泪，相思断肠，亦花亦人，巧妙新颖，和谐自然。此词托意高远，词之意蕴，冠绝古今。

苏轼用自己的创作实践表明：词是无事不可写，无意不可入的。苏轼扩大了词的表现功能，丰富了词的情感内涵，拓展了词的时空场景，从而提高了词的艺术品位，把词堂堂正正地引入文学殿堂，使词从“小道”上升为一种与诗具有同等地位的文体，从根本上改变了词的发展方向，树立了词史上的里程碑。

苏轼之后，经贺铸中传，加上靖康事变的引发，豪放词派获得迅猛发展，集为大成。除豪放词的领袖辛弃疾外，这一时期还产生了李纲、陈与义、叶梦得、朱敦儒、张元干、张孝祥、陆游、陈亮、刘过等一大批杰出的词人。他们词风慷慨悲凉，相激相慰，以爱国的壮词宏声组成雄阔的阵容，主导了整个词坛。

辛弃疾　辛弃疾，字幼安，号稼轩，济南历城人。（见图 5–9）辛词艺术风格多样，以豪放为主。辛弃疾现存词 600 多首，是两宋存词最多的作家，有《稼轩长短句》。其词抒写力图恢复国家统一的爱国热情，倾诉壮志难酬的悲愤，对当时执政者的屈辱求和颇多谴责，也有不少吟咏故国河山的作品。辛词题材

图 5-9　辛弃疾像

广阔，善于化用前人的典故入词，风格沉雄豪迈又不乏细腻柔媚。如《水龙吟》（渡江天马南来）、《水调歌头》（千里渥洼种）、《满江红》（鹏翼垂空）等，皆表现了力图恢复祖国统一的豪情壮志。

水龙吟·甲辰岁寿韩南涧尚书

渡江天马南来，几人真是经纶手？长安父老，新亭风景，可怜依旧。夷甫诸人，神州沉陆，几曾回首！算平戎万里，功名本是，真儒事，公知否？　　况有文章山斗，对桐阴、满庭清昼。当年堕地，而今试看，风云奔走。绿野风烟，平泉林木，东山歌酒。待他年，整顿乾坤事了，为先生寿。

此词虽是为祝寿而作，但因寿翁韩元吉也志在恢复，所以辛弃疾与之英雄相惜。南渡以来，朝廷中缺乏整顿乾坤的能手，以致偏安一隅，朝政腐败。词人为“经纶手”均遭闲置而痛惜，把韩元吉比作历代名相，期望与之重整乾坤，再度建功立业。辛弃疾在带湖闲居时提出“平戎万里”这样严肃的家国命运话题，既是对韩元吉的期望，更表现出他虽身在江湖却心系庙台的爱国情怀。在这首词中，既有急切报国的热情，也有报国无门的悲愤，构成了悲壮苍凉的风格。

辛词中《贺新郎》（细把君诗说）、《菩萨蛮》（郁孤台下清江水）、《破阵子》（醉里挑灯看剑）等，都表现了词人对北方地区的怀念和对抗金斗争的赞扬。《水龙吟》（楚天千里清秋）、《摸鱼儿》（更能消几番风雨）、《贺新郎》（老大那堪说）、《鹧鸪天》（壮岁旌旗拥万夫）、《永遇乐》（千古江山）等，则表现了词人对南宋朝廷屈辱苟安的不满和壮志难酬的忧愤。这些作品大都基调昂扬，热情奔放。

水龙吟·登建康赏心亭

楚天千里清秋，水随天去秋无际。遥岑远目，献愁供恨，玉簪螺髻。

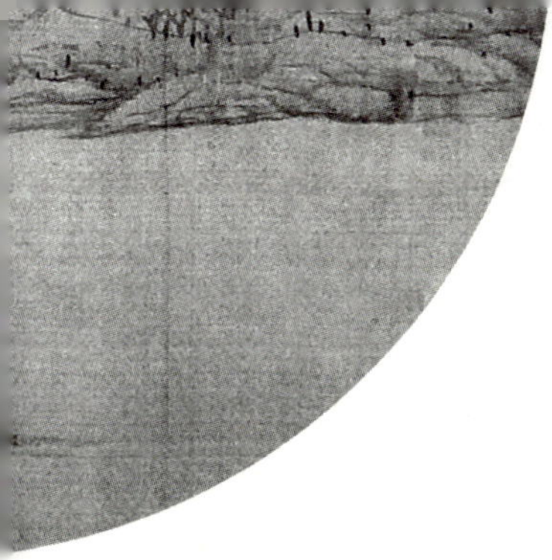

落日楼头，断鸿声里，江南游子。把吴钩看了，栏杆拍遍，无人会，登临意。

休说鲈鱼堪脍，尽西风，季鹰归未？求田问舍，怕应羞见，刘郎才气。

可惜流年，忧愁风雨，树犹如此！倩何人唤取，红巾翠袖，揾英雄泪！

这首词是辛弃疾在建康通判任上所作。上阕开头以无际的楚天与滚滚长江作背景，境界阔大，触发了家国之恨和乡关之思；“落日楼头”以下，表现了词人如离群的孤雁、弃置的宝刀，难抑胸中郁闷。下阕用三个典故对刘备等历史人物进行褒贬，从而表明自己以天下为己任的抱负。

菩萨蛮·书江西造口壁

郁孤台下清江水，中间多少行人泪。西北望长安，可怜无数山。

青山遮不住，毕竟东流去。江晚正愁余，山深闻鹧鸪。

作者登郁孤台远望，回想起金兵曾追踪隆裕太后至造口，大肆践踏江西一带的屈辱历史，叹息收复无望；下片借景生情，发报国无门之愁苦。全词将对朝廷苟安江南的不满和自己一筹莫展的愁闷淡淡叙来，不瘟不火，以极高明的比兴手法，表达了蕴藉深沉的爱国情思，兼有神理高绝与沉郁顿挫之美。

破阵子·为陈同甫赋壮词以寄之

醉里挑灯看剑，梦回吹角连营。八百里分麾下炙，五十弦翻塞外声。

沙场秋点兵。　　马作的卢飞快，弓如霹雳弦惊。了却君王天下事，赢得生前身后名。可怜白发生！

此词通过对作者早年抗金部队豪壮的阵容和气概以及沙场生涯的追忆，表达了词人杀敌报国、收复失地的理想，抒发了壮志难酬、英雄迟暮的悲愤心情。全词在结构上打破陈规，前九句为一意，末一句另为一意，以末一句否定前九句，前九句写得越酣恣淋漓，越加重末五字的失望之情，这种艺术手法体现了辛词的豪放风格和独创精神。

永遇乐·京口北固亭怀古

千古江山，英雄无觅，孙仲谋处。舞榭歌台，风流总被，雨打风吹去。

斜阳草树，寻常巷陌，人道寄奴曾住。想当年，金戈铁马，气吞万里如虎。

元嘉草草，封狼居胥，赢得仓皇北顾。四十三年，望中犹记，烽火扬州路。可堪回首，佛狸祠下，一片神鸦社鼓。凭谁问，廉颇老矣，尚能饭否？

作者是怀着深重的忧虑和一腔悲愤写这首词的。当他来到京口北固亭登高眺望，怀古忆昔，心潮澎湃，感慨万千。上片赞扬在京口建立霸业的孙权和率军北伐、气吞胡虏的刘裕，表示要像他们一样金戈铁马为国立功。下片借讽刺刘义隆表明自己坚决主张抗金，但反对冒进误国的立场和态度。这首词用典虽多，但用得天衣无缝、恰到好处，体现了辛弃疾在语言艺术上的特殊成就。

辛词虽然主要以雄伟奔放、富有力度见长，但其写起传统婉媚风格的词却也得心应手。如著名的《摸鱼儿》：

淳熙己亥，自湖北漕移湖南，同官王正之置酒小山亭，为赋。

更能消、几番风雨，匆匆春又归去。惜春长怕花开早，何况落红无数。春且住，见说道、天涯芳草无归路。怨春不语。算只有殷勤，画檐蛛网，尽日惹飞絮。　　长门事，准拟佳期又误。蛾眉曾有人妒。千金纵买相如赋，脉脉此情谁诉？君莫舞，君不见、玉环飞燕皆尘土！闲愁最苦！休去倚危栏，斜阳正在，烟柳断肠处。

上阕写惜春，下阕写宫怨，借一个女子的口吻，把落寞怅惘的心情一层层地写得曲折委婉、回肠荡气，用笔极为细腻。

辛弃疾在词史上的一个重大贡献，就在于词的内容的扩大和题材的拓宽。政治、哲理之思，朋友、恋人之情，田园风光，民俗人情，日常生活，读书感受，等等，凡当时能写入其他文学样式的东西，他都写入词中，范围比苏词还要广泛。辛词虽以豪放为主，但又不拘一格，沉郁、明快、励志、妩媚，兼而有之。他善于吸收民间口语入词，尤其善于用典、用事和引用前人诗句、文句，往往稍加改造而别出新意。

苏轼、辛弃疾创造了豪放词的巅峰，其后刘克庄、戴复古、刘辰翁等继承辛弃疾的词风，赋词依然雄豪。但由于南宋国事衰微，后期豪放派或显粗嚣，或返典雅，悲灰之气渐趋浓郁。

三、历经衰微，中兴繁荣：明清词

元代文学以元曲（包括杂剧）的成就最高。明代小说的成就最高，戏曲次之。而诗、词、文在元、明两代相对衰微。清代诗、词、文号称“中兴”，是在汲取了明代诗文创作教训的基础上开拓出的一个新局面。

词在经历元、明两代近400年的衰微之后，在明末又焕发出耀眼的光芒。以陈子龙、宋征舆、李雯、宋征璧、夏完淳等优秀词人为代表的云间词派扭转了明代词衰微的局面，为清词中兴奠定了坚实的基础。因此，清词中兴的历史，实由明末开始。

（一）明末云间词

明清易代之际的云间派是一个地域性、家族性特点十分突出的文学流派，诗学、词学呈现家族承传之宗风。“云间”即今上海市松江县的古称，云间派的代表人物陈子龙、李雯、宋征舆，都是云间所辖华亭人，他们曾合写诗集《云间三子合稿》，因而被称为“云间三子”，“云间诗派”的称谓即由此而来。云间派是以同乡关系为基础，因近似的文学主张和审美趣味为纽带而形成的流派。以“云间三子”为核心的词人群体，被称为“云间词派”。云间派是明末清初重要的诗歌和词的流派，其诗歌创作荡涤了当时流行的萎靡浅露的风气。早期云间词派推崇晚唐、五代、南唐、北宋词，抑黜南宋，以婉约为正，重言情。

陈子龙　陈子龙，字人中，后更字卧子，号大樽。崇祯十年（1637年）进士，曾任绍兴推官、兵科给事中等职。甲申国变后，立志抗清，后事败不屈，投水殉难。陈子龙的诗歌成就较高，诗风或悲壮苍凉，充满民族气节；或伟丽秾艳，直追齐梁初唐；或合二种风格于一体，形成沉雄瑰丽的独特风貌。陈子龙亦工词，

为婉约词名家、云间词派盟主，被后代众多著名词评家誉为“明代第一词人”、清词中兴的开创者。

陈子龙的词作今见于《幽兰草》中《江蓠槛》一卷及《倡和诗余》中《湘真阁存稿》一卷。词题多为“春风”“春雨”“画眉”“杨花”及“闺怨”一类，都是明亡以前的作品。这一时期，“云间三子”的词作在内容和风格上都很接近，不外伤春怨别、男欢女爱之作，如陈子龙写闺中女子“袅袅花阴罗袜软，无限芳心，初与春消遣”，李雯写初夏景色“竹粉新粘摇翡翠，荷香欲暖睡鸳鸯。正是日长无气力，倚银床”，宋征舆写黄昏“碧烟散尽月朦胧，独自画楼人静怯东风”等。这类词虽然在内容上仍未脱离明词的窠臼，但与一般陈词秽语不同。云间三子在语言上追求流丽婉转，词风倾向于妍丽委婉。然而，在经历了明朝灭亡的变故之后，他们作词的内容就发生了转变，往往借景借时抒发家国之痛和身世之悲。如陈子龙《点绛唇·春闺》：

满眼韶华，东风惯是吹红去。几番烟雾，只有花难护。　梦里相思，故国王孙路。春无主。杜鹃啼处，泪染胭脂雨。

此词全用比兴手法写景寄意。上片通过春光被雨打风吹去、只留得落红无数的景象，暗喻明王朝的倾覆；下片写杜鹃啼血，实抒复国希望与亡国哀痛。通篇由景生情，又融情于景，委曲以达其幽深哀婉之情，令人低徊难尽。

夏完淳　夏完淳，别名复，字存古，号小隐，又号灵首。自幼聪明，有“神童”之誉，师从陈子龙，“五岁知五经，七岁能诗文”，14岁随父抗清。父殉国后，他和陈子龙继续抗清，兵败被俘，不屈而死，年仅16岁。其代表作有：

烛影摇红

辜负天工，九重自有春如海。佳期一梦断人肠，静倚银釭待。隔浦红兰堪采，上扁舟，伤心欸乃。梨花带雨，柳絮迎风，一番愁债。　回首当年，绮楼画阁生光彩。朝弹瑶瑟夜银筝，歌舞人潇洒。一自市朝更改，暗销魂，繁华难再。金钗十二，珠履三千，凄凉万载。

满江红

无限伤心，吊亡国云山故道。蓦蓦地，杜鹃啼罢，棠梨开早。愁随花絮飞来也，四山锁尽愁难扫。叹年年春色倍还人，谁年少！　　梨花雪，丝风晓；柳枝雨，笼烟袅。禁三千白发，镜花虚照。襟袖朱颜人似玉，也应同向金樽老。想当时罗绮少年场，生春草。

云间词派是词史上第一个真正意义上的词派。云间词派的重要成员陈子龙、李雯、宋征舆、宋征璧、夏完淳等人都活动于明末清初，他们在词的创作方面直接影响了清词。著名词学家龙榆生说：“词学衰于明代，至子龙出，宗风大振，遂开三百年来词学中兴之盛。”①

（二）清初阳羡派、浙西词派

清代的词人、词作、词论均多于前代，清初词坛也呈振兴之貌，被称为文学史上的“词之中兴”。以陈维崧为宗主的阳羡词派、以朱彝尊为领袖的浙西词派、以张惠言为代表的常州词派，以及被称为“北宋以来，一人而已”的纳兰性德，在词的创作方面都极有建树，共同促进了清代词坛的繁荣。

陈维崧　陈维崧，字其年，号迦陵。江苏宜兴（古称“阳羡”）人，阳羡词派领袖。陈维崧早年生活较优裕，词也多风月旖旎之作。如小令《好事近》：

我来怀古对西风，歇马小亭侧。惆怅共谁倾盖，只野花相识。

中年之后，落拓不羁，词风转向豪放。如《贺新郎·纤夫词》：

战舰排江口。正天边、真王拜印，蛟螭蟠钮。征发櫂船郎十万，列郡风驰雨骤。叹闾左、骚然鸡狗。里正前团催后保，尽累累、锁系空仓后。捽头去，敢摇手？　　稻花恰趁霜天秀。有丁男、临歧诀绝，草间病妇。此去三江牵百丈，雪浪排樯夜吼。背耐得、土牛鞭否？好倚后园枫树下，向丛祠、亟倩巫浇酒。神佑我，归田亩。

① 龙榆生编选：《近三百年名家词选》，上海古籍出版社2014年版，第1页。

全词只是客观叙述所见，而作者的态度尽在不言之中，一腔悲悯的情怀寄托于字字句句，具有震撼人心的艺术魅力。

浙西词派是清代前期最大的词派，影响深广。其创始者朱彝尊及主要词人都是浙江人，词派因此而得名。随着清朝统一全国，走向鼎盛，阳羡派的悲慨健举、萧骚凄怨之声，渐成难合形势要求的别调异响，以朱彝尊等为代表的浙西词派顺应时事，以醇正高雅的盛世之音播扬上下，绵亘康、雍、乾三朝。嘉兴本是文化之邦，吴楚民歌具有悠久的历史。吴山越水的旖旎风光和甜美柔软的吴音乡语，与词体十分相宜。浙西词派崇尚姜夔、张炎，标榜醇雅、清空，以婉约为正宗，贬低豪放词派，认为词“宜用于宴嬉逸乐，以歌咏太平”，注重词的格律精巧、辞句工丽及孤僻典故，艺术上追求“幽新”的风格。

朱彝尊　朱彝尊，字锡鬯（chàng），号竹垞（chá），又号金风亭长，秀水（今浙江嘉兴）人。精通经学考据，工诗能文，尤擅长词。朱彝尊词集里多“宴嬉逸乐”的欢愉之辞，其中情词为世称颂，独具风韵，如《高阳台》（桥影流虹）、《无闷·雨夜》（密雨垂丝）、《城头月》（别离偏比相逢易）、《鹊桥仙·十一月八日》等，感情真挚，圆转流美。《桂殿秋》描写心心相印的爱情，含蓄不露，情致深婉，是情词的佳作：

思往事，渡江干。青娥低映越山看。共眠一舸听秋雨，小簟轻衾各自寒。

朱彝尊身逢易代，故国沧桑，提出要“假闺房儿女之言，通之于《离骚》、变雅之义”，织进时代的悲哀与亡国的感慨，将磊落不平之气和吊古伤今之情化为歌儿檀板。其《江湖载酒集》中的词作，时见愤激，哀婉沉郁，如《长亭怨慢·雁》：

结多少、悲秋俦侣，特地年年，北风吹度。紫塞门孤，金河月冷，恨谁诉？回汀枉渚，也只恋、江南住。随意落平沙，巧排作、参差筝柱。　　别浦，惯惊移莫定，应怯败荷疏雨。一绳云杪，看字字、悬针垂露。渐欹斜、无力低飘，正目送、碧罗天暮。写不了相思，又蘸凉波飞去。

这首咏物词借咏大雁南飞，抒发作者的亡国之痛与身世之感。上片写雁儿被迫从塞北飞往江南的情景，下片寄托了词人的无限感慨。作者观察细致，体物入微。全词委婉含蓄，寄寓殊深，在咏物词中确是佳品。

在《卖花声·雨花台》中，词人抚今追昔，感慨物是人非，视野开阔，精警有力，最能体现他的才情和风格：

衰柳白门湾，潮打城还。小长干接大长干，歌板酒旗零落尽，剩有渔竿。

秋草六朝寒，花雨空坛。更无人处一凭阑。燕子斜阳来又去，如此江山。

此词上片描写金陵的衰败零落，侧面反映清兵南侵对这座名城的破坏。下片吊古伤今，江山依旧，而人事已非，字字蕴涵着兴亡之慨。

浙西派在朱彝尊的影响下，标举清空醇雅的风格，蕴藉空灵，既无轻薄浮秽之态，也不落秾艳媚俗之弊。即使艳情咏物之作，也力除陈词滥调，独具机杼，讲求音律和谐。他们过分在字句声律上下工夫，限制了创造的天地，也给浙西派带来堆填弄巧的风气。

（三）常州词派

浙西派词人专在声律格调上着力，流弊益甚。常州词人张惠言欲挽此颓风，大声疾呼词与《风》《骚》同科，应该强调比兴寄托，反琐屑饤饾之习，攻无病呻吟之作。一时和者颇多，蔚然成风，遂有“常州词派”的兴起。后经周济的推澜、发展，理论更趋完善，其所倡导的主张更加切合当时内忧外患、社会急速变化的历史要求，影响直至清末不衰。

张惠言　张惠言是学者，又是古文“阳湖三家”之一，更是著名词人。他与兄弟张琦合编《词选》（又名《宛邻词选》），选录唐、五代、宋词凡 44 家 116 首，选择精严，并附当世常州词人以垂示范，显示出一个在创作和批评两方面均具特色、以地域集结起来的词人群体的存在，《词选》因此成为一面开宗立派的旗帜。他的《茗柯词》骋情惬意，细致生动，语言凝练干净，无绮靡秾艳之藻，抒发了怀才不遇、漂泊无依和羁缚受制等心绪，词旨常在若隐若现之间。

如《木兰花慢·杨花》：

尽飘零尽了，何人解，当花看？正风避重帘，雨回深幕，云护轻幡。寻他一春伴侣，只断红、相识夕阳间。未忍无声委地，将低重又飞还。

疏狂情性算凄凉，耐得到春阑。便月地和梅，花天伴雪，合称清寒。收将十分春恨，做一天、愁影绕云山。看取青青池畔，泪痕点点凝斑。

此词名为咏物，实为抒怀，借杨花吟咏身世之感，体物形神兼备，抒情物我合一，在描摹杨花里寄托追求、失望、游转无定和历经坎坷的情怀，是以物写情的传世名作。又如《相见欢》：

年年负却花期！过春时。只合安排愁绪送春归。　　梅花雪，梨花月，总相思。自是春来不觉去偏知。

这是一首惜春词，作者直抒胸臆，借物抒情。首句“年年”二字透露出自责的心情，由于错过美好春光，因而每每满怀愁绪；下片“梅花雪，梨花月，总相思”三句写尽春愁，笔力重大，造语不凡。全词句句沉痛，结句“自是春来不觉去偏知”，伤春惜时之情达到顶点，尤耐寻味。

常州词派的创作虽想“以国风、《离骚》之旨趣，铸温、韦、周、辛之面目”，但实际上受温庭筠、周邦彦、吴文英的影响较深，偏于秾艳之风。

（四）孤标哀绝的“纳兰词”

纳兰性德，叶赫那拉氏，字容若，号楞伽山人。康熙朝武英殿大学士、一代权臣纳兰明珠的长子，生长在北京。英年早逝，令人惋惜。

纳兰性德自幼饱读诗书，文武兼修，经史百家无所不窥，尤好填词。词以小令见长，多感伤情调，间有雄浑之作。纳兰性德的词涉及爱情友谊、边塞江南、咏物咏史及杂感等方面，写景状物于水、荷尤多。尽管词作数量不多，眼界也并不算开阔，但佳品迭出。他的词以“真”取胜，词风清丽婉约，哀感顽艳，格高韵远，独具特色。在当时词坛中兴的局面下，纳兰性德与阳羡派代表陈维崧、浙西派掌门朱彝尊鼎足而立，并称“清词三大家”。

康熙十六年（1677年），其妻卢氏难产去世，纳兰的悼亡之音由此破空而出，及延高峰，后人和他本人皆再难超越。纳兰性德于24岁时将词作编选成集，名为《侧帽集》，又著《饮水词》。传世的《纳兰词》在当时就享有盛誉，为文人学士所崇。时人云："家家争唱《饮水词》，纳兰心事几人知？"可见其词的影响力之大。况周颐在《蕙风词话》中誉其为"国初第一词手"。

他的代表词作有《临江仙·寒柳》：

飞絮飞花何处是，层冰积雪摧残，疏疏一树五更寒。爱他明月好，憔悴也相关。　　最是繁丝摇落后，转教人忆春山。湔裙梦断续应难。西风多少恨，吹不散眉弯。

此词既咏经受冰雪摧残的寒柳，也咏一位遭遇不幸的人。句句写柳，又句句写人，物与人融为一体。上阕写柳的形态，下阕写人的凄楚心境，借寒柳在"层冰积雪"的摧残下憔悴乏力的状态，写处在相思痛苦中的人的孤寂凄凉，委婉含蓄，自然浑脱，意境天成而幽远。又如《木兰花令·拟古决绝词》：

人生若只如初见，何事秋风悲画扇？等闲变却故人心，却道故人心易变。
骊山语罢清宵半，泪雨零铃终不怨。何如薄幸锦衣郎，比翼连枝当日愿。

词人落拓无羁的性格、天生超逸脱俗的禀赋，才华出众、功名轻取的潇洒，与他出身豪门钟鸣鼎食、入值宫禁、平步宦海的前程，构成一种常人难以体察的矛盾感受和无形的心理压抑。加之其爱妻早亡，后续难圆旧时梦，文学挚友聚散无依，他一直无法摆脱内心深处的困惑与悲观。

综观清代词坛，可见清词立论较高，多有理论建树。常州派在词的创作和批评方面的理论较诸前代有所发展，其他清代词人的论词文章或词话也不乏独到之言。清词在艺术技巧方面可谓字功细腻。清代词人众多，词作数量庞大，无论取法哪一家、哪一派，都能博参约取，用功细密，清词创作不以模拟为满足，力求出新变化，有所创造。因此，清词在古代词史上亦占重要一席。

第六章 散曲

元代，诗词依然处于文坛正宗的地位，但诗歌领域又涌现出一种新样式，它与传统的诗词分庭抗礼，代表了元代汉族诗歌创作的最高成就，这就是散曲。散曲在金元时期起源于北方，故而又称“北曲”。散曲的兴起和词的衰退几乎是同时的，它包括小令、套数和介于两者之间的带过曲等几种主要形式。

“散曲”一词最早见于明初朱有燉的《诚斋乐府》，不过该书所说的散曲专指小令，尚不包括套数。明代中叶以后，散曲的范围逐渐扩大，把套数也包括了进来。至20世纪初，吴梅、任讷等曲学家的一系列论著问世以后，散曲作为包容小令和套数的完整的文体概念最终被确定了下来。散曲之“散”，可以从以下两方面理解：

在语言方面，散曲既有一定的格律，又吸收了口语自由灵活的特点，因此，往往会呈现口语化以及曲体某一部分音节散漫化的状态。散曲的押韵比较灵活，可以平仄通押。在艺术表现方面，散曲比近体诗和词更多采用了“赋”的方式，加以铺陈叙述。句中还可以衬字。①

散曲的产生与词的情形十分相似，它产生于汉族民间的俗谣俚曲。词本来是合乐的歌辞，由于文人参与创作，日益典雅精致，逐渐向脱离音乐的纯书面文学方向发展。宋金之际，北方少数民族相继入主中原，他们带来的胡曲番乐与汉族地区原有的音乐相结合，孕育出一种新的乐曲。这样逐渐和音乐脱离并且在格律上有所改变的词之“新声”——散曲，便应运而生。这在当时是一种雅俗共赏的新的诗歌形式。此外，随着城市经济的发展，通俗文学兴起，也需要产生更能表达时代情趣的诗歌体裁。可见，散曲是随着北人入主中原而来的，并流行于市井巷陌，以后逐渐被文人吸收，成为一种专业创作。明代徐渭在《南

① 衬字即曲牌所规定的格式之外另加的字。这些衬字可以有实际意义，以补充原曲之不足；也可以无实际意义，只起到增加曲词音乐美和节奏感以完善曲调的作用。衬字也是散曲区别于诗、词的特征之一。

图 6–1　散乐图（河北宣化辽墓壁画）

词叙录》里曾对乐曲的变化导致词的衰落、曲的繁兴有过精辟的表述："今之北曲，盖辽金北鄙杀伐之音，壮伟狠戾，武夫马上之歌，流入中原，遂为民间之日用。宋词既不可被管弦，世人亦遂尚此，上下风靡。"（见图 6–1）

每首散曲都有曲牌，且属于一定的宫调。各个曲牌在字数、句数、平仄和用韵等方面都有自己的规定。因此，每首散曲的前面都冠有类别名、宫调名、曲牌名和曲题名。这是散曲的一大鲜明特点。

一、单片只曲，调短意长：小令

所谓小令，又叫"叶儿"，其名称源自唐代的酒令。单片只曲、调短字少是其基本特征。但还有一种联章体，又称"重头小令"，则是由数支小令联合而成的。此种小令应该是同题同调，内容相连，首尾句法相同，每首小令可以单独成韵，最多可以达百支。

小令以一支曲子为独立单位，如关汉卿【南吕·四块玉】：

别　情

自送别，心难舍，一点相思几时绝？凭阑袖拂杨花雪。溪又斜，山又遮，人去也！

这首小令描写离别情绪。女主人公想登高眺望他离去的背影，却终被关山阻隔，这更使她肝肠寸断。在艺术手法上，这首小令通过层层设障，委婉细腻地抒写了女子心中哀婉凄绝、缠绵悱恻的离情别绪，用准确、凝练的文字写已别、刚别的相思之情，给人以言有尽而意无穷的艺术感受。又如关汉卿【双调】：

沉醉东风

咫尺的天南地北，霎时间月缺花飞。手执着饯行杯，眼阁着别离泪。刚道得声“保重将息”，痛煞煞教人舍不得。“好去者，望前程万里！”

这也是一支为表现离愁别绪而作的小令，描写饯行话别之际的两情依依，可以说是一首用散曲写就的声情并茂的“长亭送别”。以下列举数首元小令的代表作：

【双调·驻马听】吹

白　朴

裂石穿云，玉管宜横清更洁。霜天沙漠，鹧鸪风里欲偏斜。凤凰台上暮云遮，梅花惊作黄昏雪。人静也，一声吹落江楼月。

【双调·天净沙】秋思

马致远

枯藤老树昏鸦，小桥流水人家，古道西风瘦马。夕阳西下，断肠人在天涯。

【双调·水仙子】夜雨

徐德可

一声梧叶一声秋，一点芭蕉一点愁，三更归梦三更后。落灯花，棋未收，叹新丰孤馆人留。枕上十年事，江南二老忧，都到心头。

上述小令虽只有单片只曲，却蕴藉丰富，调短意长；且用语明白如话，韵致和谐，易诵易记，深受人们喜爱。

二、显豁自然，曲意明朗：套数

套数，又称“套曲”“散套”或“大令”，是从唐宋大曲、宋金诸宫调发

展而来的。套曲以较长的篇幅表达丰富的内容，或抒情，或叙事，或抒情、叙事兼而有之。其定制一般有三个特征：一是全套必须押韵相同；二是有“尾声”；三是由两个以上同宫调的只曲连缀而成。如关汉卿【南吕·一枝花】：

不伏老

攀出墙朵朵花，折临路枝枝柳。花攀红蕊嫩，柳折翠条柔。浪子风流。凭着我折柳攀花手，直煞得花残柳败休。半生来折柳攀花，一世里眠花卧柳。

〔梁州〕我是个普天下郎君领袖，盖世界浪子班头……

〔隔尾〕……我是个经笼罩、受索网、苍翎毛老野鸡蹅踵的阵马儿熟……

〔尾〕我是个蒸不烂、煮不熟、搥不匾、炒不爆、响铛铛一粒铜豌豆，恁子弟每谁教你钻入他锄不断、斫不下、解不开、顿不脱、慢腾腾千层锦套头。我玩的是梁园月，饮的是东京酒，赏的是洛阳花，攀的是章台柳。我也会围棋、会蹴鞠、会打围、会插科、会歌舞、会吹弹、会咽作、会吟诗、会双陆。你便是落了我牙，歪了我嘴，瘸了我腿，折了我手，天赐与我这几般儿歹症候，尚兀自不肯休！则除是阎王亲自唤、神鬼自来勾，三魂归地府，七魄丧冥幽，天哪，那其间才不向烟花路儿上走！

《不伏老》是一首带有自述心志性质的著名套曲，气韵深沉，语势狂放，在清澈见底的情感波流中极能见出诗人独特的个性，因而历来为人传颂，被视为关汉卿散曲的代表之作。在艺术上，这首散曲最大的特点就是大量地添加衬字，娴熟地运用排比句、连环句，造成一种气韵镗鞳的艺术感染力。譬如【尾】曲中“你便是落了我牙”一句，那向前流泻的一组组衬字急促粗犷，铿锵有力，很自然地引起情感上激越的节奏，极为有力地表现出诗人向“烟花路儿上走”的坚强决心。全曲一气直下，然又几见波折，三支曲牌中“暂休”“万事休”等情绪沉思处，也往往是行文顿挫腾挪、劲气暗转处，读来如睹三峡击浪之状，有一种雄健豪宕、富于韵律的美感。

小令和套数是散曲的两种主要形式，前者短小精悍，后者富丽雍容。除此之外，还有一种带过曲。带过曲是由同一宫调的不同曲牌组成的，如元代隐逸诗人吴西逸创作的带过曲《雁儿落》带《得胜令》：

（雁儿落）春花闻杜鹃，秋月看归雁。人情薄似云，风景疾如箭。（得胜令）留下买花钱，趱入种桑园。茅苫三间厦，秧肥数顷田。床边，放一册冷淡渊明传。窗前，钞几联清新杜甫篇。

这首散曲着重慨叹人生苦短，流光易逝，劝说人们急流勇退，及早归隐，摆脱名利羁绊，求得闲适自在。

一首带过曲的曲牌最多不超过三首。带过曲属于小型曲组，与套数比，容量小得多，且没有“尾声”。带过曲只是小令与套数之间的特殊形式。

三、俚俗雅趣，纵恣随心：散曲作家

元代大量文人参与散曲的写作，使散曲成为一种繁盛的文学样式，原因有多种，譬如它的新鲜感、它和杂剧的亲缘关系（许多散曲家同时也是杂剧作家）等，但最重要的一点，当是元代文人摆脱了对政权的依赖而与市民社会接近，从而也在相当程度上摆脱了传统伦理的束缚，散曲为他们提供了一种能够更自由、更充分地表达思想情感的工具，文人那种世俗化的、纵恣而少检束的人生情怀找到了一种恰当的表现形式。如王和卿的名作【仙吕·醉中天】：

咏大蝴蝶

弹破庄周梦，两翅架东风。三百座名园一采个空。难道风流种，吓杀寻芳的蜜蜂。轻轻的飞动，把卖花人扇过桥东。

此曲用语夸张，构思奇特，极具滑稽诙谐之趣。“蝴蝶”这一诗词文学的常见意象，在这里作为文人狂放个性的象征，得到夸张、诙谐的表现，从中我们可以体会到作者欢快奔畅的情绪的律动。它和传统诗词中常见的矜持、蕴藉大异其趣。

元代的散曲作家有200多人，存世作品有小令3800多首、套数470余套。

以元仁宗延祐年间为界，分为前、后两个时期。

（一）元代前期散曲创作

前期的创作中心在北方，作家依其社会身份可分为三类。

第一类是书会才人作家。以关汉卿、王和卿为代表，多生活在社会底层，具有强烈的叛逆精神和追求自由的生命意识，创作题材多涉及男女恋情。这类散曲以关汉卿的【南吕·一枝花】《不伏老》、王和卿的【仙吕·醉中天】《咏大蝴蝶》最为著名。

第二类是平民及胥吏作家。他们向往实现传统文人价值，在现实生活中却屡屡碰壁，叹世归隐是这类作家创作的主旋律，以白朴、马致远等人为代表。尤其是马致远，被誉为“曲状元”，也被视为散曲豪放派的代表作家。他的小令写得俊逸疏宕，别有情致。如脍炙人口的《天净沙·秋思》，仅 28 字就勾勒出一幅秋野夕照图，特别是首三句不以动词作中介，连用九个名词绘出九组剪影，交相叠映，创造出苍凉萧瑟的意境，映衬出羁旅天涯、茫然无依的孤独与彷徨。周德清《中原音韵》赞其为“秋思之祖”，王国维《人间词话》说它“寥寥数语，深得唐人绝句妙境”。

第三类是达官显宦作家。他们的作品多表现的是传统士大夫的思想情趣，在艺术上偏于典雅一路，俚俗的成分较少。这一类作家以卢挚、姚燧为代表。卢挚的散曲题材以咏史怀古与隐居乐闲两类为多，无论是抒发世事兴衰变幻之哀愁，还是表现田园山林之趣，大抵不出古代士大夫儒道互补的精神范畴。他的一些写景咏物之作，具有较高的艺术鉴赏价值。如【双调·沉醉东风】：

秋　景

挂绝壁松枯倒倚，落残霞孤鹜齐飞。四围不尽山，一望无穷水。散西风满天秋意。夜静云帆月影低，载我在潇湘画里。

此曲化用李白之诗、王勃之文的句意，以清新自然之笔描绘出一幅秋日潇湘的美丽画图，含蕴着作者陶然忘机的情怀。全曲意象明朗，气韵流动，文辞俊朗清丽，不用虚词、衬字，与诗、词的表现手法更接近，体现了卢挚散曲以清雅为主的基本格调。

姚燧的散曲在取材、内容等方面与卢挚大体相似，如【中吕·醉高歌】：

感　怀

岸边烟柳苍苍，江上寒波漾漾。《阳关》旧曲低低唱，只恐行人断肠。

十年燕月歌声，几点吴霜鬓影。西风吹起鲈鱼兴，已在桑榆暮景。

十年书剑长吁，一曲琵琶暗许。月明江上别湓浦，愁听兰舟夜雨。

这些曲写自己的宦海行踪、迟暮之感，笼罩着一股淡淡的哀愁。全曲对仗工整，语言渊雅，颇似一首小词。

姚燧的一些描写男女风情之作，以刻画人物的心理活动见长。如【越调·凭栏人】：

寄征衣

欲寄君衣君不还，不寄君衣君又寒。寄与不寄间，妾身千万难。

思妇题材虽为古代诗词所常见，但姚燧此曲构思相当巧妙，它不是正面写思念，而是通过写妻子内心的犹豫、为难，处处显示出她对丈夫爱之深、念之切。短短 24 个字，便将思妇细腻微妙的心理婉曲传出，颇有乐府民歌的淳厚隽永之味。

（二）元代后期散曲创作

与前期散曲作家多为北方人不同，后期散曲作家的主体基本由南方人构成，散曲的创作中心也由北方转移到了南方。后期散曲创作风貌有了较大的变化，题材不断拓展，表现领域得到极大扩张，使文坛出现了诗、词、曲并立的格局。哀婉蕴藉的感伤情调代替了前期的激情喷发，并逐步成为散曲创作的主流，风格也从前期的以豪放为主转为以清丽为主。

这一时期成就较大的作家有张可久、乔吉、睢景臣等，代表作品有张可久

的【黄钟·人月圆】《春晚次韵》、乔吉的【中吕·满庭芳】《渔父词》等。张可久的作品清晰地显示了散曲雅化的趋势和元后期曲风的转变。乔吉与张可久齐名，有“曲中李杜”之誉。

张可久 张可久，字小山，生卒年不详。晚年居杭州。曾任守典史一类小吏，仕途上很不得意。平生好遨游，足迹遍及江南各地。有《苏堤渔唱》《小山乐举》等散曲集，为元人中专攻散曲并存作品最富者。最能代表其清且丽、华而不艳创作风格的是大量的写景之作，如【黄钟·人月圆】：

春晚次韵

萋萋芳草春云乱，愁在夕阳中。短亭别酒，平湖画舫，垂柳骄骢。一声啼鸟，一番夜雨，一阵东风。桃花吹尽，佳人何在？门掩残红。

全曲以写景见长，景语又是情语，而所写的眼前景物多与故实相关，显得典雅工丽，颇能体现缠绵委婉的情味。它攫取唐人崔护《题都城南庄》的诗意入曲，使意境更加幽邈深致。

乔吉 乔吉，字梦符，号笙鹤翁，又号惺惺道人。乔吉一生穷愁潦倒，寄情诗酒，故散曲多啸傲山水和青楼调笔之作。乔吉散曲的风格同样以清丽婉约见长，讲究形式整饬，节奏明快，勤于锻字炼句。但与张可久的一味骚雅不同，乔吉不避俗趣，雅俗并用，别具一种雅丽蕴藉中含天然质朴的韵味。如【中吕·满庭芳】：

渔父词

秋江暮景，胭脂林障，翡翠山屏。几年罢却青云兴，直泛沧溟。卧御榻弯的腿疼，坐羊皮惯得身轻。风初定，丝纶慢整，牵动一潭星。

全曲写隐逸者乐于避世而又寂寞的内心矛盾，于恬淡中透出豪俊不凡之气。同时，把典故与俗语糅合在一起，典雅中有天籁，婉丽中有洒脱，充分显现了雅俗兼至的艺术特色。

这一时期的重要作家还有张养浩，他的散曲多寄情林泉，但也不乏关怀民

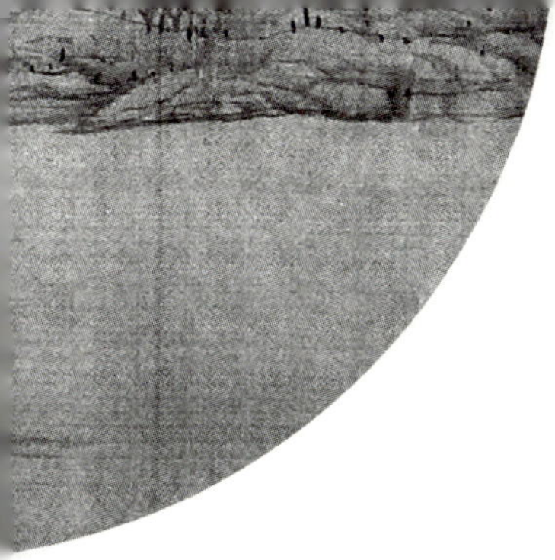

众之作。如【中吕 · 山坡羊】：

潼关怀古

峰峦如聚，波涛如怒，山河表里潼关路。望西都，意踌躇，伤心秦汉经行处，宫阙万间都做了土。兴，百姓苦；亡，百姓苦！

此曲为张养浩晚年在陕西赈饥时所作，它最为人称道的是能一针见血地揭示出封建社会的历史本质：“兴，百姓苦；亡，百姓苦。”这八个字，鞭辟入里，振聋发聩，使全曲闪烁着耀眼的思想光辉。

睢景臣　睢景臣，字景贤，扬州人。其代表作是【般涉调·哨遍】《高祖还乡》：

社长排门告示，但有的差使无推故，这差使不寻俗。一壁厢纳草也根，一边又要差夫，索应付。又言是车驾，都说是銮舆。今日还乡故。王乡老执定瓦台盘，赵忙郎抱着酒胡芦。新刷来的头巾，恰糨来的绸衫，畅好是妆幺大户。

［耍孩儿］瞎王留引定火乔男女，胡踢蹬吹笛擂鼓。见一彪人马到庄门，匹头里几面旗舒。一面旗白胡阑套住个迎霜兔，一面旗红曲连打着个毕月乌。一面旗鸡学舞，一面旗狗生双翅，一面旗蛇缠葫芦。

［五煞］红漆了叉，银铮了斧，甜瓜苦瓜黄金镀。明晃晃马镫枪尖上挑，白雪雪鹅毛扇上铺。这几个乔人物，拿着些不曾见的器仗，穿着些大作怪的衣服。

［四煞］辕条上都是马，套顶上不见驴，黄罗伞柄天生曲。车前八个天曹判，车后若干递送夫。更几个多娇女，一般穿着，一样妆梳。

［三煞］那大汉下的车，众人施礼数，那大汉觑得人如无物。众乡老展脚舒腰拜，那大汉挪身着手扶。猛可里抬头觑，觑多时认得，险气破我胸脯。

［二煞］你身须姓刘，你妻须姓吕，把你两家儿根脚从头数。你本身做亭长耽几盏酒，你丈人教村学读几卷书。曾在俺庄东住，也曾与我喂牛切草，拽埧扶锄。

［一煞］春采了桑，冬借了俺粟，零支了米麦无重数。换田契强秤了麻三秆，还酒债偷量了豆几斛。有甚胡突处。明标着册历，见放着文书。

［尾声］少我的钱差发内旋拨还，欠我的粟税粮中私准除。只道刘三、谁肯把你揪扯住，白甚么改了姓、更了名、唤做汉高祖！

汉高祖刘邦衣锦还乡，本是一直为文人雅士们津津乐道的故实，睢景臣却能翻空出奇，别出机杼。此曲以嬉笑怒骂的手法，通过一个熟悉刘邦底细的乡民的口吻，把刘邦“威加海内兮归故乡”之举，写成一场滑稽可笑的闹剧，具有强烈的喜剧性与讽刺性。语言生动活泼，具有口语化特点，人物形象呼之欲出。全曲谐趣而又锋利，幽默而又深刻。钟嗣成《录鬼簿》[①]载：“维扬诸公，俱作《高祖还乡》套数，公【哨遍】制作新奇，诸公皆出其下。”

（三）元曲四大家

关汉卿、白朴、马致远、郑光祖代表了元代不同时期不同流派杂剧创作的最高成就，被称为“元曲四大家”。“元曲四大家”的名称来历比较复杂，今多按照王国维《宋元戏曲史》中的说法：“元代曲家，自明以来，称关、马、郑、白，然以其年代及造诣论之，宁称关、白、马、郑为妥也。关汉卿一空倚傍，自铸伟词，而其言曲尽人情，字字本色，故当为元人第一。”

关汉卿　关汉卿，号已斋，亦作一斋，字汉卿。生平事迹不详，根据零碎的资料来看，他是金末元初人，主要在大都（今北京）附近活动，也曾到过汴梁、临安（今杭州）等地。其以杂剧的成就最大，代表作有《救风尘》《望江亭》《拜月亭》《鲁斋郎》《单刀会》《调风月》《窦娥冤》（见图 6–2）等。钟嗣成《录鬼簿》吊词称他为“驱梨园领袖，总编修师首，捻杂剧班头”，可见他在元代剧坛上的地位，被后世誉为“曲圣”。

---

① 元代钟嗣成著《录鬼簿》，记录了自金代末年到元朝中期的杂剧、散曲艺人等 80 余人。有生平简介、作品目录，以及表现自己观点的简评。

图 6–2 《窦娥冤》插图

关汉卿的散曲题材包括都市繁华与艺人生活、羁旅行役与离愁别绪以及自抒抱负的述志遣兴等。其散曲风格豪放，曲词泼辣风趣，语言通俗而口语化，生动自然，很能表现曲的本色。他喜用白描手法，善于写景，所用比喻形象生动。关汉卿写男女恋情的作品较多，对妇女心理的刻画细致入微，写离愁别恨则真切动人。如前文所列小令【双调·沉醉东风】，感情丰富而深沉，没有矫揉造作的成分，一扫委靡纤弱的曲风，正所谓“以健笔写柔情”。关汉卿散曲中最值得注意的是他自写身世、抒发胸中抱负的作品，如前文所列【南吕·一枝花】《不伏老》套数，写得诙谐老辣，笔力横肆，充满自负、自嘲、自乐的情趣，不但是了解关汉卿生平思想的重要依据，也是元代散曲中不可多得的名篇。

白朴　白朴是元代后期散曲家的代表，与关汉卿同为由金入元的大戏曲家。原名恒，字仁甫，后改名朴，字太素，号兰谷。晚岁寓居金陵。白朴出身于官僚士大夫家庭，白家与诗人元好问父子为世交，过从甚密。白朴自幼聪慧，喜好读书，记忆过人，精于度曲。元好问对他悉心培养，教他读书问学之道、处

图 6–3 《墙头马上》插图

世为人之理，使他在幼年时就受到了良好的教育。但他成年后放弃了对官场名利的争逐，而以亡国遗民自适，以词赋为专门之业，用词曲宣泄自己胸中的郁积。《录鬼簿》记有他的杂剧名目15种，现在只存《墙头马上》（见图6–3）、《梧桐雨》等三种。他的词作承袭元好问长短句的格调，跌宕沉详，天然古朴。如【夺锦标】：

> 霜水明秋，霞天送晚，画出江南江北。满目山围故国，三阁余香，六朝陈迹。有《庭花》遗谱，弄哀音、令人嗟惜。想当时、天子无愁，自古佳人难得。
>
> 惆怅龙沉宫井，石上啼痕，犹点胭脂红湿。去去天荒地老，流水无情、落花狼藉。恨青溪留在，渺重城、烟波空碧。对西风、谁与招魂，梦里行云消息？

曲中写到的历史人物有两个：南朝陈后主陈叔宝及其宠妃张丽华，后者更是主要的吟唱对象。全曲抒写对一位随着王朝的覆亡而惨遭杀身之祸的美女的哀怜与同情。此曲虽是访古之作，但作者以自己对史事的认识与感受为主线展开描写。篇中“想”“惆怅”“恨”等词充满了鲜明、强烈的主观抒情色彩。此词语言流利，即使是化用前人成句，也不见丝毫生搬硬套的痕迹，表现了白朴高超的语言艺术水平。

白朴写四季景的小令颇有韵致，情词俊逸，不同凡响。如【越调·天净沙】：

春

春山暖日和风，阑干楼阁帘栊，杨柳秋千院中。啼莺舞燕，小桥流水飞红。

夏

云收雨过波添，楼高水冷瓜甜，绿树阴垂画檐。纱厨藤簟，玉人罗扇轻缣。

秋

孤村落日残霞，轻烟老树寒鸦，一点飞鸿影下。青山绿水，白草红叶黄花。

冬

一声画角谯门，半庭新月黄昏，雪里山前水滨。竹篱茅舍，淡烟衰草孤村。

在白朴笔下，春天景色如画，生机盎然。春日里，山、日、风、楼阁、院子、莺燕、小桥、流水、落花，呈现出一幅远景、近景、中景皆具的春意图：草长莺啼，花落燕舞，姹紫嫣红。写夏天则运用写生手法，勾画出一幅宁静的夏日图。前三句描绘出云收雨霁、水凉瓜甜、树阴垂檐的画面，后两句则描写消受着宜人时光的“玉人”。整首小令中没有人们熟悉的夏天燥热、喧闹的特征，描绘了一个静谧、清爽的情景，使人油然产生神清气爽的感觉。写秋天则撷取12种景物，描绘出一幅从萧瑟、寂寥到明朗、清丽的秋景图。写冬天则选择一个黄昏的城郊作为描绘冬景的具体环境，通过冷月、黄昏、雪山、水滨、淡烟、衰草、茅舍、孤村等清寒凄迷的意象，表达出一种悲凉和无望的孤寂心境。

马致远　马致远，字千里，生卒年不详，年辈晚于关汉卿、白朴等人。大都（今北京）人。晚号东篱，以示效陶渊明之志。晚年退隐田园，过着“酒中仙、尘外客、林间友”的生活。

马致远著有杂剧16种，代表作有《青衫泪》（见图6–4）、《汉宫秋》（见图6–5）等，其中描述王昭君传说的《汉宫秋》被后人称作元曲的最佳杰作。马致远的散曲作品也负盛名，现存辑本《东篱乐府》一卷，以反映退隐山林的田园题材为多，风格兼有豪放、清逸的特点。元末明初的贾仲明在诗中称赞他“万

花丛中马神仙，百世集中说致远”“姓名香贯满梨园”。马致远的散曲大致可分为四大类：写景、叹世、闺情和世象。他的叹世之作也能淋漓尽致地表达情性，在元代散曲作家中，他被看作是豪放派的主将；其虽也有清婉的作品，但以疏宕宏放为主，语言熔诗、词与口语于一炉，创造了散曲的独特意境。如【双调·夜行船】：

图 6–4　《青衫泪》插图

秋　思

百岁光阴如梦蝶，重回首往事堪嗟。今日春来，明朝花谢，急罚盏夜阑灯灭。

【乔木查】想秦宫汉阙，都做了衰草牛羊野。不恁渔樵没话说。纵荒坟横断碑，不辨龙蛇。

【庆宣和】投至狐踪与兔穴，多少豪杰。鼎足虽坚半腰折，魏耶？晋耶？

图 6–5　《汉宫秋》插图

【落梅风】天教你富，莫太奢，没多时好天良夜。富家儿更做道你心似铁，争辜负了锦堂风月。

【风入松】眼前红日又西斜，疾似下坡车。晓来青镜添白雪，上床与鞋履相别。莫笑鸠巢计拙，葫芦提一向装呆。

【拨不断】利名竭，是非绝。红尘不向门前惹，绿树偏宜屋角遮，青山正补墙头缺。更那堪竹篱茅舍。

【离亭宴煞】蛩吟罢一觉才宁贴，鸡

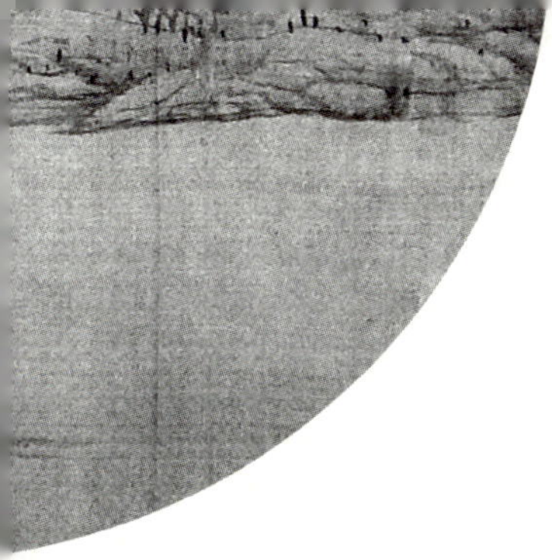

鸣时万事无休歇。争名利何年是彻，看密匝匝蚁排兵，乱纷纷蜂酿蜜，急攘攘蝇争血。裴公绿野堂，陶令白莲社，爱秋来时那些：和露摘黄花，带霜烹紫蟹，煮酒烧红叶。想人生有限杯，浑几个重阳节。人问我、顽童记者：“便北海探吾来，道东篱醉了也！”

秋思是中国古典诗词中传统的题咏之一。在文人笔下，“秋思”一词的本义便凝聚着思索自然之秋和人生之秋的丰富内涵。而马致远《夜行船·秋思》更是包孕弘深，独具一格。这一套曲将参透名利、离绝是非的处世哲学寄托在叹古讽今、嘲风弄月的牢骚里，表现了他因半世蹉跎、饱谙世情而形成的纵酒肆志、超然尘外的人生态度，并成为一段流传千古、荡气回肠的灵魂剖白，为后世所称道。作品风格豪放，行文流畅，曲折有致。又如【双调·寿阳曲】：

潇湘夜雨

渔灯暗，客梦回。一声声滴人心碎。孤舟五更家万里，是离人几行清泪。

这是马致远写的又一支表达身处天涯而心系故园的“断肠人”之羁旅乡愁的小令，与《天净沙·秋思》有异曲同工之妙。曲中也描写了特有景色中的特定氛围：雨夜、孤舟、渔灯，离家万里的旅人在点点滴滴的雨声里情不自禁地流下“几行清泪”。闻雨伤心，离情顿生，乃是古代诗词常用的手法。马致远将这种诗词中常有的意境和手法引入此曲，又自出机杼，将雨、泪、情、景融为一体。语简意深，堪称散曲小令中的佳作。

郑光祖　郑光祖，字德辉，平阳襄陵（今山西临汾附近）人。杂剧《倩女离魂》根据唐代陈玄祐的传奇小说《离魂记》改编，是郑光祖的代表作。（见图 6–6）郑光祖的散曲无论写景还是抒情，都清新流畅，婉转妩媚。如【正宫·塞鸿秋】：

门前五柳江侵路，庄儿紧靠白苹渡。除彭泽县令无心做，渊明老子达时务。频将浊酒沽，识破兴亡数，醉时节笑捻着黄花去。

雨余梨雪开香玉，风和柳线摇新绿。日融桃锦堆红树，烟迷苔色铺青褥。

王维旧画图，杜甫新诗句。怎相逢不饮空归去。

金谷园那得三生富，铁门限枉作千年妒。汨罗江空把三闾污，北邙山谁是千钟禄？想应陶令杯，不到刘伶墓。怎相逢不饮空归去。

作者不仅把屈原、陶渊明、王维、杜甫、石崇、刘伶等历史人物融在曲中，以此表达自己的志趣，还化用范成大（“纵有千年铁门限，终须一个土馒头”）、李贺（“劝君终日酩酊醉，酒不到刘伶坟上土”）成句，贴切自然，然而也不免有过于雕饰之嫌。又如【双调·蟾宫曲】：

梦中作

半窗幽梦微茫，歌罢钱唐，赋罢高唐。风入罗帏，爽入疏棂，月照纱窗。缥缈见梨花淡妆，依稀闻兰麝余香。唤起思量，待不思量，怎不思量？

曲子写梦境，写幻觉，惝恍迷离，虚实相生。全曲感情真切，辞藻华美。结尾三句反复咏叹，尤见其一往情深。

图 6–6 《倩女离魂》插图

四、灵活多变，以俗为尚：艺术个性

散曲作为继诗、词之后出现的新诗体，显然流动着诗、词等韵文文体的血脉，继承了它们的优秀传统。然而，它更有着不同于传统诗、词的鲜明独特的艺术个性和表现手法，这主要表现在四个方面：

1. 灵活多变、伸缩自如的句式

散曲与词一样，采用长短句句式，而更加灵活多变。词牌句数的规定是十分严格的，不能随意增损；而散曲则可以根据内容的需要，突破规定曲牌的句数，进行增句。词的句式短则一两字，最长不超过十多字；而散曲短的一两个字，长的可达几十字，伸缩变化极大。这主要是由于散曲采用了特有的衬字方式。如【正宫·塞鸿秋】一曲，其末句依格本是7个字，但贯云石的《塞鸿秋·代人作》，末句作“今日个病恹恹，刚写下两个相思字”，变为14字了。本格之外所增加的7个字，就是衬字。增加衬字，突破了词的字数限制，使得曲调的字数可以随着旋律的往复而自由伸缩增减。同时，在艺术上，衬字的使用明显使语言口语化、通俗化，并使曲意诙谐活泼、穷形尽相。

2. 以俗为尚，口语化、散文化的语言风格

传统抒情文学中，诗、词的语言以典雅为尚，讲究雅致工整，精骛细腻。散曲的语言虽也不乏典雅的一面，但从总体倾向来看，却是以俗为美。散曲大量使用民间俗语、少数民族口语，间杂戏谑调侃、市井行话、各类方言等，使人在读曲时完全沉浸到浓郁的生活气息之中。且散曲的生活化语言更能生动描绘生活场景、人物形象等，读者可以从字里行间想象出生活的真实，会意一笑或愁惨心酸都来得自然。因而散曲的语言明显具有口语化、散文化的特点。

3. 明快显豁、自然酣畅的审美取向

散曲在审美取向上并不排斥含蓄蕴藉，这在小令一体中表现得还比较突出。

但从总体上来说，它崇尚的是明快显豁、自然酣畅之美，与以含蓄蕴藉为审美主流取向的诗词大异其趣。散曲往往非但不“含蓄”其意，“蕴藉”其情，反而唯恐其意不显，其情不畅，直待极情尽致、酣畅淋漓而后止。

4. 丰富多变的题材

散曲的题材多样，从大量的作品中可以体悟到深远的道家与道教的思想意义。首先，在田园山水题材作品中，“道法自然”的精神可谓充盈其间，散曲作家通过自然景物的描写来寄托自己的幽远情趣，让自我与自然融为一体。其次，在咏物题材中，作者运用诸多意象，以点缀仙境，抒发慕道情怀。再次，在咏史题材中，作者通过纵向的追溯，歌咏隐修道人宁静的生活，反映烟波钓叟的审美情感。在艺术表达手法上，与道门情趣有关的散曲以烘托空寥、淡泊之意境见长，其风格自然质朴，耐人寻味。

第七章 古文

自从我们的祖先创造了文字，文字就成为语言的载体，人们便逐渐能够把自己的言谈、所想用文字记录下来。虽然早期文字不够丰富，人们运用文字记录语言的能力也不够自如，但我们今天依然可见先人的智慧，所谓“殷先人有册有典”①。历史行进到西周时期，即所谓“动则左史书之，言则右史书之”②。至春秋战国，随着文化的繁荣、经济的发展，尤其是个体知识分子的崛起，成就了“百家争鸣”的文化环境。他们有强烈的意愿贡献出自己的处世思想、治国策略，于是聚徒讲学、著书立说，或者撰作史书、编纂史籍，为统治者提供政治借鉴。此一时期，诸子散文和历史散文获得了空前的繁荣。

一、百家争鸣：诸子散文

班固《汉书·艺文志》著录先秦诸子散文有九流十家，在当时或其后产生巨大影响的是儒、墨、道、法四家。这四家的代表作分别有《论语》《孟子》《荀子》《墨子》《老子》《庄子》《韩非子》。这些散文作品文体各异，文字繁简不一，语词风格各有特色。就文学色彩而言，《孟子》《韩非子》胜其他诸子散文一筹，《庄子》更以其汪洋恣肆的想象和富丽多姿的寓言而名被后世。

（一）《老子》《论语》《墨子》

《老子》 《老子》（后世又名《道德经》）五千言，相传为老子所作。老子，姓李，名耳，字聃，曾做过周朝“守藏室之官”，即管理藏书的官员。他是我国古代伟大的哲学家、思想家，是道家学派的创始人，被唐朝帝王追认为李姓始祖。《老子》一书的精华是贯穿全书的朴素的辩证法，主张无为而治，

① （魏）王弼等注，（唐）孔颖达等正义，李学勤主编：《尚书正义·多士》，清代阮元校刻《十三经注疏》本，北京大学出版社 1999 年版。

② （汉）郑玄注，（唐）孔颖达正义，李学勤主编：《礼记正义·玉藻》，清代阮元校刻《十三经注疏》本，北京大学出版社 1999 年版。

其学说对中国哲学发展具有深刻影响。

《老子》是道家学派的开山之作，篇幅简短，虽然文学价值一般，但其形象化的说理手法、韵散结合的语句仍不失其文学意义。如：

上善若水。水善利万物而不争，处众人之所恶，故几于道。（第八章）

持而盈之，不如其已；揣而锐之，不可长保。金玉满堂，莫之能守；富贵而骄，自遗其咎。功遂身退，天之道也。（第九章）

五色令人目盲，五音令人耳聋，五味令人口爽，驰骋畋猎令人心发狂，难得之货令人行妨。是以圣人为腹不为目。故去彼取此。（第十二章）

天地不仁，以万物为刍狗；圣人不仁，以百姓为刍狗。（第五章）

绝圣弃智，民利百倍；绝仁弃义，民复孝慈；绝巧弃利，盗贼无有。此三者，以为文，不足。故令有所属：见素抱朴，少思寡欲，绝学无忧。（第十九章）

曲则全，枉则直，洼则盈，敝则新，少则多，多则惑。是以圣人抱一为天下式。不自见，故明；不自是，故彰；不自伐，故有功；不自矜，故长。夫唯不争，故天下莫能与之争。（第二十二章）

企者不立，跨者不行。自见者，不明；自是者，不彰；自伐者，无功；自矜者，不长。（第二十四章）

居善地，心善渊，与善仁，言善信，政善治，事善能，动善时。夫唯不争，故无尤。（第八章）[①]

《老子》行文中这种韵语、散句杂出的样态恰好也体现了古文由韵文向散文过渡的状态。

《论语》 班固《汉书·艺文志》有云：“《论语》者，孔子应答弟子、时人及弟子相与言而接闻于夫子之语也。当时弟子各有所记，夫子既卒，门人相与辑而论纂，故谓之《论语》。”孔子，字仲尼，出生于春秋鲁国陬邑（今

① 朱之谦：《老子校释》，《新编诸子集成》本，中华书局1983年版。

山东曲阜）。孔子开创了私人讲学的先河，且办学“有教无类”，是儒家学派的创始人。孔子为宣扬自己的思想，曾带领部分弟子周游列国14年。后办学授徒，修订了“六经”（《诗》《书》《礼》《乐》《易》《春秋》）（见图7–1）。孔子去世后，其弟子及再传弟子把孔子及其弟子的言行和思想记录下来，整理编成了儒家经典《论语》，首创“语录体”，是儒家学派的经典著作之一。《论语》在唐代进入经书之列。北宋政治家赵普曾有“半部《论语》治天下”之说，从一个侧面反映出《论语》在中国古代社会所发挥的作用与影响之大。时至今日，《论语》中的精华依然作为中华优秀传统文化被传承并影响世界。

图7–1　孔子退修《诗》《书》(清·焦秉贞《孔子圣迹之图》)

《论语》辞约义富，有些语句、篇章形象生动。孔子本人是《论语》中描述的中心，“夫子风采，溢于格言”[①]，书中不仅有关于他的仪态举止的静态描写，而且有关于他的个性气质的传神刻画。此外，围绕孔子这一中心，《论语》还成功地刻画了一些孔门弟子的形象。如子路的率直鲁莽、颜回的温雅贤良、

① （南朝梁）刘勰著，陆侃如、牟世金译注：《文心雕龙·征圣》，齐鲁书社1995年版，第104页。

子贡的聪颖善辩、曾皙的潇洒脱俗等，都称得上个性鲜明，能给人留下深刻印象。如《论语·先进》中“子路、曾皙、冉有、公西华侍坐”一章，孔子询问弟子各自的志向：

> 子路率尔而对曰：“千乘之国，摄乎大国之间，加之以师旅，因之以饥馑，由也为之，比及三年，可使有勇，且知方也。”
>
> ……
>
> （冉有）对曰：“方六七十，如五六十，求也为之，比及三年，可使足民。如其礼乐，以俟君子。”
>
> ……
>
> （公西华）对曰：“非曰能也，愿学焉。宗庙之事，如会同，端章甫，愿为小相焉。”
>
> ……
>
> （曾皙）鼓瑟希，铿尔，舍瑟而作。……曰：“莫春者，春服既成，冠者五六人，童子六七人，浴乎沂，风乎舞雩，咏而归。”

孔子与每个弟子的对话也不同。同是回答“闻斯行诸”，答子路曰：“又父兄在，如之何其闻斯行之！”因为“由（子路）也兼人，故退之”。答冉有曰：“闻斯行之。”因为“求（冉有）也退，故进之”。这不仅是因材施教的教育方法问题，其中也饱含着孔子对弟子的高度责任心。孔子教学善于用因材施教的方法，针对不同的对象，考虑其不同的素质、优点和缺点、进德修业的具体情况，给予不同的教诲，表现了诲人不倦的可贵精神。据《颜渊》记载，同是弟子问仁，孔子有不同的回答，答颜渊曰“克己复礼为仁”（“为仁”的表现之一是克己复礼，有所不为）；答仲弓曰“己所不欲，勿施于人”（就己与人之间的关系，以“欲”“施”作答，“欲”是个人主观能动性的取舍，“施”是个人主观能动性的实践；用好心、坏心来说，要防止好心办坏事，就要慎施）；答司马牛曰“仁者，其言也讱”（即说话要谨慎）。颜渊学养高深，故答以“仁”学纲领，对仲弓和司马牛则答以细目。

图 7–2　墨子像

《论语》中像这样以简练语言活画人物形象的文字，还有如《微子》中的长沮、桀溺、荷蓧丈人，《宪问》中的荷蒉人、石门阍者等，他们都是与世无争的隐者。《论语》不但以寥寥数语点化他们的形象，且与孔子的性格形成鲜明对照。

《墨子》　《墨子》一书一般认为是墨子的弟子所作。墨子，名翟，墨家学派创始人。（见图 7–2）墨子曾“学儒者之业，受孔子之术”，后来独树一帜，并与孔门后学激烈争鸣，从而揭开了诸子“百家争鸣”的序幕。为传承学术，墨子也设立私学，有弟子三百，皆为“农与工肆之人”。在当时特殊的社会背景下，墨家学派代表着下层劳动者的利益。墨家在先秦时期影响很大，与儒家并称“显学”。《汉书·艺文志》著录《墨子》71 篇，今存 53 篇，基本包含了墨学要旨。其中，“兼爱”和“非攻”是墨子思想的核心。墨子论环境的教育作用也很有道理：

> 子墨子言见染丝者而叹曰：染于苍则苍，染于黄则黄。所入者变，其色亦变，五入必，而已则为五色矣。故染不可不慎也！
>
> 非独染丝然也，国亦有染……非独国有染也，士亦有染。其友皆好仁义，淳谨畏令，则家日益，身日安，名日荣，处官得其理矣，则段干木、禽子、傅说之徒是也。其友皆好矜奋，创作比周，则家日损，身日危，名日辱，处官失其理矣，则子西、易牙、竖刀之徒是也。[①]

以染丝为喻，说明天子、诸侯、大夫、士必须正确选择自己的亲信和朋友，以受到良好的熏陶和积极的影响。影响的好坏关系着事业的成败、国家的兴亡，

① 吴毓江撰，孙启治点校：《墨子校注·所染》，《新编诸子集成》本，中华书局 1993 年版。

国君对此必须非常谨慎。这说明环境对一个人的成长起着至关重要的作用。

（二）《孟子》《庄子》

《孟子》 孟子，名轲，邹（今山东邹城）人。（见图 7–3）据《史记·孟子荀卿列传》所载，孟子是孔子的孙子子思的再传弟子，所以后世也把孟子儒学称为“思孟学派”。孟子曾游说齐宣王、梁惠王以及滕、鲁、宋等国，不为所用，“于是退而论集所与高第弟子公孙丑、万章之徒难疑答问，又自撰其法度之言，著书七篇”[①]。而《汉书·艺文志》著录《孟子》11 篇，所多出的 4 篇，被称为“外书”。东汉赵岐注《孟子》，“外书”为伪托而不注，此 4 篇逐渐亡佚。

图 7–3　孟子像

孟子主张行“王道”，施“仁政”，是对孔子正统思想的承袭和发展，所以后世往往以孔子为“圣人”，以孟子为“亚圣”，“孔孟”并称。他们开拓的儒家思想传统，对中华民族和中国历史都产生了巨大而深远的影响。

《孟子》文章的第一个特点是雄辩色彩浓厚。孟子的雄辩，并非简单的义正词严、理直气壮，而是具有独到的特点：一是善于把握对方心理，循循善诱，引导对方不知不觉地投入到自己设置的机彀中来，使对方心悦诚服；二是气势丰沛，是非鲜明，一旦对方被纳入自己设置的机彀，便铺张扬厉，纵横恣肆，步步紧逼，不给对方辩驳的机会。如《梁惠王上》的“齐桓晋文之事”章，孟子要在与齐宣王的对话中使他接受自己的政治主张，就必须揣摸对方的心理，诱使对方顺着自己的思路来谈话。因此，该章结构比较曲折委婉，层层深入，

① （汉）赵岐注，（宋）孙奭疏：《孟子注疏·孟子注疏题辞解》，清阮元校刻《十三经注疏》本，中华书局 1980 年影印版。

而且说理既逻辑严密，又形象生动。

孟子抓住齐宣王想要称霸天下的心理，教之以王道：“保民而王，莫之能御也。”他首先用齐宣王在祭祀时以羊易牛的实事，指出他有“不忍”之心，并说有此心就足以行王道，使齐宣王感到“夫子之言，于我心有戚戚焉”，在心理上与齐宣王拉近了距离。接着，孟子进一步指出，齐宣王之未行王道，不是“不能”，而是“不为”，引起了齐宣王渴望了解“不为者与不能者之形”的兴趣。孟子以“挟太山以超北海”和“为长者折枝”两个比喻说明“不能”和“不为”的区别，遂得以阐明“老吾老，以及人之老；幼吾幼，以及人之幼；天下可运于掌”的“推恩”思想。这体现了《孟子》善于把握对方心理、循循善诱的特点。而后孟子又采取预设必然答案而迫问的办法，逼出齐宣王欲以武力争霸天下的真实想法，从而指出以战争谋求称霸天下犹如缘木求鱼，必然失败；进而洋洋洒洒，铺排宏论，鲜明透彻地阐述了他的王道理想：

> 五亩之宅，树之以桑，五十者可以衣帛矣；鸡豚狗彘之畜，无失其时，七十者可以食肉矣；百亩之田，勿夺其时，八口之家，可以无饥矣；谨庠序之教，申之以孝悌之义，颁白者不负戴于道路矣。老者衣帛食肉，黎民不饥不寒，然而不王者，未之有也。

“齐桓晋文之事”章是《孟子》的代表作品之一，颇能反映孟子散文结构严谨、中心突出、论点明确、说理充分、感情激越、气势磅礴这些基本特色。

孟子散文的第二个特点是善用典型事例和比喻、寓言说理。如“齐桓晋文之事”章为说明“不为”与“不能”的区别，孟子用“为长者折枝”和“挟泰山以超北海”两个比喻形象具体地作出解释。《孟子·告子上》中“鱼我所欲也”篇论述孟子的一个重要主张：义重于生，当义和生不能两全时应该舍生取义：

> 鱼，我所欲也；熊掌，亦我所欲也。二者不可得兼，舍鱼而取熊掌者也。生，亦我所欲也；义，亦我所欲也。二者不可得兼，舍生而取义者也。

孟子把“生命”比作鱼，把“义”比作熊掌，认为义比生命更珍贵，就像熊掌比鱼更珍贵一样，这样就很自然地引出了舍生取义的主张。

《孟子》中还有一些寓言故事，如《梁惠王上》中的“五十步笑百步”、《公孙丑上》中的“揠苗助长”、《告子上》中的“弈秋诲弈”等，精粹生动，形象传神。如《离娄下》“齐人乞播”：

> 齐人有一妻一妾而处室者，其良人出，则必餍酒肉而后反。其妻问所与饮食者，则尽富贵也。其妻告其妾曰：“良人出，则必餍酒肉而后反；问其与饮食者，尽富贵也，而未尝有显者来，吾将瞷良人之所之也。”
>
> 蚤(早)起，施从良人之所之，遍国中无与立谈者。卒之东郭墦间，之祭者，乞其余；不足，又顾而之他。此其为餍足之道也。
>
> 其妻归，告其妾，曰：“良人者，所仰望而终身也，今若此。”与其妾讪其良人，而相泣于中庭，而良人未之知也，施施从外来，骄其妻妾。

用简短的篇幅、精练的语言把齐人的无耻、得意洋洋展露无遗，也活画出其妻妾怀疑、羞愧的心态和哭骂的形貌，表现了对“求富贵利达者”的辛辣讽刺。

南宋时朱熹将《孟子》与《论语》《大学》《中庸》合在一起称“四书”。自宋、元、明、清以来，“四书”的存在和功能就像今天的教科书一样，一直是科举考试的必考内容。《孟子》是“四书”中篇幅最长、规模最大的一本，有35000多字，不但理论纯粹宏博，文章也极雄健优美。从文学角度看，孟子散文气势充沛，感情强烈，雄辩滔滔，生动活泼，极富感染力；又善用比喻、排比等修辞手法深入浅出地讲道理，表现了孟子的睿智及雄辩、善辩的才华。

《庄子》　《汉书·艺文志》著录《庄子》52篇，今存33篇，包括内篇7篇，外篇15篇，杂篇11篇。一般认为，内篇为庄子自著，外篇、杂篇则为其门人后学所著。《史记·老子韩非列传》中说，庄子“其学无所不窥，然其要本归于老子之言”，所以后世往往将老子和庄子合称“老庄”。唐开元二十五年（737年），庄子被诏为“南华真人”，《庄子》一书也被称为《南华真经》。其文章具有浓厚的浪漫色彩，对后世文学有深远影响。

庄子，名周，战国中期宋国蒙（今河南商丘）人。《史记·老子韩非列传》记载庄子曾经做过漆园吏，生活穷苦。楚威王曾以重金迎聘他为相，被他拒绝。《史记》记载他"著书十余万言，大抵率寓言也""皆空语无事实"。《庄子·寓言》自道其书"寓言十九，重言十七，卮言日出，和以天倪"。"重言"是引用名人的话以证明自己的本意，是"借重之言"，但《庄子》引用的名人名言，基本都是虚构的；"卮言"指立意抒思不受真凭实据的拘限，心想笔随，变幻写意。因此，《庄子》所谓"重言""卮言"，其实也都是寓言。

《庄子》基本由一个接一个的寓言组成，这就形成了它的一个明显特征：深邃的思想和美妙艺术表现的统一。鲁迅曾以"晚周诸子之作莫能先也"[①]，赞扬《庄子》散文的辉煌艺术成就。其不朽的艺术魅力，在很大程度上来自其中层现迭出的恢诡奇谲的艺术形象。庄子的真实思想往往不露痕迹地寓于这些千奇百怪的形象之中。诸如在庄子笔下有奇大无比的鲲鹏、吸风饮露的神人、似有若无的罔两与景、形体残缺的支离疏、七窍皆无的混沌、侃侃而谈的髑髅、望洋兴叹的河伯、其圆五尺的神龟……如此光怪陆离的形象纷至沓来，美不胜收，具有强烈的艺术效果和极高的审美价值。名篇有《逍遥游》《齐物论》《养生主》等，《养生主》中的"庖丁解牛"尤为后世传诵。文曰：

> 吾生也有涯，而知也无涯。以有涯随无涯，殆已！已而为知者，殆而已矣！……
>
> 庖丁为文惠君解牛……庖丁释刀对曰："臣之所好者道也，进乎技矣。始臣之解牛之时，所见无非牛者。三年之后，未尝见全牛也。方今之时，臣以神遇而不以目视，官知止而神欲行。……以无厚入有间，恢恢乎其于游刃必有余地矣……动刀甚微，謋然已解，如土委地。提刀而立，为之四顾，为之踌躇满志，善刀而藏之。"

---

① 鲁迅：《汉文学史纲要》，人民文学出版社 1973 年版，第 17 页。

这个寓言故事说明世上事物纷繁复杂，只要反复实践，掌握了它的客观规律，就能运用自如。文章叙议相间，层次分明。写庖丁宰牛时动作之优美，技术之高超，成功后的志得意满等，绘声绘色，如闻如见，引人入胜。语言生动形象，“目无全牛”“游刃有余”“踌躇满志”等成语，即出自本篇。

图 7–4　《庄子 · 逍遥游》
（清 · 任熊《老庄像》）

又如描写鲲鹏之志的名篇《逍遥游》（见图 7–4）：

> 北冥有鱼，其名为鲲。鲲之大，不知其几千里也。化而为鸟，其名为鹏。鹏之背，不知其几千里也。怒而飞，其翼若垂天之云。是鸟也，海运则将徙于南冥。南冥者，天池也。
>
> 《齐谐》者，志怪者也。《谐》之言曰：“鹏之徙于南冥也，水击三千里，抟扶摇而上者九万里，去以六月息者也。”野马也，尘埃也，生物之以息相吹也。天之苍苍，其正色邪？其远而无所至极邪？其视下也，亦若是则已矣。

《逍遥游》是《庄子》首篇，开宗明义，以鲲鱼、鹏鸟托物寓意，直陈虚无自然为大道之乡、逍遥之境；以此不知几千里之大的胸襟、飞向九万里天空的高度，来打开你我的视野，意在使人跳脱习惯性的思考，而以更宽广的角度来观照事物，超越自我。庄子语言的汪洋恣肆、意象的雄浑飞越、想象的奇特丰富、情致的滋润旷达，给人以超凡脱俗与崇高美妙的感受。再如庄周梦蝶：

> 昔者庄周梦为胡蝶，栩栩然胡蝶也。自喻适志与，不知周也。俄然觉，则蘧蘧然周也。不知周之梦为胡蝶与，胡蝶之梦为周与？周与胡蝶，则必有分矣。此之谓物化。

典出《庄子 · 齐物论》，是庄子所提出的一个哲学命题。庄子运用浪漫的想象

力和美妙的文笔，通过对梦中自己变化为蝴蝶和梦醒后蝴蝶复化为自己这一事件的描述与探讨，提出了人不可能确切地区分真实与虚幻和生死物化的观点。（见图 7–5）虽然故事短小，但其渗透了庄子诗化哲学的精义，因此成为庄子诗化哲学的代表。也由于它包含了浪漫的思想情感和丰富的人生哲学思考，引发了后世众多文人骚客的共鸣，继而成为他们经常吟咏的题目。如唐人李商隐《锦瑟》有“庄生晓梦迷蝴蝶，望帝春心托杜鹃”诗句。

图7–5　元·刘贯道《梦蝶图》

庄子散文结构奇特，看起来并不严密，常常突兀而来，行所欲行，止所欲止，变化无端，有时似乎不相关，任意跳荡起落，但思想却能一线贯穿。句式也富于变化，或顺或倒，或长或短，加之词汇丰富，描写细致，又常常不规则地押韵，极富表现力。《庄子》在中国文学史上独树一帜，其文章体制已脱离语录体形式，标志着先秦散文已经发展到成熟的阶段，可以说《庄子》代表了先秦散文的最高成就。

二、纵横捭阖：历史散文

“历史散文”的概念是相对于诸子百家的哲理散文而言的。哲理散文以析理论辩为主，不专记人记事；历史散文则以记述历史事件的演化过程为主。我

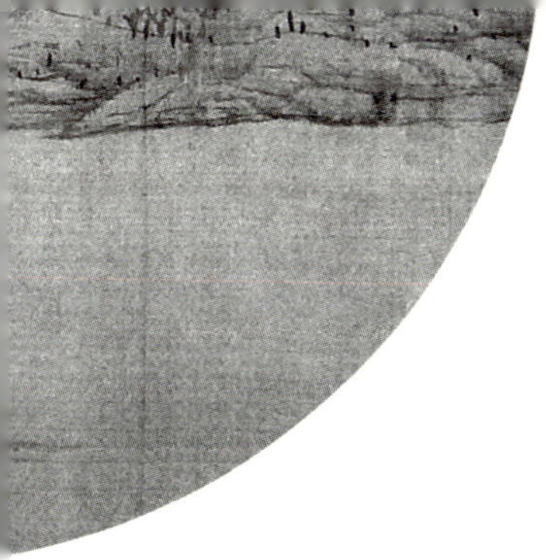

国最早的历史散文是《尚书》。历史散文有三体，分别为国别体、编年体和纪传体。

（一）《尚书》《春秋》《左传》《国语》《战国策》

《尚书》 《尚书》是儒家经典之一，又称《书》或《书经》。它是中国上古历史文献和部分追述古代事迹著作的汇编。“尚”字之意，常见有三种解释：一说“尚”即“上古”，《尚书》就是“上古之书”；另一种说法认为是“尊崇”之意，《尚书》就是“人们所尊崇的书”；还有一种说法认为“尚”代表“君上（即君王）”，因为这部书的内容大多是臣下对“君上”言论的记载，所以叫作《尚书》。

《尚书》以记言为主，所记基本是誓、命、训、诰一类的言辞。《尚书》在作为历史典籍的同时，向来被文学史家称为中国最早的散文总集，是和《诗经》并列的一个文体类别。但用今天的标准来看这些散文，绝大部分应属于当时官府处理国家大事的公务文书，准确地讲，它应是一部体例比较完备的公文总集。

从文学角度而言，《尚书》是中国古代散文已经形成的标志。据《左传》等书记载，在《尚书》之前，有《三坟》《五典》《八索》《九丘》，但这些书都没有传下来，《汉书·艺文志》已不见著录。叙先秦散文当从《尚书》始。书中文章，结构渐趋完整，有一定的层次，已注意在命意谋篇上用功夫。后来春秋战国时期散文的勃兴，是对它的继承和发展。秦汉以后，各个朝代的制诰、诏令、章奏之文都明显受它的影响。虽说文字大多古奥迂涩，但也有少数文字比较形象、朗畅。如《尚书·尧典》：“克明俊德，以亲九族。九族既睦，平章百姓。百姓昭明，协和万邦。”这段话颂扬帝尧的功德，强调“和”的重要性。上下和睦，百姓安居乐业，是儒家观念中的理想社会。《尚书·盘庚上》：“若网在纲，有条而不紊。”这句话是盘庚训斥在位的官员，以生活中浅显易懂的例子作比喻，道出了主次秩序的重要性。我们常用的成语“有条不紊”即由此而来。《尚书·旅獒》：“为山九仞，功亏一篑。”以堆山为喻，告诫人们修养品德应自强不息，

持之以恒，不可半途而废。这是今用成语“功亏一篑”的出处。

《春秋》 《春秋》是儒家的经书，记载了从鲁隐公元年（前722年）到鲁哀公十四年（前481年）的历史，也是中国现存最早的一部编年体史书。春秋在古代也代表一年四季，而史书记载的都是一年四季中发生的大事，因此史书统称“春秋”。鲁国史书专名《春秋》，相传由孔子编订，旧时有“文王拘而演周易，仲尼厄而作春秋”之说，但后世亦有不同说法。《春秋》用词遣句“字字针贬”，微言大义，被称为“春秋笔法”，为历代文学史家奉为楷模。《孟子·滕文公下》曰：“孔子成《春秋》而乱臣贼子惧。”（见图7–6）

图7–6 清·《执书问史图》

因为《春秋》是粗线条的笔墨，为补这一遗缺，后来又出现以《春秋》为主本的“传”，即现今流传下来的《春秋公羊传》《春秋穀梁传》和《春秋左氏传》三种，并称“春秋三传”。

《左传》 《左传》又称《左氏春秋》《春秋左氏传》《春秋内传》，是一部史学和文学专著。相传是春秋末年左丘明[①]为解释孔子的《春秋》而作，通过记述春秋时期的具体史实来说明《春秋》的纲目。西晋杜预作《春秋经传集解》，始将《春秋》与《左传》合编为一书，博采汉儒解说，考订异同，自成专门之学。其后《左传》的地位逐渐超过《公羊传》和《穀梁传》。

① 此说最早见于司马迁《史记·十二诸侯年表》：“鲁君子左丘明惧弟子人人异端，各安其意，失其真，故因孔子史记具论其语，成左氏春秋。”两汉至隋的学者都奉之为权威；自唐以降，始有学者质疑。

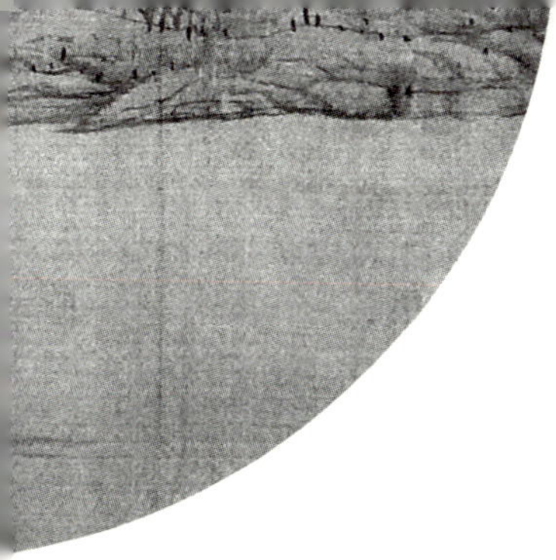

《左传》的取材范围包括王室档案、鲁史策书、诸侯国史等。记事基本以《春秋》鲁十二公为次序，主要记录了周王室的衰微、诸侯争霸的历史，对各类礼仪规范、典章制度、社会风俗、民族关系、道德观念、天文地理、历法时令、古代文献、神话传说、歌谣言语等均有记述和评论。

《左传》不仅是历史著作，也可以说是中国第一部大规模的叙事性文学作品。相较以前任何一种著作，《左传》的叙事能力都表现出惊人的发展。许多头绪纷杂、变化多端的历史大事件，都能处理得有条不紊，繁而不乱。《左传》尤擅长描写战争。全书写军事行动400多次，其中以晋楚城濮之战（僖公二十八年）、秦晋殽之战（僖公三十二、三十三年）、晋楚邲之战（宣公十二年）、齐晋之战（成公二年）、晋楚鄢陵之战（成公十六年）等五大战争最为出色。作者善于将每一战役都放在大国争霸的背景下展开，对于战争的远因近因、各国关系的组合变化、战前策划、交锋过程、战争影响等都有条理分明的呈现，且详略得当。

《左传》叙述战争讲究谋篇。短篇如齐鲁长勺之战（庄公十年），先略叙鲁师得胜，而后详叙曹刿论其所以胜，由表及里，详略得宜。中篇如秦晋殽之战，写蹇叔哭而送师，有先见之明，穆公哭而迎师，知错能改，一首一尾遥相呼应。长篇如晋楚城濮之战，标出“取威定霸”为纲，文随战机，时紧时缓，几开几合，使情势波澜起伏，跌宕多姿，最终以周王册命晋文定霸作结。作者还常常在激烈紧张的战争气氛中插入生动有趣的细节，如“退避三舍”“一麇之献”“下车免胄”“执榼犒师”等，显得优游不迫。清代桐城派古文家方苞说：“夫记事之文，成体者莫如《左传》。”这种叙事能力，无论对后来的历史著作还是文学著作，都具有极其重要的影响。

《左传》注重故事的生动有趣，重视记录辞令，常常以较为细致生动的情节表现人物形象，这也是《左传》中富有文学色彩的一个部分。当时诸侯国往来频繁，使臣是否善于辞令，不仅关系到个人荣辱，而且关系到国家安危。书中如“阴饴甥答秦伯之问”（僖公十五年），“展喜犒齐师”（僖公二十六年），“烛之武退秦师”（僖公三十年），“王孙满论鼎之轻重”（宣公三年），“宾媚人责晋”（成公二年），“知䓨对楚王问”（成公三年），“戎子驹支责晋于朝”（襄公十四年），“子产论毁垣”（襄公三十一年）等部分，记述辞令，无不曲折缜密，委婉尽致，成为脍炙人口的佳作。

唐代刘知几《史通·六家》说《左传》“其言简而要，其事详而博”。清代刘熙载《艺概·文概》认为：“百世史家，类不出乎此法。”可见其语言精要，已成为历代楷模。汉代司马迁发展了《左传》的传统，写出了亦史亦文的巨著《史记》；而宋人陆游《杨梦锡集句杜诗序》对“《左氏传》《太史公书》、韩文、杜诗，皆熟读暗诵，虽支枕据鞍间，与对卷无异”；司马光的《资治通鉴》不仅内容上与之相接续，体裁、手法亦以之为法。

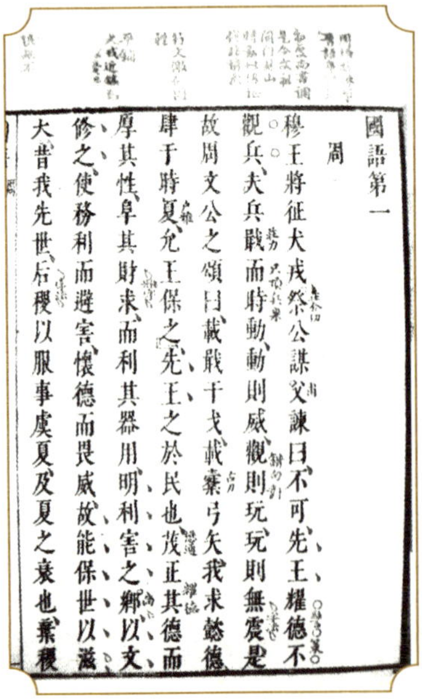
國語第一
周
穆王將征犬戎祭公謀父諫曰不可先王耀德不觀兵夫兵戢而時動動則威觀則玩玩則無震是故周文公之頌曰載戢干戈載櫜弓矢我求懿德肆于時夏允王保之先王之於民也茂正其德而厚其性阜其財求而利其器用明利害之鄉以文修之使務利而避害懷德而畏威故能保世以滋大昔我先世后稷以服事虞夏及夏之衰也棄稷

图 7–7 《国语》书影
（明万历三色套印本）

《国语》 《国语》是我国最早的一部国别史著作，记录了周王室和鲁国、齐国、晋国、郑国、楚国、吴国、越国等诸侯国的历史，包括各国贵族间朝聘、宴飨、讽谏、辩说、应对之辞以及部分历史事件与传说。（见图 7–7）司马迁最早提到《国语》的作者是左丘明（“左丘失明，厥有《国语》”），其后班固、刘知几等都认为是左丘明所著，还把《国语》称为《春秋外传》或《左氏外传》。其实《国语》是战国初期一些熟悉各国历史的人，根据当时周王室和各诸侯国的史料，经过整理加工汇编而成的。

《国语》以记言为主。其记言文字在形象思维和逻辑思维方面都很缜密，又有通俗

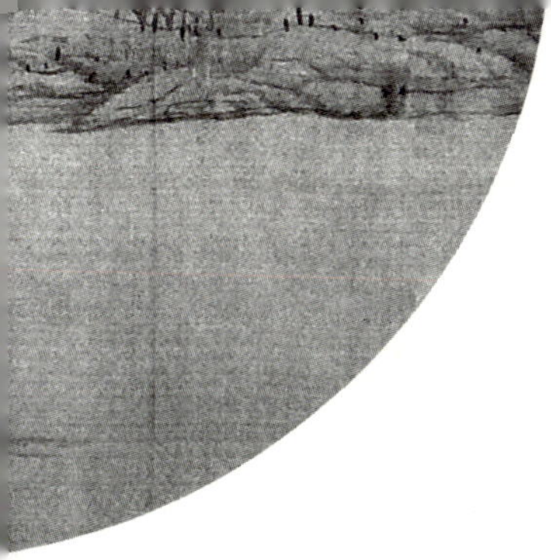

化、口语化的特点，生动活泼而富于形象性。尤其是应对辞令很有特色，议论说理文字精辟严密，层次井然。如《周语上》“邵公谏厉王弭谤”，《鲁语下》“敬姜论劳逸”，《晋语八》“叔向贺贫”，《楚语下》“王孙圉论宝”等，历来为人们所称道。

《国语》虽然记言多于记事，但没有单纯的议论文或语录，而是有一系列大小故事穿插其中，有时也能写出鲜明生动的人物形象。如《晋语》前四卷写晋献公诸子争位的故事，献公宠妃骊姬的阴谋、太子申生被谗冤死、公子重耳流亡等，都写得波澜起伏，精彩纷呈。其中有虚拟的情节，如骊姬夜泣及其谗言（《晋语一》），非第三者能知，显然是作者援情度理的虚构，刻画出一个口蜜腹剑、阴险狠毒的人物形象。其中也有精彩的描写，如为分化朝中大臣，骊姬宠幸的优施与朝中重臣里克饮酒，以歌舞暗示里克，将杀太子申生而立骊姬子奚齐，里克夜半召优施，欲中立以自保等（《晋语二》），描写细致入微，具体生动，表现出人物鲜明的个性特点。更有一些滑稽的小插曲，写得生动活泼，如重耳流亡到齐国后，安于寄人篱下的生活，其妻姜氏及从亡之臣子犯将其灌醉载之而行（《晋语四》）。《左传》只写到重耳“以戈逐子犯”，《国语》中还写了重耳、子犯对骂，幽默有趣，写出了重耳流亡集团的内部冲突。对晋献公诸子争位的叙述，展示了春秋时期一场复杂政治斗争的生动画卷，描绘出一系列生动的人物形象，反映了《国语》叙事的成就。

就文学价值而言，《国语》虽不及《左传》，但比《尚书》《春秋》等历史散文还是有所发展和提高，作者比较善于选择历史人物的一些精彩言论来反映和说明社会问题。如《周语》“召公谏弭谤”一节，通过召公之口，阐明了“防民之口，甚于防川”的著名论题。

《战国策》 《战国策》是一部国别体史学著作，又称《国策》，记载了西周、东周及秦、齐、楚、赵、魏、韩、燕、宋、卫、中山各国之事。记事年代起于战国初年，止于秦灭六国。虽然书中所记史实和说辞不可尽信，但仍是后代了解战国社会的重要典籍。

西汉末年，刘向校录群书时，在皇家藏书中发现了六种记录纵横家的写本，但是内容混乱，文字残缺，于是他按照国别编订了《战国策》33篇。因其书中所记多是东周后期诸国混战时纵横家为其所辅之国进献的政治主张和外交策略，也可以说是游说之士的实战演习手册，因此刘向把这本书名为《战国策》，而该时期亦因此被史家称为“战国时期”。

《战国策》的文学成就非常突出，在中国文学史上，它标志着中国古代散文发展的一个新时期。《战国策》善于述事明理，大量运用寓言、譬喻等修辞手法，富于文采，尤其在人物形象的刻画、语言文字的运用、寓言故事等方面具有非常鲜明的艺术特色。例如苏秦的故事，生动刻画了一个长于论辩、追逐名利的策士形象，逼真地描绘了一群势力庸俗的小人。苏秦游说秦国失败后，像乞丐一般回到家中，而“妻不下织，嫂不为炊，父母不与言”。后来，他发奋图强，终于获得机遇，六国封相。再路过家门时，“父母闻之，清宫除道，张乐设饮，郊迎三十里。妻侧目而视……嫂蛇行匍匐”。前、后场面和人物行为的鲜明对照，充分展示了战国社会以功名利禄为依归的炎凉世态。

《战国策》还善于通过小故事说明道理，以达到讽喻的目的。通常故事生动幽默，人物语言逼真，耐人寻味。例如“邹忌讽齐王纳谏”，以美男子邹忌问“自己和徐公比，谁更美”这一生活小事，借其妻、妾、朋友出于不同目的都大赞其“美于徐公”，来说明“兼听则明，偏信则暗”的道理，劝诫齐王不应偏听偏信宫妇近臣的话，而应广开言路，鼓励百姓进谏。

《战国策》语言风格独特。雄辩的论说、尖刻的讽刺、耐人寻味的幽默，构成其独特的语言风格。文章长于说事，无论个人陈述还是双方辩论，都喜欢渲染夸大，充分发挥，畅所欲言，具有很强的说服力。此外，描写人物形象极为生动，且善于运用巧妙生动的比喻，通过有趣的寓言故事，增强文章的感染力。书中的许多寓言故事如“画蛇添足”“狐假虎威”等流传至今，成为习用的成语。

（二）前四史：《史记》《汉书》《后汉书》《三国志》

《史记》 西汉司马迁所著《史记》是中国历史上第一部纪传体通史，最初称为《太史公书》或《太史公记》《太史记》。“史记”本来是古代史书的通称，从三国开始，由通称逐渐成为“太史公书”的专名。

司马迁，字子长（见图 7-8）。父亲司马谈任太史令，写古今通史的愿望没有实现，临终要司马迁完成其夙愿。司马迁继任父亲太史令之职，历十余年而成《史记》。司马迁修撰《史记》的最高理想是“究天人之际，通古今之变，成一家之言”。《史记》不但规模巨大，体系完备，而且对此后的纪传体史书影响很深，历朝正史皆采用这种体裁撰写。同时，书中文字的生动性、叙事的形象性也是史书中成就最高的。鲁迅称赞《史记》是“史家之绝唱，无韵之离骚”[①]。

图 7-8　司马迁像

据司马迁说，全书有本纪 12 篇，表 10 篇，书 8 篇，世家 30 篇，列传 70 篇，共 130 篇。班固在《汉书·司马迁传》中提到《史记》缺少 10 篇。今本《史记》也是 130 篇，有少数篇章显然不是司马迁的手笔，西汉元帝、成帝时的褚少孙补写过《史记》，今本《史记》中“褚先生曰”即其补作。

《史记》取材相当广泛。当时社会上流传的《国语》《国策》《秦记》《楚汉春秋》诸子百家等著作、国家的文书档案以及实地调查获取的资讯，都是司马迁写作《史记》的重要材料来源。司马迁对搜集的材料作了认真的分析和选择，淘汰了一些无稽之谈。对一些不能弄清楚的问题，或者采用阙疑的态度，或者记载各种不同的说法。这反映出司马迁修史态度之严肃认真。

① 鲁迅：《汉文学史纲要》，第 59 页。

从文学的角度来看，《史记》创立了史传文学传统，其艺术成就之高终得后世仰慕。司马迁文学修养深厚，艺术手段高超。往往某种极其复杂的事实，他都措置得非常妥帖，秩序井然，再加以视线远，见识高，文字生动，笔力洗练，感情充沛，信手写来，莫不词气纵横，形象明快，使人“惊呼击节，不自知其所以然”①。

首先是其精妙的叙事编排艺术。司马迁综合前代史书中各种体例，创立了全新的“纪传体”，8 书、10 表、12 本纪、30 世家、70 列传，形成纵横交错、排列有序的结构。本纪是全书提纲，按年月时间记述帝王的言行政绩；表用表格来简列世系、人物和史事；书则记述制度发展，涉及礼乐制度、天文兵律、社会经济、河渠地理等诸方面内容；世家记述子孙世袭的王侯封国史迹和特别重要人物的事迹；列传是帝王诸侯以外其他各方面代表人物的生平事迹和少数民族的传记。且人物编排名实兼顾，以类相从。《史记》以时间为序排列各层次人物传记，同时又兼顾各传记之间的内在联系，遵循着以类相从的原则，条理清晰。在叙述人物事迹时追根求源，详因略果。

其次是其精彩的人物刻画。《史记》开创了平民入传的先例，如《滑稽列传》《儒林列传》《刺客列传》《游侠列传》等传主，在以往的史书中有些就不可能出现，但司马迁为他们单独作传，使他们得以在历史上留下自己的痕迹。特别是《史记》为少数民族立传，这也是历来以汉族为中心的史书的一大突破。《史记》记事则画面宏廓、意蕴深邃，于是所传人物大多个性鲜明，具有强烈的传奇色彩。作者采用多维透视、旁见侧出②的方法使人物具有立体感，而非仅仅平面化的描述。

再次是其悲壮的艺术风格。《史记》全本所记人物及事迹浸润着浓郁的悲

---

① （宋）洪迈撰，孔凡礼点校：《容斋随笔·史记简妙处》，中华书局 2015 年版。

② 旁见侧出法，又称为“互见法”，即在一篇传记（传主本传）中着重表现他的主要特征，而其他方面的性格特征则放在别人的传记中显示。如《史记·高祖本纪》中主要写刘邦带有奇异色彩的发迹史及其雄才大略、知人善任，而其缺点则散见于其他人物的传记之中。

剧气氛，这一点或许与司马迁本人的悲壮遭际有些内在的关联。如《项羽本纪》中的项王、《屈原贾生列传》中的屈原和贾谊、《春申君列传》中的春申君、《李斯列传》中的李斯等，作者在叙写其悲剧的结局之后，用“太史公曰”一段文字表达自己的观点，不无悲愤、惋惜之情。如《项羽本纪》：

> 太史公曰：吾闻之周生曰“舜目盖重瞳子”，又闻项羽亦重瞳子。羽岂其苗裔邪？何兴之暴也！夫秦失其政，陈涉首难，豪杰蜂起，相与并争，不可胜数。然羽非有尺寸，乘势起陇亩之中，三年，遂将五诸侯灭秦，分裂天下，而封王侯，政由羽出，号为“霸王”，位虽不终，近古以来未尝有也。及羽背关怀楚，放逐义帝而自立，怨王侯叛己，难矣。自矜功伐，奋其私智而不师古，谓霸王之业，欲以力征经营天下，五年卒亡其国，身死东城，尚不觉寤而不自责，过矣。乃引“天亡我，非用兵之罪也”，岂不谬哉！

《史记》对古代的小说、戏剧、传记文学、散文，都有广泛而深远的影响。

《史记》作为中国第一部以描写人物为中心的大规模作品，为后代文学的发展提供了一个重要基础和多种可能性。《史记》所记虽是历史人物，但用“互见”法突出人物的某种主要特征，并通过不同人物的对比以及细节方面的虚构，实际上把人物加以类型化了。由此，《史记》为中国文学构建了一批重要的人物原型。如后代小说、戏剧中出现的帝王、英雄、侠客、官吏等各种人物形象，有不少即从《史记》人物形象演化而来。

后世的武侠小说，除了人物类型外，其体裁和叙事方式也受到《史记》的显著影响。中国传统小说多以“传”为名，以人物传记式的形式展开，具有人物传记式的开头和结尾，以人物生平为脉络，严格按时间顺序展开情节，并往往有作者的直接评论，这一切重要特征主要就是渊源于《史记》。后世小说又多以《史记》为取材之源，如明代冯梦龙的《东周列国志》就比较典型。

《史记》的故事具有强烈的戏剧性，人物性格鲜明，矛盾冲突尖锐，自然

成为后代戏剧取材的宝库。宋元时期，随着中国戏剧的形成与成熟，《史记》的内容与艺术也影响到戏剧创作。如宋元戏文有《赵氏孤儿报冤记》；元明杂剧有《冤报冤赵氏孤儿》（元·纪君祥）、《卓文君私奔相如》（明·朱权）；明清传奇有《窃符记》《易水歌》（清·徐沁）；地方戏及新编历史剧有《搜孤救孤》（京剧）、《卧薪尝胆》（汉剧、越剧）、《完璧归赵》（京剧）、《鸿门宴》（京剧、川剧、汉剧、秦腔）、《萧何月下追韩信》（京剧、川剧、汉剧、秦腔）、《霸王别姬》（京剧）、《大风歌》（话剧），等等。

在传记文学方面，由于《史记》的纪传体为后代史书所继承，由此产生了大量的历史人物传记。虽然后代史书的文学性不如《史记》显著，但数量庞大，其中的优秀传记也有可读之处。此外，史传以外的别传、家传、墓志铭等各种形式的传记，也与《史记》所开创的传记文学传统有渊源关系。

《汉书》 《汉书》，又名《前汉书》，东汉班固所著，是中国第一部纪传体断代史。其沿用《史记》的体例而略有变更，改“书”为“志”，改“列传”为“传”，改“本纪”为“纪”，无“世家”。全书包括12篇纪，8篇表，10篇志，70篇传，共100篇，记载了上自汉高祖六年（前201年），下至王莽地皇四年（23年），共230年的历史。中国纪史方式自《汉书》以后，都仿照其体例纂修了纪传体的断代史。

与《史记》相比，《汉书》的突出成就主要是“志”的部分，新增加了《刑法志》《五行志》《地理志》《艺文志》。其中，《地理志》详述战国时期、秦朝、西汉时期的领土疆域、建置沿革、封建世系、形势风俗、名门望族和帝王的奢靡等，言简意赅，史料丰赡。《艺文志》采用了西汉刘歆《七略》的分类法，将古代的学术著作区分为6大类、38小类加以论述，使人们对各学术流派的演变与发展有更清楚的了解，又保留了《七略》的大概面貌，成为后世研究上古至西汉末年学术发展演变的重要著作，是中国现存最早的图书目录及学术文化史。

《汉书》语言庄严工整，多用排偶，遣词造句典雅远奥，与《史记》平畅的口语化文字形成鲜明对照。《汉书》好用古字，直录古书，未加训释，所以《后汉书·列女传》中说："《汉书》始出，多未能通者，同郡马融伏于阁下，从昭受读。"可见《汉书》艰深难读，连一代大儒马融都要从班固女弟班昭受读。

《后汉书》 《后汉书》是由南朝宋历史学家范晔编撰的纪传体史书，与《史记》《汉书》《三国志》合称"前四史"。书中分 10 纪、80 列传和 8 志（司马彪续作），主要记述了上起东汉汉光武帝建武元年（25 年），下至汉献帝建安二十五年（220 年），共 195 年的史事。

《后汉书》除体例上的创新外，最显著的特点是观点鲜明，褒贬一语见地。如范晔不为那些无所作为的大官僚立传，而为许多"操行俱绝"的"一介之夫"写了《独行列传》，充分表明其爱憎分明的态度。特别是书中的"论""赞"，以犀利的笔锋评判是非，表彰刚正，贬斥奸恶而嘲笑昏庸，更是一大优点。

《后汉书》学习班固《汉书》，在人物传记中附载东汉学者大量有价值的论著，如《桓谭传》中载桓谭《陈时政》1 篇，《张衡传》中载张衡《客问》《上陈事疏》和《请禁图谶》等 3 篇，《蔡邕传》中载蔡邕《释诲》1 篇，等等。这些论著都是研究东汉社会的珍贵史料，且对后代社会有一定的参考和实用价值；若不是范晔附录书中，恐怕早已淹没于历史长河中了。

《三国志》 《三国志》是记载三国时期史实的断代史，由西晋史学家陈寿所著。《三国志》在成书之前，魏、吴两国已先有史，如王沈的《魏书》、鱼豢的《魏略》、韦昭的《吴书》，此三书当是陈寿写史依据的基本材料。蜀国无史，故自行采集，仅得 15 卷。《三国志》是三国分立结束后文化重新整合的产物。三国志最早以《魏志》《蜀志》《吴志》三书单独流传，直到北宋咸平六年（1003 年）三书才合为一书。

《三国志》善于叙事，文笔简洁，剪裁得当，当时就受到赞许。它常用简洁的笔墨，写出传神的人物。《先主传》记曹操与刘备论英雄，当曹操说出"今天下英雄，唯使君与操耳。本初之徒不足数也"之时，"先主方食，失匕箸"，

使刘备的韬晦之心跃然纸上。《周瑜鲁肃吕蒙传》中记载曹操听到刘备占据了荆州之时，“方作书，落笔于地”的情态，生动烘托出刘备在曹操心目中和当时局势中的地位。书中写名士的风雅、谋士的方略、武将的威猛，大多着墨不多，却栩栩如生。

与陈寿同时的夏侯湛曾写《魏书》，看到《三国志》后，认为没有另写新史的必要，就毁弃了自己的著作。后人对《三国志》更是推崇备至，认为在记载三国历史的史书中，独有陈寿的《三国志》可以同《史记》《汉书》等相媲美。因此，其他各家的三国史相继泯灭无闻，只有《三国志》一直流传到今天。刘勰在《文心雕龙·史传》中说道：“及魏代三雄，记传互出，《阳秋》、《魏略》之属，《江表》、《吴录》之类，或激抗难征，或疏阔寡要。唯陈寿《三国志》，文质辨洽，荀（勖）、张（华）比之（司马）迁、（班）固，非妄誉也。”意思是说，那些同类史书不是立论偏激，根据不足，就是文笔疏阔，不得要领，只有陈寿的《三国志》达到了内容与文字表述的统一。

三、文以载道：唐宋散文

唐宋两代是我国古代散文的重要发展时期，名家名作迭出。在唐贞元、元和时期，韩愈、柳宗元掀起古文运动，使得唐代的散文发展到极致，形成了“辞人咳唾，皆成珠玉”的繁荣局面。而到了宋代，则以欧阳修为魁首，他荐拔和指导了王安石、曾巩、苏洵、苏轼、苏辙等散文家，对他们的散文创作产生过很大的影响。“唐宋八大家”[①]的散文给当时和后世的文坛带来了深远的影响。

① “唐宋八大家”的称谓最早出现于明初，朱右选韩、柳等人之文为《六先生文集》，因并“三苏”为一家，所以实际是“八先生文集”。明末茅坤选辑了《唐宋八大家文钞》，此书在旧时流传甚广，“唐宋八大家”之名也随之流行开来。自明人标举“唐宋八家”之后，治古文者皆以八家为宗。

（一）唐代“韩柳”，双峰并峙

图 7–9　韩愈像

韩愈　韩愈，字退之，河南河阳（今河南孟州）人，自称郡望昌黎，世称韩昌黎、昌黎先生。逝后追赠礼部尚书，谥号“文”，故称韩文公。（见图 7–9）韩愈是唐代古文运动的倡导者，被后人尊为“唐宋八大家”之首，与柳宗元并称“韩柳”，有“文章巨公”和“百代文宗”之名。杜牧又将他与杜甫并提，有“杜诗韩笔”之美称。苏轼赞他“文起八代之衰”。后人将其与柳宗元、欧阳修和苏轼合称“千古文章四大家”。

他提出的“文道合一”“气盛言宜”“务去陈言”“文从字顺”等散文写作理论，对后世文学创作很有指导意义。韩愈的古文创作，实践了自己的理论。其赋、论、说、传、记、颂、赞、书、序、哀辞、祭文、碑志、状、表、杂文等各种体裁的作品，都取得卓越的成就。他以尊儒反佛为主要内容的中篇和长篇论说文，有《原道》《论佛骨表》《原性》《师说》等，大都格局严整，层次分明。《师说》是一篇不同于流俗的文章。柳宗元在《答韦中立书》中说：“今之世不闻有师……独韩愈不顾流俗，犯笑侮，收召后学，作《师说》，因抗颜而为师。……愈以是得狂名。”又《报严厚与书》说：“仆才能勇敢不如韩退之，故不为人师。”

韩愈还有一些文章不但真率、大胆、慷慨激昂，而且还写得自然随意、如话家常，如《与崔群书》《与孟东野书》《答崔立之书》《题李生壁》等。这类文章和他的《原道》《原性》诸篇面貌不同，不是坐而论道，而是促膝谈心，无所拘束，生动活泼。叙事文在韩文中所占的比重较大，其中学习儒家经书的，如《平淮西碑》，用《尚书》和《诗经》中的《雅》《颂》体裁，篇幅宏大，语句奇重，酣畅淋漓；《画记》直叙许多人物，写法脱化于《尚书·顾命》《周礼·考工记·梓人职》。继承《史记》历史散文传统的，如名篇《张中丞传后叙》，

熔叙事、议论、抒情于一炉；学习《史记》《汉书》，描绘人物生动奇特而不用议论的，如《清河张君墓志铭》等；为友情深厚的文学家而作，能突出不同作家特色的，如《柳子厚墓志铭》等。

韩愈更有至情之作《祭十二郎文》。“十二郎”即韩愈的侄子韩老成。韩愈幼年失怙，由兄嫂抚养长大，与其侄十二郎自幼相守，历经患难，感情深厚。但成年以后，韩愈四处漂泊，与十二郎很少见面。正当韩愈官运好转，有可能与十二郎相聚的时候，却突然传来十二郎去世的噩耗。韩愈尤为悲痛，写下这篇祭文。其一反传统祭文以铺排郡望、藻饰官阶、历叙生平、歌功颂德为主的固定模式，主要记家常琐事，表现自己与死者的密切关系，抒写难以抑制的悲哀，表达刻骨铭心的骨肉亲情。文章既没有铺排，也没有张扬，善于融抒情于叙事之中，在对身世、家常、生活遭际的朴实的叙述中，表现出对兄嫂及侄儿深切的怀念和痛惜，一往情深，感人肺腑。

这篇祭文强烈的感染力，有赖于作者高超的语言技巧。它全用散文句调和平易晓畅的家常生活语言，奇偶参差，骈散相间；疑问、感叹、陈述等各种句式，反复、重叠、排比、呼告等多种修辞手法，任意调遣。如写闻讣的情景，从“其信然邪”到“未可以为信也”，再到“其信然矣”，语句重叠，表现其惊疑无定的心理状态。末尾“汝病吾不知时，汝殁吾不知日”一段，多用排比句，情绪激宕，一气呵成。这一切又都从肺腑中流出，具有震撼人心的力量。

> 文曰：呜呼！汝病吾不知时，汝殁吾不知日。生不能相养于共居，殁不得抚汝以尽哀，敛不凭其棺，窆不临其穴。吾行负神明而使汝夭，不孝不慈，而不得与汝相养以生，相守以死。一在天之涯，一在地之角，生而影不与吾形相依，死而魂不与吾梦相接。吾实为之，其又何尤！彼苍者天，曷其有极！

作者采用与逝者对话的方式，边诉边泣，吞吐呜咽，交织着悲痛、自责等种种感情，似在生者和死者之间作无穷无尽的长谈，具有极为震撼的感染力。

韩愈还有一篇类似俳谐而实为抒发才高见屈、忧愤甚广的文章《进学解》。历来的论者都说此文源于东方朔的《答客难》和扬雄的《解嘲》。《新唐书》本传也说他"既才高数黜，官又下迁，乃作《进学解》以自喻"。《进学解》的一大艺术特色即吐辞造语精工，一篇之中就有"业精于勤""刮垢磨光""贪多务得""含英咀华""佶屈聱牙""同工异曲""动辄得咎""俱收并蓄""投闲置散"等等，都已传为流行的成语；还有一些成语如"提要钩玄""焚膏继晷""闳中肆外""啼饥号寒"等等，也是从这一篇的语句中凝缩而来的。自古以来，一篇文章之中能够选出如此大量的历代流传的成语，此文之外，恐不多见。韩愈的文章之所以传诵不绝，为一代所师法，历代之典范，其造语精工也是一个重要原因。

柳宗元　柳宗元，字子厚，河东（今山西运城永济一带）人，世称"柳河东""河东先生"，因官终柳州刺史，又称"柳柳州"。（见图 7–10）柳宗元的骈文有近百篇，散文论说性强，笔锋犀利，讽刺辛辣。游记写景状物，多所寄托。

图 7–10　柳宗元像

柳宗元与韩愈共同倡导了唐代的古文运动。柳宗元重视文章的内容，主张文以明道，为道应于国于民有利，切实可行。他注重文学的社会功能，强调文须有益于世；提倡思想内容与艺术形式的完美结合，指出写作必须持认真严肃的态度，强调作家道德修养的重要性；推崇先秦两汉文章，提出要学习借鉴儒家经典及《庄子》《老子》《离骚》《史记》等，博观约取，以为我用，但又不能厚古薄今。

柳宗元最为脍炙人口的作品均写于被贬后，以他被贬为永州（今湖南永州）

司马时，借山水游记抒胸中块垒所作的“永州八记”[①]更胜。这些优美的山水游记，表达了作者对自然美的感受，丰富了古典散文反映生活的新领域，从而确立了山水游记作为独立的文学体裁在文学史上的地位。这些山水游记，体裁短小、轻灵，朴实、顺畅，无不脍炙人口。或峭拔而又峻洁，或清邃而又奇丽，以精巧的语言再现自然美。因其艺术上的成就，历来被人们传诵、推崇备至。其中以《小石潭记》最为著名：

> 从小丘西行百二十步，隔篁竹，闻水声，如鸣珮环，心乐之。伐竹取道，下见小潭，水尤清洌。全石以为底，近岸，卷石底以出，为坻，为屿，为嵁，为岩。青树翠蔓，蒙络摇缀，参差披拂。
>
> 潭中鱼可百许头，皆若空游无所依。日光下澈，影布石上，佁然不动。俶尔远逝，往来翕忽，似与游者相乐。潭西南而望，斗折蛇行，明灭可见。其岸势犬牙差互，不可知其源。坐潭上，四面竹树环合，寂寥无人，凄神寒骨，悄怆幽邃。以其境过清，不可久居，乃记之而去。
>
> 同游者：吴武陵，龚古，余弟宗玄。隶而从者，崔氏二小生：曰恕己，曰奉壹。

文章构思新巧，结构严谨，寥寥数笔，隽咏无穷，引人入胜。开头用未见其形、先闻其声的写法展示小石潭。以鱼写潭，则潭水之清澈可以想见；以鱼写人，则人羡鱼乐之情溢于言表。作者状形、传神、布影、设色，笔墨经济，手法高超。结尾以清寂幽邃之境写凄寒悄怆之感，情景交融。作者以游踪为序，采用移步换景、依序写景的手法组织材料。写小石潭，先写“声”（水声），后写“形”（潭中景物），写潭中景物又先写“近观”（水、石、树、鱼），后写“远望”（水源），最后概写环境，引发感触。这种构思既新颖又自然，真是匠心独具。

---

① “永州八记”包括《始得西山宴游记》《钴姆潭记》《钴姆潭西小丘记》《小石潭记》《袁家渴记》《石渠记》《石涧记》《小石城山记》8篇。

柳宗元的人物传记也很有特色，继承了《史记》《汉书》传统，又有所创新，代表作有《段太尉逸事状》《梓人传》《河间传》《捕蛇者说》等。有些作品在真人真事基础上有夸张虚构，似寓言又似小说，如《宋清传》《种树郭橐驼传》等。

柳宗元的寓言继承并发展了《庄子》《韩非子》《吕氏春秋》《列子》《战国策》等传统，他善用各种动物拟人化的艺术形象寄寓哲理或表达政见，讽刺、抨击当时社会的丑恶现象。代表作有《三戒》《临江之麋》《黔之驴》《永某氏之鼠》《罴说》等篇。嬉笑怒骂，因物肖形，表现了高度的幽默讽刺艺术。

（二）宋代“欧苏”，千古文章

欧阳修　欧阳修是在宋代文学史上最早开创一代文风的文坛领袖，领导了北宋诗文革新运动，继承并发展了韩愈的古文理论。（见图 7-11）他的散文创作的高度成就与其正确的古文理论相辅相成。

欧阳修的政论文慷慨陈词，感情激越；史论文则低回往复，慷慨淋漓。如《五代史》中的一些序论，如《伶官传序》，对五代的历史教训进行总结，并鲜明地表达了作者的褒贬，以及国家兴亡在于人事而非天命的历史观。他为友人文集作的序言，不但对友人的文学业绩进行评述，而且抒发了对死生离合、盛衰成败的人生遭际的感慨。如《释秘演诗集序》，寥寥数笔，释秘演、石曼卿两位奇士豪荡磊落的性情和落拓不偶的遭际跃然纸上，而作者对两人的敬重惋惜之情以及对时光流逝、人事变迁的感慨也洋溢于字里行间，感人至深。

图 7-11　欧阳修像

欧阳修的记叙文的一个重要特点是言之有物，如《丰乐亭记》对滁州的历史故事、地理环境乃至风土人情都作了细致的描写；《泷冈阡表》追忆父母的嘉言懿行，细节描写细腻逼真，栩栩如生，情感真挚自然，哀乐由衷，情文并至。在欧阳修笔下，

散文的实用性和审美性得到了充分的展示，散文的叙事、议论、抒情三种功能也得到了高度的有机融合。

欧阳修的散文语言简洁流畅，文气纡徐委婉，创造了一种平易自然的新风格，在韩文的雄肆、柳文的峻切之外别开生面。例如《醉翁亭记》开头一段，语言平易晓畅，晶莹秀润，既简洁凝练又圆融轻快，毫无滞涩窘迫之感。深沉的感慨和精当的议论都出之以委婉含蓄的语气，娓娓谈来，纡徐有致。这种平易近人的文风显然更容易为读者所接受，具有广阔的发展前景，其后宋代散文的发展历程就证明了这一点。

图 7–12　明·仇英《西园雅集图》

苏轼　苏轼是继欧阳修之后主持北宋文坛的领袖人物，在当时的作家中享有很高的声誉，一时与之交游或接受他的指导者甚多，黄庭坚、秦观、晁补之、张耒四人都曾得到他的培养、奖掖和荐拔，史称“苏门四学士”。（见图 7–12）苏轼的文学观点和欧阳修一脉相承，但他更强调文学的独创性、表现力和艺术价值。他的文学思想强调“有为而作”，崇尚自然，摆脱束缚，“出新意于法度之中，寄妙理于豪放之外”。他在《答谢民师书》中认为，作文应达到“如行云流水，初无定质，但常行于所当行，常止于所不可不止。文理自然，姿态横生”的艺术境界。

苏轼的散文呈现出多姿多彩的艺术风貌。他广泛地从前代的作品中汲取艺术营养，其中最重要的渊源是孟子和战国纵横家的雄放气势、庄子的丰富联想和自然恣肆的行文风格。苏轼确实具有极高的表现力，在他笔下几乎没有不能表现的客观事物或内心情思。苏文的风格则随着表现对象的不同而变化自如，像行云流水一样自然、畅达。韩愈的古文依靠雄辩和布局、蓄势等手段来取得气势的雄放，而苏文则依靠挥洒如意、思绪泉涌的方式达到了同样的目的。苏文气势雄放，语言却平易自然，这正是宋文异于唐文的特征之一。

苏轼的散文之所以能够享誉古今，还有一个重要原因是内涵深厚，特别是他以其政治家的敏锐、哲学家的才思、文学家的天赋，于古代知识分子的复杂心态中弹奏出的博大深邃的儒家人文精神和积极的参与意识。儒家思想的三大支柱“泛爱”“民贵”“仁说”，深深地影响了苏轼。他的作品，无论描绘自然还是描写社会，都透过自然与社会体现出人与人性这一伟大主题。他喜爱山川景物、日月风光，是为了捕捉大自然的灵气以充实人的精神世界，使人更显其万物之灵的本色。他一生写了大量的人物传略、铭文、碑记，是为了挖掘和弘扬人的崇高品格，以使人的伟大之处永放光芒。特别在他的晚年，在严酷的政治迫害和贫穷折磨下创作的《雪堂记》《赤壁赋》《菜羹赋》《飓风赋》《桄榔庵铭》等千古之作，更是对人的崇高价值的不朽赞歌。

苏轼的散文创作对促进宋文平易自然、流畅婉转主体风格的成熟和定型，起了决定性的作用。苏文广备众体，在各种体式的创作上都取得了卓越成就。议论文是苏文的重要组成部分，包括奏议、进策、经解、杂说等，其中以史论和政论较为突出。代表作有《留侯论》《刑赏忠厚之至论》《日喻》等。苏轼的记叙文包括碑传文、山水记、亭台记等，具有比议论文更为高妙的艺术价值，往往将叙事、抒情、议论的功能结合得水乳交融，表现手法灵活多变，不为体制成法所拘系。代表作有《石钟山记》《凌虚台记》《超然台记》《韩魏公醉

白堂记》等。苏轼的小品文成就尤高。他的这些短小精练、言简意赅而又有韵有趣、充满性灵的小品文，大多作于贬谪黄州、惠州、儋州时期，主要以杂记、题跋、书简的形式，结合叙事、议论、抒情，信手拈来，随笔写成。以自然的小品写出真率的人品，正是作者性格的升华、哲思的体现，充满自然真率之美。如代表作《记承天寺夜游》：

元丰六年十月十二日夜，解衣欲睡，月色入户，欣然起行。念无与为乐者，遂至承天寺寻张怀民。怀民亦未寝，相与步于中庭。

庭下如积水空明，水中藻荇交横，盖竹柏影也。何夜无月？何处无竹柏？但少闲人如吾两人者耳。

此文写于宋神宗元丰六年（1083 年），当时苏轼虽因“乌台诗案”被贬谪到黄州任职，近乎流放，心情忧郁，但仍然有进取之心。这篇小短文真实记录了他当时生活的一个片段：月色入户，睡意全无，欣然寻友人夜游。文章以自然之笔对承天寺月夜的景色作了美妙的描绘，也体现了他与张怀民的深厚友谊与对知音甚少的无限感慨，同时苏轼旷达乐观的人生态度也表现于字里行间。

苏轼不仅古文创作成就斐然，而且在辞赋创作上亦沿着欧阳修所开辟的散文赋的道路，写出了《赤壁赋》和《后赤壁赋》这样的名篇。

（三）“唐宋八大家”，各领风骚

“唐宋八大家”中，除上述韩、柳、欧、苏四人外，其他四家——苏洵、苏辙、王安石、曾巩的散文也各有特色和成就。

图 7–13　苏洵像

苏洵文以雄奇为主，而又富于变化。（见图 7–13）散文论点鲜明，论据有力，语言锋利，纵横恣肆，具有雄辩的说服力，如《六国论》。苏辙生平学问深受其父兄影响，其文风格汪洋澹泊，也有秀杰深醇之气。王安石的散文雄健简练，奇崛峭拔，结构谨严，说理透彻，语言朴素精练，如《答司马谏议书》。王安石的一些小品文脍炙人口，笔力劲健，富有感情色彩，如《伤仲永》《读孟尝君传》。他还有一部分山水游记散文，如《城陂院兴造记》《游褒禅山记》等，记游亦说理，简洁明快而省力，风格酷似柳宗元。曾巩（见图 7–14）接受了欧阳修在古文创作上的主张，其议论性散文剖析微言，阐明异议；记叙性散文舒缓平和，翔实而有情致。曾文布局完整严谨，节奏舒缓不迫，语言干净，思致明晰，法度规矩严密。明清唐宋文派和桐城派作家学古文多由模仿曾文入手，将其作品奉为典范。

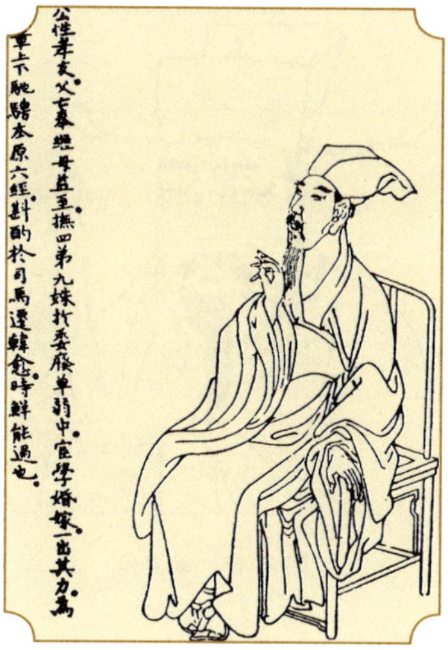

图 7–14　曾巩像

四、冲淡禅意：明清散文

明代的散文创作虽没有出现类似“唐宋八大家”那样杰出的作家，但也有不少优秀篇章。明代散文的取材较为广泛，后期散文的表现手法也较为多样，尤其晚明小品是中国散文发展史上的突破，从散文观念到创作实践都有显著的变化，代表了晚明散文创作的时代特色。至清代，在清王朝文化政策及乾嘉学派影响下，桐城派古文确定了文学史上的地位。

（一）明代茶陵派、“前、后七子”、唐宋派、性灵小品

明洪武至天顺年间的散文作家多是由元入明者。他们经历了社会动乱，创作较能关注现实。这种创作倾向对扭转元末纤弱萎靡的文风起了良好的作用。

图 7-15　宋濂像

其代表作家有宋濂、刘基。宋濂（见图 7-15）是明代开国文臣之首，他坚持散文要明道致用、宗经师古，强调“辞达”，注意“通变”，要求“因事感触”而为文，所以他的散文内容较为充实，也有一定的艺术功力。其传记散文最为突出，善于抓住富于特征性的细节，凸现人物的精神风貌，如《王冕传》《记李歌》《杜环小传》等都是其中优秀篇章。

刘基的散文擅长议论。（见图 7-16）他的寓言体政论散文集《郁离子》形式活泼，在揭露和嘲讽社会弊病方面，不少小品写得精悍警厉，鞭辟入里。另外，他的游记清越幽秀，颇有柳宗元的风范。

以后能继承宋濂、刘基散文传统的是宋濂的门生方孝孺。他的散文纵横跌宕，如《蚊对》指责同类相嗜甚于毒蚊，《指喻》说明大患常发于至微，都写得顿挫浏亮，畅达恳切。

图 7-16　刘基像

随着明王朝的政治日益巩固，文网日渐严密，大大限制了散文作家的视野，使创作逐渐失去应有的生机。内容贫乏、文气冗弱的台阁体也就应运而生。其代表作家有杨士奇、杨荣、杨溥。他们先后官至大学士，朝廷的诏令、奏议皆出其手。他们的散文不少是歌功颂德、粉饰太平的作品。当时不少文人得官后，往往模拟三杨的台阁体，应酬逢迎。这是散文创作的低潮时期。

成化至隆庆年间，台阁体散文的弊病日渐暴露。于是茶陵诗派、“前七子”应运而生，他们在变革台阁体文风方面起了推动作用。茶陵派的首领是李东阳，他也是台阁重臣，其散文创作在内容的贫乏上并未有多大改观，但他想以深厚雄浑的文风代替孱弱冗缓的台阁体，在艺术表现上与台阁体有所区别，有一定可取之处。如他写的《甲申十同年图诗序》刻画 10 人不同的情态，传神生动，是较好的作品。真正从内容到形式给予台阁体以有力打击的还是以李梦阳、何景明为首，包括徐祯卿、康海、王九思、边贡、王廷相在内的“前七子”。他们的作品内容较为充实，多有针对时弊的议论散文。但他们的艺术追求是一味模拟秦汉文章，甚至故意佶屈其辞，地名也用古名，不足为训。

随着“前七子”所倡导的“文必秦汉”的复古运动的开展，出现了越来越多的生吞活剥、字剽句窃的现象，引起许多文人如王慎中、唐顺之、茅坤、归有光（见图 7–17）等人的质疑和不满。他们在肯定先秦两汉散文传统的同时，强调学习“唐宋八大家”的散文法度，史称“唐宋派”。他们虽然注意散文创作要学习唐宋散文所具有的“开阖、首尾、经纬错综之法”，但又强调能“自为其言”，要“洗涤心源，独立物表，具今古只眼”，所以他们的创作与一味模拟秦汉者有显著区别。一般说来，唐宋派作家的散文能直抒胸臆，做到文从字顺，朴素自然。尤其是归有光，善于即事抒情，描绘家庭琐事，真挚动人，“不事雕饰而自有风味”。像《先妣事略》《寒花葬志》《项脊轩志》都是具有这样特色的作品。唐宋派诸散文作家的努力，使明代散文创作出现了一个高潮。

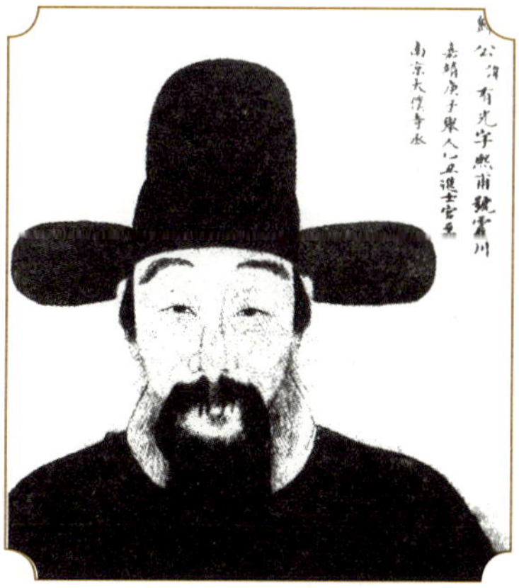

图 7–17　归有光像

唐宋派的理论主张因具有道学论文的格调和因素，所以未能深入人心。当“后七子”“文必秦汉”的复古思潮再起时，他们的影响就衰弱了。“后七子”成员包括李攀龙、宗臣、王世贞、谢榛、梁有誉、徐中行、吴国伦。其声势更盛，都创作过一些清新畅达的作品。尤其是宗臣的《报刘一丈书》，较为有力地抨击了封建官场的腐败。其刻画奔走权门的无耻之徒的丑态，惟妙惟肖；描绘权豪的赫赫气焰以及门者的狐假虎威，亦淋漓尽致。

图 7–18　李贽像

万历至崇祯年间，散文作家站在文学应反映“童心”“性灵”这样自觉的理论基础上，指出“前、后七子”拟古主义扼杀创作个性的危害。他们的散文题材多样，形式活泼，摆脱了古代散文规矩的束缚，追求“幅短而神遥，墨希而旨永”。无论是叙事抒情、说理谈天，都信笔直书，流畅隽俏，其中夹杂着不少“怡人耳目，悦人性情”的诙谐和幽默。这一大批散文一般都称为“晚明小品”。其中像李贽（见图 7–18）、袁宏道、钟惺、谭元春、刘侗、王思任、张岱，都是风格独特、成就较高的散文家。正是这些作家的努力，才使晚明小品在中国散文发展史上占有重要的地位。

晚明时期，还有一部分作者继续恪守唐宋派的论文主张。这些作家由于身处社会危机特别严重的时刻，因而其散文创作能突破论文主张的框框，写出不少面对现实的作品。如张溥《五人墓碑记》表现苏州市民与阉党的斗争，写得质朴亢爽。又如少年英雄夏完淳在就义之前用血泪凝成的《狱中上母书》《遗夫人书》《土室馀论》，感情充沛，悲壮动人。这些创作也为晚明散文的繁荣做出了应有的贡献。

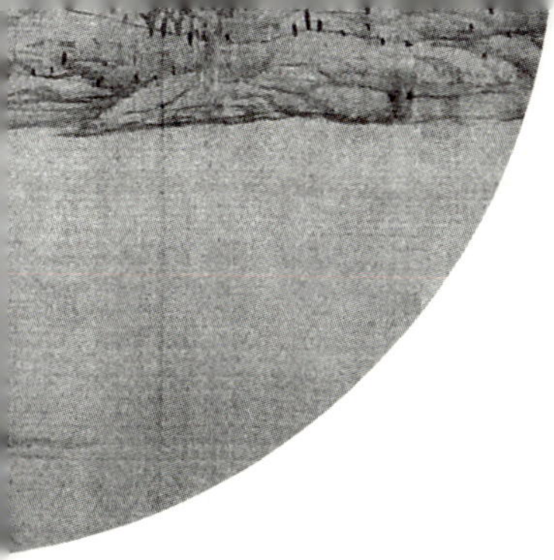

（二）“清初三老”“古文三大家”、桐城派

清代散文在时域上分为清初散文及清中叶散文，代表性作家有“清初三老”“清初古文三大家”及桐城派古文家。

清初三老 清初，“学人之文”以“清初三老”即顾炎武、黄宗羲和王夫之为代表。三人都曾参加抗清活动，志在反清复明，明亡不仕。其文学主张虽各有侧重，但共同点是都强调经世致用。他们的文章以关系国家大事的论说文最为著名，如顾炎武的《郡县论》、黄宗羲的《明夷待访录》、王夫之的《读通鉴论》等。这些文章言谈大胆，见识精深，表现了强烈的民族责任感，有的还表现出进步的民主思想。他们也写了一些文学性较强的传记文，如黄宗羲的《柳敬亭传》。

古文三大家 清初，“文人之文”以“古文三大家”即侯方域、魏禧和汪琬为代表。三人的散文都富有时代特色和现实针对性，风格则各异。侯方域的文章以才气见长，富有激情，行文纵横恣肆，人称“才子之文”。他的传记文和论文书札都闻名于世，传记文以《李姬传》《马伶传》为代表。魏禧为文强调“积理练识”“有用于世”，长于议论，人称“策士之文”。汪琬的文章疏淡迂回，雍容典雅，人称“儒者之文”，代表作如《江天一传》。

桐城派 桐城派是清代散文影响最大的一个流派，因创始人方苞、刘大櫆、姚鼐都是安徽桐城人，故得名。桐城派创于康熙朝，一直绵延至清末。该派文学主张近宗明代的唐宋派，远接“唐宋八大家”，以“义法”为中心，逐渐形成一个完整的体系，在前人的基础上作了一次全面系统的总结。

桐城派作家毕生研读古文，各人风格也有不同。方苞的散文静重博厚，雅洁精严，稍逊风韵。他的文章以碑铭传记一类写得最为讲究，最有价值的当数《狱中杂记》。作者因同乡戴名世“南山案”牵连入狱，几乎论斩。文章记狱中的种种黑暗现象，真切而深透，虽事繁而细，但条理分明，文字精确，足见其功力。刘大櫆上承方苞，下启姚鼐。他发展了桐城派的理论，提出“神气”说。其文

图 7–19　姚鼐像

章抒发怀才不遇，指摘时弊，才气较足，奇宕雄肆，清丽多变，但有拟古痕迹。

姚鼐在桐城派中地位最高。（见图 7–19）他一生安宁，中年辞官后以授徒为业，弟子遍及大江南北，使桐城派影响扩大。姚鼐是桐城派散文理论的集大成者，既扩大了方苞的“义法”说，主张“义理、考据、辞章”三者的统一，又继承发扬了刘大櫆的“神气”说，提出了“神、理、气、味”与“格、律、声、色”相统一的理论；同时，还总结概括历代文章的风格论，发展了“阳刚阴柔”相反相成的美学观。姚鼐著有《惜抱轩集》，所编《古文辞类纂》流传极广。其散文简洁严整，纡徐明润，《登泰山记》是他的代表作。

与桐城派散文从内容到形式都形成对比的是袁枚和郑燮的散文。二人散文的共同点是不为圣道伦常说教，直抒胸臆，写真性情，语言接近口语。袁枚文不拘一格，有真情实感，《祭妹文》《黄生借书说》是其代表作。郑燮的文章自出己意，奇谈卓识迭出，幽默诙谐，亲切自然，散文主要是一些家书和题画文，都有佳作。

古文不仅是中国传统文学而且是中国传统文化的重要组成部分，它伴随着中华民族迈入文明社会的步伐而凸现并发展，折射着历史变迁的云卷云舒。先秦诸子的滔滔宏论，历史散文的阔达激壮，唐宋大家的隽永深邃，明清小品的清丽婉约、性灵俊逸，无不成为我们代代传诵的散文经典。

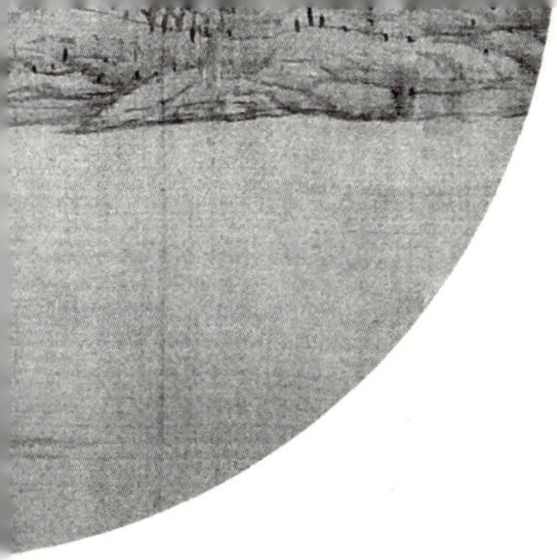

第八章 小说

相对于诗歌、辞赋这些文学样式来说，我国古代的小说确属晚出之体，但这只是表明小说成为独立的文学样式相对较晚，实际上，小说的因素在诸子散文和辞赋中皆早有显现。如果说纪“事”是小说萌发的基础的话，那么虚构故事则是小说形成的决定性因素，而辞赋显然已具备了这样的因素。

“说”的基本含义是“陈述、解说”，即说故事、叙述故事，或解说某事而使之趋于浅白通俗。又，“说”通“悦”，有喜悦或娱乐之义。因此，“小说”的基本特征是故事性、简洁性、通俗性和娱乐性。

一、上古神话传说

神话传说是人类早期幻想性的口头文学作品，既是中国文学的一个来源，又证明了早期人类认知自然、认知自我的积极需求。同时，神话也具有一定的历史真实性，寄托了人们对美好事物的向往。

中国古代神话传说中记载了众多神化了的人物，诸如盘古、伏羲、女娲、炎帝、黄帝、颛顼、帝喾、尧、舜、禹、嫦娥、姜子牙等神话形象，无不栩栩如生，其轶事在民间被广为传颂。

共工怒触不周山 共工，又称共工氏，是中国古代神话中的水神，掌控洪水。据先秦古书《列子·汤问》记载，共工素来与颛顼[①]不合，二者发生了惊天动地的大战，最后以共工失败而愤怒地撞上不周山而告终。这一传说反映了远古部族间的斗争：

> 共工氏与颛顼争为帝，怒而触不周之山，折天柱，绝地维，故天倾西北，日月星辰就焉；地不满东南，故百川水潦归焉。

此战或又传说为共工与火神祝融之争。据唐代司马贞《三皇本纪》云：

---

① 颛顼：黄帝之裔（据《山海经·海内经》），故其与共工之战实为黄炎战争的继续。

诸侯有共工氏，任智刑，以强霸而不王。以水乘木，乃与祝融战。不胜而怒，乃头触不周山。崩。天柱折，地维绝。

水神共工氏和火神祝融氏的这场大战，皆因“水火不相容”而发生。这说明了水火相克是自然界的基本原理，非人力所能干扰。

女娲造人与补天　女娲是中国上古神话中的创世女神，又称“娲皇”“女阴娘娘”。传说女娲氏是华夏民族的人文先始，福佑社稷之正神。相传女娲以黄泥为材料，仿照自己抟土造人，创造人类社会并建立婚姻制度。

根据《淮南子·览冥训》《列子·汤问》等典籍记载，远古时代，四根天柱倾倒，九州大地裂毁，大火蔓延不熄，洪水泛滥不止。女娲不忍人类受灾，于是炼出五色石补好天，折神鳖之足撑四极，平洪水，杀猛兽，人类始得以安居。女娲不但是补天救世的英雌和抟土造人的女神，还是一个创造万物的自然之神。她开世造物，因此被称为“大地之母”，是被民间广泛而又长久崇拜的创世神和始母神。

二、魏晋六朝笔记小说

魏晋六朝的笔记小说主要包括志怪、志人小说，以及杂录、琐闻、笑话之类。

（一）志怪小说

志怪，就是记录怪异。汉代以后，儒教、道教和佛教逐渐盛行，鬼神迷信的说教广为流布，所以汉魏六朝时期出现了大量以记叙神异鬼怪故事传说为主体内容，带有神怪色彩的小说，这类小说被称为“志怪小说”。

志怪小说的内容很庞杂，大致可分为三类：炫耀地理博物的琐闻，如托名东方朔的《神异经》、张华的《博物志》；记述正史以外的历史传闻故事，如托名班固的《汉武故事》《汉武帝内传》；讲说鬼神怪异的迷信故事，如东晋干宝的《搜神记》、旧题曹丕的《列异传》、葛洪的《神仙传》、托名陶潜的《后

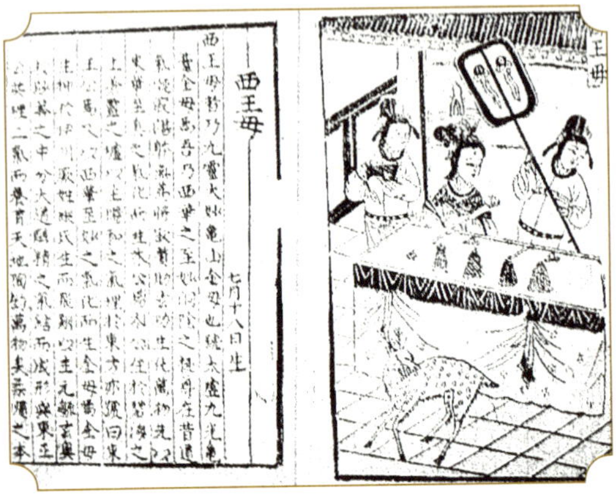

图 8–1 《新刊出像增补搜神记》书影

搜神记》等。志怪小说对唐传奇产生了直接的影响。

魏晋志怪小说中，《搜神记》是保存最多且具有代表性的一种。（见图 8–1）作者干宝，字令升，新蔡（今属河南）人，是两晋之际的史学名家，著有《晋纪》，时称“良史”。又好阴阳术数、神仙鬼怪。《搜神记》的内容，一部分“承于前载”，但并不都是照旧抄录，有些文字上作了加工；另一部分“采访近世之事”，出于作者手笔。其中大部分只是简略记录各种神仙、方术、灵异等事迹。也有不少故事情节比较完整，在虚幻的形态中反映了人们的现实关系和思想感情。一些优秀的传说故事尤其有价值。如《李寄斩蛇》《韩凭夫妇》《东海孝妇》《干将莫邪》《董永》等，对后代文学有较大影响。

《搜神记》之后，优秀的志怪作品收集在刘义庆的《幽明录》里。刘义庆，彭城（今江苏徐州）人，南朝宋宗室，袭封临川王。他爱好文学，著述甚多。《幽明录》和《搜神记》的不同之处在于，它很少采录旧籍记载，而多为晋宋时新出的故事，并且多述普通人的奇闻异迹，虽为志怪，却有浓厚的时代色彩和生活气息。其文字比《搜神记》显得舒展，也更富于辞采之美。如《卖胡粉女子》：

有人家甚富。止有一男，宠恣过常。游市，见一女子美丽，卖胡粉，爱之。无由自达，乃托买粉，日往市，得粉便去，初无所言。积渐久，女深疑之。明日复来，问曰：“君买此粉，将欲何施？”答曰：“意相爱乐，不敢自达，然恒欲相见，故假此以观姿耳。”女怅然有感，遂相许与私，克以明夕。

其夜，安寝堂室，以俟女来。薄暮果到，男不胜其悦，把臂曰：“宿

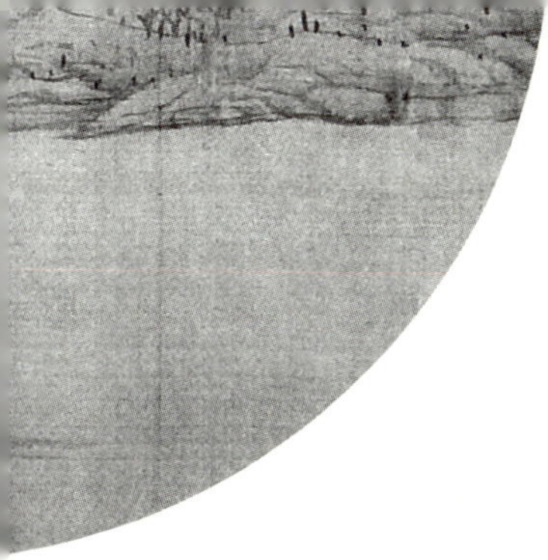

愿始伸于此！”欢踊遂死。女惶惧，不知所以，因遁去，明还粉店。

至食时，父母怪男不起，往视已死矣。当就殡殓。发箧笥中，见百余裹胡粉，大小一积。其母曰：“杀吾儿者，必此粉也。”入市遍买胡粉，次此女，比之，手迹如先。遂执问女曰：“何杀我儿？”女闻呜咽，具以实陈。父母不信，遂以诉官。女曰：“妾岂复恡死？乞一临尸尽哀。”县令许焉。径往，抚之恸哭曰：“不幸致此，若死魂而灵。复何恨哉！”男豁然更生，具说情状。遂为夫妇，子孙繁茂。

故事虽不长，但能以简练的语言写出曲折变化的情节。单恋、互爱、欢聚、猝死、寻拿、哭尸、复生，环环相扣，波澜迭起，在志怪小说中是不多见的。《幽明录》比以前的志怪小说更注意人生情趣，也更有文学性。像《卖胡粉女子》这样的作品，已有脱离志怪而着重于人间生活的倾向。

（二）志人小说

魏晋六朝在品藻人物的社会风气影响之下形成了志人小说。“志人”这个名称，是鲁迅从“志怪”中推衍出来的，与“志怪”相对而言。这类小说专记人物言行及历史人物的传闻轶事，是一种杂录体小说，又称“清谈小说”“轶事小说”。鲁迅《中国小说史略》说：“记人间事者已甚古，列御寇、韩非皆有录载，惟其所以录载者，列在用以喻道，韩在储以论政。若为赏心而作，则实萌芽于魏而盛大于晋。虽不免追随俗尚，或供揣摩，然要为远实用而近娱乐矣。”[①] 志人小说按其内容主要分为三类：笑话、野史、逸闻轶事。著名志人小说有《笑林》《世说新语》等。志人小说和其他小说一起，开启了后世小说之先河。

《笑林》 《笑林》是中国古代第一部笑话集，由三国时魏人邯郸淳编撰。邯郸淳，河南颍川人，“博学有才章”，颇受曹操父子器重，尤其与曹植交好。《笑林》所选作品，有讽刺愚蠢行为的，如《长竿入城》《痴婿》《治驼背》《障

① 鲁迅：《中国小说史略》，上海古籍出版社2006年版，第34页。

叶隐形》等；有嘲讽上层统治阶级贪吝无知的，如《汉世有老人》《吴沈峻性俭吝》《楚人有担山鸡者》等；有关于巧言善辩的人物和事件的，如《某甲夜暴疾》《甲啮乙鼻》等；有记述文人轶事的，如《姚彪倒盐江中》《赵伯公肥大》等。《笑林》所收民间笑话反映了一些人情世态，讽刺了悖谬的言行，生动有趣，但也有一些笑话趣味不高。

《世说新语》　《世说新语》又称《世说》，主要记录魏晋名士的逸闻轶事和玄言清谈，是中国魏晋南北朝时期志人小说的代表作，由南朝宋刘义庆召集门下文士共同编撰。《隋书·经籍志》将它列入小说类，并称刘义庆“性简素”，“爱好文义”，“招聚文学之士，近远必至”。全书依内容分“德行”“言语”“政事”“文学”“方正”等，共36类，每类分若干则，每则文字长短不一，有的数行，有的三言两语，由此可见笔记小说“随手而记”的特性。

《世说新语》记述自汉末到刘宋时名士贵族的逸闻轶事，主要为有关人物评论、清谈玄言和机智应对的故事，反映了魏晋时期文人的思想言行和上层社会的生活面貌，记载颇为丰富真实，这样的描写有助于读者了解当时士人所处的时代状况及政治社会环境，更让后代读者看到了所谓“魏晋清谈”的风貌，领略了魏晋士人所体现的“魏晋风度”。此外，善用对照、比喻、夸张等文学技巧，不仅使它保留下许多脍炙人口的佳言名句，更为全书增添了无限光彩。其文字质朴，有时几如口语，而意味隽永，在晋宋人文章中也颇具特色。因此，它历来为人们所喜读，其中有不少故事成了诗词中常用的典故和人们习用的成语，如“割席断交”（《德行》）、“小时了了”（《言语》）、“覆巢之下，安有完卵”（《言语》）、“标新立异”（《文学》）、“拾人牙慧”（《文学》）、“渐入佳境”（《排调》）、“鹤立鸡群”（《容止》）等等。

三、唐传奇

中国小说在魏晋南北朝时期还处于萌芽阶段，记述神灵鬼怪的志怪小说较多，少数记人事的小说如《世说新语》，则多记上层人士的谈吐和轶事。这些小说大抵篇幅短小，文笔简约，缺少具体的描绘。到唐代，传奇产生，情况有了很大的改变。唐代传奇是文言短篇小说，内容除部分记述神灵鬼怪外，大量记载人间的各种世态，人物有上层社会的，也有下层社会的，反映层面较过去远为广阔，生活气息也较为浓厚。后人称其为“唐人传奇”或“唐传奇”。

魏晋南北朝作者把小说作为记录异闻奇事的野史一类看待，略叙梗概，不讲究语言的藻饰。刘勰在《文心雕龙》中详述各种文体，下及谐辞隐语，于小说一类却只字不提。这说明在当时区分文笔、注意藻绘的风气中，志怪记人之类的小说因缺乏文采而不为论者所重视。唐传奇的情况则大不相同。鲁迅说唐人“始有意为小说”，认为“传奇者流，源盖出于志怪，然施之藻绘，扩其波澜，故所成就乃特异。其间虽抑或托讽喻以纾牢愁，谈祸福以寓惩劝，而大归则究在文采与意想，与昔之传鬼神明因果而外无他意者，甚异其趣矣”[①]。这就指出了唐传奇作者是有意识地进行文学创作，虚构曲折情节，注意语言华美，富于文采与意想，从而取得了突出的文学成就。

唐传奇中最早的《古镜记》，相传为隋末唐初人王度所作，内容不脱六朝志怪小说余风。它以古镜为线索，把十多个怪异故事连缀起来组成长篇，叙述较为细致，较之笔记式的六朝小说是一大进步。《补江总白猿传》一般推测亦为前期作品。作者不详，内容属志怪一类，情节较曲折，描绘也较具体生动，初步显示出唐传奇的艺术创新特色。这两篇文章标志着中国小说从六朝志怪向

① 鲁迅：《中国小说史略》，第 41~42 页。

唐传奇发展的过渡形态。

其后唐传奇发展至繁荣阶段，作品多，名家也多，一些优秀的单篇传奇几乎都产生在这一时期。古文大家韩愈、柳宗元在当时风气影响下，也写了几篇接近传奇的文章，如韩愈的《毛颖传》、柳宗元的《河间传》之类。但它们不像传奇那样注意讲述有趣味的故事，着重表现作者的意想和文采，而是如鲁迅所说“以寓言为本，文词为末”，其实“无涉于传奇”[①]。鲁迅曾指出：“惟自大历以至大中中，作者云蒸，郁术文苑，沈既济、许尧佐擢秀于前，蒋防、元稹振采于后，而李公佐、白行简、陈鸿、沈亚之辈，则其卓异也。”[②]这时期的传奇作品，从内容、题材上看，大致可分为神怪、爱情、历史、侠义诸类。其中有些作品内容交叉，如神怪兼爱情类的题材就很多，其他题材也有相互结合的。

神怪类　此类题材虽沿袭六朝志怪小说的传统，但内容、形式都具有新的特色。沈既济《枕中记》、李公佐《南柯太守传》，题材受南朝志怪小说《幽明录》中《焦湖庙祝》的影响。但《焦湖庙祝》全文仅百余字，叙述简略，而《枕中记》《南柯太守传》两篇则篇幅较长，描绘具体，委曲细致，显示出“施之藻绘，扩其波澜”的特色。而且，由于把梦境中的仕途荣辱与波折铺叙得淋漓尽致，也间接反映了当时朝廷和官场的某些情况，具有一定的现实意义。

此外，《古岳渎经》《庐江冯媪传》《三梦记》《周秦行纪》等，或述神鬼，或记奇梦，也属于这一类。

神怪兼爱情类　沈既济《任氏传》，写狐精化为美女任氏，与贫士郑六同居，任氏不仅艳丽非凡，善良聪慧，并能抗御强暴，形象动人，为后世《聊斋志异》等着重写狐精故事的先导，故事文笔也较其《枕中记》更为细腻。陈玄佑《离魂记》写张倩娘为了追随爱人王宙，魂魄与躯体相离。李朝威《柳毅传》写书生柳毅

① 鲁迅：《中国小说史略》，第 41 页。
② 鲁迅：《唐宋传奇集 · 序例》，齐鲁书社 1997 年版，第 2 页。

传书搭救洞庭龙女脱离困境后，几经曲折，终于与龙女结为夫妇。此作情节离奇，人物性格鲜明，铺叙细致，文辞华艳，为唐传奇中的杰作。李景亮《李章武传》，写李章武与华州街坊妇女王氏一度热恋，王氏病故后，鬼魂与重游旧地、夜居其宅的李章武追叙欢情。这些篇章实际写的都是以爱情婚姻为主的人情世态，如果剥去其神怪外衣，就是优秀的爱情小说。另外，沈亚之《湘中怨解》《异梦录》《秦梦记》三篇，也属于这一类作品，叙事虽较简约，但多诗歌，饶有韵致，表现出作者的情思。

爱情类 除上述以神怪形式出现的爱情故事外，还有一些专写人间爱情的传奇。如许尧佐《柳氏传》，写诗人韩翊（一作“韩翃”）与柳氏相爱，经动乱离散，最后团圆的故事。白行简《李娃传》，写荥阳大族郑生热恋长安倡女李娃，屡经波折，几经丧生，终获美好结局。蒋防《霍小玉传》，写陕西书生李益与长安倡家霍小玉相爱，后登第授官，遂致负心。后面这两篇传奇都以世族子弟与倡女的恋爱为题材，有其现实意义。唐代士人以娶名门女子为荣，因为这种联姻有利于仕进和提高社会地位。世族子弟溺爱倡妓，一般说来只能是一时的风流韵事。李娃在郑生登第授官后，要求离去，并劝郑生“当结媛鼎族”。霍小玉也自知与李益的同居生活不能持久，只求暂度八年，当李益满 30 岁时再“妙选高门”。这里反映出森严的阶级界限和真挚爱情之间的深刻矛盾。这两篇传奇人物性格鲜明，情节曲折，波澜起伏，文笔细腻生动，与《南柯太守传》《柳毅传》《虬髯客传》等篇共同标志着唐传奇艺术创作的高峰。在这类作品中，元稹的《莺莺传》（见图 8–2）也很著名，篇中刻画莺

图 8–2 明 · 仇英《崔莺莺造像》

莺的性格尤为深刻细致。

历史类 此类小说以陈鸿的《长恨歌传》和《东城老父传》为代表。《长恨歌传》前半部分写唐玄宗宠幸杨贵妃，朝政腐败，招致安史之乱，暴露了唐玄宗朝后期的黑暗现实。后半部分写杨贵妃死后，唐玄宗日夜思念，有蜀地方士至蓬壶仙山访得杨贵妃。故事虽纯属虚构，但叙述婉曲，富有情致。同时有白居易所作长篇诗歌《长恨歌》与传文相配合。《东城老父传》写贾昌少年时以善于斗鸡得玄宗爱幸，声势显赫，从侧面反映了玄宗后期的荒淫生活。后安史乱起，贾昌家道中落，依佛寺为生。文中写斗鸡一段较生动，但大部分叙述质直，不及《长恨歌传》文采斐然。

侠义类 这类小说在唐中期还较少，李公佐有《谢小娥传》，写谢小娥的父亲、丈夫为盗匪申兰、申春所杀。小娥女扮男装，佣于申兰家，终于设计杀兰擒春，表现了智勇俱备的侠义精神。沈亚之《冯燕传》，写冯燕与滑州张婴妻私通，后婴妻授刀于冯令杀其夫，冯怒其不义而杀之，及闻婴为此蒙屈将戮，复挺身自首，表现了犯法后勇于承担责任的豪侠作风。此外，如《柳毅传》中的钱塘君、《柳氏传》中的许俊、《霍小玉传》中的黄衫客，也都属于侠义人物，但在全篇中不是主要角色。这类小说在唐晚期有较大的发展。

唐传奇在艺术形式上，篇幅加长，“叙述宛转，文辞华艳，与六朝之粗陈梗概者较，演进之迹甚明”[①]，部分作品还塑造了鲜明动人的人物形象。唐传奇的语言，一般运用散体，但多四字句，句法较整齐，沿袭了六朝志怪小说的传统。六朝志怪小说如《搜神记》等，语言比较质朴，不讲究对偶和辞藻，在当时区别“文”“笔”的风气下，属于“笔”这一类，但因受骈文盛行的影响，一部分语句句法比较整齐，风格上也有与骈文接近的一面。唐代传奇的语言就是沿着这一路子发展的。个别篇章如《游仙窟》，甚至以骈体为主，但多数作品尽

---

① 鲁迅：《中国小说史略》，第 41 页。

管夹杂骈句，基本上仍是散体。不过由于作者有意重视文采，不少作品语言也颇为华艳。

唐代传奇对后代小说、戏曲及讲唱文学有较大的影响。传奇体成为宋以后历代文言短篇小说的主要样式，即使在白话小说兴起后，仍有一定势力。宋代就出现过不少传奇作品，虽然大都写得比较平实，缺少飞动的文采，但也有一些流传的佳篇，如鲁迅《唐宋传奇集》中收录的《绿珠传》《杨太真外传》和《梅妃传》《李师师外传》等。明代著名的传奇小说有瞿佑的《剪灯新话》、李祯的《剪灯馀话》和邵景瞻的《觅灯因话》。其中，《剪灯新话》的文笔、意境颇能新人耳目。清代蒲松龄的《聊斋志异》更是继承并发展了唐传奇人物形象鲜明、故事情节曲折、语言华艳生动的特色，获得了巨大的成就。

唐传奇对宋以后的白话短篇小说即话本也有明显影响，很多题材和人物为话本所采用。传奇中叙事、诗笔、议论结合的形式，即“文备众体”的特点，以及描写人物的手段，如比较细腻的细节描写、传神的人物对话等，后世话本也都有所借鉴和发展。

唐代传奇的出现，标志着中国古代短篇小说趋于成熟。宋人洪迈在《唐人说荟》中说：“唐人小说，不可不熟。小小情事，凄惋欲绝，洵有神遇而不自知者。与诗律可称一代之奇。”他把唐传奇同唐诗相提并论，给予很高的评价。

四、宋元话本

宋代，随着说话活动的日益兴盛，在书场中流播的故事越来越多，而以口传故事为蓝本的文字记录本，以及受说话体式影响而衍生的其他故事文本等，也日见其多，后世统称为“话本”。“话本”这一称谓可能在唐代就已经出现。今存宋元话本常出现“话本说彻，且作散场”之类的套语，可见话本含有故事文本之义。而套语的出现，也说明话本在一定程度上已经模式化。

大体而言，传世宋元话本可分为三类：第一类是叙事粗略、文字粗糙的说话艺人的底本，如《三国志平话》等；第二类是以说话艺人口述故事为主要内容的记录整理本，文字通顺，描写细致，叙事周详，可能出自当时的读书人或书会先生之手，如《碾玉观音》等；第三类是文人依据史书、野史笔记、文言小说等改编而成的通俗故事读本，如《宣和遗事》等。

宋元话本具有以下特点：第一，注重趣味性和虚构。“说话”是“说话人”赖以养家糊口的职业，必须尽一切可能来吸引听众。而听众听“说话”是为了娱乐，要讲得有趣味才能被吸引。因此，趣味性就成了“说话”的第一原则。“说话”主要是叙述故事，而事实不一定有趣味，更不可能有充分的趣味性，因此“说话”追求的趣味性是以虚构为基础的。第二，思想感情与市井民众相通。要使听众感兴趣，“说话人”不但不能采取说教的态度，也不能使话本中人物的言行、感情太“脱俗”，以至于市井民众无法理解和接受，而必须使听众与话本里的人物产生深刻共鸣，感同身受地关注其命运，从而兴味盎然地倾听“说话人”的演述。因此，话本中人物（除了大奸大恶者）的言行、感情也正是市井民众在类似情况下所可能产生或向往的言行、感情。第三，描写趋于细腻。现在所见元代刊印或编定的话本，有的叙事粗疏，只能勉强达意，甚或词不达意；有的则能显示出大致的轮廓，偶尔也注意到细部；有的描写相当细腻，但可能已经过明代人的艺术加工。

话本小说是民间说话艺人的创作，既具有口头文学清新活泼的特色，又发扬了志怪、传奇等古代小说的优良传统，在思想性和艺术性上都有一定成就。宋代话本小说是中国小说史上一个重要的发展阶段。明清的白话小说主要就是在话本的基础上发展起来的，如“三言二拍”[1]、《水浒传》《三国志演义》《西游记》等文学名著都是宋元话本继续发展的产物。

五、章回小说

由宋元讲史话本发展而来，分章回叙事的长篇白话小说，是我国古典小说的主要形式。分回标目，段落整齐，首尾完整，是其主要特点。

讲史说的是历史兴亡和战争故事，如《五代史平话》《宣和遗事》等。“说话人”不能把每段故事有头有尾地在一两次“说话”中说完，必须连续讲若干次，每讲一次就等于一“回”。在每次讲话以前，要用题目向听众揭示主要内容，这就是章回小说回目的起源。从章回小说中经常出现的“话说”“看官”“且听下回分解”等语词，可以看出它和话本之间的继承关系。

宋元长篇话本已具有章回小说的雏形。长篇话本篇幅较长，为讲述方便，实行分卷分目，每节标明题目、顺序，这是小说最早的分回形式。经长期演变完善，至明末，章回小说的体例正式形成。这个时期创作的小说，用工整的偶句（也有用单句的）作回目，概括这一段落的基本内容。明清至近代，中国的中长篇小说普遍采用章回体的形式。现当代的一些通俗小说也仍在沿用此种形式。

章回小说每一回的标题往往是一个对仗工整、整齐划一的概括性词句，比如《三国志演义》第一回“宴桃园豪杰三结义，斩黄巾英雄立首功”，都能极好地概括出每一回大致的内容。标题一般比较简略，通俗易懂。这也符合了当

① “三言二拍”是我国古代流传颇广的短篇小说集。“三言”是指明代冯梦龙编纂的《喻世明言》《警世通言》和《醒世恒言》，是我国文学史上第一部规模宏大的白话短篇小说总集，也是白话短篇小说发展历程上由民间艺人的口头艺术转为文人作家案头文学的第一座丰碑。“二拍”是指凌蒙初编的《初刻拍案惊奇》和《二刻拍案惊奇》，是作者根据野史笔记、文言小说和当时的社会传闻创作的，主要反映了市民生活中追求财富和享乐的社会风气。

时民间艺人为了吸引听众而使用这样的标题的情形。

章回小说往往分成三大类，即历史演义、英雄传奇、神魔怪异。大多数章回小说都是历史演义，顾名思义，这类章回小说都是以历史为基础而编写出来的，但为了使小说内容精彩，为了突出某一人物的英雄特色或者某一特定的主题，故制造一定的矛盾，作品大都写得“虚实相间”。如《三国演义》中，把曹操的奸诈狡猾、嫉贤妒才体现得淋漓尽致。有些内容是反其道而行之，把曹操的历史功过一概不提，而极力去描摹诸葛亮的神通广大，甚至记叙了一些其人未曾做过的事情。这种处理方法极力渲染英雄的豪气，是章回小说的特色，也是一种艺术手法的体现。

章回小说的开头模式大致可以分为三种：引首类、楔子类、缘起类。引首类与话本的入话、头回非常相似，以诗词、议论、小故事引入小说正文，如《三国演义》开篇“天下大事，分久必合，合久必分”，并引入明代文学家杨慎的词作《临江仙》：“滚滚长江东逝水，浪花淘尽英雄。是非成败转头空。青山依旧在，几度夕阳红。白发渔樵江渚上，惯看秋月春风。一壶浊酒喜相逢。古今多少事，都付笑谈中。”楔子类以金圣叹《第五才子书水浒传》为代表，指在小说开头借助于神话、故事等叙述方式来阐释作品的主旨或寓意的一类开头。缘起类以《红楼梦》为代表，这一类开头主要是介绍作品的创作缘起，注重从结构的全局去把握作品的总体。

四大名著　中国古典长篇小说四大名著是指《三国演义》《水浒传》《西游记》《红楼梦》。四大名著是汉语文学史中不可多得的经典作品，是中国乃至全人类共同拥有的宝贵文化遗产。此四部巨著不论是在艺术手法还是在思维深度上，都代表了中国古典小说的巅峰，可谓中国文学史上的四座丰碑。作品细致的刻画和所蕴含的深刻思想都为历代读者所称道，其中的故事、场景、人物已经深深地影响了中国人的思想观念和价值取向。

《三国演义》，全名《三国志通俗演义》，是中国第一部长篇章回体小

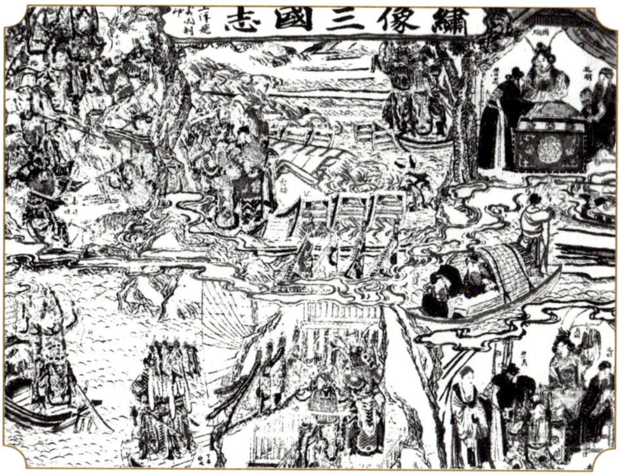

图 8–3　赤壁之战（桃花坞年画）

说。作者罗贯中（约1330 ~ 约1400年），字贯中，号湖海散人。《三国演义》是综合民间传说、戏曲、话本，结合陈寿《三国志》、范晔《后汉书》、元代《三国志平话》和裴松之注的史料，以及作者个人对社会人生的体悟写成的。清初毛宗岗父子又对其作了一些修改，成为现在最常见的一百二十回本。全书反映了三国时代的政治军事斗争及晋朝开国历史（见图 8–3），揭露了三国时代各类社会矛盾，情节曲折，结构宏大，塑造了一批叱咤风云的英雄人物，其中诸葛亮、曹操、关羽、刘备、张飞、周瑜等人的性格尤为突出。

《水浒传》，作者一直存有争议，目前广泛认可的作者是施耐庵（1296 ~ 1370年）。《水浒传》的故事源起于北宋宣和年间。当时流传的话本《大宋宣和遗事》描述了宋江、吴加亮（吴用）、晁盖等人起义造反的故事，这成为《水浒传》的蓝本。由于《水浒传》版本众多，流传甚广，其中也出现不同的故事，可大体分为“文简事繁本”和“文繁事简本”两个系统。“文繁事简本”较为细致，也流传最广，主要分为七十回本（无聚义后情节）、一百回本（招安后，有征辽、征方腊等情节）和一百二十回本（在一百回本基础上增加征田虎、征王庆情节）。其中一百二十回本也被称为《水浒全传》，是水浒故事最完整的一个版本。《水浒传》描写北宋末年以宋江为首的108位好汉在梁山起义，以及聚义之后接受招安、四处征战的故事（见图 8–4），塑造了宋江、吴用、李逵、武松、林冲、

鲁智深等梁山英雄，形象地描绘了农民起义从发生、发展直至失败的全过程，深刻揭示了起义的社会根源，满腔热情地歌颂了起义英雄的反抗斗争精神和他们的社会理想，也具体揭示了起义失败的内在历史原因。

图 8–4　三打祝家庄（清苏州年画）

图 8–5　官封弼马温（清康熙石印本插图）

《西游记》，作者也存在一定争议，目前普遍认为作者为明代杰出的小说家吴承恩（1501 ~ 1582 年）。吴承恩，字汝忠，号射阳山人。虽自幼聪明过人，但科考不利，至中年才补上“岁贡生”，后流寓南京，长期靠卖文补贴家用。晚年因家贫出任长兴县丞，由于看不惯官场的黑暗，不久愤而辞官，贫老以终。《西游记》在民间传说的唐僧取经故事和有关话本及杂剧基础上创作而成，是一部浪漫主义神魔小说。其规模宏大，结构完整，主要描写了唐僧、孙悟空猪八戒、沙僧师徒四人去西天取经，历经九九八十一难最终取得真经的故事。内容分为三大部分：第一部分（一到七回）描写孙悟空神通广大，不惧天庭权威，大闹天宫（见图 8–5）；第二部分（八到十二回）叙写唐僧取经的缘由；第三部分（十三到一百回）是全书的主体，写孙悟空等降伏妖魔，最终到达西天取回真经。《西游记》中塑造的孙悟空形象，以其鲜明的个性特征，在中国文学史上立起了一座不朽的艺术丰碑。

《红楼梦》，原名《石头记》《金陵十二钗》《风月宝鉴》等。作者曹雪芹（约 1715 ~ 约 1763 年），名霑，字梦阮，号雪芹，又号芹溪、芹圃，清代小说家、诗人、画家。曹雪芹早年在南京江宁织造府亲历了一段锦衣玉食、富贵风流的生活。至雍正六年（1728 年），曹家因亏空获罪被抄家，曹雪芹随家人迁回北京老宅。后又移居北京西郊，靠卖字画和朋友救济为生。《红楼梦》以贾宝玉（见图 8–6）、林黛玉（见图 8–7）、

图 8–6　清 · 改琦《宝玉像》

图 8–7　清 · 改琦《宝钗捕蝶》

薛宝钗三个人之间的感情纠葛为主线，通过对一些日常事件的描述，再现了贾府大观园中以金陵十二钗为主体的众女子的爱恨情愁；同时又以贾府由富贵堂皇走向没落衰败的次线，反映了一个封建大家族的没落历程。《红楼梦》中的100多个人物形象各具姿态，个性鲜明，尤其是主要人物如贾宝玉、林黛玉、薛宝钗、贾母、王熙凤、史湘云、妙玉、贾探春等，更是给读者留下了深刻的印象。《红楼梦》还是一部百科全书式的著作，作者充分运用了书法、绘画、诗词歌赋、音乐、戏曲等传统艺术的一切优秀手法，集中展示了中国传统文化的诸多要素，传递了丰富的文化信息。《红楼梦》在思想内容和艺术技巧方面的卓越成就，不仅在国内成为中国小说文学难以征服的顶峰，而且在国际上也广为传播，被翻译成多国语言，读者和研究者甚众。

晚清谴责小说 晚清小说流派之一，繁盛于1900年以后。其时清政府镇压戊戌变法，出卖了义和团，内政反动腐朽，外交软弱无能，国势衰微。具有改良思想的作家纷纷通过创作小说来抨击政府，针刺时弊，提出挽救社会的主张。鲁迅概括这类小说的特点是“揭发伏藏，显其弊恶，而于时政，严加纠弹，或更扩充，并及风俗”[①]，故称之为“谴责小说”。谴责小说的题材和内容涉及社会生活的各个领域，如官场、商界、华工、女界、战争等各方面，以写官场最为普遍。代表作品有李伯元的《官场现形记》、吴趼人《二十年目睹之怪现状》、刘鹗的《老残游记》和曾朴的《孽海花》。

吴敬梓的《儒林外史》是清代一部杰出的现实主义长篇讽刺小说，反映了科举制度和封建礼教对人的毒害，讽刺了因热衷功名富贵而造成的极端虚伪、恶劣的社会风习。准确、生动、简练的白话语言，栩栩如生的人物形象塑造，优美细腻的景物描写，出色的讽刺手法，使其在艺术上获得了巨大的成功。

我国古代小说重视写人，尤其擅长以人的言行举止突出其思想性格，这是

---

① 鲁迅：《中国小说史略》，第187页。

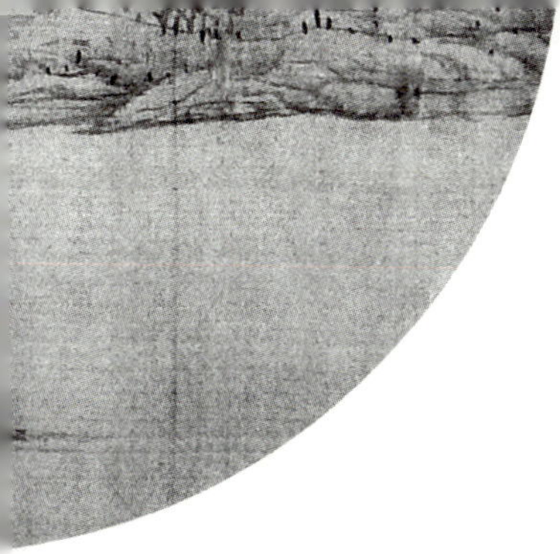

古典小说的艺术传统。在形式方面，古典小说受散文及诗词的影响，精于艺术构思，语言精练，追求简约美；又多在叙事中穿插诗词韵语，别具风格。审美意识方面，古典小说受史传文学及古典绘画艺术的影响，既有“写实”传统，又讲究“传神”写意。

主要参考书目

1. 王兆鹏、黄崇浩注评：《宋词三百首注评》，凤凰出版社 2015 年版。

2. 唐圭璋：《唐宋词简释》，人民文学出版社 2010 年版。

3. 鲁迅：《中国小说史略》，上海古籍出版社 2006 年版。

4. 鲁迅：《汉文学史纲要》，人民文学出版社 1973 年版。

5. 陈子展：《诗经直解》，复旦大学出版社 2015 年版。

6. 程俊英译：《诗经译注》，上海古籍出版社 2014 年版。

7. 闻一多：《唐诗杂论　诗与批评》，三联书店 2014 年版。

8. 任中敏、卢前选编，王星琦注评：《元曲三百首注评》，凤凰出版社 2015 年版。

9. 徐志啸：《楚辞综论》，上海古籍出版社 2015 年版。

10. 侯忠义：《汉魏六朝小说简史》，山西人民出版社 2005 年版。

11. 傅斯年：《中国古代文学史讲义》，上海古籍出版社 2012 年版。

12. 郭英德主编：《多维视角：中国古代文学史的立体建构》，北京师范大学出版社 2011 年版。

13. 龚克昌等评注：《全汉赋评注》，花山文艺出版社 2003 年版。

14. 郭预衡主编：《中国古代文学史长编》，上海古籍出版社 2007 年版。

15. 马积高、黄钧主编：《中国古代文学史》，人民文学出版社 2009 年版。

16. 郁贤皓主编：《中国古代文学作品选》，高等教育出版社 2015 年版。

17. 王兆鹏主编：《中国古代文学作品选》（修订版），武汉出版社 2014 年版。

18. 文史哲编辑部编：《中国古代文学：作家·作品·文学现象》，商务印书馆 2012 年版。

19. 葛晓音、周先慎：《中国古代文学作品选注》，北京大学出版社 2002 年版。

20. 费振刚等编著：《中国古代文学要籍精解》，北京大学出版社 2009 年版。

21. 李浩主编：《中国古代文学名著导读》，高等教育出版社 2014 年版。

22. 蒋长栋主编：《中国韵文文体演变史研究》，岳麓书社 2008 年版。

23. 杨焱林主编：《中国古代文学史纲与名篇欣赏》，复旦大学出版社 2004 年版。

24. 罗宗强、陈洪主编：《中国古代文学发展史》，南开大学出版社 2003 年版。

25. 石观海：《宫体诗派研究》，武汉大学出版社 2003 年版。

26. 卞孝萱、王琳：《两汉文学》，安徽教育出版社 2001 年版。

27. 黄霖、杨红彬：《明代小说》，安徽教育出版社 2001 年版。

28. 曹道衡：《魏晋文学》，安徽教育出版社 2001 年版。

29. 骆玉明、张宗原：《南北朝文学》，安徽教育出版社 1999 年版。

后　记

本书是“中国文化四季”系列之一，意在推介中国传统文学，使读者了解、认识中国传统文学的样式及特点，领略中国传统文学的独特魅力。

横向上，大略以传统文学的代表样态和体式结构全篇；每一文学体式下大略以纵向历史时段为序，间以代表作家、作品填充。同一作家出现在不同文学样式板块时，只在一处作介绍，其他处则省略。限于篇幅，各体文学作品只列比较有代表性的篇章或节选片段，有的则不列作品本身，只列作品题目，如古文、小说类。另有入选各类中小学语文教材的佳作名篇，因耳熟能详，亦不列作品，只作简单评介。

书中所用古典文学知识类资料，多出自各类古代文学史、古代文学作品选、古代文论以及各类鉴赏辞典等书籍，图片资料多为清以前古人画作，并未一一注明出处，在此对所有相关作者一并致谢。文中所引有关名言、定论或名家之语，亦不加注释，如《论语》《史记》《文心雕龙》等；有些本该详细注释的地方，因前后文略有关联，亦省略之，读者可按图索骥，互相参看。

中国传统文学作为中国传统文化的载体，源远流长，博大厚重，风采万千。那些优美的诗词歌赋、曲文典章，无不具朱弦三叹之妙，远非几笔几篇所能叙就。寥寥数章，仅为蜻蜓点水之务，其实冥行擿埴，力图呈现一点点“我心中的好”，

以期与读者共沐传统文学之春霖，得行一缕春风风人之功。

本书在编著过程中，我的研究生们帮我查阅了相关资料，并校对文稿，在此对他们的付出表示感谢。同时，特别要感谢山东大学马新教授的信任，惠允显拙。书稿完成再校，仍觉罅漏甚多，不免顾影惭形，唯寄望后补。

马丽娅

2016 年 10 月

图书在版编目（CIP）数据

人文荟萃：中国传统文学 / 马丽娅著 .
—济南：山东大学出版社，2017.10
（中国文化四季 / 马新主编）
ISBN 978-7-5607-5732-2

Ⅰ . ①人… Ⅱ . ①马… Ⅲ . ①中国文学—古典文学—介绍 Ⅳ . ① I206.2

中国版本图书馆 CIP 数据核字(2017)第 197001 号

责任编辑：马银川
装帧设计：牛　钧

出版发行：山东大学出版社
社址山东省济南市山大南路 20 号
邮编：250100
电话：市场部（0531）88364466
经销：山东省新华书店
印刷：山东华鑫天成印刷有限公司
规格：787 毫米 ×1092 毫米　1/16
16.25 印张　225 千字
版次：2017 年 10 月第 1 版
印次：2017 年 10 月第 1 次印刷
定价：41.00 元